네이티브
영어회화의 정석

미국에서 가장 많이 쓰는
네이티브 영어회화의 정석

지은이 Richard A. Spears, Ph. D.
펴낸이 임상진
펴낸곳 (주)넥서스

초판 3쇄 발행 2006년 1월 25일
2판 4쇄 발행 2011년 2월 10일
3판 4쇄 발행 2015년 1월 20일
4판 6쇄 발행 2019년 3월 13일

5판 1쇄 발행 2021년 2월 10일
5판 5쇄 발행 2023년 10월 5일

출판신고 1992년 4월 3일 제311-2002-2호
주소 10880 경기도 파주시 지목로 5
전화 (02)330-5500 팩스 (02)330-5555

ISBN 979-11-91209-81-5 13740

출판사의 허락 없이 내용의 일부를
인용하거나 발췌하는 것을 금합니다.

가격은 뒤표지에 있습니다.
잘못 만들어진 책은 구입처에서 바꾸어 드립니다.

www.nexusbook.com

COMMON AMERICAN PHRASES IN EVERYDAY CONTEXTS

미국에서 가장 많이 쓰는

네이티브 영어회화의 정석

Richard A. Spears, Ph. D. 지음

넥서스

이 책의 구성과 특징

이 사전에는 미국인들이 만나고 헤어질 때, 그리고 일상생활의 대화 시에 수도 없이 사용하는 2,100여 개의 기본 표현과 문장들이 들어 있다. 뿐만 아니라 이 표현들을 일상생활에서 접할 수 있는 모든 상황을 가정해서 상황별·주제별로 분류했다.

어떤 언어이든지 무수히 많은 문장들을 만들어 낼 수 있지만, 그 많은 문장들 중에는 날마다 반복적으로 사용되는 것이 따로 정해져 있다. 따라서 언어를 효과적으로 구사하기 위해서는 수도 없이 많은 문장들을 새롭게 만들어내고 이해하는 것보다는, 주어진 상황에 맞는 적절한 표현을 제대로 사용하는 능력이 필요하다.

이 책은 단순한 사전이 아니라 실생활에 반드시 필요한 표현을 습득하도록 이끌어 주는 지침서이다. 따라서 필요한 부분만 찾아보는 사전처럼 참고도서로 사용하지 말고, 처음부터 끝까지 차근차근 읽어 보기 바란다.

이 책에 등장하는 표현들 중에는, 표현 자체의 의미는 명확하지만 실제로 대화 속에서 사용될 때 의미가 달라지는 경우도 많다. 따라서 모든 표현들을 가장 흔히 사용되는 문맥을 통해 설명하였는데, 이를 위해 보통은 해당 표현의 전형적인 용례를 보여주는 짤막한 대화나 예문을 실어놓았다. 또한 완전한 표현을 쓰면 의미가 명확하지만, 주로 축약형으로 사용되다 보니 알아듣기 힘든 경우도 있다. 이를 위해 원래의 형태(full forms)와 축약된 형태(shortened forms)를 모두 실어 비교·참조할 수 있도록 하였다.

이 사전에 수록된 표제어와 예문은 거의 구어체이다. 예문들 중 상당수는 농담이나 분노, 혹은 빈정거리는 내용이다. 모두 실제 대화에서 따온 예문들이지만, 과장된 내용이나 비속어들도 상당히 많다. 이러한 예문들은 작문을 하거나 말을 할 때 군이 찾아서 쓸 만한 것들은 못 되지만, 일상생활에서 들었을 때 적어도 무슨 뜻인지 알아듣는 데에는 필요하다.

일러두기

① 하나의 표현이 다른 뉘앙스로
쓰일 때에는 뜻을 분리하여,
한 번에 여러 뉘앙스를 익힐 수 있게 했다.

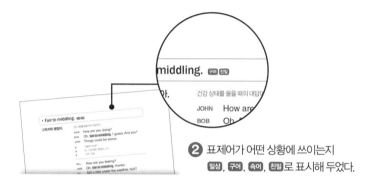

② 표제어가 어떤 상황에 쓰이는지
일상, **구어**, **속어**, **친밀**로 표시해 두었다.

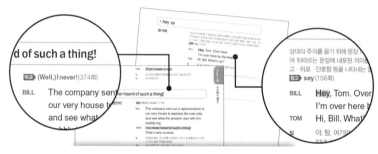

③ 비교해야 할 표현이나 참고할 수 있는 표제어의 위치를
적어 함께 공부할 수 있도록 했다.

④ someone, somewhere,
something 등으로 표시된
부분에는 사람이나 장소, 사물
을 상황에 맞게 바꿔 넣을 수
있다.

차례

PART 2 주제별 회화 표현

PART 3 상황별 회화 표현

PART 1

일상 회화 표현

CHAPTER

01

인사하기

UNIT 1-1 일반적인 인사 표현

• Hi! / Hiya! 일상

안녕!

Hello! Hiya!는 Hi to you.의 준말이다.

BILL   Hi, Tom. How are you?
TOM   Fine. How are you doing?

빌   안녕, 탐. 어떻게 지내?
탐   잘 지내. 넌 어때?

HENRY   Hiya, chum. What are you doing?
BILL   Nothing.

헨리   안녕, 친구. 뭐 해?
빌   아무것도 안 해.

• Greetings.

안녕.

MARY   Hi, Tom.
TOM   Greetings, Mary. How are things?
MARY   Just great, thanks. What about you?
TOM   I'm cool.

메리   안녕, 탐.
탐   안녕, 메리. 어떻게 지내?
메리   아주 잘 지내, 고마워. 넌 어때?
탐   난 잘 지내.

• Greetings and felicitations!
• Greetings and salutations!

안녕하세요, 만나서 반갑습니다!

Hello and good wishes. 다소 형식적인 표현이다.

"Greetings and felicitations! Welcome to our talent show!" said the master of ceremonies.

사회자는 "안녕하세요, 만나서 반갑습니다! 예능 장기 자랑에 오신 것을 환영합니다!"라고 말했다.

• (Good) morning / afternoon / evening.

❶ (만났을 때) **안녕.**

Good morning.은 자정과 정오 사이, Good afternoon.은 점심과 저녁 시간 사이, Good evening.은 저녁부터 밤 귀가 시간이나 자정 무렵까지 사용한다.

BOB   Good morning.

BILL   Good morning, Bob. You sure get up early!

밥   안녕.

빌   안녕, 밥. 정말 일찍 일어나는구나!

BOB   Afternoon. Nice to see you.

BILL   Good afternoon. How are you?

BOB   Fine, thanks.

밥   안녕. 만나서 반가워.

빌   안녕. 어떻게 지내?

밥   잘 지내, 고마워.

BOB   Good evening, Mary. How are you?

MARY   Evening, Bob. Nice to see you.

밥   안녕, 메리. 잘 지내지?

메리   안녕, 밥. 만나서 반가워.

❷ (헤어질 때) **안녕.**

Good afternoon.과 Good evening.은 헤어질 때 쓰기도 한다.

SALLY   See you later, Bill.

BILL   Afternoon. See you later.

샐리   나중에 보자, 빌.

빌   안녕. 나중에 봐.

MARY   Let's call it a day. See you tomorrow, Bill.

BILL   Yes, it's been a long and productive day. Good evening, Mary.

메리   오늘은 이만 끝내자. 내일 봐, 빌.

빌   그래, 힘들었지만 보람 있는 하루였어. 잘 가, 메리.

• (Good) night.

❶ (밤 인사)
잘 가. / 안녕.

JOHN　Bye, Alice.
ALICE　Night. See you tomorrow.

존　　잘 가, 앨리스.
앨리스　안녕. 내일 보자.

❷ 잘 자.

FATHER　Good night, Bill.
BILL　　Night, Pop.

아빠　잘 자거라, 빌.
빌　　안녕히 주무세요, 아빠.

❸ 이런!

JANE　Good night! It's dark! What time is it?
MARY　It's two a.m.
JANE　In that case, good morning.

제인　이런! 깜깜하네! 지금 몇 시야?
메리　새벽 두 시야.
제인　그럼 좋은 아침이구먼.

• Nighty-night.

잘 자거라.

아이들에게 하는 말이다.

FATHER　Nighty-night, Bill.
BILL　　Catch you later, Pop.

아빠　잘 자거라, 빌.
빌　　내일 봐요, 아빠.

• I'll be saying good night.

**이제 안녕히 주무시라고
말씀드려야겠네요. /
잘 자요.**

실제로 미래 시제인 것은 아니다. I 대신 we를 쓸 수도 있다.

I'll be saying good night. I had a wonderful time.

이제 안녕히 주무시라고 말씀드려야겠네요. 아주 즐거운 시간 보냈어요.

It's late. We'll be saying good night and thank
you.

시간이 늦었네요. 이제 안녕히 주무시라고 말씀드려야겠네요. 감사해요.

- **How do you do.**
- **Howdy(-do).** 친밀
- **How-de-do.** 친밀

① 만나서 반가워.

의문문처럼 억양을 올리지는 않는다. 때로는 이 인사를 받은 사람이 실제로 자신이 어떻게 지내는지를 설명하는 경우도 있다.

SALLY Hello. **How do you do.**

BOB **How do you do.**

샐리 안녕. 만나서 반가워.
밥 나도 만나서 반가워.

MARY **How do you do.** So glad to meet you, Tom.

TOM Thank you. How are you?

MARY Just fine. Your brother tells me you like camping.

TOM Yes. Are you a camper?

MARY Sort of.

메리 안녕. 만나서 반가워, 탐.
탐 고마워. 어떻게 지내?
메리 그럭저럭. 너희 형 말로는 너 캠핑 좋아한다며.
탐 응. 너도 캠핑 좋아해?
메리 조금.

② 안녕.

친한 사이에는 How-de-do. 또는 Howdy(-do).라고도 한다.

BILL Well, here's my old pal, Tom. **How-de-do.**

TOM **How-de-do.** How you been?

빌 이야, 내 오랜 친구, 탐. 안녕.
탐 안녕. 어떻게 지냈어?

UNIT 1-2 ▶ 소개할 때

- **I would like (for) you to meet** someone.
- **I would like to introduce you to** someone.

~를 소개해 줄게. / 이 사람이 ~야.

someone 자리에는 사람의 이름이나 소개하는 사람과의 관계를 넣을 수도 있고, 그냥 someone을 그대로 쓸 수도 있다.

MARY	I would like you to meet my Uncle Bill.
SALLY	Hello, Uncle Bill. Nice to meet you.
메리	우리 빌 아저씨를 소개할게.
샐리	안녕하세요, 빌 아저씨. 만나서 반갑습니다.

TOM	I would like to introduce you to Bill Franklin.
JOHN	Hello, Bill. Glad to meet you.
BILL	Glad to meet you, John.
탐	빌 프랭클린을 소개해 줄게.
존	안녕, 빌. 만나서 반가워.
빌	나도 반가워, 존.

introduce A to B A를 B에게 소개하다

- **(I'm) pleased to meet you.**
- **(I'm) (very) glad to meet you.**
- **(It's) nice to meet you.**
- **(It's) nice to see you.**
- **Am I glad to see you!**
- **(It's) good to see you (again).**

만나서 반가워.

TOM	I'm Tom Thomas.
BILL	Pleased to meet you. I'm Bill Franklin.
탐	난 탐 토마스야.
빌	만나서 반가워. 난 빌 프랭클린이야.

MARY	I'd like you to meet my brother, Tom.
BILL	I'm very glad to meet you, Tom.
메리	내 남동생 탐을 소개할게.
빌	만나서 정말 반가워, 탐.

TOM	Sue, this is my sister, Mary.
SUE	It's nice to meet you, Mary.
MARY	How are you, Sue?
탐	수, 여긴 내 여동생, 메리야.
수	만나서 반가워, 메리.
메리	안녕, 수?

MARY	Hi, Bill, It's nice to see you.
BILL	Nice to see you, Mary. How are things?
메리	안녕, 빌. 만나서 반가워.
빌	반가워, 메리. 어떻게 지내니?

의문문이 아니다. 강세는 I와 you에 있다.

BILL	Well, I finally got here!
JOHN	Boy howdy! Am I glad to see you!
빌	야, 드디어 도착했군!
존	이야! 만나서 반가워!

만난 적 있는 사람과 다시 만나 인사를 나눌 때 쓴다.

BILL	Hi, Bob. Remember me?
	I met you last week at the Wilsons'.
BOB	Oh, hello, Bill. Good to see you again.
빌	안녕, 밥. 나 기억하니? 지난주에 윌슨 씨 집에서 만났잖아.
밥	아, 안녕, 빌. 다시 만나서 반가워.

Boy howdy! 이야!

• (I'm) delighted to make your acquaintance.

너와 알게 돼서 기뻐. I am very glad to meet you.

TOM	My name is Tom.
	I work in the advertising department.
MARY	I'm Mary. I work in accounting.
	Delighted to make your acquaintance.
TOM	Yeah. Good to meet you.

탐 　전 탐이에요. 광고 부서에서 일해요.
메리 　전 메리예요. 회계 부서에서 근무하죠. 알게 돼서 기뻐요.
탐 　네. 만나서 반가워요.

FRED	Sue, this is Bob. He'll be working with us on the Wilson project.
SUE	I'm delighted to make your acquaintance, Bob.
BOB	My pleasure.

프레드 　수, 여긴 밥이야. 우리랑 같이 윌슨 프로젝트를 진행할 거야.
수 　만나서 반가워요, 밥.
밥 　저야말로 영광이네요.

make someone's acquaintance ~와 아는 사이가 되다 | department 부서 |
accounting 회계

• Haven't I seen you somewhere before?
• Haven't we met before?

**예전에 어디선가
만난 적 있죠?**

BOB	Hi. Haven't I seen you somewhere before?
MARY	I hardly think so.

밥 　안녕하세요. 예전에 어디서 만난 적 있지 않나요?
메리 　아닐걸요.

BILL	(moving toward Jane)
	Haven't we met before?
JANE	(moving away from Bill) No way!

빌 　(제인에게 다가서며) 우리 언제 만난 적 있지 않니?
제인 　(빌에게서 멀리 떨어지며) 천만에!

No way! 절대 아니야! (강한 부정을 나타내는 대답)

• Have you met someone?

~ 만난 적 있어? 어떤 사람을 소개하는 말로, 대답을 요구하는 질문은 아니다.

TOM	Hello, Mary. **Have you met Fred?**
MARY	Hello, Fred. Glad to meet you.
FRED	Glad to meet you, Mary.

탐	안녕, 메리. 프레드 만난 적 있니?
메리	안녕, 프레드. 만나서 반가워.
프레드	만나서 반가워, 메리.

TOM	Hey, Mary! Good to see you. **Have you met Fred?**
MARY	No, I don't believe I have. Hello, Fred. Glad to meet you.
FRED	Hello, Mary.

탐	야, 메리! 반갑다. 프레드 만난 적 있니?
메리	아니, 본 적 없을걸. 안녕, 프레드. 만나서 반가워.
프레드	안녕, 메리.

• Don't I know you from somewhere?

어디서 만난 적 있지 않나요? 처음 보는 사람과 대화를 시작할 때 사용하는 표현으로, 보통 파티나 다른 모임 장소에서 쓰인다.

BILL	**Don't I know you from somewhere?**
MARY	I don't think so. Where did you go to school?

빌	우리 어디서 만난 적 있지 않나요?
메리	전 처음 보는 것 같은데요. 어느 학교 다니셨는데요?

HENRY	**Don't I know you from somewhere?**
ALICE	No, and let's keep it that way.

헨리	우리 어디서 만난 적 있지 않나요?
앨리스	아니요, 만난 적 없고요. 앞으로도 계속 그렇게 지내죠.

Let's keep it that way. (앞으로 계속) 그렇게 지냅시다. (즉, '모른 척하고 지내자'는 의미)

UNIT 1-3 뜻밖에 만났을 때

• (I) never thought I'd see you here!

여기서 널 만나다니!

TOM	Hi, Sue! I never thought I'd see you here!
SUE	Hi, Tom. I was thinking the same thing about you.
탐	안녕, 수! 여기서 널 다 보네!
수	안녕, 탐. 나도 같은 생각 하고 있었는데.

• Fancy meeting you here!

여기서 다 만나네!

TOM	Hi, Sue! Fancy meeting you here!
SUE	Hi, Tom. I was thinking the same thing about you.
탐	안녕, 수! 널 여기서 다 만나네!
수	안녕, 탐. 나도 너랑 똑같이 생각하고 있었는데.

• Look who's here!

누가 왔는지 봐!

어떤 장소에 참석한 누군가에게 사람들의 주목을 집중시킬 때 쓴다.

BILL	Look who's here! My old friend Fred. How goes it, Fred?
FRED	Hi, there, Bill! What's new?
BILL	Nothing much.
빌	누가 왔는지 봐! 내 옛 친구 프레드 아냐? 어떻게 지내, 프레드?
프레드	안녕, 빌! 뭐 특별한 일 있니?
빌	별일 없어.

BILL	Look who's here!
MARY	Yeah. Isn't that Fred Morgan?
빌	누가 왔는지 봐!
메리	그러게. 프레드 모건 아니야?

• If it isn't someone!

이게 누구야!

이곳에서 보기를 기대하지도 못 했던 사람이란 뜻이다.

FRED Say, don't I know you?

BILL If it isn't Fred Smith.

How are you doing, Fred?

프레드 저기요, 저 모르세요?

빌 이게 누구야, 프레드 스미스잖아. 어떻게 지내는 거야, 프레드?

• Look (at) what the cat dragged in!

이게 누구야!

Look who's here! 특히 약간 흐트러진 모습의 상대를 보고 유쾌하고 친근하게 놀라움을 나타내는 표현이다.

MARY Hello, everybody. I'm here!

JANE Look at what the cat dragged in!

메리 모두들, 안녕. 나 왔어!

제인 이게 누구야!

UNIT 1-4 ▶ 오랜만에 만났을 때

- **Long time no see.**
- **(It's) been a long time.**
- **(We) don't see you much around here anymore.**

오랜만이야.

HANNA	Hey, Ida. Good to see you again. You're looking well.
IDA	Yes, it's been a long time.
한나	얘, 아이다. 널 다시 보게 되니까 좋구나. 아주 건강해 보인다.
아이다	그래, 아주 오랜만이네.

TOM	Hi, Fred. Where have you been keeping yourself?
FRED	Good to see you, Tom. Long time no see.
탐	안녕, 프레드. 그동안 어디 있었니?
프레드	만나서 반가워, 탐. 정말 오랜만이다.

We 대신 I가 올 수도 있다.

BILL	Hello, Tom. Long time no see.
TOM	Yes, Bill. We don't see you much around here anymore.
빌	안녕, 탐. 정말 오랜만이다.
탐	그래, 빌. 진짜 오랜만에 보는구나.

- **(I) haven't seen you in a long time.**
- **(I) haven't seen you in a month of Sundays.** 구어 친밀

이게 얼마 만이야.

MARY	Hi, Fred! Haven't seen you in a long time.
FRED	Yeah. Long time no see.
메리	안녕, 프레드! 이게 얼마 만이야.
프레드	그래. 정말 오랜만이다.

TOM	Hi, Bill. Haven't seen you in a month of Sundays!
BILL	Hi, Tom. Long time no see.
탐	안녕, 빌. 이게 얼마 만이야!
빌	안녕, 탐. 정말 오랜만이다.

• Where (have) you been keeping yourself?

그동안 어디 있었어?

BILL	Hi, Alice! Where you been keeping yourself?
ALICE	Oh, I've been around. How are you doing?
BILL	Okay.
빌	안녕, 앨리스! 그동안 어디 있었니?
앨리스	여기저기 돌아다녔어. 어떻게 지내?
빌	잘 지내.

JOHN	Tsup?
BILL	Hi, man. Where you been keeping yourself?
JOHN	Oh, I've been busy. Tsup?
존	안녕?
빌	안녕, 친구. 그동안 어디 있었니?
존	좀 바빴어. 어떻게 지내?

• Where have you been hiding yourself?
• Where has he been hiding himself?
• Where has she been hiding herself?

그동안 어디 숨어 있었어?

MARY	Remember Bob?
JOHN	Where has he been hiding himself? We missed him at the meeting.
메리	밥 기억 나니?
존	그동안 어디 숨어 있었대? 모임에 안 보이던데.

🎧 1-01-05

UNIT
1-5 ▶ 기타 인사 표현

• **Aloha.** 친밀

① 안녕.

Hello. 친한 사이에서나 혹은 하와이에서 사용한다.

ALICE Hello. Can I come in?

SUE Come in. Aloha and welcome.

앨리스 안녕. 들어가도 돼?
수 들어와. 안녕. 환영해.

Can I come in? 들어가도 돼? (남의 집 또는 방문 앞에서 문을 두드리며 하는 말)

② 잘 가.

Good-bye.

MARY It's time we were going. Aloha.

JANE Aloha, Mary. Come again.

메리 이제 가야 할 시간이네. 잘 있어.
제인 잘 가, 메리. 또 놀러 와.

It's time (that) ... ~해야 할 시간이다. ('이미 했어야 했는데 아직까지 못했다'는 뉘앙스) | Come again. 또 놀러 와.

• **Any friend of** someone('s) **(is a friend of mine).**

~의 친구는 내 친구나 마찬가지죠.

자기 친구의 친구를 만나거나 소개받았을 때 사용한다.

FRED Well, nice to meet you Tom. Any friend of my brother is a friend of mine.

TOM Thanks, Fred. Nice to meet you too.

프레드 만나서 반가워, 탐. 내 남동생 친구라면 내 친구나 마찬가지야.
탐 고맙습니다, 프레드. 저도 만나서 반가워요.

JOHN Thank you so much for helping me.

SALLY You're welcome. Any friend of Sue's.

존 도와줘서 정말 고마워.
샐리 천만에. 수의 친구는 내 친구나 마찬가지인걸.

- **Give me five!**
- **Skin me!**
- **Slip me some skin!** 속어

- **Give me (some) skin!**
- **Slip me five!**

하이파이브!

"Yo, Tom! Give me five!" shouted Henry, raising his hand.

헨리가 손을 올리며 "야, 탐! 하이파이브!"라고 소리쳤다.

BOB	Hey, man! Skin me!
BILL	How you doing, Bob?
밥	야! 하이파이브!
빌	잘 지냈어, 밥?

raise one's hand 손을 들어 올리다

안부 묻고
답하기

UNIT 2-1 ▶ 안부 물어보기

- **How's it going?** 친밀
- **How're things going?**

어떻게 지내?

SUE	How's it going?
BILL	Just great! How are you?
SUE	Fine, thanks.

수	어떻게 지내니?
빌	잘 지내지! 넌 어때?
수	잘 지내, 고마워.

BOB	Hi, Fred! How're things going?
FRED	Could be better. How's by you?

밥	안녕, 프레드! 어떻게 지내니?
프레드	그럭저럭. 넌 어때?

- **(Are you) doing okay?**
- **You doing okay?**

❶ 별일 없지?

BILL	Hey, man! Are you doing okay?
TOM	Sure thing! And you?

빌	어이, 친구! 별일 없지?
탐	물론이지! 넌 어때?

Sure thing! 그럼!

❷ (어려운 상황에서)
잘 지내고 있어?

MARY	You doing okay?
BILL	Sure. What about you?
MARY	I'm cool.

메리	잘 지내고 있지?
빌	그럼. 넌 어때?
메리	나야 잘 지내지.

• (Are you) feeling okay?

몸은 좀 괜찮아?

단순한 인사말이 아니라 몸 상태가 괜찮은지 묻는 표현이다.

TOM	Are you feeling okay?
BILL	Oh, fair to middling.
탐	몸은 좀 괜찮아?
빌	아, 그저 그래.

The chapter marker on right side

• You been okay?
• (Have you) been okay?

잘 지내?

TOM	Hey, man. How you doing?
BOB	I'm okay. You been okay?
TOM	Sure. See you!
탐	야. 어떻게 지내니?
밥	잘 지내. 너도 잘 지내지?
탐	물론이지. 나중에 보자!

MARY	I heard you were sick.
SALLY	Yes, but I'm better. Have you been okay?
MARY	Oh, sure. Healthy as an ox.
메리	너 아팠다는 얘기 들었어.
샐리	응, 이젠 괜찮아. 넌 잘 지내니?
메리	그럼, 아주 건강하게 잘 지내지.

Healthy as an ox. 황소처럼 아주 건강하게 잘 지낸다.

• (Is) everything okay?

별일 없지?

JOHN	Hi, Mary. Is everything okay?
MARY	Sure. What about you?
JOHN	I'm okay.
존	안녕, 메리. 별일 없지?
메리	그럼. 넌 어때?
존	나도 잘 지내.

• How (are) you doing?

어떻게 지내?

are를 생략하면 격식을 차리지 않는 표현이 되어 보통 How ya doin'?으로 발음한다.

JANE   How are you doing?

MARY   I'm okay. What about you?

JANE   Likewise.

제인   어떻게 지내?
메리   잘 지내. 넌 어때?
제인   나도 잘 지내.

SALLY   Sue, this is my little brother, Bill.

SUE   How are you, Bill?

BILL   Okay. How you doing?

샐리   수, 얘는 내 남동생 빌이야.
수   어떻게 지내니, 빌?
빌   잘 지내요. 누나는요?

Likewise. 나도 마찬가지야.

• How (are) you feeling?

몸은 좀 어때?

건강 상태를 묻는 표현이다.

SALLY   How are you feeling?

BILL   Oh, better, thanks.

SALLY   That's good.

샐리   몸은 좀 어때?
빌   많이 좋아졌어, 고마워.
샐리   다행이다.

BILL   Hey, Jane! You been sick?

JANE   Yeah.

BILL   How you feeling?

JANE   Not very well.

빌   야, 제인! 너 아팠어?
제인   응.
빌   이젠 좀 괜찮아?
제인   별로 안 좋아.

• How are you getting on?

어떻게 지내? How are you managing? / How are you doing?

JANE Well, Mary, how are you getting on?

MARY Things couldn't be better.

제인 메리, 어떻게 지내니?
메리 더할 나위 없이 잘 지내.

• How goes it (with you)?

어떻게 지내? How are things going with you?

TOM How goes it?

JANE Great! How goes it with you?

TOM Couldn't be better.

탐 어떻게 지내?
제인 아주 잘 지내! 넌 어떻게 지내니?
탐 더할 나위 없이 잘 지내.

• How (have) you been?

그동안 어떻게 지냈어? BOB Hi, Fred! How have you been?

FRED Great! What about you?

BOB Fine.

밥 안녕, 프레드! 그동안 어떻게 지냈어?
프레드 아주 잘 지냈어! 넌?
밥 나도 잘 지냈어.

BOB How you been?

SUE Okay, I guess. You okay?

BOB Yup.

밥 어떻게 지냈어?
수 잘 지냈어. 너도 잘 지냈지?
밥 그럼.

• How're things (with you)?

어떻게 지내?

SALLY	How are you?
BILL	Fine. How are things?
샐리	어떻게 지내?
빌	잘 지내. 넌 어때?

BILL	How are things going?
MARY	Fine. How are things with you?
빌	어떻게 지내?
메리	잘 지내. 넌 어떻게 지내?

• How's business?

일은 잘 돼?

상대의 사업이나 일이 잘 되어가고 있는지 물어볼 때 쓴다.

BOB	Good to see you, Fred.
FRED	Hello, Bob. How's business?
BOB	Just okay.
밥	만나서 반가워, 프레드.
프레드	안녕, 밥. 일은 잘 되니?
밥	그럭저럭.

• How's by you? 친밀

어떻게 지내?

FRED	Hey, man! How's by you?
JOHN	Groovy, Fred. Tsup?
프레드	야, 친구! 어떻게 지내?
존	아주 잘 지내지, 프레드. 넌 어때?

BOB	Hello. What's cooking?
BILL	Nothing. How's by you?
밥	안녕. 어떻게 지내?
빌	별일 없어. 넌 어떻게 지내?

Tsup 어떻게 지내? 상대방의 안부를 묻는 인사말 (What's up?의 줄임말) | **What's cooking?** 어떻게 지내?, 무슨 일이야?

• How's every little thing? 친밀

어떻게 지내?

How're things with you?

BILL	Hello, Tom.
TOM	Hi, Bill. How's every little thing?
BILL	Couldn't be better.

빌	안녕, 탐.
탐	안녕, 빌. 어떻게 지내니?
빌	더할 나위 없이 잘 지내.

• What's new?

별일 없어?

MARY	Greetings, Jane. What's new?
JANE	Nothing much.

메리	안녕, 제인. 어떻게 지내니?
제인	별일 없어.

BOB	What's new?
TOM	Not a whole lot.

밥	별일 없니?
탐	아무 일도 없어.

• What's new with you?

별일 있어?

What's new?에 대한 전형적인 대답이다.

MARY	What's new?
SALLY	Oh, nothing. What's new with you?
MARY	The same.

메리	별일 없니?
샐리	없어. 넌 별일 있어?
메리	나도 마찬가지야.

FRED	Hi, John! How you doing?
JOHN	Great! What's new with you?

프레드	안녕, 존! 어떻게 지내니?
존	아주 잘 지내! 넌 별일 있어?

The same. 나도 마찬가지야.

• What's up?

어떻게 지내? / 무슨 일이야?	BOB	Hi, Bill. What's up?
	BILL	Yo, Bob! Nothing going on around here.
	밥	안녕, 빌. 어떻게 지내?
	빌	이야, 밥! 별일 없어.

• How's (it) with you? 속어

어떻게 지내?	TOM	Hey, man. How's with you?
	BOB	Great! And you?
	TOM	Okay.
	탐	야, 친구. 어떻게 지내?
	밥	아주 잘 지내! 넌?
	탐	나도.

	BILL	How's with you, old buddy?
	JOHN	Can't complain. And you?
	BILL	Couldn't be better.
	빌	어떻게 지내나, 친구?
	존	더할 나위 없지. 넌 어때?
	빌	이보다 더 좋을 순 없지.

buddy 친구 | **Can't complain.** 잘 지내. (직역하면 '불평을 할 수 없다'로, 안부를 묻는 인사에 대해 '잘 지낸다'는 말을 달리 표현한 것(= I can't complain.))

• How's my boy? 친밀
• How's the boy? 친밀

어떻게 지내?	**How are you?** 남자끼리 친근하게 사용하는 표현이다. 말하는 사람이 듣는 사람보다 윗사람일 경우가 많다.	
	TIM	How's my boy?
	BILL	Hi, Tim. How are you?
	팀	어떻게 지내?
	빌	안녕하세요, 팀. 잘 지내세요?

FRED	Hello, old buddy. How's the boy?
BOB	Hi, there! What's cooking?
FRED	Nothing much.

프레드	안녕, 내 오랜 친구. 어떻게 지내나?
밥	안녕! 별일 없고?
프레드	그냥 그렇지, 뭐.

• How's the family?
• How's your family?

가족들은 어떻게 지내?

BOB	Hello, Fred. How are you?
FRED	Fine, thanks.
BOB	How's the family?
FRED	Great! How's yours?
BOB	Couldn't be better.

밥	안녕, 프레드. 어떻게 지내?
프레드	잘 지내, 고마워.
밥	가족들은 어떻게 지내?
프레드	아주 잘 지내! 너희 가족은?
밥	더 바랄 나위 없이 잘 지내.

• How's the wife?

부인은 어떻게 지내? 대개 남자가 남자에게 묻는다.

TOM	Hi, Fred, how are you?
FRED	Good. And you?
TOM	Great! How's the wife?
FRED	Okay, and yours?
TOM	Couldn't be better.

탐	안녕, 프레드, 어떻게 지내?
프레드	잘 지내. 넌?
탐	아주 잘 지내! 부인은 어떻게 지내나?
프레드	잘 지내, 네 부인은?
탐	더할 나위 없이 잘 지내지.

• How's the world (been) treating you?

어떻게 지내? How are things going for you?

SUE	Hello there, Bob. How's the world treating you?
BOB	I can't complain. How are you?
SUE	Doing just fine, thanks.

수	안녕, 밥. 어떻게 지내니?
밥	더 바랄 나위 없이 잘 지내. 넌 어때?
수	나도 그럭저럭 잘 지내, 고마워.

MARY	Morning, Bill.
BILL	Good morning, Mary. How's the world been treating you?
MARY	Okay, I guess.

메리	안녕, 빌.
빌	안녕, 메리. 어떻게 지내니?
메리	뭐, 그럭저럭.

• How's tricks? 속어

잘 지내지?

BOB	Fred! How's tricks?
FRED	How are you doing, Bob?
BOB	Doing great!

밥	프레드! 잘 지내지?
프레드	넌 어떻게 지내, 밥?
밥	아주 잘 지내!

• (Have you) (been) keeping cool?
• You been keeping cool?

시원하게 보내고 있니? 아주 더운 날씨에 어떻게 지내는지를 묻는 표현이다.

TOM	What do you think of this hot weather? Been keeping cool?
SUE	No, I like this weather just as it is.

탐	날씨 덥지? 시원하게 보내고 있니?
수	아니, 그냥 이런 날씨는 이런 날씨대로 좋아해.

MARY	Keeping cool?
BILL	Yup. Run the air-conditioning all the time.
메리	시원하게 보내고 있니?
빌	응. 항상 에어컨을 틀어놓거든.

- (Have you) (been) keeping out of trouble?
- You been keeping out of trouble?

별 탈 없이 지내지?

BOB	Hi, Mary. Have you been keeping out of trouble?
MARY	Yeah. And you?
BOB	Oh, I'm getting by.
밥	안녕, 메리. 별 탈 없이 잘 지내지?
메리	그럼. 넌 어때?
밥	나도 그럭저럭 지내.

TOM	Hey, man! Been keeping out of trouble?
BOB	Hell, no! What are you up to?
TOM	Nothing.
탐	야! 별 탈 없이 잘 지내니?
밥	아유, 말도 마! 넌 별일 없어?
탐	별일 없어.

get by 그럭저럭 잘 지내다 | What are you up to? 별일 없니?

- How do you like it here?

이곳은 마음에 드세요? 이곳에서 사는 것, 학교 다니는 것, 일하는 것 등이 마음에 드는지 묻는 표현이다.

Welcome to Worth High School. How do you like it here?

워스 고등학교에 잘 오셨습니다. 이곳은 마음에 들어요?

I see you have just joined the company. How do you like it here?

회사에 막 합류하셨다는 건 알고 있습니다. 이곳은 마음에 드십니까?

• How do you like school?

학교생활은 어때?

BOB	Well, Billy, how do you like school?
BILL	I hate it.
BOB	Too bad.

밥	그래, 빌리, 학교생활은 어떠니?
빌	정말 싫어요.
밥	거참 안됐구나.

• What do you know? 친밀

어떻게 지내?

대답을 기대하지 않고 하는 말로, 보통 Wha-da-ya know?로 발음한다.

BOB	Hey, Tom! What do you know?
TOM	Look who's here! Hi, Bob!

밥	안녕, 탐! 어떻게 지내?
탐	이게 누구야! 안녕, 밥!

• What do you know for sure? 친밀

어떻게 지내?

How are you? What do you know?보다 그 의미가 한층 강조된 표현이며 직접적인 답변을 요구하는 말은 아니다.

TOM	Hey, man! What do you know for sure?
BILL	Howdy, Tom. What's new?

탐	야, 친구! 어떻게 지내?
빌	안녕, 탐. 잘 지내니?

JOHN	How are you doing, old buddy?
BILL	Great, you ugly beast!
JOHN	What do you know for sure?
BILL	Nothing.

존	어떻게 지내, 친구?
빌	잘 지내, 이 심술궂은 친구야!
존	어떻게 지내?
빌	별일 없어.

you ugly beast 아주 친한 친구를 우스갯소리로 부르는 호칭

• What (have) you been up to?

어떻게 지냈어?

구체적인 대답을 기대하는 질문이다.

MARY	Hello, Jane. What have you been up to?
JANE	Been up to no good. What about you?
MARY	Yeah. Me, too.

메리	안녕, 제인. 어떻게 지냈니?
제인	별 소득 없이 지냈어. 넌 어때?
메리	어. 나도 그렇지 뭐.

JOHN	Bill, baby! What you been up to?
BILL	Nothing really. What about you?
JOHN	The same, I guess.

존	야, 빌! 어떻게 지냈어?
빌	그럭저럭. 넌 어때?
존	나도 마찬가지야.

Been up to no good. 별 소득 없이 지냈어.

• What's happening? 구어

어떻게 지내?

BOB	Hey, man! What's happening?
BILL	Nothing. How you been?

밥	야, 친구! 어떻게 지내?
빌	별일 없어. 넌 어떻게 지내?

BILL	Hi, Tom.
TOM	Hi, Bill. What's happening?
BILL	Nothing much.

빌	안녕, 탐.
탐	안녕, 빌. 어떻게 지내?
빌	별일 없어.

• What's cooking? 속어 구어

어떻게 지내?

What is happening? / How are you?

BOB Hi, Fred! What's cooking?

FRED Nothing. Anything happening with you?

밥 안녕, 프레드! 어떻게 지내?

프레드 별일 없어. 넌 어때?

Anything happening with you? 별일 없니?

• What's the good word? 구어 친밀

좋은 소식 있어?

직접적인 대답을 기대하면서 하는 말은 아니다.

BOB Hey, Tom! What's the good word?

TOM Hi, Bob! How are you doing?

밥 안녕, 탐! 좋은 소식 있니?

탐 안녕, 밥! 어떻게 지내?

SUE What's happening?

JANE Hi, Sue. What's the good word?

수 어떻게 지내?

제인 안녕, 수. 좋은 소식 있니?

• (Is it) cold enough for you?

날씨도 추운데 잘 지내?

BOB Hi, Bill! Is it cold enough for you?

BILL It's unbelievable!

밥 안녕, 빌! 추운 날씨에 잘 지내니?

빌 어쩜 이리 춥나!

JOHN Glad to see you. Is it cold enough for you?

BILL Oh, yes! This is awful!

존 만나서 반가워. 추운 날씨에 별일 없지?

빌 그럼! 정말 지독한 추위다!

awful 지독한, 매우 심한

42

(Is it) hot enough for you?

날씨도 더운데 잘 지내?

BOB	Hi, Bill! Is it hot enough for you?
BILL	Yup.
밥	안녕, 빌! 더운 날씨에 별일 없지?
빌	그럼.

JOHN	Nice to see you here! Is it hot enough for you?
BILL	Good grief, yes! This is awful!
존	여기서 만나다니 반갑다! 더운 날씨에 별일 없지?
빌	휴, 그래! 정말 지독한 더위네!

Good grief! 휴!, 아이고!, 맙소사!

Anything new down your way? 친밀

뭐 새로운 일 없어?

BILL	Anything new down your way?
BOB	Nothing worth talking about.
빌	뭐 새로운 일 없어?
밥	뭐 특별히 얘기할 만한 건 없어.

MARY	Hi, Sally. Anything new down your way?
SALLY	No. What's new with you?
MARY	Nothing.
메리	안녕, 샐리. 뭐 재미난 일 없어?
샐리	아니, 넌 별 다른 일 있어?
메리	없어.

🎧 1-02-02

UNIT 2-2 ▶ 안부에 대해 답하기

• I'm good.

❶ 잘 지내.

How are you?(어떻게 지내요?)에 대한 응답으로, 요새는 I'm well.이나 Fine. 보다 더 자주 쓰인다.

HANNA Hi, how you doing?

IDA I'm good.

한나 안녕, 어떻게 지내니?
아이다 잘 지내고 있어.

JOHN I'd heard you were sick. You look fine now. How are you?

BOB I'm good.

존 듣자 하니 너 아팠다고 하던데. 지금은 괜찮아 보이네. 어떻게 지내는 거야?
밥 잘 지내.

❷ 충분히 먹었어.

ANDY Everyone got enough to drink?

DON I'm good.

앤디 모두 충분히 마신 거야?
돈 난 충분해.

FATHER There are still a few hot dogs left. Can I get you one, Ida?

IDA No, thanks. I'm good.

아빠 아직도 핫도그가 몇 개 남아 있네. 아이다, 하나 더 먹을래?
아이다 감사하지만 됐어요. 전 충분히 먹었어요.

• Pretty good.

아주 잘 지내고 있어.

BILL How are things going?

FRED Pretty good.

빌 하는 일은 어때?
프레드 아주 잘 돼.

44

• (I'm) doing okay.

❶ 그럭저럭 잘 지내.   I'm just fine.

> **BOB**   How you doing?
> **BILL**   Doing okay. And you?
> **BOB**   Things could be worse.

> 밥   어떻게 지내?
> 빌   난 잘 지내. 넌?
> 밥   그럭저럭.

Things could be worse. 그럭저럭 지내. (Things를 생략하고 Could be worse.라고만 해도 됨)

❷ 잘 지내. /
좋아지고 있어.   잘 지내고 있다거나 컨디션이 점점 좋아지고 있다고 말할 때 쓴다.

> **TOM**   I hope you're feeling better.
> **SALLY**   I'm doing okay, thanks.

> 탐   네 몸이 좀 나아졌으면 좋겠는데.
> 샐리   좋아지고 있어, 고마워.

• (I'm) feeling okay.

(컨디션이)
좋아. / 잘 지내.

> **ALICE**   How are you feeling?
> **JANE**   I'm feeling okay.

> 앨리스   몸은 좀 어때?
> 제인   좋아.

> **JOHN**   How are things going?
> **FRED**   Feeling okay.

> 존   어떻게 지내?
> 프레드   잘 지내.

• (I've) been okay.

잘 지냈어.

> **BILL**   Well, how have you been, good buddy?
> **JOHN**   I've been okay.

> 빌   어떻게 지냈나, 친구?
> 존   잘 지냈어.

SUE	How you doing?
JANE	Been okay. And you?
SUE	The same.

수	어떻게 지내?
제인	잘 지내. 넌?
수	나도 잘 지내.

- **(I) can't complain.**
- **(I have) nothing to complain about.**

아주 잘 지내.

SUE	How are things going?
MARY	I can't complain.

수	어떻게 지내니?
메리	아주 잘 지내.

MARY	Hi, Fred! How are you doing?
FRED	Nothing to complain about.

메리	안녕, 프레드! 어떻게 지내?
프레드	아주 잘 지내.

- **(I) couldn't be better.**

아주 좋아.

JOHN	How are you?
JANE	Couldn't be better.

존	어떻게 지내?
제인	아주 잘 지내.

BILL	I hope you're completely well now.
MARY	I couldn't be better now.

빌	네가 이제 완전히 회복됐으면 좋겠다.
메리	지금 아주 좋은걸.

• I'm cool. 속어

난 잘 지내.

I'm fine.

BOB   How you been?

FRED   I'm cool, man. Yourself?

BOB   The same.

밥   어떻게 지냈어?

프레드   나야 잘 지내지, 친구. 넌 어때?

밥   나도 잘 지내지.

FATHER   How are you, Son?

BILL   I'm cool, Dad.

FATHER   (misunderstanding) I'll turn up the heat.

아빠   요즘 좀 어떠니, 얘야?

빌   잘 지내요, 아빠.

아빠   (말뜻을 오해하여) 난방 온도를 좀 올려야겠구나.

• alive and well   • alive and kicking
• safe and sound

잘 살고 있는

JOHN   How have you guys been?
Haven't seen much of you.

MARY   We're alive and well. Having a great time!

존   너희들 어떻게 지냈어? 그동안 통 안 보이더라.

메리   우린 잘 살고 있어. 즐겁게 지내고 있지!

JANE   Have you heard from Tom and Jan?
Did they go out of town?

BOB   No, they're at home, safe and sound.

제인   탐과 젠한테 소식 들은 거 있어? 걔네들 도시를 떠난 거야?

밥   아니, 별 탈 없이 집에 잘 있어.

• Fair to middling. 구어 친밀

그럭저럭 괜찮아.

건강 상태를 물을 때의 대답이다.

JOHN How are you doing?

BOB Oh, fair to middling, I guess. And you?

JOHN Things could be worse.

존 어떻게 지내?

밥 어, 그럭저럭 괜찮아. 넌?

존 그저 그래.

BILL How are you feeling?

JANE Oh, fair to middling, thanks.

BILL Still a little under the weather, huh?

JANE Just a little.

빌 몸은 좀 어때?

제인 음, 그럭저럭 괜찮아, 고마워.

빌 아직도 조금 안 좋은 거지?

제인 약간.

Things could be worse. 그럭저럭 괜찮아., 그저 그래. | under the weather 몸 상태가 좋지 않은

• I'm having quite a time.

❶ 정말 즐겁게 지내고 있어.

JOHN Having fun?

JANE Oh, yes. I'm having quite a time.

존 재미있니?

제인 응. 정말 즐겁게 지내고 있어.

❷ 아주 힘든 시간을 보내고 있어.

DOCTOR Well, what seems to be the problem?

MARY I'm having quite a time. It's my back.

DOCTOR Let's take a look at it.

의사 자, 어디가 아픈가요?

메리 허리가 아파서 굉장히 고통스러워요.

의사 어디 봅시다.

FATHER How's school?

BILL Pretty tough. I'm having quite a time.
Calculus is killing me.

아빠 학교생활은 어떠니?

빌 고달파요. 굉장히 힘들어요. 미적분 때문에 죽겠어요.

What seems to be the problem? 어디가 아픈가요? (병원에서 진찰 받을 때 의사가 주로 묻는 말) | take a look at ~를 살펴보다 | calculus 미적분학 | A is killing me. A 때문에 죽을 지경이다.

• (I'm) just getting by.

그럭저럭 지내.

재정적으로, 혹은 다른 면에서 힘들게 견뎌내고 있다는 의미이다.

BOB How you doing, Tom?

TOM Just getting by, Bob.

밥 어떻게 지내니, 탐?

탐 그럭저럭 지내, 밥.

"I wish I could get a better job," remarked Tom.
"I'm just getting by as it is."

탐은 "더 좋은 직장을 구했으면 좋겠어. 사실 근근이 살아가고 있거든."이라고 말했다.

I wish I could... ~할 수 있으면 좋겠다 | get a job 일자리를 얻다. 취직하다 | remark 말하다 | as it is 사실은

• (I'm just) minding my own business.

**내 일만 열심히
하고 있어.**

'난 내 일에 열중하고 있으니 넌 네 일에나 신경 써'라는 의미도 담겨 있다.

TOM Hey, man, what are you doing?

BILL Minding my own business.
See you around.

탐 안녕, 친구. 요즘 뭐 하고 지내?

빌 내 일만 열심히 하고 지내. 나중에 보자.

SUE Hi, Mary. What have you been doing?

MARY I'm just minding my own business and
trying to keep out of trouble.

수 안녕, 메리. 뭐하고 지냈니?

메리 내 일에만 열중하며 골칫거리들을 피하려고 애쓰고 있어.

Part 1 일상 회화 표현 • 49

• (I'm) (just) plugging along.

잘 지내.

BILL	How are things going?
BOB	I'm just plugging along.
빌	어떻게 지내?
밥	그냥 잘 지내.

SUE	How are you doing, Fred?
FRED	Just plugging along, thanks. And you?
SUE	About the same.
수	어떻게 지내니, 프레드?
프레드	그냥 잘 지내, 고마워. 넌?
수	나도 마찬가지야.

About the same. 거의 마찬가지이다.

• (I've) been getting by.

그럭저럭 지내.

힘든 시기를 견뎌내고 있다든가 지금은 별일 없지만 썩 좋은 편은 아니라는 뜻을 나타낸다. 참고 (I'm) just getting by. (49쪽)

JOHN	How are things?
JANE	Oh, I've been getting by.
존	어떻게 지내?
제인	어, 그럭저럭 지내.

SUE	How are you doing?
MARY	Been getting by. Things could be better.
수	어떻게 지내?
메리	그럭저럭 지내. 좀 나아지겠지.

• (I've) (been) keeping cool.

시원하게 잘 지내.

JANE	How do you like this hot weather?
BILL	I've been keeping cool.
제인	더운 날씨에 어떻게 지내?
빌	시원하게 잘 지내.

MARY Been keeping cool?

BOB Yeah. Been keeping cool.

메리 시원하게 지내고 있니?
밥 그럼. 시원하게 잘 지내지.

- (I've) (been) **keeping busy.**
- (I've) (been) **keeping myself busy.**

이래저래 바빴어.

BILL What have you been doing?

BOB I've been keeping myself busy.
What about you?

BILL About the same.

빌 뭐하고 지냈니?
밥 이래저래 계속 바빴어. 넌 어떻게 지냈어?
빌 나도 마찬가지야.

JOHN Yo! What have you been up to?

BILL Been keeping myself busy.

존 야! 요즘 뭐하고 지냈어?
빌 이래저래 바빴어.

- (I've) (been) **keeping out of trouble.**

별 탈 없이 잘 지냈어.

JOHN What have you been doing, Fred?

FRED Been keeping out of trouble.

JOHN Yeah. Me, too.

존 뭐하며 지냈어, 프레드?
프레드 별 탈 없이 잘 지냈어.
존 그렇구나. 나도 그래.

MARY How are things, Tom?

TOM Oh, I've been keeping out of trouble.

메리 어떻게 지내니, 탐?
탐 별 탈 없이 잘 지내.

• (I've) been under the weather.

몸이 좀 안 좋았어.

JOHN   How have you been?

SALLY I've been under the weather,
but I'm better.

존   어떻게 지냈니?

샐리   몸이 좀 안 좋았는데, 이젠 많이 좋아졌어.

DOCTOR How are you?

MARY   I've been under the weather.

DOCTOR Maybe we can fix that.
What seems to be the trouble?

의사   어떻게 오셨죠?

메리   몸이 좀 안 좋아서요.

의사   치료할 수 있을 겁니다. 어디가 아프시죠?

fix 치료하다 | What seems to be the trouble[problem]? 어디가 아프시죠?

• (I've) been up to no good.

**별일 없이 그럭저럭
지냈어.**

하고 있는 일이 신통치 않다고 막연하게 대답하는 표현이다.

JOHN   What have you been doing, Tom?

TOM   Oh, I've been up to no good, as usual.

JOHN   Yeah. Me, too.

존   그동안 뭐하고 지냈니, 탐?

탐   아, 늘 그렇듯이 소득도 없는 일에 힘만 빼고 지냈지, 뭐.

존   그렇구나. 나도 그런데.

MARY   Been keeping busy as usual?

SUE   Yeah. Been up to no good, as usual.

MARY   I should have known.

메리   요즘도 늘 바쁘니?

수   응. 늘 소득도 없는 일에 힘만 빼고 있어.

메리   그랬구나.

(be) no good 아무런 쓸모가 없다, 소용없다 | as usual 여느 때와 같이, 늘 그렇듯이 |
I should have known. 진작 알았어야 했는데 그런 줄 몰랐다.

- **(I've) never been better.**
- **(I've) never felt better.**

더할 나위 없이 좋아.

건강이나 현재 상태를 묻는 인사말에 대한 대답이다.

MARY How are you, Sally?

SALLY Never been better, sweetie.

메리 어떻게 지내, 샐리?

샐리 더할 나위 없이 잘 지내, 친구야.

DOCTOR How are you, Jane?

JANE Never felt better.

DOCTOR Then, why are you here?

의사 몸은 좀 어떠세요, 제인?

제인 최고예요.

의사 그렇다면 여긴 왜 오셨죠?

sweetie 연인이나 친한 친구를 부르는 호칭

- **(Just) taking care of business.**

그냥 일하며 지내.

T.C.B.라는 약어로 사용할 수도 있다.

BILL Hey, man. What you been doing?

TOM Just taking care of business.

빌 야, 친구. 어떻게 지냈어?

탐 그냥 일하며 지내지 뭐.

ANDREW Look, officer, I'm just standing here, taking care of business, and this Tom guy comes up and tries to hit me for a loan.

TOM That's not true!

앤드류 이봐요, 경관님, 전 그냥 여기 서서 제 할 일 하고 있는데 탐이라는 녀석이 다가와서는 돈 내놓으라며 날 치려고 해요.

탐 거짓말이에요!

come up 다가오다 | loan 돈을 빌림 (위의 대화에서처럼 표면적으로는 '빌린다'는 말을 썼지만 결국은 '돈을 대달라', '돈을 내놓으라'는 강압적인 뉘앙스로도 응용할 수 있음)

• No more than I have to.

그럭저럭 지내.

| BOB | Hey, Fred. What you been doing? |
| FRED | No more than I have to. |

밥   야, 프레드. 어떻게 지내?
프레드   그럭저럭 지내.

• Not (too) much.

별일 없이 잘 지내.

| JOHN | What have you been doing? |
| MARY | Not much. |

존   어떻게 지내고 있니?
메리 별일 없이 잘 지내고 있어.

SUE	Been keeping busy? What are you up to?
BOB	Not too much.
SUE	Yeah. Me, too.

수   바빴니? 어떻게 지내?
밥   별일 없이 잘 지내.
수   그렇구나. 나도 그래.

What are you up to? 어떻게 지내?

• Nothing.

❶ 아무 말도 안 했어.

| MARY | What did you say? |
| SUE | Nothing. |

메리 뭐라고 했어?
수   아무 말 안 했는데.

TOM	Did you have something to say?
	What do you want?
MARY	Nothing.

탐   뭐 할 말 있니? 원하는 게 뭐야?
메리 아무것도 없어.

54

❷ 별일 없이 잘 지내.

BOB	What have you been doing?
MARY	Nothing.
밥	어떻게 지내니?
메리	별일 없이 잘 지내.

BILL	What have you been up to?
MARY	Nothing, really.
빌	어떻게 지냈니?
메리	잘 지냈지, 정말이야.

What have you been up to? (주로 오랜만에 만난 이에게) 그동안 어떻게 지냈어?

- **Nothing much.**

**그저 그래. /
별일 없어.**

JOHN	Hey, man! How's by you?
BOB	Hiya! Nothing much.
존	야! 어떻게 지내?
밥	안녕! 그저 그래.

BILL	What have you been doing?
TOM	Nothing much.
빌	어떻게 지냈니?
탐	그저 그렇게 지냈지 뭐.

How's by you? 어떻게 지내? | **Hiya!** 안녕!, 야!

- **(Things) could be better.**
- **(Things) might be better.**
- **(I) could be better.**

별로야.

안부 인사에 대해 '그다지 잘 못 지내'라고 대답할 때 사용한다. 반드시 직접적인 대답으로 쓰이는 것은 아니다.

JOHN	How are things going, Fred?
FRED	Things could be better. And you?
JOHN	About the same.
존	어떻게 지내, 프레드?
프레드	별로야. 넌 어때?
존	나도 마찬가지야.

BOB	Hi, Bill! How are you?
BILL	I could be better. What's new with you?
BOB	Nothing much.
밥	안녕, 빌! 어떻게 지내?
빌	별로야. 넌 어때?
밥	그냥 그래.

- **(Things) could be worse.**
- **(I) could be worse.**

그럭저럭 지내.

JOHN	How are you, Fred?
FRED	Things could be worse. And you?
JOHN	Okay, I guess.
존	어떻게 지내, 프레드?
프레드	그럭저럭 지내. 넌?
존	잘 지내지, 뭐.

BOB	Hi, Bob! What's happening?
ANDREW	I could be worse. What's new with you?
밥	안녕, 밥! 어떻게 지내?
앤드류	그럭저럭 지내. 넌 어때?

UNIT 2-3 ▶ 안부 전하기

- **Say hello to** someone **(for me).**

～에게 안부 전해 줘.

Give my best to someone. someone 자리에는 사람 이름이나 대명사가 온다.

ANDREW Good-bye, Tom.
Say hello to your brother for me.

TOM Sure. Bye, Andy.

앤드류 잘 가, 탐. 너희 형한테 내 안부 전해 줘.
탐 그래. 잘 가, 앤디.

SALLY Well, good-bye.

MARY Bye.

SALLY And say hello to Jane.

MARY Sure. Bye-bye.

샐리 그래, 잘 가.
메리 안녕.
샐리 제인한테 안부 전해 줘.
메리 그래. 안녕.

- **Give my best to** someone.
- **All the best to** someone.

～에게 안부 전해 줘.

Say hello to someone (for me). someone 자리에는 사람 이름이나 인칭 대명사를 쓴다.

ALICE Good-bye, Fred.
Give my best to your mother.

FRED Sure, Alice. Good-bye.

앨리스 잘 가, 프레드. 어머님께 안부 전해 드려.
프레드 그래, 앨리스. 안녕.

BILL	Bye, Rachel. **All the best to your family.**
RACHEL	Thanks. Bye.
빌	잘 가, 레이첼. 가족들한테 안부 전해 줘.
레이첼	고마워. 안녕.

• **Remember me to** someone.

~에게 안부 전해 줘.

TOM	My brother says hello.
BILL	Oh, good. Please **remember me to him.**
TOM	I will.
탐	우리 형이 안부 전해 달래.
빌	그래. 내 안부도 전해 줘.
탐	그럴게.

FRED	Bye.
JOHN	Good-bye, Fred.
	Remember me to your Uncle Tom.
프레드	안녕.
존	잘 가, 프레드. 탐 삼촌께 내 안부 전해 드려.

say hello 안부를 전하다

UNIT 2-4 ▶ 연락 유지하기

● **Anytime.**

❶ 언제든지.

SALLY　We really enjoyed our visit.
　　　　Hope to see you again.

BILL　**Anytime.** Please feel free to come back.

샐리　정말 즐거웠어요. 다음에 또 뵈었으면 좋겠네요.
빌　언제든지 환영해요. 부담 없이 놀러 와요.

Feel free to... 맘껏[부담 없이] ~하세요

❷ 천만에.

MARY　Thanks for driving me home.

BOB　**Anytime.**

메리　집까지 태워 줘서 고마워.
밥　천만에.

● **Don't be a stranger!**
● **Don't make yourself a stranger!**

연락 좀 하고 살자!　자주 방문하러 와 달라는 뜻이다.

It was really good to see you, Fred.
Don't be a stranger. Come back and see us.

다시 보게 되어 정말 반가웠어, 프레드. 연락 좀 하고 살자. 또 우리 보러
와.

JOHN　**Don't be a stranger**, you hear?

BOB　Thanks, I look forward to seeing you again.

존　연락 좀 하고 살자, 알았지?
밥　고마워, 다시 만나기를 고대할게.

Don't make yourself a stranger. Drop by the
house more often. We're always open.

연락 좀 하고 살자. 집에 좀 더 자주 들러. 대문은 항상 열려 있으니까.

• Drop in sometime. • Drop over sometime.
• Drop by sometime.

언제 한번 들르세요.

BOB	Bye, Bill, nice seeing you.
BILL	Hey, drop in sometime.
BOB	Okay.
BILL	Great! Bye.
밥	잘 가, 빌, 만나서 반가웠어.
빌	야, 언제 한 번 들러.
밥	그럴게.
빌	좋아! 잘 가.

"Drop in sometime," said Bob to his uncle.

"언제 한번 들르세요."라고 밥이 그의 삼촌에게 말했다.

• Drop by for a drink (sometime). 친밀

(언제) 술 한잔 하게 들러.

BOB	Good to see you, Mary. Drop by for a drink sometime.
MARY	Love to. Bye.
밥	만나서 반가웠어, 메리. 언제 술 한잔 하게 들러.
메리	좋지. 안녕.

• Drop me a line.

연락해.

편지로 연락하며 소식 전하라는 뜻이다.

JOHN	If you get into our area, drop me a line.
FRED	I sure will, John.
JOHN	Bye.
존	우리 동네에 오면 연락해.
프레드	그럴게, 존.
존	잘 가.

• Drop me a note.

소식 전해 줘.

편지로 어떻게 지내는지 전해 달라는 뜻이다.

MARY I'm off for Brazil. Good-bye.

SALLY Have a good time. Drop me a note.

메리 나 브라질로 떠나. 잘 있어.

샐리 가서 잘 지내고. 연락해.

• Give me a call.
• Give me a ring.

전화해.

MARY See you later, Fred.

FRED Give me a call if you get a chance.

메리 나중에 봐, 프레드.

프레드 시간 나면 전화해.

"When you're in town again, Sue, give me a call," said John.

존은 "이곳에 또 오게 되면 나한테 전화해, 수."라고 말했다.

BOB When should we talk about this again?

BILL Next week is soon enough. Give me a ring.

밥 언제 다시 이 문제를 의논할까?

빌 다음 주면 괜찮아. 전화해.

if you get a chance 기회가 되면 | **be in town** 이곳에 오다 (여기서 town은 '화자가 살고 있는 지역'. 따라서 be in town은 '화자가 살고 있는 지역에 오다'라는 의미) | **soon enough** 충분히 빠른

• Keep in touch.

**연락해. /
연락하고 지내자.**

RACHEL Good-bye, Fred. Keep in touch.

FRED Bye, Rach.

레이첼 잘 가, 프레드. 연락해.

프레드 잘 가, 레이첼.

• kiss and make up

화해하다

사과하고 보상을 해 준다는 의미로, 실제적인 키스는 이루어지지 않을 수도 있다.

That's enough screaming and shouting, you two. Now stop it and kiss and make up.

너희 둘, 비명 지르고 소리 지르는 것은 이제 그만하면 됐어. 이제 그만하고 화해해.

• know when one is not wanted

환영받지 못하는 걸 알다

I'm leaving this place! I know when I'm not wanted!

난 갈게! 내가 환영받지 못하는 사람이란 거 다 알아!

She doesn't know when she's not wanted. Can't she tell she's out of place?

그 여자는 자신이 환영받지 못한다는 걸 몰라. 자기와 어울리지 않는 자리라는 걸 왜 모르지?

tell 분간하다, 알다 | **out of place** 제자리에 있지 않은, 부적절한

• Look me up when you're in town.

근처에 오면 연락해.

막연히 혹은 건성으로 상대를 대하는 표현이다.

BOB Nice to see you, Tom. Bye now.

TOM Yes, indeed. Look me up when you're in town. Bye.

밥 만나서 반가웠어. 탐, 잘 가.

탐 그래, 나도. 다음에 언제 우리 동네에 오면 연락해. 잘 가.

SALLY (on the phone) Bye. Nice talking to you.

MARY Bye, Sally. Sorry we can't talk more. Look me up when you're in town.

샐리 (전화상으로) 안녕. 얘기 즐거웠어.

메리 안녕, 샐리. 미안하지만 그만 끊어야겠다. 언제 우리 동네 오면 연락해.

• **reach out to** someone

**~에게 스스럼없이
다가가다**

DON   I reached out to Fred, since he is so shy.

HANNA I hope he felt comfortable with your
proposition.

돈   프레드가 아주 부끄러워하기에 내가 그에게 스스럼없이 다가갔어.

한나   그가 네 제안에 마음 편하게 느꼈기를 바라.

• **Remember to write.**
• **Don't forget to write.**

❶ 잊지 말고 편지해.   여행을 떠나는 사람에게 하는 작별 인사로, 집에 남은 사람들에게 잊지 말고 편지하라는 당부의 표현이다.

ALICE   Bye.

MARY   Good-bye, Alice. Remember to write.

ALICE   I will. Bye.

앨리스 잘 있어.

메리   잘 가, 앨리스. 잊지 말고 편지해.

앨리스 그럴게. 안녕.

**❷ (금방 다시 만날 사람에게
장난치듯) 편지해.**   good-bye. 대신 쓸 수 있는 익살스러운 작별 인사 표현이다.

TOM   Okay. See you after lunch.

MARY   Yeah. Bye. Remember to write.

탐   좋아, 점심 먹고 보자!

메리   그래. 안녕. 편지해.

• **sever ties with** someone

**갑작스레 ~와의
관계를 끝내다**

The company severed ties with the embezzling
employee.

회사 측은 회사 자금을 횡령한 직원을 곧바로 해고했다.

John has severed all ties with his parents.

존은 부모님과의 인연을 모두 끊어 버렸다.

embezzle (공금 따위를) 횡령하다 | **employee** 직원

• spend (some) quality time with someone

~와 오붓한 시간을
보내다

참고 have some face time with someone (64쪽)

I spent some quality time with my wife this
weekend.

나는 이번 주말에 아내와 얼마간의 오붓한 시간을 보냈다.

I need to stop working at home on the weekends
and spend some quality time with my kids.

나는 주말에는 집에서 일하는 것을 그만두고 아이들과 얼마간의 오붓한
시간을 보낼 필요가 있다.

• have some face time with someone

~와 직접 만나서
시간을 보내다

전화나 이메일을 통해서가 아니라 직접 얼굴을 보고 누군가를 상대하면서 일정한
시간을 보내는 것을 말한다.

참고 spend (some) quality time with someone (64쪽)

As soon as I have some face time with Tom, I'll
be able to tell you what his reaction is to your
proposal.

내가 탐과 만나서 시간을 보내는 대로 곧, 네 청혼에 대한 그의 반응이 어
떤지 네게 알려줄 수 있을 거야.

Thank you all for coming today. I would prefer to
have some face time with each of you individually,
and maybe we will do that someday.

오늘 이렇게 와 주셔서 감사합니다. 저는 여러분 개개인과 개인적으로 직
접 만나서 시간을 보내는 것을 더 선호하는데, 어쩌면 언젠가 우리가 그렇
게 하게 될지도 모르겠습니다.

> - We('ll) have to do lunch sometime.
> - Let's do lunch (sometime).

언제 점심 같이 먹자.

RACHEL   Nice to talk to you, Tom. We have to do lunch sometime.

TOM   Yes, good to see you. I'll give you a ring.

레이첼   이야기 즐거웠어, 탐. 언제 점심이라도 같이 먹자.
탐   그래, 나도 널 만나서 즐거웠어. 전화할게.

TOM   Can't talk to you now. Catch you later.

MARY   We'll have to do lunch sometime.

탐   지금은 얘기할 시간이 없어. 나중에 연락할게.
메리   언제 점심이라도 같이 먹자.

JOHN   Good to see you, Tom.

TOM   Right. Let's do lunch sometime.

JOHN   Good idea. I'll call you. Bye.

TOM   Right. Bye.

존   만나서 반가웠어, 탐.
탐   그래, 언제 점심이나 같이 먹자.
존   좋아. 전화할게. 잘 가.
탐   그래, 안녕.

> - I don't believe I've had the pleasure.

우리 초면인 것 같군요.

TOM   I'm Tom Thomas. I don't believe I've had the pleasure.

BILL   Hello. I'm Bill Franklin.

TOM   Nice to meet you, Bill.

BILL   Likewise.

탐   전 탐 토마스입니다. 초면인 것 같군요.
빌   안녕하세요. 전 빌 프랭클린입니다.
탐   만나서 반갑습니다. 빌.
빌   저도요.

• I don't think we've met.

인사를 아직 못 했네요.

JANE　I'm Jane Smithers.
I don't think we've met.

WALLACE　I'm Wallace Wimple.

제인　저는 제인 스미더스예요. 인사를 아직 못했네요.
월리스　저는 월리스 윔플입니다.

• I'll look you up when I'm in town.

이곳에 오게 되면
한번 찾아갈게.

BILL　I hope to see you again sometime.

MARY　I'll look you up when I'm in town.

빌　언젠가 다시 만나길 바라.
메리　이곳에 오게 되면 내가 찾아갈게.

ANDREW　Good-bye, Fred. It's been nice talking to
you. I'll look you up when I'm in town.

FRED　See you around, dude.

앤드류　잘 가, 프레드. 너랑 얘기 나눌 수 있어서 즐거웠어. 언제 이곳
에 오게 되면 한번 찾아갈게.

프레드　또 보자, 친구.

dude 친구 (buddy, man 등과 마찬가지로 주로 남자들 사이에서 격의 없이 부르는 호칭)

CHAPTER

03

대화하기

UNIT 3-1 ▶ 대화 시작하기

- **(Do you) know what?**
- **You know what?**

그거 아니? / 있잖아.

대화를 시작하거나 새로운 화제로 전환하고자 할 때 사용한다.

BOB	Know what?
BILL	Tell me.
BOB	Your hair needs cutting.
BILL	So what?

밥	있잖아.
빌	말해 봐.
밥	너 머리 좀 잘라야 할 것 같아.
빌	그래서?

BOB	You know what?
MARY	No, what?
BOB	I think this milk is spoiled.

밥	그거 아니?
메리	아니, 뭐?
밥	이 우유 상한 것 같아.

So what? 그래서 그게 어쨌다고?

- **(Do you) want to know something?**
- **(You want to) know something?**

있잖아.

JOHN	Want to know something?
SUE	What?
JOHN	Your hem is torn.

존	있잖아.
수	뭐?
존	네 옷단 터졌어.

BILL	Hey, Tom! Know something?
TOM	What is it?

BILL	It's really hot today.
TOM	Don't I know it!
빌	야, 탐! 있잖아.
탐	뭐?
빌	오늘 진짜 덥지.
탐	그걸 누가 모르냐!

hem (옷) 단 | be torn 찢어지다 | Don't I know it! 그걸 누가 모르냐!, 나도 잘 알아!

• Guess what!

**그거 알아? /
맞춰 봐!**

상대를 대화에 끌어들일 때 쓴다.

ALICE	Guess what!
BOB	I don't know. What?
ALICE	I'm going to Europe this summer.
BOB	That's very nice.
앨리스	그거 알아?
밥	몰라. 뭐?
앨리스	나 이번 여름에 유럽에 가기로 했어.
밥	멋지다.

• I'd like (to have) a word with you.
• Could I have a word with you?

긴히 할 말이 있어.

두 번째 표현에서는 문두의 could 대신 can이나 may를 사용해도 된다.

BOB	Can I have a word with you?
SALLY	Sure. I'll be with you in a minute.
밥	잠깐 둘이서만 이야기 좀 할 수 있을까?
샐리	그래. 금방 갈게.

SALLY	Tom?
TOM	Yes?
SALLY	I'd like to have a word with you.
TOM	Okay. What's it about?
샐리	탐?
탐	응?
샐리	잠깐 둘이서만 얘기 좀 하고 싶은데.
탐	알았어. 무슨 이야긴데?

I'll be with you in a minute. 곧 갈게요.

• now then

자

새로운 화제를 시작하거나 본론으로 들어갈 때 사용하는 표현이다. 이런 표현들은 대체로 뒤에 나오는 문장의 의미에 따라 말투가 달라진다. 짧게 끊는 말투는 비꼼·이견·경고·위로·단호함 등을 나타낸다.

"Now then, where's the pain?" asked the doctor.

의사가 "자, 어디가 아프시죠?"라고 물었다.

MARY Now then, let's talk about you and your interests.

BOB Oh, good. My favorite subject.

메리 자, 이제 당신 그리고 당신의 관심사에 관해 얘기해 보죠.
밥 네, 좋아요. 제가 좋아하는 주제요.

• Did you order all this weather?

이런 날씨가 되라고 기도라도 한 거야?

weather 대신 rain, sun, heat, cold, snow처럼 더 구체적인 날씨 표현을 쓸 수도 있다.

DON How's it going?
Hey, Andy, did you order all this snow?

ANDY Sure, Don. I do snow in the winter and rain in the fall.

돈 어떻게 지내? 어이 앤디. 네가 이렇게 눈 좀 내리라고 기도라도 했어?
앤디 물론이지, 돈. 겨울에는 눈이 내리고 가을에는 비가 내리는 게 다 내 덕인 줄 알아.

• What do you think of this weather?

오늘 날씨 어때?

종종 금방 만난 사람과 대화를 시작할 때도 쓸 수 있다.

SUE Glad to meet you, Mary.

MARY What do you think about this weather?

SUE I've seen better.

수 만나서 반가워요, 메리.
메리 오늘 날씨 어때요?
수 그저 그러네요.

• How 'bout this weather?

날씨가 좀 그렇지?

JOHN   Gee, it's hot! How 'bout this weather?

BOB   Heat getting you down?

존   이런, 날씨가 참 덥네. 날씨가 좀 그렇지?

밥   더위가 네 기분을 저하시키기라도 하는 거야?

• How do you like this weather?

이런 날씨 어때?

HENRY   Hi, Bill. How do you like this weather?

BILL   Lovely weather for ducks.
Not too good for me, though.

헨리   안녕, 빌. 이런 날씨 어떠니?

빌   날씨가 흐리네. 난 별로야.

• Lovely weather for ducks.

**비가 와서 날씨가
찝찝하군.**

BILL   Hi, Bob. How do you like this weather?

BOB   Lovely weather for ducks.

빌   안녕, 밥. 오늘 같은 날씨 어떠니?

밥   비가 와서 영 찝찝해.

• Nice weather we're having.

❶ 날씨가 좋네.   때때로 처음 만나는 사람과 대화를 시작할 때 사용한다.

BILL   Nice weather we're having.

BOB   Yeah. It's great.

빌   날씨 좋네요.

밥   맞아요. 정말 화창하네요.

**❷ (빈정대며)
날씨 한번 좋네.**

BILL   Hi, Tom. Nice weather we're having, huh?

TOM   Yeah. Gee, it's hot!

빌   안녕, 탐. 날씨 한번 좋지?

탐   그러게. 덥기도 해라!

UNIT 3-2 ▶ 대화의 목적을 말할 때

• (I) just want(ed) to (do something).

나는 그저 ~하고 싶을[싶었을] 뿐이야.

RACHEL I just wanted to say that we all loved your letter. Thank you so much.

ANDREW Thanks. Glad you liked it.

레이첼 우리 모두 네 편지를 받고 많이 좋아했다는 말을 전하고 싶어. 정말 고마워.

앤드류 고마워. 좋아했다니 나도 기쁘네.

ANDREW Just wanted to come by for a minute and say hello.

TOM Well, hello. Glad you dropped by.

앤드류 그저 잠깐 들러서 인사나 하고 싶었어.

탐 그래, 안녕. 들러 줘서 기뻐.

• let me (just) say ~
• just let me say ~

내가 하고 싶은 말은 ~ 자신이 중요하다고 생각하는 요점을 말할 때 쓴다.

RACHEL Let me say how pleased we all are with your efforts.

HENRY Why, thank you very much.

레이첼 내가 하고 싶은 말은 우리 모두 네가 노력해 줘서 정말 기뻤다는 거야.

헨리 그렇군. 정말 고마워.

BOB Just let me say that we're extremely pleased with your activity.

BILL Thanks loads. I did what I could.

밥 내가 하고 싶은 말은 우리 모두 네 행동에 정말 많이 기뻤다는 거야.

빌 정말 고마워. 난 할 수 있는 일을 했을 뿐이야.

Why. 뭘요., 별말씀을요. | extremely 대단히 | Thanks loads. 정말 고마워.

• We need to talk about something.

**우리 ~에 대해
얘기 좀 하자.**

어떤 문제에 대해 의논하자고 끌어들이는 표현이다.

BILL   Can I come over tonight?
We need to talk about something.

MARY   I guess so.

빌   오늘 밤에 가도 될까? 얘기 좀 하자.
메리   그래.

• Let's get down to business.

본론으로 들어갑시다.   사업 이야기 등 좀 더 진지한 대화로 전환하고자 할 때 사용한다.

JOHN   Okay, enough small talk.
Let's get down to business.

MARY   Good idea.

존   좋아, 이제 잡담은 그만두고 본론으로 들어갑시다.
메리   좋습니다.

small talk 잡담(= chitchat)

• not to put too fine a point on it

단도직입적으로 말하면   **RACHEL**   Not to put too fine a point on it, Mary,
but you're still acting a little rude to Tom.

MARY   I'm sorry, but that's the way I feel.

레이첼   단도직입적으로 말하면, 메리야, 넌 아직도 탐에게 약간 무례
하게 구는구나.
메리   미안해, 하지만 그렇게 행동하고 싶은 기분이야.

JOHN   I think, not to put too fine a point on it,
you ought to do exactly as you are told.

ANDREW   And I think you ought to mind your own
business.

존   대놓고 말하자면, 넌 정확히 명령받은 대로 해야 해.
앤드류   넌 네 일이나 신경 썼으면 좋겠다.

Mind your own business. 참견 마., 네 일이나 신경 써.

• That brings me to the (main) point.

그래서 말인데.

FATHER It's true. All of us had to go through something like this when we were young, and that brings me to the point. Aren't you old enough to be living on your own and making your own decisions and supporting yourself?

TOM Well, yes, I guess so.

아빠   그래, 맞아. 어린 시절엔 누구나 이런 과정을 겪는 거야. 그래서 말인데, 이제 너도 독립해서 스스로 결정하고 혼자 힘으로 살아 갈 나이가 되지 않았니?

탐   음, 네, 그렇죠.

FRED Yes, things are very expensive these days, and that brings me to the main point. You simply have to cut back on spending.

BILL You're right. I'll do it!

프레드   요즘 물가가 많이 올라서 말인데, 넌 씀씀이를 좀 줄여야 해.

빌   네 말이 맞아. 그럴게!

• What brings you here?

여긴 어쩐 일이야?

DOCTOR Well, John, what brings you here?

JOHN I've had this cough for nearly a month, and I think it needs looking into.

의사   그래요, 존, 무슨 일로 오셨나요?

존   한 달 가까이 기침이 안 떨어져서 검사를 받으려고 왔어요.

• What is it?

왜?

'뭘 원하는 거야?', '왜 내 주의를 끌려는 거야?'라는 의미이지만, 글자 그대로 '그게 무엇이냐?'라는 의미도 있다.

TOM John, can I talk to you for a minute?

JOHN What is it?

탐   존, 잠깐 얘기 좀 할 수 있을까?

존   왜?

• which brings me to the (main) point

본론으로 들어가서

BILL Keeping safe at times like this is very important—which brings me to the main point. Does your house have an adequate burglar alarm?

SALLY I knew you were trying to sell me something! Out!

빌 이처럼 이따금 안전 유지가 매우 중요한 때도 있습니다. 본론으로 들어가죠. 귀하의 집에 도난 경보기가 있나요?

샐리 뭘 팔 생각인가 본데! 나가요!

• without further ado

거두절미하고

부연 설명이나 소개 없이. 흔히 대중에게 누군가를 소개하는 말을 끝맺을 때 사용한다.

And without further ado, here is your friend and mine, Wally Wimple.

그러면 거두절미하고 여러분의 친구이자 제 친구이기도 한 월리 윔플을 모시겠습니다.

• for nothing

헛되이

BOB You sure put a lot of work into this project. It's too bad it didn't work out as planned.

JAN Yes, all that work for nothing.

밥 넌 이 프로젝트에 많은 노력을 쏟았잖아. 일이 계획대로 풀리지 않아서 정말 유감이야.

젠 그래. 모두 다 소용없게 되어 버렸어.

UNIT 3-3 ▶ 대화 진행하기

• Let's talk (about it).

논의해 보자.

SALLY   I've got a real problem.
BOB   Let's talk about it.

샐리   나 정말 큰 문제가 생겼어.
밥   같이 의논해 보자.

• Keep talking.

계속 말해 봐.

참고 **Tell me more.** (92쪽)

DON   I have a hot lead on a big deal with a Vegas land owner.
ANDY   Keeping talking. I'm interested.

돈   베이거스의 땅 주인과 아주 따끈따끈한 큰 거래 건수가 있어.
앤디   계속 말해 봐. 나도 관심 있거든.

• (I) beg your pardon, but ~
• Begging your pardon, but ~

실례합니다만~

뭔가가 방해를 하거나 다른 사람의 주목을 끌 때, 또는 모르는 사람에게 질문을 할 때 격식을 갖춰 공손하게 말하는 표현이다.

RACHEL   Beg your pardon, but I think your right front tire is a little low.
HENRY   Well, I guess it is. Thank you.

레이첼   실례합니다만, 앞쪽 오른쪽 타이어에 바람이 빠진 것 같아요.
헨리   어, 그런 것 같네요. 고맙습니다.

JOHN   Begging your pardon, ma'am, but weren't we on the same cruise ship in Alaska last July?
RACHEL   Couldn't have been me.

존	실례합니다만 부인. 지난 7월에 알래스카 크루즈 여객선에 같이 타시지 않았나요?
레이첼	저였을 리가 없을 텐데요.

cruise ship 유람선 | couldn't have p.p. ~였을 리가 없다

- I'm listening.
- I'm all ears.

(듣고 있으니) **말해 봐.**

듣고 있으니까 얘기해 보라는 뜻이다.

BOB	Look, old pal.
	I want to talk to you about something.
TOM	I'm listening.
밥	야, 친구! 너랑 할 얘기가 있어.
탐	말해 봐.

BILL	I guess I owe you an apology.
JANE	I'm all ears.
빌	너한테 사과해야 할 것 같아.
제인	말해 봐.

I owe you an apology. 사과할 게 있어.

- I'm not finished with you.

내 얘기 아직 안 끝났어.

Bill started to turn away when he thought the scolding was finished. "I'm not finished with you," bellowed his father.

빌은 아버지의 꾸지람이 끝났다고 생각하고 돌아서려 했다. 그러자 아버지는 "내 말 아직 다 안 끝났어."라며 호통을 치셨다.

When the angry teacher paused briefly to catch his breath, Bob turned as if to go. "I'm not finished with you," screamed teacher, filled anew with breath and invective.

화가 난 선생님이 잠시 멈춰 숨을 가다듬는 사이, 밥은 가려는 듯 돌아섰다. 선생님께서는 숨을 몰아 쉬더니 더욱 화를 내시며, "내 말 아직 다 안 끝났어."라고 호통을 치셨다.

• Next question.

다음 질문!

MARY   When can I expect this construction noise
        to stop?

BOB   In about a month. Next question!

메리   건설 현장에서 나는 소음이 언제쯤 그칠까요?

밥   약 한 달 정도 후에요. 다음 질문!

• (Now,) where was I?

어디까지 얘기했더라?   강세는 was에 있다.

JANE   Where was I?

BOB   You had just described the War of 1812.

제인   내가 어디까지 얘기했지?

밥   1812년에 있었던 전쟁 얘기를 하던 참이었어.

• Say no more.

알았어.

JOHN   Someone ought to take this stuff outside.

BILL   Say no more. Consider it done.

존   누가 이 물건 좀 밖으로 내놔야 할 텐데.

빌   알았어. 내가 할게.

MARY   Shouldn't we turn here if we plan to visit
        Jane?

ALICE   Say no more. Here we go.

메리   제인네 집에 갈 거면 여기서 돌아야 하는 거 아니야?

앨리스 알았어. 그럼 돈다.

• Shoot!

(어서) 말해 봐!

BOB   Can I ask you a question?

BILL   Sure. Shoot!

밥   질문 하나 해도 돼?

빌   그럼, 물어 봐!

MARY	There are a few things I want to say before we go on.
TOM	Shoot!
메리	계속하기 전에 말하고 싶은 게 몇 가지 있는데.
탐	해 봐!

• Stay with me.

제 말 잘 들으세요.

강세는 with에 있다. 강세를 stay에 두면 문어체 표현이 된다.

This explanation is going to be quite complicated, so stay with me, and ask lots of questions.

이 설명은 꽤 복잡할 테니 제 말을 잘 듣고 질문을 많이 해 주세요.

I know it's late and you're all tired, but stay with me until I cover this last graph.

시간이 늦었고 여러분이 피곤하다는 것도 알지만, 이 마지막 그래프를 다 설명할 때까지 제 말을 잘 들어 주세요.

• I'll bite.

좋아, 말해 봐. / 질문에 대답하지.

BOB	Guess what is in this box.
BILL	I'll bite.
BOB	A new toaster!
밥	이 상자 안에 뭐가 있게?
빌	좋아, 말 해봐.
밥	새 토스트기지!

JOHN	Did you hear the joke about the used car saleman?
JANE	No. I'll bite.
존	중고차 판매원에 관한 우스갯소리 들었어?
제인	아니, 내가 들어줄테니 말해 봐.

UNIT 3-4 ▶ 사람에 대한 대화

- **Anyone I know?**
- **Anybody I know?**

내가 아는 사람이야?

SALLY	Where were you last night?
JANE	I had a date.
SALLY	<u>Anyone I know?</u>

샐리	어젯밤에 어디 있었어?
제인	데이트했어.
샐리	내가 아는 사람이야?

BILL	I've got a date for the formal next month.
HENRY	<u>Anybody I know?</u>

빌	다음 달에 열리는 댄스파티에 같이 갈 상대를 구했어.
헨리	내가 아는 사람이야?

have (got) a date 첫 번째 대화에서는 '데이트하다', 두 번째 대화에서는 '데이트 상대를 구하다'라는 의미 (have got은 have의 구어체 표현) | **the formal** 여기서는 공식적인 댄스파티를 의미

- **Could I see you again?**

**또 만날 수 있어요? /
또 데이트할 수
있을까요?**

could 대신 can이나 may를 사용하기도 한다.

TOM	I had a wonderful time, Mary. <u>Can I see you again?</u>
MARY	Call me tomorrow, Tom. Good night.

탐	정말 즐거웠어, 메리. 다음에 또 볼 수 있을까?
메리	내일 전화해, 탐. 잘 자.

"<u>Could I see you again?</u>" muttered Tom, dizzy with the magic of her kiss.

그 여자의 황홀한 키스에 어쩔 줄을 몰라 탐은 "또 만날 수 있을까요?"라고 중얼거렸다.

mutter 중얼거리다 | **dizzy** (너무 좋아서) 아찔한, 머리가 뱅뱅 도는

• drop names

잘 아는 척하다

중요하거나 유명한 인물과 친한 친구인 것처럼 떠벌리는 것을 말한다.

Mary always tries to impress people by dropping the names of well-known film stars.

메리는 항상 유명한 영화배우들을 잘 아는 척해서 사람들의 관심을 끌려고 해.

• hook up with someone

~와 만나서 같이 시간을 보내다

성적인 만남을 위해 누군가를 만나거나 꼬신다는 의미로도 쓰인다.

I spent many evenings at a bar, hoping I could hook up with someone interesting. Actually, I became very close with the bartender.

나는 재미있는 사람을 낚아서 같이 시간을 보낼 수 있기를 바라며 많은 밤을 바에서 보냈다. 실제로 나는 바텐더와 아주 친해졌다.

She's running around with some guy she hooked up with in a bar.

그녀는 바에서 만나 같이 시간을 보냈던 어떤 남자와 교제하고 있다.

• How do you know someone?

~을 어떻게 알아?

JOHN How do you know Wally?
BOB Through work.

존 월리를 어떻게 알아?
밥 일하다가 알게 됐어.

I saw you talking to Bill. How do you know him, if I might ask?

네가 빌이랑 얘기하는 거 봤어. 괜찮다면 그를 어떻게 알았는지 물어봐도 될까?

Part 1 일상 회화 표현 • 81

• I believe we've met.

우리 만난 적이 있는 것 같은데.

JOHN   Alice, have you met Fred?

ALICE   Oh, yes, I believe we've met.
         How are you, Fred?

FRED   Hello, Alice. Good to see you again.

존   앨리스, 프레드 만났던 적 있었나?

앨리스   응, 언젠가 만났던 것 같아. 어떻게 지냈니, 프레드?

프레드   안녕, 앨리스. 다시 만나서 반가워.

• I didn't catch your name.
• I didn't catch the name.

성함이 뭐였죠? / 이름을 잘 못 들었어요.

BILL   How do you like this weather?

BOB   It's not too good. By the way, I didn't catch your name. I'm Bob Wilson.

BILL   I'm Bill Franklin.

BOB   Nice to meet you, Bill.

빌   오늘 날씨가 어떤 거 같아요?

밥   그다지 좋지는 않은데요. 참, 성함이 뭐였죠? 전 밥 윌슨입니다.

빌   빌 프랭클린입니다.

밥   만나서 반가워요, 빌.

BOB   Sorry, I didn't catch the name.

BILL   It's Bill, Bill Franklin. And you?

BOB   I'm Bob Wilson.

밥   미안하지만 저번에 소개받을 때 이름을 제대로 못 들었어.

빌   빌이야, 빌 프랭클린. 넌?

밥   난 밥 윌슨.

by the way 그건 그렇고, 그런데 (화제를 돌릴 때 쓰는 표현)

• I'm easy (to please).

난 가리지 않아.

TOM   Hey, man! Do you care if we get a sausage pizza rather than mushroom?

BOB   Fine with me. I'm easy.

탐   야! 버섯피자 대신 소시지피자 사 와도 괜찮아?

밥   좋아. 난 아무거나 잘 먹어.

MARY   How do you like this music?

BOB   It's great, but I'm easy to please.

메리   이 음악 어때?

밥   훌륭하군. 난 뭐든 다 좋아해.

Do you care if ~? ~해도 될까? | **How do you like ~?** ~ 어때?

• I'm not picky.

난 까다롭지 않아.

MOTHER   These cookies are a little brown on the bottom, but they're quite tasty.

HANNA   Thanks. I'm not picky.
They look great to me.

엄마   이 쿠키들은 밑면이 좀 타긴 했지만 아주 맛있단다.

한나   고맙습니다. 전 까다롭지 않아요. 제게는 아주 맛있어 보이네요.

• like to hear oneself talk

자기가 얘기하고
자기가 더 좋아하다

There he goes again. He just likes to hear himself talk.

저 사람 또 시작이군. 자기가 얘기하면서 자기가 더 좋아한다니까.

There someone goes again. 또 시작이군.

• (Most) folks (around here) call me name.

(이 근방 대부분의) **사람들은 나를 ~라고 불러.**

시골이나 지방에서 많이 쓰이는 표현이다. 다른 인칭으로도 쓸 수 있다.

Folks call me Travis.

사람들은 나를 트레비스라고 부른다.

Most folks around here call me Darrell. What's your name?

이 근방의 대부분의 사람들은 나를 대럴이라고 불러요. 당신의 이름은 무엇인가요?

• my one and only

나의 유일한

자신의 배우자, 약혼자, 여자 친구, 남자 친구 또는 특별한 연애 상대를 지칭할 때 쓴다. **참고** the one and only, someone (84쪽)

I'll meet you at the stadium. I have to stop and pick up my one and only.

경기장에서 봐. 나는 잠깐 들러서 나의 유일한 여자 친구를 태워 가야 하거든.

• the one and only, someone

그 이름도 유명한 ~

유명하거나 중요한 인물을 안내나 소개할 때 쓰는 표현이다. 빈정거리거나 과장하는 표현으로도 사용된다. **참고** my one and only (84쪽)

And now, without further ado, I give you the one and only, Mayor La Trivia!

그러면 이제, 거두절미하고 그 이름도 유명한 라 트라비아 시장님을 소개하겠습니다!

May I present to you the one and only, Joe Doaks, our favorite clerk.

여러분께 우리가 가장 좋아하는 판매원, 그 이름도 유명한 조 닥스를 소개하겠습니다.

• raised in a barn 친밀

못 배우고 자란

Close the door behind you! Were you raised in a barn?

들어오면 문 좀 닫아라! 그것도 못 배웠니?

Don't wipe your nose on your sleeve. Were you raised in a barn?

소매로 코 좀 닦지 마. 그것도 못 배웠니?

wipe one's nose 콧물을 닦다 | sleeve 소매

• take someone's part

~의 편을 들다

논쟁에서 어느 한쪽 편을 들거나 지지한다는 의미이다.

My sister took my mother's part in the family argument.

언니는 가족 간의 말다툼에서 엄마 편을 들었다.

• share someone's pain

~의 고통을 나누다

I am sorry about the loss of your home. I share your pain.

집을 잃다니 정말 유감이구나. 나도 마음이 아프다.

• share someone's sorrow

~의 슬픔을 나누다

I am sorry to hear about the death in your family. I share your sorrow.

가족상을 당하셨다니 유감입니다. 저도 매우 슬프군요.

• (someone) looks like something the cat dragged in.

몰골이 말이 아니구나.

비교 Look (at) what the cat dragged in! (24쪽)

ALICE Tom just came in. He looks like something the cat dragged in. What do you suppose happened to him?

앨리스 탐이 방금 들어왔어. 몰골이 말이 아니더군. 그 애한테 무슨 일 있었던 것 같니?

RACHEL Wow! Did you see Sue?

JANE Yes. Looks like something the cat dragged in.

레이첼 와! 너 수 봤니?

제인 응. 몰골이 말이 아니더라.

What do you suppose ~ ? 무슨 ~인 것 같니?

• Speak of the devil.

호랑이도 제 말 하면 온다더니.

비교 We were just talking about you. (94쪽)

TOM Speak of the devil, here comes Bill.

MARY We were just talking about you, Bill.

탐 호랑이도 제 말 하면 온다더니 저기 빌 온다.

메리 우리가 마침 네 얘기를 하고 있었어. 빌.

JOHN I wonder how Fred is doing in his new job.

FRED Hi, you two. What's up?

JOHN Speak of the devil. Look who's here!

존 프레드가 새 직장에서 어떻게 지내는지 궁금하네.

프레드 얘들아, 안녕. 뭐 해?

존 호랑이도 제 말 하면 온다더니. 이게 누구야!

Here comes + 사람 저기 ~가 오는군 | Look who's here! 이게 누구야!

> • We're all (standing) behind you.
> • Everyone is (standing) behind you.

**우리는 전부
널 응원하고 있어.**

I know that things are going badly for you, but you have our support. We're all standing behind you.

상황이 너한테 불리한 방향으로 흘러간다는 것은 알지만 우리는 너를 지지해. 우리는 전부 너를 응원하고 있어.

Everyone is behind you on this, Fred. We hope you will press on and win in the long run.

이 문제에 대해서는 모든 사람들이 다 너를 응원하고 있어, 프레드. 우리는 네가 분발해서 최종적으로 우승하기를 바라.

We are all standing behind you, no matter what.

우리는 무슨 일이 있어도 전부 너를 응원할 거야.

> • Where have you been all my life?

**어디 갔다 이제야
내 앞에 나타났니?**

대개 연인에게 사랑을 나타내는 표현이다.

MARY   I feel very happy when I'm with you.

JOHN   Oh, Mary, where have you been all my life?

메리   너랑 같이 있으면 정말 행복해.

존   그래, 메리. 어디 있다 이제야 내 앞에 나타난 거야?

> • Who's your friend?

같이 온 사람은 누구야?

JOHN   Hi, Tom. Who's your friend?

TOM   Oh, this is my little brother, Willie.

JOHN   Hi, Willie.

존   안녕, 탐. 같이 온 사람은 누구야?

탐   아, 내 남동생. 윌리야.

존   안녕, 윌리.

• Will I see you again?

또 만날 수 있을까요? 데이트가 끝날 무렵 상대가 다시 만나고 싶다는 의미로 하는 말이다.
비교 Could I see you again? (80쪽)

TOM I had a wonderful time tonight, Mary.
Good night.

MARY Will I see you again?

TOM That would be nice. Can I call you
tomorrow?

MARY That would be nice.

탐 오늘 저녁 정말 즐거웠습니다, 메리. 잘 가세요.
메리 또 만날 수 있을까요?
탐 좋죠. 내일 전화해도 될까요?
메리 좋아요.

• (You can) call me name.

그냥 ~라고 부르세요. My name is Wallace, but you can call me Wally.

내 이름은 월리스지만, 나를 월리라고 불러도 돼.

You can call me Fred. Everyone else does.

그냥 프레드라고 불러도 돼. 다들 그러니까.

• You clean up well.   • You clean up good.
• You scrub up well.   • You scrub up good.

촌놈이 때 빼고   시골 사람이 데이트 신청을 하려는 것처럼 깔끔하고 단정해 보이는 사람에게 쓰는
광 좀 냈네.   농담조의 표현이다.

Hey, you scrub up good, Maude!

어이, 때 빼고 광 좀 냈네, 머드!

TRAVIS How do I look?

BILL You scrub up pretty well, Travis.

트레비스 나 어때 보여?
빌 때 빼고 광 좀 냈구나, 트레비스.

Zeke is no great fashion plate, but he cleans up well.

지크는 최신 유행으로 차려입는 건 아니지만, 멋스럽게 잘 차려입는다.

• (You) getting any?

(이성 교제에서)
건수 좀 올렸어?

남자들 사이에서 쓰는 속된 표현이다. 다소 음란하고 저속한 느낌을 준다.

JOHN Hey, Max. Getting any?
MAX Yeah, Sure.

존 어이, 맥스. 건수 좀 올렸어?
맥스 그럼. 물론이지.

Good grief! Are losers like you still saying "You getting any?" instead of "Hello"?

맙소사! 너 같은 루저들은 아직도 "안녕."이라는 인사말 대신 "건수 좀 올렸어?"라는 표현을 쓰고 있는 거니?

• Boys will be boys.

**사내아이들이
다 그렇지 뭐.**

They really messed up the living room, but boys will be boys.

거실을 온통 난장판으로 만들어놨군. 하지만 사내아이들이 다 그렇지 뭐.

Boys will be boys, but they can be trained.

사내아이들이 다 그렇긴 하지만 잘 가르치면 돼.

mess up (방 등을) 온통 어지르다, 난장판으로 만들어놓다 | **be trained** 교육[훈련]받다

CHAPTER

04

소식 묻고
전하기

UNIT 4-1 소식 물어보기

• (Is) anything going on?

뭐 재미있는 일 있어?

ANDREW　Hey, man! Anything going on?
HENRY　No. This place is dull as can be.

앤드류　야! 뭐 재미있는 일 있어?
헨리　아니. 여기 정말 따분해.

BOB　Come in, Tom.
TOM　Is anything going on?
BOB　No. You've come on a very ordinary day.

밥　들어와, 탐.
탐　뭐 재미있는 일 있니?
밥　아니. 지극히 평범한 날인걸.

Come in. 들어와. | **on a very ordinary day** 지극히 평범한 날에

• What's the scoop? 속어

무슨 일 있어?

What is the news? / What's new with you?

BOB　Did you hear about Tom?
MARY　No, what's the scoop?

밥　탐에 관한 얘기 들었니?
메리　아니, 무슨 일 있대?

"Hi, you guys!" beamed John's little brother.
"What's the scoop?"

존의 남동생이 "얘들아, 안녕! 무슨 일 있어?"라고 밝게 웃으며 말했다.

beam 환하게 미소 짓다

• Let me have it!
• Let's have it!

어서 말해 봐!

BILL	I'm afraid there's some bad news.
BOB	Okay. Let me have it! Don't waste time!
BILL	The plans we made did away with your job.
BOB	What?

빌	유감스럽게도 몇 가지 안 좋은 소식이 있어.
밥	그래. 어서 말해 봐! 뜸들이지 말고!
빌	우리가 세운 계획 때문에 네가 해고됐어.
밥	뭐라고?

JOHN	I didn't want to be the one to tell you this.
BOB	What is it? Let's have it!
JOHN	Your cat was just run over.
BOB	Never mind that. What's the bad news?

존	이런 나쁜 소식은 내가 전하고 싶지 않은데.
밥	뭔데? 어서 말해 봐!
존	어떤 차가 네 고양이를 치었어.
밥	그건 신경 쓰지 마. 그게 나쁜 소식이야?

do away with one's job ~를 해고하다 │ run over 차가 ~을 치다 │ Never mind that. 그런 건 신경 쓰지 마., 상관없어., 괜찮아.

• Tell me more.

자세히 얘기해 봐.

참고 Keep talking. (76쪽)

JAN	Well, I hear that Mary is leaving Fred.
ANN	Really? Tell me more.

젠	저기, 들리는 말이 메리가 프레드를 떠날 거래.
앤	정말? 더 자세히 얘기해 봐.

UNIT 4-2 소식 전달하기

• (Are you) ready for this?

마음의 준비 됐어? /
(들을) 준비 됐어?

들으면 흥분하거나 놀랄 만한 소식 · 정보를 전할 때 쓴다.

TOM　Boy, do I have something to tell you!
　　　Are you ready for this?

MARY　Sure. Let me have it!

탐　　야, 너한테 할 말 있어! 마음의 준비 됐어?
메리　그래. 말해 봐!

TOM　Now, here's a great joke!
　　　Are you ready for this? It is so funny!

ALICE　I can hardly wait.

탐　　굉장히 웃기는 얘기 해 줄게! 들을 준비 됐어? 너무 재미있어!
앨리스　궁금해서 못 참겠네.

Let me have it. 어서 말해 봐. | **I can hardly wait.** '기다릴 수 없다'는 뜻이 아니라 어떤 일을 '너무 하고 싶어 못 견디겠다', '어서 빨리하고 싶다'라는 의미

• Have I got something for you!

네가 좋아할 만한
~이 있어!

Have I got some news for you! Wait till you hear about it!

네가 좋아할 만한 소식이 있어! 얘기해 줄게, 기다려 봐!

Have I got a deal for you! You're gonna love it.

네가 좋아할 만한 거래가 있어! 분명히 무척 좋아할 거야.

> • Have you heard?
> • Did you hear?

그 얘기 들었어?

SALLY   Hi, Mary.

MARY   Hi. Have you heard about Tom and Sue?

SALLY   No, what happened?

MARY   I'll let one of them tell you.

SALLY   Oh, come on! Tell me!

샐리   안녕, 메리.
메리   안녕, 너 탐이랑 수 얘기 들었니?
샐리   아니, 무슨 일인데?
메리   걔네 중 아무한테 네게 얘기해 주라고 할게.
샐리   아, 왜 이래! 어서 말해 봐!

BOB   Hi, Tom. What's new?

TOM   Did you hear that they're raising taxes again?

BOB   That's not new.

밥   안녕, 탐. 무슨 일 있어?
탐   세금을 또 올린다는 소식 들었어?
밥   뭐 새로울 것도 없네.

raise taxes 세금을 인상하다

> • We were just talking about you.

네 얘기를 하고 있던 참이야.

얘기의 대상이던 사람이 그 현장에 나타났을 때 사용한다.
비교 **Speak of the devil.** (86쪽)

SALLY   (approaching Tom and Bill) Hi, Tom. Hi, Bill. What's new?

BILL   Oh, Sally! We were just talking about you.

샐리   (탐과 빌에게 다가가며) 안녕, 탐. 안녕, 빌. 잘 지내니?
빌   어, 샐리! 네 얘기를 하고 있던 참이야.

approach 다가가다, 근접하다

- **I don't want to alarm you, but ~**
- **I don't want to upset you, but ~**

놀래키고 싶진 않지만 /
걱정 끼치고 싶지 않지만

좋지 않거나 충격적인 소식 또는 가십거리에 대해 말을 꺼낼 때 사용한다.

BILL	**I don't want to alarm you, but** I see someone prowling around your car.
MARY	Oh, goodness! I'll call the police!
빌	겁주려는 건 아닌데, 누군가 네 차 주위를 기웃거리고 있어.
메리	맙소사! 경찰을 불러야겠어!

BOB	**I don't want to upset you, but** I have some bad news.
TOM	Let me have it.
밥	걱정 끼치고 싶지는 않지만, 몇 가지 나쁜 소식이 있어.
탐	어서 말해 봐.

prowl around (훔칠 목적으로) 몰래 기웃거리다 | Goodness! 맙소사!

Chapter 04 소식 묻고 전하기

- **Stop the music!**
- **Stop the presses!**

멈춰! / 그만둬!

Stop everything! / Hold it! 이 표현에서 presses는 신문을 인쇄하는 인쇄기를 일컫는다. 중요한 새 소식이 있으니 지금 돌아가는 인쇄기를 멈춰 내용을 바꿔야 한다는 의미이다.

JOHN	(entering the room) **Stop the music!** There's a fire in the kitchen!
MARY	Good grief! Let's get out of here!
존	(방으로 들어서며) 다들 하던 일 멈춰! 부엌에 불이 났어!
메리	맙소사! 어서 빠져나가자!

"**Stop the presses!**" shouted Jane. "I have an announcement."

제인이 "다들 하던 일을 멈추세요! 발표할 게 있어요."라고 소리쳤다.

have an announcement 발표하다

UNIT 4-3 ▸ 소식에 대한 반응

• Do tell.

설마.

다른 사람의 말에 반응을 보이는 표현이다. 무관심을 나타내는 경우도 있다. 두 단어를 각각 똑같은 강세로 말한다. **참고** You don't say. (102쪽)

BILL   The Amazon basin is about ten times the size of France.

MARY   Do tell.

빌   아마존 강 유역은 프랑스 면적의 약 10배래.

메리   설마.

• Fancy that!
• Imagine that!

웬일이니!

MARY   My father was elected president of the board.

SALLY   Fancy that!

메리   우리 아빠가 위원회 회장으로 선출되었어!

샐리   웬일이니!

SUE   This computer is ten times faster than the one we had before.

JANE   Imagine that! Is it easy to operate?

SUE   Of course not.

수   이 컴퓨터는 우리가 지난번에 사용했던 것보다 속도가 10배는 더 빨라.

제인   웬일이니! 사용하긴 쉽고?

수   물론 쉽진 않지.

board 위원회 | ... times faster than ~보다 …배 더 빠른 | operate 작동하다

- **That's a new one on me!**
- **That's news to me.**

금시초문인데!

BOB Did you hear? They're building a new highway that will bypass the town.

FRED That's a new one on me! That's terrible!

밥 그 얘기 들었어? 시내를 우회할 새 간선도로를 건설할 거래.

프레드 금시초문인데! 끔찍하군!

BILL They've blocked off Maple Street for some repairs.

TOM That's news to me.

빌 보수공사 때문에 메이플 스트리트가 봉쇄되었어.

탐 금시초문이군.

Chapter 04

소식 듣고 전하기

- **(I) never heard of such a thing!**

금시초문인데!

비교 **(Well,) I never!** (374쪽)

BILL The company sent out a representative to our very house to examine the new sofa and see what the problem was with the wobbly leg.

JANE I've never heard of such a thing! That's very unusual.

빌 판매회사에서 새 소파를 검사해서 다리가 왜 흔들리는지 보려고 우리 집에 직원을 보냈대.

제인 금시초문인데! 그런 경우는 흔치 않은데.

BILL The tax office is now open on Sunday!

SUE Never heard of such a thing!

빌 이제 세무서가 일요일에도 문을 연다는군.

수 그런 얘긴 금시초문인데!

send out somebody ~를 보내다 | representative 직원, 대표자, 대의원 | very 바로 그, 다름 아닌 그 (the, this, that 또는 소유격 인칭대명사와 함께 강조를 나타냄) | examine 검사하다 | wobbly 흔들리는, 불안정한 | tax office 세무서

• (I) never would have guessed.

❶ 추호도 그런 생각은 못 했어.

다른 시제로는 쓰지 않는다.

He was the one who did it? I never would have guessed.

그가 그런 짓을 한 사람이었어요? 저는 추호도 그런 생각은 못 했을 거예요.

I never would have guessed that he wanted the job. He kept it a very good secret.

그가 그 일을 원했을 거라고는 추호도 생각하지 못했어요. 그는 비밀 유지를 참 잘했더라고요.

❷ 몰랐을 것 같아?

아주 명백한 사실이라 이미 알고 있다는 의미이다.

I never would have guessed that he wanted the job. He only begged and begged for it.

그가 그 일을 원했다는 걸 제가 몰랐을 것 같아요? 그는 그 일에 목숨을 걸었는걸요.

Now she wants to go back home? I never would have guessed! She has been homesick for days.

그녀가 지금 집에 돌아가고 싶어 한다고요? 제가 몰랐을 것 같아요? 그녀는 며칠째 향수병에 시달리고 있어요.

• (I'm) glad to hear it.

반가운 소식이구나.

SALLY   We have a new car, finally.
MARY   I'm glad to hear it.

샐리   우리가 마침내 새 차를 샀어.
메리   정말 반가운 소식이구나.

• (I'm) sorry to hear that.

그것 참 안됐다.

JOHN   My cat died last week.
JANE   I'm sorry to hear that.

존   지난주에 우리 고양이가 죽었어.
제인   그 얘길 들으니 참 안됐다.

• No kidding!

❶ (놀라며) 진짜야?

JANE   I got elected vice president.

BILL   No kidding! That's great!

제인   나 부회장으로 선출됐어.

빌   진짜야? 대단하다!

get elected ∼으로 선출되다 | vice president 부회장, 부사장

❷ (비아냥거리며) 이제야 알았어?

SUE   It looks like taxes will be increasing.

TOM   No kidding! What do you expect?

수   세금이 오를 모양이던데.

탐   그걸 이제 알았어? 그럼 어떻게 될 거라고 생각했어?

ALICE   I'm afraid I'm putting on a little weight.

JANE   No kidding!

앨리스   체중이 조금 느는 것 같아.

제인   그걸 이제야 알았단 말이야?

tax 세금 | increase 증가하다, 늘다 | put on weight 체중이 늘다(= gain weight)

• No news is good news.

무소식이 희소식이다.

DON   Has anyone heard anything about the results of the storm? Was anyone injured?

HANNA   Not yet! In this case, no news is good news.

돈   폭풍 결과에 대한 소식 들은 사람 있어? 누가 다쳤어?

한나   아직은 없어! 이런 경우라면 무소식이 희소식이지.

Somebody tell me! Have they accepted my proposal? Why are they taking so long? No news is good news, but is no news good for me or them?

누가 나에게 말 좀 해 줘! 그들이 내 제안을 받아들인 거야? 왜 이렇게 오래 꾸물거리는 거지? 무소식이 희소식이기는 하지만, 대체 그 무소식이 내게 좋은 거야, 아니면 그 사람들에게 좋은 거야?

• Thank you for sharing.

알려 줘서 고맙기도 하셔라.

불쾌하거나, 지나치게 개인적이거나, 혐오스럽거나, 혹은 짜증 나는 얘기를 들었을 때 비아냥거리듯 말하는 표현이다.

Thank you for sharing. I really need to hear about your operation.

알려 줘서 고맙기도 하셔라. 네 수술에 대해 굉장히 궁금했거든.

• That ain't the way I heard it.

내가 들은 얘기와 달라.

이 형태로 완전히 굳어진 표현이므로 항상 ain't를 쓴다.

JOHN It seemed like a real riot. Then Sally called the police, and things calmed down.

SUE That ain't the way I heard it.

JOHN What?

SUE Somebody said the neighbors called the police.

존 굉장한 폭동 같았어. 그때 샐리가 경찰에 신고해서 사태가 진정되었지.

수 내가 들은 얘기와는 다르군.

존 무슨 소리야?

수 이웃 사람들이 경찰에 신고했다던데.

FRED Four of us went fishing and were staying in this cabin. These women stopped and said they were having car trouble. What could we do?

SALLY That ain't the way I heard it.

프레드 우리 중 네 명이 낚시하러 가서 이 오두막에서 지내고 있었어. 이 여자들이 갑자기 멈춰서더니 차가 고장 났다는 거야. 우리가 어쩌겠어?

샐리 내가 들었던 얘기하곤 다른데.

riot 폭동 | calm down 진정되다 | stay in ~에 머무르다 | cabin 오두막 | have car trouble 차가 고장 나다

• That's funny.

별일이네.

BILL Tom just called from Detroit and says he's coming back tomorrow.

MARY That's funny. He's not supposed to.

빌 탐이 디트로이트에서 전화해서 내일 돌아오겠다고 하더군.
메리 별일이네. 그럴 사람이 아닌데.

SUE The sky is turning very gray.

MARY That's funny. There's no bad weather forecast.

수 하늘이 점점 더 어두워져.
메리 이상하네. 일기예보에서 날씨가 나쁠 거라는 말은 없었는데.

turn gray (날씨가) 흐려지다 | weather forecast 일기예보

• Who would have thought?
• Who could have thought?
• Who would 'a thunk?
• Who'd 'a thunk?

누가 생각이나 했겠어? thunk는 동사 변형을 think-thank-thunk와 같이 잘못 생각해서 유래된 것으로, thunk는 이 표현에서만 사용된다. 'a는 인쇄상으로는 a로 표현되기도 한다.

BOB The boss's secretary turns out to be an escaped convict who is wanted in three states.

JOHN Wow! Who would have thought?

밥 사장의 비서가 3개 주에서 현상금이 걸려 있는 탈옥수라는 것이 드러났어.
존 우와! 누가 생각이나 했겠어?

Tom's not only a race car driver but an accomplished saxophone player. Who'd 'a thunk?

탐은 카레이서일 뿐만 아니라 성공한 색소폰 연주자이기도 해. 누가 생각이나 했겠어?

• You don't say.

❶ (놀라며) **세상에. / 그랬구나.**

BILL   I'm starting work on a new job next Monday.

BOB   You don't say.

빌   다음 주 월요일부터 새 일을 시작하게 됐어.

밥   그랬구나.

SALLY   The Jones boys are keeping a pet snake.

ALICE   You don't say.

샐리   존스 씨 아이들이 애완용 뱀을 기르고 있대.

앨리스   세상에, 그랬구나.

keep a pet 애완동물을 기르다

❷ 다 아는 얘기야.
(그러니 얘기할 필요 없어.)

BILL   I think I'm beginning to put on a little weight.

JANE   You don't say.

빌   몸무게가 조금씩 느는 것 같아.

제인   다 아는 얘기를 왜 해?

JOHN   My goodness, prices are getting high.

SUE   You don't say.

존   이런, 물가가 오르고 있잖아.

수   다들 아는 얘기야.

UNIT 4-4 ▶ 비밀 지키기

• keep a secret

비밀을 지키다

Please **keep our little secret** private.

우리끼리의 작은 비밀 지켜 줘.

Do you know how to **keep a secret**?

비밀을 어떻게 지키는 줄 알기나 해?

keep our secret private 우리끼리만 아는 비밀로 하다 | **Do you know how to ~ ?** ~하는 법을 아니?

• take it to one's grave

끝까지 비밀을 지키다

I will never tell anyone. I'll **take your secret to my grave**.

절대 아무한테도 말하지 않을 거야. 이 비밀은 무덤까지 가지고 갈게.

• not for publication

비밀

Please tell no one about this. It's **not for publication**.

이 얘기 아무한테도 하지 마세요. 비밀이니까요.

This report is **not for publication**, so keep the results to yourself.

이 보고서는 기밀이니까 결과는 너만 알고 있어.

keep ~ to oneself ~를 (입 밖에 내지 않고) 혼자서만 알다

- # Keep still about it.
- # Keep quiet about it.

아무한테도 말하지 마. Don't tell it to anyone.

BILL Are you really going to sell your car?
MARY Yes, but keep quiet about it.

빌 너 정말 네 차 팔 거야?
메리 응, 근데 아무한테도 말하지 마.

JOHN Someone said you're looking for a new job.
SUE That's right, but keep still about it.

존 너 새 일자리를 찾고 있다며.
수 맞아, 하지만 아무한테도 말하지 마.

- # Keep this to yourself.

너만 알고 있어.

JOHN Keep this to yourself.
Mary and I are breaking up.
SUE I won't tell a soul.

존 너만 알고 있어. 나 메리하고 헤어질 거야.
수 절대 얘기 안 할게.

break up (남녀가) 헤어지다 | I won't tell a soul. 아무에게도 말하지 않을게.

- # Keep your mouth shut (about someone/something).

(~에 대해) 아무에게도 말하지 마.

BOB Are you going to see the doctor?
MARY Yes, but keep your mouth shut about it.

밥 진찰 받으러 갈 거야?
메리 그래, 아무에게도 말하지 마.

BOB Isn't Tom's uncle in tax trouble?
JANE Yes, but keep your mouth shut about him.

밥 탐의 삼촌이 세금 때문에 애먹고 있지?
제인 응, 하지만 모른 척하고 그 얘긴 입 밖에 내지 마.

see the doctor 병원에 가다. 진찰을 받다 | be in tax trouble 세금 문제로 곤란한 상황에 있다

• Could you keep a secret?

비밀 지킬 수 있지?

could 대신 can을 사용하기도 한다.

TOM   Could you keep a secret?

MARY   Sure.

TOM   Don't tell anybody, but I'm going to be a daddy.

탐   비밀 지킬 수 있지?

메리   물론.

탐   아무한테도 말하지 마. 나 이제 곧 아빠가 될 거야.

• Don't breathe a word of this to anyone.

**다른 사람한테는 입도
뻥긋하지 마.**

비밀이니까 아무한테도 얘기하지 말라는 뜻이다.

MARY   Can you keep a secret?

JOHN   Sure.

MARY   Don't breathe a word of this to anyone, but Tom is in jail.

메리   비밀 지킬 수 있지?

존   물론이지.

메리   입도 뻥긋하면 안 돼. 탐이 감옥에 있대.

• (Someone had) better keep still about it.
• (Someone had) better keep quiet about it.

그 얘긴 발설하지 마.

someone 자리에 사람 이름, 대명사를 쓰거나 혹은 you-know-who(아무개)라는 의미로 그냥 someone을 쓰기도 한다. 앞의 말을 생략하고 Better keep quiet about it.이라고 하면 부드러운 경고의 뜻이 된다.

MARY   I saw you with Bill last night.

JANE   You'd better keep quiet about it.

메리   나 어젯밤에 네가 빌과 함께 있는 거 봤다.

제인   그 얘긴 하지 마.

JANE	Tom found out what you're giving Sally for her birthday.
BILL	He had better keep quiet about it!
제인	네가 샐리 생일에 주려고 하는 선물이 뭔지 탐이 알아냈어.
빌	그 얘긴 발설하지 말아야 할 텐데!

had better ~하는 게 좋다

• Don't tell a soul.

아무한테도 말하면 안 돼.

BILL	Is your brother getting married?
SALLY	Yes, but don't tell a soul. It's a secret.
빌	너희 오빠 결혼한다며?
샐리	응, 아무한테도 말하지 마. 비밀이야.

• Shut up about it.

아무한테도 말하지 마.

BILL	I heard that you had a little trouble with the police.
TOM	Just shut up about it! Do you hear?
빌	너 경찰하고 약간 문제가 있었다며.
탐	아무한테도 말하지 마! 알겠어?

• (I) won't breathe a word (of it).
• (I) won't tell a soul.

비밀 지킬게.

BILL	Don't tell anybody, but Sally is getting married.
MARY	I won't breathe a word of it.
빌	아무에게도 말하지 마. 샐리가 결혼한대.
메리	비밀 지킬게.

ALICE	The Jacksons are going to have to sell their house. Don't spread it around.
MARY	I won't tell a soul.
앨리스	잭슨 일가가 집을 팔아야 할 거라더라. 소문 내지 마.
메리	아무한테도 얘기 안 할게.

• Your secret is safe with me.

비밀 지킬게.

Don't worry. I won't tell. Your secret's safe with me.

걱정 마. 말 안 할게. 네 비밀 꼭 지킬게.

Your secret is safe with me. I will carry it to my grave.

네 비밀 꼭 지킬게. 무덤까지 갖고 간다니까.

• Mum's the word.

비밀 꼭 지킬게.

BOB   I hope you won't tell all this to anyone.
BILL   Don't worry. Mum's the word.

밥   이 모든 얘기 아무한테도 말하지 않으면 좋겠어.
빌   걱정 마. 비밀 꼭 지킬게.

"Mum's the word," said Jane to ease Mary's mind about the secret.

제인이 "비밀 꼭 지킬게."라고 말하며 비밀에 관하여 메리를 안심시켰다.

ease someone's mind ~를 안심시키다

• My lips are sealed.

입 꼭 다물게.

MARY   I hope you don't tell anyone about this.
ALICE   Don't worry. My lips are sealed.

메리   이 일 아무한테도 얘기 안 했으면 좋겠어.
앨리스   걱정 마. 입 꼭 다물게.

UNIT
4-5

비밀에 대한 여러 가지 표현

• Loose lips sink ships.

**말이 많으면
실수를 한다.**

쓸데없는 이야기를 하면 비밀이나 기밀 정보가 누출될 수 있다는 의미이다. 제2차
세계대전의 슬로건이었으며 문어체의 성격이 강한 표현이다.

Okay, people. We're going to be working on a top
secret project that management wants to present
to the board. This is not to be discussed with
anyone else inside the company and, of course,
no one on the outside. Remember: "Loose lips
sink ships."

좋아요, 여러분. 우리는 경영진이 이사진들에게 보여 주고자 하는 일급비
밀 프로젝트 작업을 진행할 겁니다. 이것은 회사 내 다른 사람과도 논의되
어서는 안 되며, 물론 외부인들과는 논의 자체가 절대적으로 금지됩니다.
"말이 많으면 실수를 한다."는 것을 명심해 주세요.

Now keep this quiet. Not a word to anyone. Loose
lips sink ships, as they used to say.

자, 이것은 비밀로 해 둡시다. 누구에게든 한 마디도 해서는 안 됩니다. 흔
히들 하는 말로 말이 많으면 실수를 하게 됩니다.

• know where all the bodies are buried

(범죄 · 스캔들 등의)
비밀을 모두 알다

He is a good choice for president because he
knows where all the bodies are buried.

그 사람은 세세한 사항들을 모두 알고 있으니 훌륭한 사장감이죠.

Since he knows where all the bodies are buried,
he is the only one who can advise us.

그 남자는 모든 비밀을 알고 있으므로 우리에게 조언을 해 줄 수 있는 유
일한 사람이다.

CHAPTER

05

이해했는지
확인하기

UNIT 5-1 ▶ 이해를 못할 때

- **I don't understand (it).**
- **I can't understand (it).**

난 이해가 안 돼.

BILL   Everyone is leaving the party.

MARY   I don't understand. It's still so early.

빌   모두 파티 도중에 가 버리네.
메리   이해가 안 돼. 아직 너무 이른데 말이야.

BOB   The very idea, Sue and Tom doing something like that!

ALICE   It's very strange. I can't understand it.

밥   수와 탐이 그런 일을 저질렀다니 끔찍하군.
앨리스   정말 이상하지. 나도 이해가 안 돼.

- **I didn't get that.**   • **I didn't hear you.**
- **I didn't (quite) catch that (last) remark.**

네 말을 못 들었어.

BILL   Have a nice time, if you can.

SALLY   I didn't get that.

BILL   Have a nice time! Enjoy!

빌   되도록 재미있게 놀아.
샐리   뭐라고 했어?
빌   신나게 놀라고! 재미있게!

JOHN   What did you say? I didn't quite catch that last remark.

JANE   I said it's really a hot day.

존   뭐라고 했니? 제대로 못 들었어.
제인   오늘 날씨 정말 덥다고.

• Again(, please).

다시 말씀해 주세요.

TOM   I need some money. I'll pay you back.

BILL   (pretending not to hear) Again, please.

TOM   I said I need some money. How many times do I have to say it?

탐   돈이 좀 필요해. 꼭 갚을게.

빌   (못 들은 척하며) 뭐라고?

탐   돈 좀 빌려 달라고. 몇 번이나 말해야 되니?

pay back (빌린 돈을) 갚다 | **pretend to** ~인 체하다 | **How many times ~?** 몇 번이나 ~합니까?

• Come again. 친밀

❶ 또 놀러 와.

MARY   I had a lovely time.
Thank you for asking me.

SALLY   You're quite welcome. Come again.

메리   정말 즐거웠어. 초대해 줘서 고마워.

샐리   천만에. 또 놀러 와.

**❷ (보통 의문형으로)
다시 말해 줄래?**

SALLY   Do you want some more carrots?

MARY   Come again?

SALLY   Carrots. Do you want some more carrots?

샐리   당근 더 먹을래?

메리   뭐라고?

샐리   당근 말이야. 더 먹을래?

Uncle Henry turned his good ear toward the clerk and said, "Come again?"

헨리 삼촌은 점원 쪽으로 좀 잘 들리는 귀를 돌리고는 "뭐라고요?"라고 물었다.

turn one's good ear toward ~쪽으로 귀를 바짝 기울이다

Chapter 05

이해했는지 확인하기

• How's that again?

뭐라고 하셨어요?

SUE	Would you like some coffee?
MARY	How's that again?
SUE	I said, would you like some coffee?
수	커피 좀 드실래요?
메리	뭐라고 하셨어요?
수	커피 드시겠냐고요?

TOM	The car door is frozen closed.
BOB	How's that again?
TOM	The car door is frozen closed.
탐	자동차 문이 얼어서 안 열려.
밥	뭐라고?
탐	자동차 문이 얼어서 안 열린다고.

• (Do) you mean to say something?
• (Do) you mean to tell me something?

그러니까 ~란 말이야? 방금 한 말이 진짜인지 묻는 표현이다. 상대방에게 말을 바꿀 수 있는 기회를 줄 때 쓴다. something 자리에는 상대방이 한 말을 바꿔 넣는다.

MARY	I'm leaving tomorrow.
SALLY	Do you mean to say you're leaving school for good?
MARY	Yes.
메리	나 내일 떠나.
샐리	그러니까 학교를 영영 떠난다는 거야?
메리	그래.

BOB	Do you mean to tell me that this is all you've accomplished in two weeks?
BILL	I guess so.
BOB	I expected more.
밥	그러니까 2주 동안 네가 한 게 고작 이거란 말이야?
빌	응.
밥	더 많이 했을 줄 알았는데.

- **Help me (out) with this.**
- **Help me understand this.**

**내가 이것을 이해하게
도와줘.**

문어체로도 쓰인다.

Now, help me out with this. When you say that the bridge is wobbly, do you mean it's dangerous or just a little scary?

자, 내가 이것을 이해하게 도와줘. 네가 다리가 흔들린다고 말하는 건 다리가 위험하다는 뜻이야, 아니면 그냥 좀 무섭다는 뜻이야?

Help me understand this, if you don't mind. If I agree to pay your tax bill, you will supply me with a dozen fresh eggs per week for three years. What the guarantee?

괜찮다면 내가 이것을 이해하게 도와줘. 내가 네 세금 고지서를 내주는 데 동의하면 넌 3년 동안 1주일에 12개의 신선한 달걀을 내게 공급해 줄 거라는 거잖아. 어떻게 그 말을 보장할 건데?

- **(I) can't make heads or tails of** something.

뭐가 뭔지 모르겠어.

다른 인칭으로도 쓸 수 있다.

I got a new computer, but it just sits there. I can't make heads or tails of it.

새로운 컴퓨터는 샀는데, 그냥 그대로 있어. 도대체 뭐가 뭔지 모르겠어.

- **Run that by (me) again.** 속어
- **Run it by (me) again.**

다시 한번 말해 줘.

JOHN   Put this piece into the longer slot and the remaining piece into the slot on the bottom.

SUE   Run that by again. I got lost just after put.

존   이 부분을 더 긴 구멍에 끼우고 남은 부분을 아래 구멍에 끼워.
수   다시 한번 말해 줘. 끼우라는 말밖에 못 들었어.

MARY	Keep to the right, past the fork in the road, then turn right at the crossroads. Do you follow?
JANE	No. Run it by me again.
메리	오른쪽으로 쭉 가서 갈림길을 지나 교차로에서 우회전해. 알겠지?
제인	아니. 한 번만 더 말해 줘.

slot 구멍, 홈 | bottom 아래쪽, 기초 | I got lost after ~ 이후는 못 들었다 | fork 갈림길 | Do you follow? (무슨 말인지) 알겠어?

• Say what?

뭐라고?

SALLY	Would you like some more salad?
FRED	Say what?
SALLY	Salad? Would you like some more salad?
샐리	샐러드 좀 더 먹을래?
프레드	뭐라고?
샐리	샐러드? 샐러드 좀 더 먹겠냐고?

JOHN	Put this one over there.
SUE	Say what?
JOHN	Never mind, I'll do it.
존	이것 좀 저기에 둬.
수	뭐라고?
존	아니 됐어, 내가 할게.

Would you like some more ~? ~ 좀 더 드시겠어요? | Never mind. 됐어, 신경 꺼.

• What say?

뭐라고 했어?

TOM	My coat is there on the chair. Could you hand it to me?
BOB	What say?
TOM	(pointing) Could you hand me my coat?
탐	제 코트가 저쪽 의자 위에 있어요. 좀 건네주실래요?
밥	뭐라고 하셨죠?
탐	(손으로 가리키며) 제 코트 좀 건네줄 수 있느냐고요.

• Speak up.

크게 말해 줘.

"Speak up. I can hardly hear you,"said Uncle Harry, cupping his hand to his ear.

해리 삼촌은 손을 귀에 갖다 대며 "좀 더 크게 말씀해 주세요. 무슨 말인지 안 들려요."라고 말했다.

MARY I'm sorry.

TEACHER Speak up.

MARY I'm sorry, ma'am. I won't do it again.

메리 죄송해요.
선생님 좀 더 크게 말해.
메리 죄송해요, 선생님. 다시는 안 그럴게요.

cup one's hand to one's ear (잘 들리도록) 한 손을 한 귀에 갖다 대다

• Ma'am?

❶ 부르셨어요?

여성에게 쓰는 표현이다.

MOTHER Tom!

TOM Ma'am?

MOTHER Come take out the garbage.

TOM Yuck!

엄마 탐!
탐 부르셨어요?
엄마 이리 와서 쓰레기 좀 내다 버려라.
탐 으악!

come take out 원래는 come and take out(와서 가져가다), come to take out(~을 내가기 위해 오다)이지만, come과 go의 경우 이처럼 and나 to를 빼고 말하는 것이 현대 영어의 추세이다. | **Yuck!** 으악! (하기 싫음을 나타내는 감탄사)

❷ 한 번 더 말씀해 주시겠어요?

SALLY Bring it to me, please.

BILL Ma'am?

SALLY Bring it to me!

샐리 그것 좀 나한테 갖다 줘요.
빌 뭐라고 하셨죠?
샐리 그것 좀 갖다 달라고요!

• Sir?

❶ 부르셨어요?

남성에게 사용한다.

JOHN Tom!

TOM Sir?

JOHN Get over here!

존 탐!
탐 부르셨어요?
존 이리 와 봐!

❷ (잘못 들었을 때)
네? / 뭐라고요?

JOHN I want you to take this to Mr. Franklin.

CHILD Sir?

JOHN Please take this to Mr. Franklin.

존 네가 프랭클린 씨한테 이것을 갖다 주면 좋겠다.
아이 네? 뭐라고요?
존 이것 좀 프랭클린 씨한테 갖다 드리라고.

• Go figure!

참 이해가 안 된다니까!

ANN John quit his job and ran away with secretary.

BOB He's got to be crazy!

ANN Then he came back and asked his wife's forgiveness.

BOB Go figure!

앤 존이 직장을 그만두고 비서와 도망을 갔어.
밥 그 사람 단단히 미친 게 틀림없군!
앤 그러더니 돌아와서 부인에게 용서를 구했대.
밥 참 이해가 안 된다니까!

• set someone straight

~가 정확히 이해하도록 만들다

화가 난 상태로, 혹은 윗사람이 아랫사람에게 말할 때 주로 쓰는 표현이다.

Please set me straight on this matter. Do you or do you not accept the responsibility for the accident?

이 문제를 내게 정확히 밝혀 주시오. 사건에 대해 책임을 질 거요, 말 거요?

I set her straight about who she had to ask for permission to leave early.

일찍 퇴근하려면 누구에게 허락을 받아야 하는지 내가 그 여자에게 정확히 알려주었다.

accept the responsibility for ~에 대한 책임을 인정하다 | **ask for permission (to ~)** (~하기 위해) 허락을 구하다

• This is where I came in.

그건 이미 했던 얘기잖아.

John sat through a few minutes of the argument, and when Tom and Alice kept saying the same thing over and over, John said, "This is where I came in," and he left the room.

존은 탐과 앨리스의 말다툼을 몇 분 동안 가만히 지켜보다가 둘이 계속 같은 말만 반복하자 "그건 이미 했던 얘기잖아."라고 말하고 방에서 나가 버렸다.

UNIT 5-2 이해했을 때

● Gotcha!

❶ 알았어!

JOHN　I want this done now! Understand?
ALICE　Gotcha!

존　이 일을 당장 끝냈으면 좋겠어! 알겠니?
앨리스　알았어!

BILL　Now, this kind of thing can't continue. We must do anything to prevent it from happening again. Do you understand what I'm saying to you?
BOB　Gotcha!

빌　이제 이런 일이 계속되도록 방치하면 안 돼. 다신 이런 일이 없도록 어떠한 조치라도 취해야 해. 내 말 알겠어?
밥　알았어!

prevent A from -ing A가 ~하는 걸 막다

❷ 다 알아. / 거짓말 마.

Mary was standing by the hall table, going through the mail very slowly. Fred came through and saw her. "Gotcha!" said Fred to an embarrassed Mary.

메리는 우편물을 아주 천천히 들춰보며 현관 탁자 옆에 서 있었다. 프레드는 들어오다가 메리를 봤다. 프레드가 난감해 하는 메리에게 "들켰지!" 하고 말했다.

BILL　My flight was nearly six hours late.
BOB　Gotcha! I just heard you tell Mary it was three hours late.

빌　내가 탄 비행기가 여섯 시간 정도 연착했어.
밥　거짓말 마! 네가 메리한테 세 시간 연착했다고 말하는 걸 방금 들었어.

go through ~을 훑어보다 | embarrassed 난감해 하는 | nearly 거의

• (I) read you loud and clear.

❶ (무전 통신에서)
잘 들린다.

무전으로 통신하는 사람이 전달 내용을 듣고 이해했다고 대답하는 표현이다.
참고 Do you read me? (122쪽)

CONTROLLER	This is Aurora Center. Do you read me?
PILOT	Yes, I read you loud and clear.
CONTROLLER	Left two degrees. Do you read me?
PILOT	Roger. Read you loud and clear.

관제사	여기는 오로라 센터. 내 말 들리나?
조종사	그렇다, 또렷하게 잘 들린다.
관제사	왼쪽으로 2도 이동. 내 말 들리나?
조종사	알겠다. 확실하게 들린다.

degree (각도 · 경위도 · 온도 따위의) 도 | Roger. (무전 통신상에서) 알았다.

❷ 무슨 말인지 알겠어.

무전 통신이 아닌 일상 대화에서도 사용한다.

BOB	Okay. Now, do you understand exactly what I said?
MARY	I read you loud and clear.

밥	좋아. 이제 내 말을 정확히 알겠어?
메리	분명히 알아들었어.

MOTHER	I don't want to have to tell you again. Do you understand?
BILL	I read you loud and clear.

엄마	다시 이런 얘기 하는 일이 없으면 좋겠다. 내 말 알겠니?
빌	네, 잘 알았어요.

이해했는지 확인하기

Part 1 일상 회화 표현 •119

🎧 1-05-03

UNIT 5-3 ▶ 이해 여부를 확인할 때

• Do you follow?

무슨 말인지 알겠니?

MARY Keep to the right past the fork in the road, then turn right at the crossroads. Do you follow?

JANE No. Run it by me again.

메리 갈림길을 지나 계속 우측으로 가다가 교차로에서 우회전을 해. 무슨 말인지 알겠니?

제인 아니. 다시 말해 봐.

JOHN Take a large bowl and break two eggs into it and beat them. Do you follow?

SUE Sure.

존 큰 그릇에다 계란을 두 개 깨뜨려 넣고 잘 저어 줘. 무슨 말인지 알겠니?

수 물론이지.

fork (강·길 등이) 갈라지는 곳 | crossroad 교차로 | Run it by me again. 다시 한번 말해 줘. | bowl 사발, 공기 | beat (달걀 등을) 세게 휘젓다

• (Do you) get the message?
• (Do you) get my drift? 속어

무슨 말인지 알겠니?

MARY Get out of my way and stop following me around. Get the message?

JOHN I guess so.

메리 내 근처에서 얼씬거리지 말고 비켜. 무슨 말인지 알겠어?
존 알겠어.

FATHER I want you to settle down and start studying. Get my drift?

BOB Sure, Pop. Whatever you say.

아빠 맘잡고 공부에 전념해라. 알겠니?
밥 네, 아빠. 분부대로 하죠.

follow ~ around ~의 주변을 졸졸 따라다니다 | settle down (어떤 일에) 본격적으로 착수하다, 전념하다

120

• (Do) you hear?

내 말 듣고 있니?

JOHN	I want you to clean up this room this instant! Do you hear?
SUE	Okay. I'll get right on it.
존	너 당장 이 방 청소해! 내 말 듣고 있니?
수	알았어. 지금 바로 할게.

BOB	Come over here, Sue. I want to show you something, you hear?
SUE	Sure. What is it?
밥	이리 와 봐, 수. 너한테 보여주고 싶은 게 있어. 내 말 듣고 있니?
수	그럼. 뭔데?

clean up 청소하다 | this instant 지금 당장 | I'll get right on it. 지금 당장 할게.

• You know?
• (Do you) know what I'm saying?
• You know (what I'm saying)?
• (Do you) know what I mean?
• You know what I mean?

내 말 알겠니?

You know?는 대다수 사람들이 불쾌해 한다.

JOHN	This is really great for me and the whole group. You know?
SUE	Yes, I know.
존	이건 나와 단체 전체에 정말 잘된 일이야. 알겠니?
수	그래, 알아.

SUE	This is, like, really great! Do you know what I'm saying?
MARY	Yeah, I've been there. It's great.
수	이거 정말 멋지다! 너도 그렇게 생각하지?
메리	응, 나도 알고 있어. 정말 멋지지.

I've been there. 나도 겪어 봐서 잘 알아.

• Do you read me?

❶ (무선 통신에서)
들리나?

무전으로 연락할 때 전달 사항을 정확히 이해하고 있는지 묻는 표현이다.
참고 I read you loud and clear. (119쪽)

CONTROLLER	This is Aurora Center, do you read me?
PILOT	Yes, I read you loud and clear.
CONTROLLER	Left two degrees. Do you read me?
PILOT	Roger.

관제사	여기는 오로라 센터, 들리나?
조종사	들린다. 크게 잘 들린다.
관제사	왼쪽으로 2도. 알았나?
조종사	알았다.

degree (각도 · 경위도 · 온도 따위의) 도 | **roger** (무선 통신에서) 알았다, 오바

❷ 내 말 알아듣겠어?

무전이 아니라 일반적인 대화에서도 사용한다.

MARY	I want you to pull yourself together and go out and get a job. Do you read me?
BILL	Sure. Anything you say.

메리	정신 차리고 일자리 좀 알아보러 다녀. 내 말 알겠니?
빌	응. 네 말대로 할게.

MOTHER	Get this place picked up immediately. Do you read me?
CHILD	Yes, ma'am.

엄마	여기 당장 치우렴. 알겠니?
아이	네, 엄마.

pull oneself together 정신 차리다 | **pick up** (어질러놓은 것을) 치우다. 정돈하다

• (Don't you) get it?

(못) **알아듣겠어?**

JOHN	It's very simple. Don't you get it?
BOB	Sorry, I just don't understand.

존	그건 아주 간단한 거야. 못 알아듣겠어?
밥	미안, 난 이해가 가지 않아.

ISABEL	I've explained it as well as I can. Get it?

이자벨	난 최선을 다해서 그것을 잘 설명했어. 알아듣겠어?

- ## Don't you know?
- ## (Don't you) see?

① 모른단 말이야?

MARY How do I get to the Morris Building? Where do I turn?

JANE Don't you know? I have no idea!

메리 모리스 빌딩에 가려면 어떻게 가야 하지? 어디서 도는 거야?

제인 너 몰라? 나도 모르는데!

SUE We're supposed to either sign these contracts or rewrite them. Which is it?

JOHN Don't you know?

수 계약서에 서명을 하든지 다시 쓰든지 해야 하는데. 어떻게 하지?

존 난 모르겠어.

How do I get to ~? ~에 가려면 어떻게 해야 하죠? | be supposed to ~하기로 되어 있다 | sign a contract 계약서에 서명하다 | either A or B A 또는 B | rewrite 다시 쓰다

② 알아듣겠어?

보통 doan-cha know라고 발음하는데, 일반의문문처럼 끝을 올리지 않는 경우가 많다. 대체로 대화하고 있는 상대방의 대답을 별다른 의미 없이 재촉할 때 쓴다.

JOHN This whole thing can be straightened out with hardly any trouble at all, don't you know?

SUE What makes you so sure?

JOHN I've had this same problem before.

존 다 별 탈 없이 해결될 거야, 알겠니?

수 뭘 믿고 그렇게 확신하니?

존 예전에 똑같은 문제를 겪어 봤거든.

- ## Got it?

알아들었지?

JOHN I've gone over it with you a dozen times. It should be clear by now. Got it?

BOB Sure.

존 자네하고 열두 번은 그것을 검토했잖아. 지금쯤은 이해가 됐어야지. 알아들었지?

밥 물론이죠.

Chapter 05 이해했는지 확인하기

• Have I made myself clear?

내 말 알아듣겠어? 말하는 사람이 화가 났거나 상대방보다 윗사람인 경우에 쓴다.

I don't intend to warn you again. Have I made myself clear?

이번이 마지막 경고야. 내 말 알아듣겠니?

JANE   Please let me go to the top.

FATHER I do not want you to go there!
        Have I made myself clear?

제인   꼭대기까지 가게 해 주세요.
아빠   난 네가 거기에 안 갔으면 좋겠어! 내 말 알아듣겠니?

intend to ~할 작정이다 | warn 경고하다

• Do I have to spell it out (for you)?
• Do I have to paint (you) a picture?

일일이 가르쳐 줘야 해? 짜증스러움이 담긴 표현으로 더 이상 참기 힘든 경우에 쓴다.

MARY   I don't think I understand what you're
       trying to tell me, Fred.

FRED   Do I have to spell it out for you?

MARY   I guess so.

FRED   We're through, Mary.

메리   네가 무슨 말을 하려는 건지 도무지 모르겠어, 프레드.
프레드 일일이 가르쳐 줘야 하겠니?
메리   그래야 할 것 같아.
프레드 우린 이제 끝이라고, 메리.

SALLY Would you please go over the part about
       the square root again?

MARY   Do I have to paint you a picture?
       Pay attention!

샐리   제곱근 부분을 다시 한번 설명해 주시겠어요?
메리   일일이 다 가르쳐 줘야 하니? 잘 들어!

spell out (한 자 한 자 빠뜨리지 않고) 낱낱이 말하다 | be through (남녀가) 헤어지다 |
go over (설명 등을) 되풀이하다 | square root 제곱근

124

• Need I say more?

더 얘기해야 해?

MARY There's grass to be mowed, weeds to be pulled, dishes to be done, carpets to be vacuumed, and there you sit! Need I say more?

TOM I'll get right on it.

메리 잔디 깎고, 잡초 뽑고, 설거지하고, 카펫 청소해야 하는데, 넌 앉아서 뭐 하니! 더 얘기해야 하니?

탐 지금 바로 할게요.

"This project needs to be finished before anyone sleeps tonight," said Alice, hovering over the office staff. "Need I say more?"

앨리스가 사무실 직원들 사이를 돌며 "오늘 밤 이 프로젝트를 마무리하지 못하면 잠도 못 잘 줄 알아. 더 궁금한 거 있나?"라고 말했다.

mow grass 잔디를 깎다 | **pull weeds** 잡초를 뽑다 | **vacuum carpets** (진공청소기로) 카펫을 청소하다 | **I'll get right on it.** 즉시 할게요. | **hover** 맴돌다, 망설이다

• Do I make myself (perfectly) clear?

알아들었어?

매우 단호한 표현이다.

MOTHER You're going to sit right here and finish that homework. Do I make myself perfectly clear?

CHILD Yes, ma'am.

엄마 여기 앉아서 숙제 다 끝내야 한다. 무슨 말인지 알겠니?
아이 네, 엄마.

SUE No, the answer is no! Do I make myself clear?

BILL Are you sure?

수 안 돼, 안 된다고! 알겠어?
빌 정말?

make oneself clear 자신의 말을 이해시키다

• Do we have to go through all that again?

그 얘길 또 해야 해?   [비교] Let's not go through all that again. (173쪽)

BILL Now, I still have more to say about what happened last night.

SALLY Do we have to go through all that again?

빌 자, 어젯밤에 있었던 일에 관해 할 이야기가 더 있는데.

샐리 그 얘길 또 해야겠니?

• Capeesh?

알겠어?   Do you understand? 이탈리아어에서 유래한 표현이다.

TOM Do I have to stay here?

FRED That's the way it's going to be. Capeesh?

TOM Yeah.

탐 여기 묵어야 해?

프레드 그럴 예정이야. 알겠어?

탐 응.

MARY I will not tolerate any of this anymore. Capeesh?

BILL Sure. Gotcha!

메리 이제 더 이상은 못 봐주겠어. 알겠어?

빌 그래. 알았어!

That's the way (that)... 바로 그렇게 하다 | tolerate 너그럽게 봐주다 | Gotcha! 알았어!

126

CHAPTER
06

모르거나
알 때

UNIT 6-1 ▶ 모를 때

• **I don't know.**

모르겠어.

FATHER Why can't you do better in school?
BILL I don't know.

아빠 왜 학교 성적이 오르질 않는 거니?
빌 저도 모르겠어요.

• **(I) wouldn't know.**

나도 모르지.

JOHN When will the flight from Miami get in?
JANE Sorry, I wouldn't know.

존 마이애미발 비행기가 언제 도착해?
제인 미안한데, 나도 몰라.

BOB Are there many fish in the Amazon River?
MARY Gee, I wouldn't know.

밥 아마존 강에는 물고기가 많이 있어?
메리 이런, 나도 모르지.

• **How should I know?**
• **Don't ask me.**

그걸 내가 어떻게 알아.

BILL Why is the orca called the killer whale?
MARY How should I know?

빌 왜 범고래를 식인 고래라고도 부르지?
메리 내가 그걸 어떻게 아니?

SALLY Where did I leave my glasses?
TOM Don't ask me.

샐리 내가 안경을 어디다 뒀지?
탐 그걸 내가 어떻게 알아.

orca 범고래

• God only knows!

그걸 누가 알겠어! /
아무도 몰라!

TOM   How long is all this going to take?

ALICE God only knows!

탐   이 일이 얼마나 걸릴까?

앨리스 누가 알겠어!

• (It) beats me.   • (It's) got me beat.
• You got me beat.

몰라.

강세는 me에 둔다.

BILL   When are we supposed to go over to Tom's?

JOHN Beats me.

빌   탐네 집엔 언제 가기로 했지?

존   나도 몰라.

SALLY What's the largest river in the world?

BOB   You got me beat.

샐리   세계에서 가장 큰 강이 뭐지?

밥   모르겠는데.

go over to ~에 가다

• Search me. 구어

모르겠는데.

search와 me에 똑같은 강세를 주어 말한다.

JANE   What time does Mary's flight get in?

SALLY Search me.

제인   메리가 탄 비행기가 몇 시에 도착하지?

샐리   모르겠어.

Chapter 06

모르거나 알 때

• (There's) no way to tell.

그야 알 수 없지.

TOM　How long are we likely to have to wait before the plane takes off?

CLERK　Sorry, sir. There's no way to tell.

탐　비행기가 이륙하기까지 얼마나 더 기다려야 하나요?
직원　죄송합니다. 지금으로선 알 수 없습니다.

BILL　Will the banks be open when we arrive?

BOB　No way to tell.
　　　They don't keep regular hours.

빌　우리가 도착할 때 은행이 열려 있을까?
밥　그야 알 수 없지. 규정 시간을 잘 안 지키거든.

take off (비행기가) 이륙하다 | **keep regular hours** 규정 시간을 지키다

• Who knows?

그걸 누가 알겠어?

ANDREW　Why can't someone put this stuff away?

RACHEL　Who knows? Why don't you put it away?

앤드류　왜 아무도 이 물건을 안 치우는 거지?
레이첼　누가 알겠어? 네가 치우지 그래?

• You got me there.

난들 알겠니?

BOB　What is this thing?

JANE　You got me there. I don't know.

밥　이게 뭐지?
제인　난들 아나? 나도 몰라.

• Your guess is as good as mine.

네가 모르는데 난들 알겠어?

BILL Why would anyone build a house like that way out here in the woods?

BOB Your guess is as good as mine.

빌 왜 사람들이 저런 식으로 숲 속에 집을 짓는 걸까?

밥 그야 나도 모르지.

as good as ~이나 다름없는, 거의 ~인

• (You've) got me stumped.

도통 모르겠는데.

BILL How long is the Amazon River?

JANE You've got me stumped.

빌 아마존 강의 길이가 얼마나 돼?

제인 도통 모르겠는데.

BOB Do you know of a book that would interest a retired sea captain?

SALLY You've got me stumped.

밥 퇴직한 선장이 흥미를 가질 만한 책 아는 거 있어?

샐리 전혀 모르겠는데.

interest ~의 관심[흥미]을 끌다 | retire 퇴직하다, 은퇴하다 | sea captain 선장

Chapter 06

모르거나 안 때

UNIT 6-2 ▶ 알 때

> • as far as I know
> • to the best of my knowledge

내가 알기로는

정보가 많지 않은 상태지만 기본적으로 동의할 때 쓴다. 화자가 내용을 충분히 알고 있지 않다는 것을 나타낸다.

TOM   Is this brand of computer any good?
CLERK This is the very best one there is, as far as I know.

탐   이 컴퓨터 브랜드 좋아요?
점원   제가 알기로는 이게 최고예요.

FRED Are the trains on time?
CLERK To the best of my knowledge, all the trains are on time today.

프레드 기차가 제시간에 올까요?
점원   제가 알기로는 오늘 기차가 모두 정시에 도착할 거예요.

BILL Are we just about there?
TOM   Far as I know.
BILL I thought you'd been there before.
TOM   Never.

빌   거의 다 온 것 같아?
탐   내 생각에는 그런 것 같아.
빌   너 전에 거기 가 본 적 있잖아.
탐   그런 적 없는데.

the (very) best one there is 출시된 제품 가운데 최상품 | about 거의, 대충

> • You do the math.

**계산해 봐. /
알아서 생각해 봐.**

A new one is $400 and I can get a reconditioned one for $150. You do the math.

새것을 사려면 400달러가 들고 수리된 것을 사려면 150달러면 돼. 어떻게 해야 할지는 말 안 해도 알겠지.

• keep someone in the loop

~가 소식을 계속
파악하게 하다

I need all the information about this deal as soon
as possible. Please keep me in the loop.

되도록 빨리 이 거래 건에 대한 정보가 전부 필요해. 내가 소식을 계속 파
악하게 해 줘.

Keep Fred in the loop so he will have no excuse
for not knowing what's going on.

무슨 일이 벌어지고 있는지 몰랐다는 변명을 할 수 없게 프레드가 소식을
계속 파악하게 해 줘.

• What's (there) to know?

그것도 몰라?

BILL   Do you know how to wind a watch?

BOB   Wind a watch? What's there to know?

빌   시계 태엽 감는 방법 알아?

밥   시계 태엽 감는 거? 그것도 몰라?

SUE   We must find someone who knows how to
repair a broken lawn mower.

TOM   What's to know? Just a little tightening
here and there. That's all it needs.

수   잔디 깎는 기계를 고칠 줄 아는 사람을 찾아야 해.

탐   그것도 몰라? 여기저기 살짝만 조여 주면 돼. 그러면 다 된다고.

wind ~을 감다 | lawn mower 잔디깎이 | tighten ~를 꽉 죄다 | That's all it
needs. 필요한 일은 그게 다야., 그러기만 하면 다 돼.

모르거나 알 때

07

리액션

UNIT 7-1 ▶ 동의의 리액션

- **Definitely!**
- **Certainly!**

물론이지!

BILL   Will you be there Saturday?

MARY   **Definitely!**

빌   토요일에 거기 갈 거야?

메리   물론이지!

SUE   Would you be so kind as to carry this up the stairs?

BILL   **Certainly!**

수   이것 좀 위층으로 옮겨 줄래?

빌   그럼!

Would you be so kind as to ~? 친절하게도[고맙게도] ~해 주실 수 있어요? (상대방에게 어떤 일을 부탁할 때 쓸 수 있는 표현) | **carry** (짐을) 나르다, 옮기다

• (I) can't argue with that.

두말하면 잔소리지. /
물론이지.

TOM   This sure is good cake.

BOB   **Can't argue with that.**

탐   이 케이크 정말 맛있다.

밥   맞아.

SUE   What do you say we go for a swim?

FRED   **I can't argue with that.**

수   우리 같이 수영하러 가면 어떨까?

프레드   그거 좋지.

What do you say ~? ~하는 게 어때? (상대방에게 어떤 일을 제안할 때 의향을 물어보는 표현) | **go for a swim** 수영하러 가다

> - I guess (so).
> - I expect (so).
> - I suspect (so).
> - I believe (so).
> - I suppose (so).
> - I think (so).

그럴 것 같아.

보통 suppose는 'spose로, expect와 suspect를 'spect로 줄여 말하기도 한다. 항상 아포스트로피(')를 사용하는 것은 아니다.

TOM   Will it rain today?
BOB   I suppose so.

탐   오늘 비가 올까?
밥   그럴 것 같아.

SUE   Happy?
BILL I 'spect.
SUE   You don't sound happy.
BILL I guess not.

수   행복하니?
빌   그런 것 같아.
수   목소리는 아닌데.
빌   그럼 아닌가 봐.

- You're telling me!

내 말이 그 말이야! / 정말 그래!

TOM   Man, it's hot today!
BOB   You're telling me!

탐   야, 오늘 진짜 덥다!
밥   정말 그래!

• You can say that again!

바로 그거야! /
정말 그렇다니까!

BILL This cake sure is good.
FATHER You can say that again.

빌 이 케이크 정말 맛있어요.
아빠 정말 맛있구나.

• You (really) said a mouthful. 구어 친밀

맞는 말만 골라서 하네.

BILL Did you hear what I said to her?
JANE Yes. You said a mouthful. Was she mad?

빌 내가 그 여자한테 한 말 들었니?
제인 응. 맞는 말만 골라서 하더라. 그 여자가 화내지 않았니?

• You said it!

그러게 말이야!

you와 said에 모두 강세를 준다.

MARY Let's get out of here!
I can't stand this movie.
SALLY You said it!

메리 여기서 나가자! 이 영화 더 이상 못 보겠어.
샐리 그러게 말이야!

I can't stand... ~을 참을 수 없다. ~을 더는 못 하겠다

• Same here.

나도 마찬가지야.

JOHN I'll have a slice of pie and coffee.
BOB Same here.

존 전 파이 한 조각이랑 커피를 마실게요.
밥 저도 마찬가지예요.

• Likewise(, I'm sure).

나도 마찬가지야.

ALICE I'm delighted to make your acquaintance.

BOB Likewise, I'm sure.

앨리스 이렇게 알게 돼서 정말 기쁩니다.
밥 저도 마찬가지입니다.

• That makes two of us.

나도 같은 생각이야.

DON I would actually prefer to have the taxi pick us up three hours ahead of the flight.

ANDY That makes two of us. The security checks take longer and longer each time we fly.

돈 비행 세 시간 전에 택시가 우리를 태워 가도록 해 두는 게 정말로 좋겠어.
앤디 나도 같은 생각이야. 우리가 비행기를 탈 때마다 보안 검사가 점점 더 오래 걸리더라.

JOHN I think she is being overly harsh with us.

BOB That makes two of us.

존 그녀는 지나칠 정도로 우리를 막 대하고 있는 것 같아.
밥 나도 같은 생각이야.

• That's what I say.

내 말이 그 말이야.

TOM We've got to get in there and stand up for our rights!

MARY That's what I say.

탐 거기 가서 우리의 권리를 주장해야 해!
메리 내 말이 그 말이야.

BOB They shouldn't do that!

MARY That's what I say!

밥 그 사람들이 그러면 안 되지!
메리 내 말이 그 말이야!

• Well said.

**맞는 말이야. /
동감이야.**

JOHN	And I for one will never stand for this kind of encroachment on my rights again!
MARY	Well said!
BOB	Well said, John!
FRED	Yes, well said.
존	나는 이런 식으로 다시 내 권리를 또 빼앗는다면 절대 용납하지 않을 거야!
메리	옳소!
밥	옳소, 존!
프레드	그래, 말 한번 잘했어.

• What someone said.

~가 말한 대로야.   때로 앞에서 언급된 말이 너무 어려워 다시 말하기 힘들 때 사용되기도 한다.

JOHN	Bob stated his position quite clearly, though not concisely. What's your opinion, Andy?
ANDY	What Bob said.
존	밥이 간결하지만, 꽤 명료하게 자기 입장을 말했어. 네 생각은 어때, 앤디?
앤디	밥이 말한 대로야.

BILL	With regard to the current economic malaise, do you think, as I do, that Keynesian economics, properly applied, of course, holds our only hope?
FRED	What you said.
빌	현재의 경제적 문제점들에 관해서는 너도 내가 생각하는 것처럼 적절하게 적용된 케인스 경제학이 우리의 유일한 희망이라고 생각해?
프레드	네가 말한 대로야.

Chapter 07

리액션

• You and me both.
• You and me too.

너랑 나랑 똑같네.

ANDY	I'm really tired!
HELEN	You and me both.

앤디   난 정말 피곤해!
헬렌   너랑 나랑 똑같네.

DAN	I'm starved.
IDA	You and me too.

댄   난 배고파.
아이다 너랑 나랑 똑같네.

• I know (just) what you mean.

**네 말이 무슨 뜻인지
알아.**

JOHN	These final exams are just terrible.
BOB	I know just what you mean.
JOHN	Why do we have to go through this?

존   이번 기말고사는 정말 끔찍했어.
밥   그 마음 내가 알지.
존   도대체 왜 시험 같은 걸 쳐야 하는 거지?

• I'll drink to that!

두말하면 잔소리지!   술과 상관없는 상황에도 사용한다.

JANE	I think I'll take everybody out to dinner.
SALLY	I'll drink to that!

제인   내가 너희들 모두 외식시켜 줄까 하는데.
샐리   당연히 찬성이지!

take ~ out to dinner[lunch] ~를 외식시켜 주다

• I'll say!

내 말이!

ANDY   Man it's really hot today!

HANNA   I'll say!

앤디   이런, 오늘은 날씨가 무지 덥네!

한나   내 말이!

• I'm like you.

나도 너랑 같아.

MARY   And what do you think about this pair?

JANE   I'm like you, I like the ones with lower heels.

메리   이 구두 어때?

제인   나도 너처럼 굽이 낮은 게 좋더라.

"I'm like you," confided Fred. "I think everyone ought to pay the same amount."

프레드는 "나도 너처럼 모두 돈을 똑같이 내야 한다고 생각해."라고 속내를 털어놓았다.

heel (구두의) 굽 | confide 속내를 털어놓다

• I'm with you.
• I'm with you on that (one).

(그 점에 대해서는)
네 의견에 찬성이야.

I와 you 둘 다에 강세를 둔다.

HANNA   I think that everyone ought to be told to clean up the kitchen after they eat.

IDA   I'm with you on that.

한나   난 모든 사람들이 식사를 하고 나면 부엌을 깨끗이 치워야 한다는 말을 들어야 한다고 생각해.

아이다   그 점에 대해서는 네 의견에 찬성이야.

JOHN	The government is spending too damn much money!
BOB	I'm with you on that one.
존	정부가 더럽게 너무 많은 돈을 쓰고 있어!
밥	그 점에 대해서는 네 의견에 찬성이야.

• Don't you know it!

네 말이 맞아! / 정말 그래!

의문문이 아니다.

ALICE	Man, is it hot!
FRED	Don't you know it!
앨리스	와, 덥다!
프레드	정말 그래!

BOB	This is the best cake I have ever eaten. The cook is the best in the world!
BILL	Don't you know it!
밥	이 케이크 이제까지 먹어 본 것 중에 가장 맛있다. 이 요리사 세계 최고군!
빌	네 말이 맞아!

• (You) took the words right out of my mouth.

내 말이 그 말이야.

BILL	I think she's old enough to know better.
TOM	You took the words right out my mouth.
빌	그 여자는 어리석은 짓은 그만둘 만한 나이가 되었는데.
탐	내 말이 그 말이야.

MARY	This movie is going to put me to sleep.
JANE	(yawning) You took the words right out of my mouth.
메리	이 영화 보니까 잠이 밀려온다.
제인	(하품을 하며) 내 말이 그 말이야.

old enough to ~할 만한 나이가 된 | **put ~ to sleep** ~를 잠들게 하다 | **yawn** 하품하다

• You're dern tootin'! _{구어} _{친밀}

물론이야!

You are absolutely right! tooting은 반드시 tootin'이라고 줄여서 쓴다.

TOM   Are you really going to take up boxing?

BOB   You're dern tootin'!

탐   너 정말 권투를 시작할 생각이니?

밥   그야 물론이지!

• Ain't it the truth? _{친밀}

그게 당연한 것 아니야?

JOHN   Things aren't the way they used to be in the good old days.

MARY   Ain't it the truth?

존   세상 돌아가는 게 예전 같p지가 않아. 그때가 좋았는데.

메리   다 그런 거 아니겠어?

JANE   You just can't buy good shoes anymore.

BOB   Ain't it the truth?

제인   이제 좋은 신발은 못 사겠네.

밥   그렇지 뭐.

Things aren't the way (that) ... 상황이 ~ 같지가 않다 | **used to** 예전에는 ~였다 (현재와 대조적인 과거의 사실이나 상태를 나타냄)

• And how!

그렇고 말고!

MARY   Wasn't that a great game?
Didn't you like it?

SALLY   And how!

메리   정말 멋진 경기였지? 너도 신나지 않았어?

샐리   그렇고 말고!

• Let's shake on it.

동의의 뜻으로 악수하자.

BOB   Do you agree?

MARY   I agree. Let's shake on it.

BOB   Okay.

밥   동의하니?

메리   그래. 합의의 뜻으로 악수하자.

밥   좋아.

• Me neither.

나도 아니야.

TOM   I definitely am not going.

BOB   Me neither.

탐   난 확실히 안 갈 거야.

밥   나도 그래.

MARY   There is no way I'm going to do this.

JANE   Me neither.

메리   나 이거 안 할 거야.

제인   나도 그래.

• My sentiments exactly.

동감이야.

DAN   We generally spend too much time talking and not enough time doing!

ANDY   My sentiments exactly.

댄   우리는 대체적으로 말하는 데는 시간을 너무 많이 쓰고 행동하는 데는 충분한 시간을 쓰지 않아!

앤디   동감이야.

IDA   I think Tom is too silly for words.

HELEN   My sentiments exactly.

아이다   나는 탐이 말을 너무 어리석게 한다고 생각해.

헬렌   동감이야.

• You('d) better believe it!

그렇고말고!

앞에 나온 얘기를 강조하는 표현이다.

BILL   Man, you're the best goalie this team has ever had!

TOM   You better believe it!

빌   이봐, 넌 이 팀에 있었던 골키퍼 중 최고야!

탐   암, 그렇고말고!

JOHN   This food is so bad. It will probably stunt my growth.

TOM   You'd better believe it!

존   이 음식 정말 형편없다. 아마 성장을 방해할 거야.

탐   그래, 맞아!

goalie 골키퍼(= goalkeeper) | stunt growth 성장발육을 저해하다

UNIT 7-2 ▶ 긍정 표시 리액션

- **Very good.**
- **As you say.**

❶ 좋아.

| JOHN | How do you like your lobster? |
| ALICE | Mmm. Very good. |

존 바닷가재 맛이 어때?
앨리스 음, 아주 좋아.

❷ 잘 알겠습니다.

주로 점원, 웨이터, 집사, 가정부들이 하는 말이다.

WAITER	What are you doing, madam?
SUE	It's just soda. No more, thanks.
WAITER	Very good.

웨이터 지금 마시고 계신 게 뭐죠?
수 그냥 탄산음료예요. 더 안 주셔도 돼요.
웨이터 잘 알겠습니다.

- **You got it!**

맞았어!

| BILL | Does that mean I can't have the car tonight? |
| FATHER | You got it! |

빌 오늘 밤 차를 쓸 수 없다는 건가요?
아빠 맞아!

BOB	You're fired! You don't work here any longer! There are no more paychecks coming to you.
BILL	In other words, I'm out of a job.
BOB	You got it!

밥 넌 해고야! 더 이상 일하러 나오지 않아도 돼! 더 이상 너한테
줄 봉급도 없어.
빌 그러니까, 제가 실직한 거군요.
밥 바로 그거야!

• That's what I'm talking about.

내 말이 그 말이야.   실제로는 전에 그 주제에 대해 말한 적이 없는 사람이 종종 이 말을 한다.

ANDY	Well, Don, it's eight o'clock, and here I am. Right on time.
DON	That's what I'm talking about. Promptness!
앤디	저기요, 돈, 8시인데, 제가 시간에 딱 맞추어서 도착했어요.
돈	내 말이 바로 그 말이야. 시간 엄수하라고!

• I wish I'd said that.

내가 하려던 말이야.

MARY	The weed of crime bears bitter fruit.
SUE	I wish I'd said that.
MARY	I wish I'd said it first.
메리	죄를 저지르면 벌을 받는 거야.
수	내가 하고 싶었던 말이야.
메리	내가 먼저 말하고 싶었어.

JOHN	Tom is simply not able to see through the airy persiflage of Mary's prolix declamation.
JANE	I wish I'd said that.
JOHN	I'm sorry I did.
존	탐은 메리의 지루한 잔소리를 가벼운 농담으로 받아넘기질 못해.
제인	바로 내가 하고 싶었던 말이다.
존	내가 먼저 말해서 미안하군.

• (It) sounds like a plan.

좋은 계획인 것 같아.

DON	Let's meet tomorrow and settle the matter.
ANDREW	Sounds like a plan.
돈	내일 만나서 그 문제를 해결하자.
앤드류	좋은 계획인 것 같아.

JOHN We'll sell the sofa and buy some comfortable chairs.

BOB Great! It sounds like a plan.

존 우리는 소파를 팔고 편안한 의자를 몇 개 살 거야.

밥 좋아! 좋은 계획인 것 같아.

• Now you're talking!

이제야 옳은 말을
하는구나!

TOM I won't put up with her behavior any longer. I'll tell her exactly what I think of it.

BILL Now you're talking!

탐 그 여자의 행동을 더 이상 참을 수 없어. 내 생각을 확실히 말해야겠어.

빌 이제야 옳은 말을 하는구나!

• That's the stuff!

바로 그거야!

BOB I'm sure I can do it!

FRED That's the stuff!

밥 확실히 난 할 수 있어!

프레드 바로 그거야!

• That's the ticket!

바로 그거야!

MARY I'll just get ready and drive the letter directly to the airport!

SUE That's the ticket.
Take it right to the airport post office!

메리 준비해서 이 편지를 가지고 곧장 공항으로 운전해 갈게!

수 바로 그거야. 곧장 공항 우체국으로 가져가!

🎧 1-07-03

UNIT 7-3 그밖에 꼭 알아야 할 리액션

• Go on!

❶ (외치듯이) 말도 안 돼!

JOHN	Go on! You're making that up!
BILL	I am not. It's the truth!

존 　말도 안 돼! 다 네가 지어냈지!
빌 　아니야. 사실이라고!

❷ 계속해.

ALICE	I guess I should stop here.
TOM	No. Don't stop talking. I'm very interested. Go on.

앨리스 여기까지만 말해야겠다.
탐 　아니. 더 얘기해 줘. 진짜 재미있단 말이야. 계속해 줘.

BILL	Don't turn here. Go on. It's the next corner.
BOB	Thanks. I didn't think that was where we should turn.

빌 　여기서 돌지 말고 계속 가세요. 다음 번 모퉁이에서 도세요.
밥 　감사합니다. 다음 모퉁이에서 도는 건지 몰랐거든요.

• I hear you.
• I hear what you're saying.

❶ 무슨 말인지 알겠어.

JOHN	The prices in this place are a bit steep.
JANE	Man, I hear you!

존 　여긴 가격이 조금 바가지인 것 같아.
제인 그래, 무슨 말인지 알겠어!

BILL	I think it's about time for a small revolution!
ANDREW	I hear what you're saying.

빌 　약간의 변화가 필요한 시기가 온 것 같아!
앤드류 무슨 말인지 알겠어.

steep (가격이) 터무니없는, (경사가) 가파른 | revolution 변혁, 혁명

Chapter 07

리액션

❷ 무슨 말인지는 알겠는데 내 생각은 달라.

TOM Time has come to do something about that ailing dog of yours.

MARY I hear what you're saying.

탐 병든 네 강아지한테 뭔가 조치를 취해야 할 때가 왔어.

메리 무슨 말인지는 알겠는데 내 생각은 좀 달라.

JANE It would be a good idea to have the house painted.

JOHN I hear what you're saying.

제인 집에 페인트칠을 하는 게 좋겠다.

존 무슨 말인지는 알겠는데 내 생각은 좀 달라.

Time has come to ... ~할 때가 왔다 | ailing 병든

- **Is that so?**
- **Is that right?**

❶ (말끝을 올리며) 그래?

HENRY These are the ones we need.

ANDREW Is that right?
They don't look so good to me.

헨리 이게 우리한테 필요한 것들이야.

앤드류 그래? 내가 보기엔 별론데.

FRED Tom is the one who came in late.

RACHEL Is that so? It looked like Bill to me.

프레드 늦게 온 사람은 탐이야.

레이첼 그래? 내가 보기엔 빌인 것 같은데.

❷ (시비 걸듯이) 오호, 그래?

끝을 올리지 않는다.

MARY You are making a mess of this.

ALICE Is that so?
And I suppose that you're perfect?

메리 네가 이 일을 다 망쳐 버렸어.

앨리스 그래? 너도 완벽하진 않잖아.

BOB	I found your performance to be weak in a number of places.
HENRY	Is that right? Why don't you tell me about those weaknesses?

밥	네 연기에 취약한 부분이 여러 군데 있던데.
헨리	그래? 그게 뭔지 한번 말씀해 보시지그래?

make a mess of ~을 엉망진창으로 만들다 | in a number of places 상당 부분에서 | Why don't you ~? ~하는 게 어때?, ~하지그래?

- **I don't wonder.**
- **I'm not surprised.**

당연하지. 당연해서 놀랍지 않다는 의미이다.

MARY	All this talk about war has my cousin very worried.
SUE	No doubt. At his age, I don't wonder.

메리	내 사촌은 이런 전쟁 얘기만 하면 무척 걱정스러워 해.
수	당연하지. 그 나이 땐 다 그래.

JOHN	All of the better-looking ones sold out right away.
JANE	I'm not surprised.

존	그럴싸한 제품들은 눈 깜짝할 사이에 모조리 팔렸어.
제인	당연하지.

No doubt. 당연하지. | at one's age ~의 나이에는 | better-looking 더 나아 보이는

- **Oh, sure (someone/something will)!**

어련하시겠어! 효과가 없거나 상대의 주장대로 되지 않을 거라고 비아냥거리는 표현이다.

ANDREW	Don't worry. I'll do it.
RACHEL	Oh, sure you will! That's what you always say.

앤드류	걱정 마. 내가 할게.
레이첼	어련하시겠어! 넌 항상 그렇게 말하잖아.

• Oh, yeah?

어, 그래?

TOM	You're getting to be sort of a pest.
BILL	Oh, yeah?
TOM	Yeah.
탐	너 갈수록 사람을 성가시게 하는구나.
빌	어, 그래?
탐	그래.

• Why not?

❶ 왜 안 된다는 거야?

MARY	No, you can't.
BILL	Why not?
메리	아니, 넌 안 돼.
빌	왜 안 된다는 건데?

❷ 안 될 거 없지.
(안 될 이유가 뭐 있겠어?)

BOB	You want to go to see a movie next Friday?
JANE	Why not?
밥	다음주 금요일에 영화 보러 갈래?
제인	안 될 이유가 없지.

FRED	Do you feel like wandering over to the bowling alley?
TOM	Why not?
프레드	볼링장에 갈래?
탐	안 될 거 없지.

Do you feel like -ing? ~할래? | wander over to ~에 가다 | bowling alley 볼링장

08

대화
연결 표현

UNIT 8-1 ▶ 화제 전환하기

• Ahem!

어험!

관심을 끌려고 목청을 가다듬는 소리를 철자로 나타낸 것이다.

ANDY	Ahem!
DON	Oh, sorry, Andy. What do you want?

앤디	어험!
돈	아, 미안, 앤디. 뭐 필요해?

DAVE	Ahem! Andy.
ANDY	What?
DAVE	There was a spider crawling up your pants leg, but I don't see it now.

데이브	어험! 앤디.
앤디	왜?
데이브	거미 한 마리가 네 바짓가랑이를 기어 올라가고 있었는데, 지금은 안 보여.

• hey 친밀

❶ 이봐

상대의 주의를 끌기 위해 문장 처음에 사용한다. 이런 표현은 종종 어조를 달리하여 뒤따르는 문장에 내포된 의미를 전달한다. 짧게 끊는 말투는 비꼼 · 이견 · 경고 · 위로 · 단호함 등을 나타내는 말이 이어진다. 종종 Hey!라고 외치듯 말한다.

참고 say (156쪽)

BILL	Hey, Tom. Over here.
	I'm over here by the tree.
TOM	Hi, Bill. What's up?

빌	야, 탐. 여기야. 나 여기 나무 옆에 있어.
탐	안녕, 빌. 무슨 일이야?

BOB	Hey, stop that!
ALICE	Gee! What did I do?

밥	야, 그만둬!
앨리스	이런! 내가 뭘 어쨌다고 그래?

---

❷ 안녕

Hello! 미국 남부 지역에서 인사말로 사용하기도 한다.

MARY Hey, Bill.

BILL Hey, Mary. What's up?

메리 안녕, 빌.
빌 안녕, 메리. 무슨 일이야?

- **look**
- **look here**

❶ 야

SUE How could you!

FRED Look, I didn't mean to.

수 네가 어떻게 그럴 수 있니!
프레드 야, 정말 그럴 뜻은 없었어.

ANDREW Look, can't we talk about it?

SUE There's no more to be said.

앤드류 야, 그 문제에 관해 얘기 좀 할까?
수 더 이상 할 얘기 없어.

❷ 이봐

뒤에 오는 말을 강조하는 표현이다. 약간 조급함을 보일 수도 있다.

HENRY Look here, I want to try to help you, but you're not making it easy for me.

RACHEL I'm just so upset.

헨리 이봐, 난 널 도와주고 싶다고, 하지만 네가 날 불편하게 하잖니.
레이첼 그냥 너무 화가 나서 그래.

ANDREW Look here, I just asked you a simple question!

BOB As I told you in the beginning, there are no simple answers.

앤드류 야, 그냥 간단한 질문 하나 했을 뿐이야!
밥 시작할 때 말했듯이, 간단하게 대답할 만한 건 하나도 없어.

make it easy for ~를 편하게 하다 | upset 화가 난 | as I told you in the beginning 처음부터 말했듯이

Chapter 08 대화 연결 표현

Part 1 일상 회화 표현 • 155

• yo

(누군가를 부를 때)
야 / 여기요

상대방의 주목을 끌거나 자신의 위치를 알릴 때 사용한다.

ANDREW   Yo, Tom. I'm over here!

TOM   I can't see you. Oh, there you are!

앤드류   야, 탐. 나 여기 있어!

탐   안 보여. 아, 거기 있구나!

BOB   Let's see who's here.
I'll call the roll, Bill Franklin.

BILL   Yo!

밥   누가 왔나 볼까. 출석 부른다, 빌 프랭클린.

빌   여기요!

call the roll 출석을 부르다

• Pssst!

으흠!

누군가의 관심을 끌기 위해 작게 내는 소리이다. [참고] Ahem!(156쪽)

LARRY   (Whispering) Pssst! There's a telephone call
for you. Take it in the hall, please.

래리   (속삭이며) 으흠! 당신을 찾는 전화가 왔어요. 홀에서 받으세요.

• say

저기 / 야 / 참

사람들의 주목을 끌고 다음에 문장(대개 의문문)이 이어진다는 것을 알릴 때 쓰는
표현이다.

BOB   Say, don't I know you from somewhere?

RACHEL   I hope not.

밥   저, 어디서 뵌 적 있지 않나요?

레이첼   아닐걸요.

"Say, why don't you stay on your side?" screamed
Tom at the other boys.

탐은 다른 아이들에게 "야, 너희들 그 자리에 그대로 있지그래?"라고 소
리쳤다.

ANDREW Say, where did I see that can opener?

RACHEL You saw it where you left it after you last used it.

앤드류 참. 깡통 따개를 어디서 봤더라?

레이첼 마지막으로 쓰고 놔둔 곳에서 봤겠지.

Don't I know you from somewhere? 어딘가에서 본 적 있지 않나요? | scream 소리치다 | can opener 깡통 따개

• Tah-dah!

짜잔!

흥미를 유발할 만한 대상을 소개하거나 가리킬 때 사용한다.

"Tah-dah," said Alice. "This is my new car!"

앨리스가 "짜잔, 이게 새로 산 내 차야!"라고 말했다.

• Dig up! 속어

잘 들어!

JOHN All right, you guys! Dig up! You're going to hear this one time and one time only!

BILL Get quiet, you guys!

존 좋아, 얘들아! 잘 들어! 이번 딱 한 번만 얘기할 거야!

빌 다들 조용히 해!

BILL Dig up! I'm only going to say this once.

BOB What was what?

BILL I said listen!

빌 잘 들어! 이번 한 번만 얘기할 거야.

밥 무슨 얘긴데?

빌 잠자코 들으라고 했잖아!

one time 한 번(= once) | What was what? 뭐라고?, 뭐가 어쨌다고?

UNIT 8-2 대화 연결하기

• so

① (말문을 열며) **자, 그럼**

ANDREW So, I'm new around here. Where's the fun?
BOB You must be new. There's never been any fun around here.

앤드류 참, 난 여기 처음이야. 어디가 재미있어?
밥 정말 처음인가 보네. 이 근처엔 재미있게 놀 만한 데 없어.

ANDREW So, when do we eat?
RACHEL Don't you have any manners?

앤드류 그럼, 언제 먹는 거야?
레이첼 넌 예의도 없니?

② (공격적인 말투로) **그래서 뭐?**

FRED So I made a mistake. So what?
JOHN It caused us all a lot of trouble. That's what.

프레드 그래, 내가 잘못했다. 그래서 어쨌다고?
존 그것 때문에 모두 고생했잖아. 내 말이 그거야.

ALICE So I'm not perfect! What does that prove?
ANDREW Nothing, I guess.

앨리스 그래, 난 완벽한 사람이 아니다! 그래서 뭐가 잘못됐는데?
앤드류 아무것도 아니야.

make a mistake 실수하다, 잘못하다 | cause ~ trouble ~를 고생시키다. 복잡한 문제에 휘말리게 하다 | That's what. 내 말이 그거야. (So what?의 what을 그대로 받아 대답한 것) | What does that prove? 그게 어쨌다는 건데? (So what?과 같은 의미)

• after all

어쨌든 / 게다가

SALLY But he acts very rude sometimes, and he's so boring.
JANE But really, Sally, after all!

샐리 하지만 그는 때로 아주 무례하게 행동하는 데다 너무 재미없어.
제인 하긴 그렇기는 해도 샐리, 어쨌든 간에!

158

• you know

알다시피

강조하기 위해 문장 끝에 덧붙이는 표현이다. 종종 지나치게 많이 사용되기도 하며 그럴 경우 아무런 의미가 없어서 듣는 사람을 짜증 나게 할 수도 있다.

BILL Do you always lock your door?

TOM Usually. There's a lot of theft around here, you know.

빌 너 항상 문 잠그고 다니니?

탐 보통 그래. 알다시피, 주변에 워낙 도난 사고가 많아서 말이야.

• all in all   • all things considered
• on balance

모든 면을 고려해 볼 때

화제를 바꿔 요약하거나 일반화시키고자 할 때, 혹은 결론을 말하고자 할 때 서두에 쓰는 표현이다.

BILL All in all, this was a fine evening.

ALICE I think so too.

빌 여러 모로 멋진 저녁이었어.

앨리스 내 생각도 그래.

BILL How did it go?

ALICE On balance, it went quite well.

빌 어땠어?

앨리스 전반적으로 아주 좋았어.

• all the more reason for doing something
• all the more reason to do something

**그러니까 더욱더
~해야지**

어떤 일을 하는 데 좀 더 그럴듯한 이유나 근거가 된다는 의미이다. 많은 문법 구문에 활용할 수 있다.

BILL I don't do well in calculus because I don't like the stuff.

FATHER All the more reason for working harder at it.

빌 제가 미적분학을 못하는 이유는 그 과목을 싫어하기 때문이에요.

아빠 그러니까 더 열심히 해야지.

BOB	I'm tired of painting this fence.
	It's so old and it's rotting!
SALLY	All the more reason to paint it.

| 밥 | 이 울타리 페인트칠하는 거 지겨워. 낡고 다 썩어 가는데! |
| 샐리 | 그러니까 더 칠을 해야지. |

calculus 미적분학, 계산법 | be tired of ~하는 데 싫증 나다 | rot (나무 등이) 썩다

• and so forth
• and so on

~ 등등

같은 방식으로 된 (사물이나 사람의) 목록을 계속 열거할 때 쓰인다. 두 표현이 강조의 목적으로 함께 사용될 수도 있다.

I will require a room for one, a safe bed, a private bathroom, a mini bar, a balcony with a nice view, and so forth.

나는 폭신한 침대와 개인 화장실, 미니 바, 멋진 경관이 보이는 발코니 등등이 있는 1인실을 요구할 거예요.

She has requested a deluxe room with bath, balcony and so on.

그녀는 욕조, 발코니 등등이 있는 특실을 요구해 왔어요.

• anyway
• anyhow

어쨌든

이 표현은 이따금 억양을 이용하여 뒤따르는 문장에 함축된 의미를 전달한다. 짧게 끊어 말하는 경우에는 빈정거림 · 이견 · 경고 · 위로 · 단호함 등을 나타내는 말이 이어진다.

JOHN	I just don't know what's going to happen.
MARY	Things look very bleak.
JOHN	Anyway, we'll all end up dead in the long run.

존	어떻게 될지 모르겠다.
메리	가망 없을 것 같아.
존	어쨌든, 길게 보면 결국 우린 모두 죽을 테니까.

BOB	Let's stop this silly argument.
FRED	I agree. Anyhow, it's time to go home, so none of this argument really matters, does it?
BOB	Not a bit.

밥	이런 어리석은 말다툼 따위는 그만두자.
프레드	좋아. 어쨌든, 집에 갈 시간도 됐고, 별로 중요하지도 않은 일이 니까.
밥	전혀 안 중요하지.

end up 결국 ~한 상태가 되다 | **in the long run** 긴 안목으로 보면, 결국은

• as I was saying
• like I was saying 구어 친밀

좀 전에 말했듯이

as I was saying은 어떤 대화에도 무난하게 쓸 수 있다. as 대신 like를 쓰는 것을 꺼리는 사람이 많다.

BILL	Now, Mary, this is one of the round ones that attaches to the wire here.
BOB	(passing through the room) Hello, you two! Catch you later.
BILL	Yeah, see you around. Now, as I was saying, this goes here on this wire.

빌	자, 메리, 이건 여기 이 전선에 연결하는 고리 중 하나야.
밥	(방을 가로지르며) 얘들아, 안녕! 나중에 보자.
빌	그래. 나중에 보자. 자, 내가 아까 말했듯이 이건 이 전선에 연결시켜.

| TOM | I hate to interrupt, but someone's car is being broken into down on the street. |
| FRED | As I was saying, these illegal practices must stop. |

| 탐 | 방해하고 싶진 않지만 저기 어떤 사람 차가 털리고 있네. |
| 프레드 | 아까도 말했지만, 이런 불법 행위는 근절해야 해. |

attach to ~에 연결하다, 붙이다 | **pass through** ~을 가로지르다 | **I hate to interrupt, but ...** 말[대화]을 가로막고 싶지 않지만 (상대방의 말을 중간에 자르거나 다른 이들의 대화에 끼어들 때 쓸 수 있는 표현) | **break into** 난입하다, 침입하다 (여기서는 '차에 침입해서 도둑질을 하고 있다'라는 의미)

• like I said

(전에) **내가 말한 것처럼**

Like I said, we have more serious problems than the ones you know about.

제가 말한 것처럼, 우리는 당신이 알고 있는 것보다 더 심각한 문제들을 가지고 있어요.

It's time we began to take him seriously. **Like I said**, he needs our support.

그의 얘기를 심각하게 받아들이기 시작할 때예요. 제가 말한 것처럼, 그는 우리의 지원이 필요해요.

• as such

사실

ALICE	Did you have a good vacation?
JOHN	Well, sort of. It wasn't a vacation, **as such**. We just went and visited Mary's parents.
ALICE	That sounds nice.
JOHN	Doesn't it.
앨리스	휴가 잘 보냈니?
존	글쎄, 그럭저럭. 사실 휴가도 아니었어. 메리 부모님을 만나 뵈러 갔거든.
앨리스	좋았겠네.
존	그렇지 않아.

• **as for** someone/something
• **as to** someone/something

~에 대해서 말하자면

As for Charles, someone needs to explain to him how important it is that we all work together.

찰스에 대해서 말하자면, 누가 그에게 우리 모두가 같이 일하는 게 얼마나 중요한지 설명해 줘야 해요.

As for dessert, would apple pie with ice cream be okay?

후식에 관해 말하자면, 아이스크림과 애플 파이를 같이 먹는 것도 괜찮지 않을까요?

- **as you say**
- **like you say** 구어

① 네 말대로

JOHN   Things are not going well for me today.
What should I do?

BOB   Some days are like that. As you say,
it's just not going well for you, that's all.

존   오늘은 일이 잘 안 풀리네. 어떡해야 하지?

밥   그런 날도 있지. 네 말대로 그저 일이 좀 안 풀리는 것뿐이야.

② 말씀대로 하지요   보통 as you say의 형태로 쓰면, 동의나 승인을 나타내는 격식을 갖춘 정중한 표현이 된다. 직역하면 "네 말대로 할게."라는 뜻이다.

JOHN   Please take this to the post office.

BUTLER   As you say, sir.

존   우체국에 가서 이것 좀 부쳐 줘요.

집사   네, 말씀대로 하지요.

- **at that**

그것도

Now that you mention it, his talent are pretty
valuable at that.

말이 나왔으니 말인데, 그의 재능은 값어치가 있어, 그것도 상당히 많이.

FATHER   Despite her caustic manner, Mary has
been very helpful to us.

MOTHER   I guess she has been pretty helpful at
that.

아빠   태도가 신랄하기는 했지만, 그래도 메리가 우리에게 아주 도움이 되었어요.

엄마   그것도 상당히 도움이 되었던 것 같아요.

Chapter 08

대화 연결 표현

• Be that as it may

**그렇기는 하지만 /
어쨌든**

SUE I'm sorry that I am late for the test.
I overslept.

TEACHER Be that as it may, you have missed the
test and will have to petition for a makeup
examination.

수 시험에 늦어서 정말 죄송합니다. 늦잠을 잤어요.
선생님 어쨌든, 시험을 못 쳤으니 재시험을 신청해야 할 거야.

HENRY I lost my job, so I couldn't make the car
payment on time.

RACHEL Be that as it may, the payment is overdue,
and we'll have to take the car back.

헨리 실직해서 자동차 할부금을 제때에 내지 못했어요.
레이첼 이유야 어쨌든, 할부금 지급 기한이 넘었으니 차를 도로 가져가
야겠군요.

petition 신청하다 | makeup examination 재[추가]시험(= makeup) | overdue 지불
기한이 지난 | take ~ back ~을 도로 가져가다, 회수하다

• by the way
• incidentally

❶ (말을 이어서)
또한 / 그리고

TOM Is this one any good?

CLERK This is the largest and, by the way, the
most expensive one we have in stock.

탐 이게 좋은 건가요?
점원 저희 가게에서 가장 크고 또 가장 비싼 제품이기도 합니다.

❷ (화제를 바꾸며)
그건 그렇고 / 그런데

JANE By the way, don't you owe me some
money?

SUE Who, me?

제인 그런데 너 나한테 돈 빌려 가지 않았니?
수 누가, 내가?

• by the same token

마찬가지로

TOM   I really got cheated!

BOB   You think they've cheated you, but, **by the same token**, they believe that you've cheated them.

탐   나 진짜 속았어!

밥   넌 그들이 널 속였다고 생각하겠지만 마찬가지로 그들도 네가 속였다고 생각해.

get cheated 속다

• first of all

우선 / 무엇보다도

"**First of all**, let me say how happy I am to be here." said Fred, beginning his speech.

프레드는 연설을 시작하며 "무엇보다도 이곳에 오게 돼서 얼마나 기쁜지 말씀드리고 싶네요."라고 말했다.

HENRY   How much is all this going to cost, Doctor?

DOCTOR **First of all**, do you have any insurance?

헨리   진료비가 전부 얼마나 나올까요, 선생님?

의사   우선, 보험에는 가입하셨나요?

How much is ~ going to cost? ~는 얼마죠? (여기서 cost는 '비용이 들다'라는 뜻의 동사) | insurance 보험

• for instance

예를 들면

I've lived in many cities, **for instance**, Boston, Chicago, and Detroit.

난 여러 도시에서 살아 봤어, 예를 들면 보스턴, 시카고, 디트로이트 같은 곳들 말이야.

Jane is very generous. **For instance**, she volunteers her time and gives money to charities.

제인은 마음이 아주 넓지. 이를테면 자원봉사도 하고 자선단체에 기부도 하고 말이야.

generous 마음이 넓은 | charity 자선 단체, 자비, 자선기금

• for openers
• for starters

우선 / 먼저

For openers, let's discuss our plans for the coming year.

우선 내년 계획에 대해 이야기해 봅시다.

Now, I want to talk about binomial today. Let's look at the first paragraph on page 12 for starters.

자, 오늘은 이항식에 대해 이야기해 보려고 합니다. 우선 12쪽의 첫 번째 단락을 보세요.

• in any case

어쨌든

결론적인 말을 할 때 그 앞이나 뒤에 사용하는 표현이다.

JANE   In any case, I want you to do this.
JOHN   All right. I'll do it.

제인   어쨌든, 네가 이 일을 해 줬으면 해.
존   좋아. 해 줄게.

• in other words

다시 말해서 / 바꿔 말하면

HENRY   Sure I want to do it, but how much do I get paid?
ANDREW In other words, you're just doing it for the money.

헨리   이 일을 정말 해보고 싶은데 보수는 얼마나 되나요?
앤드류   다시 말해서, 지금 돈 때문에 하겠다는 거군요.

BILL   Well, I suppose I really should prepare my entourage for departure.
BOB   In other words, you're leaving?
BILL   One could say that, I suppose.
BOB   Why didn't one?

빌	내 수행원들에게 출발 준비를 하라고 해야겠어.
밥	그러니까, 곧 떠나신다는 겁니까?
빌	누군가 말해 줬을 텐데.
밥	왜 아무도 얘길 안 해 줬지?

get paid 보수를 받다 | entourage 수행원

• in view of

~ 때문에

ANDREW Can we hurry? We'll be late.

MARY In view of your attitude about going in the first place, I'm surprised you even care.

앤드류 서둘러 줄래? 늦겠어.

메리 처음에 가자고 했을 때의 네 태도를 생각하면 이렇게 신경 쓰는 게 좀 놀랍군.

attitude about ~에 대한 태도 | in the first place 애당초 | care 신경 쓰다

• owing to something

~ 때문에

Owing to the lateness of the evening, I must go home.

시간이 늦었으니 집에 가야겠어.

We were late owing to the heavy traffic.

우리 교통 체증 때문에 늦었어.

• on the contrary

반대로

MARY I hear that you aren't too happy about my decision.

SUE On the contrary, I find it fair and reasonable.

메리 네가 내 결정에 불만이 있다는 소리를 들었어.

수 그 반대로 난 네 결정이 공평하고 합리적이라고 생각하는데.

be not happy about ~에 대해 불만이다 | fair 공평한 | reasonable 합리적인

• not to mention someone/something

~은 말할 나위도 없고

You have caused me a great deal of trouble. Not to mention the distress you have caused your aunt Octavia!

넌 나한테 많은 문제를 일으켰어. 너의 고모 옥타비아가 일으킨 걱정거리는 말할 나위도 없고!

• on the other hand

한편 / 그런데

JOHN	I'm ready to go; on the other hand, I'm perfectly comfortable here.
SALLY	I'll let you know when I'm ready, then.
존	갈 준비 다 됐어. 그런데 여기 있는 게 더할 나위 없이 편하다.
샐리	그럼 나 준비 다 하면 알려줄게.

MARY	I like this one. On the other hand, this is nice too.
SUE	Why not get both?
메리	이게 맘에 들어. 근데 이것도 멋지다.
수	두 개 다 사지그래?

perfectly 더할 나위 없이, 완전히 | let ~ know ~에게 알리다 | Why not ~? ~하는 게 어때?

• so to speak
• in a manner of speaking

말하자면

I was so mad that I just kicked him in the butt, so to speak.

말하자면, 나는 너무 화가 나서 그의 엉덩이를 걷어차 주었을 뿐이야.

Well, she was, his, ah, girlfriend, in a manner of speaking.

음, 그녀는 그의, 아 그러니까 여자 친구였어. 말하자면 그렇다는 거야.

168

- **to put (it) another way**
- **put another way**

달리 말하면

FATHER You're still very young, Tom. To put it another way, you don't have any idea about what you're getting into.

TOM But I still want to get married, so can I borrow fifty dollars?

아빠 넌 아직 너무 어려, 탐. 달리 말하면 넌 지금 네가 뭘 하려는 건지도 모른다고.

탐 그래도 결혼하고 싶어요. 그러니 50달러만 빌려 주세요.

JOHN Could you go back to your own room now, Tom? I have to study.

TOM (no answer)

JOHN Put another way, get out of here!

TOM Okay, okay.
Don't get your bowels in an uproar!

존 이제 네 방으로 좀 갈래, 탐? 나 공부해야 하거든.

탐 (대답 없음)

존 달리 말하자면, 여기서 나가란 말이야!

탐 그래, 알았어. 난리 좀 치지 마!

get into (어떤 상태나 처지에) 들어가다, 빠지다 | get one's bowels in an uproar 지나치게 안달복달[걱정]하다

- **And you?**
- **Yourself?**

넌 어때?

질문한 사람이나 다른 사람에게 되묻는 표현이다.

BILL Do you want some more cake?

MARY Yes, thanks. Yourself?

BILL I've had enough.

빌 케이크 더 먹을래?

메리 응, 고마워. 넌?

빌 난 많이 먹었어.

JANE	Are you enjoying yourself?
BILL	Oh, yes, and you?

제인	재미있니?
빌	응, 넌 어때?

I've had enough. 배불러요., 많이 먹었습니다.(= I'm stuffed., I'm (getting) full.)

• now

자 / 야 / 음

말을 시작할 때 특별한 의미 없이 사용하는 표현이다. 이런 표현들은 대체로 뒤에 나오는 문장의 의미에 따라 말투가 달라진다. 짧게 끊는 말투는 비꼼 · 이견 · 경고 · 위로 · 단호함 등을 나타낸다. <u>참고</u> Now, now (200쪽)

JOHN	I'm totally disgusted with you.
BOB	Now, don't get angry!

존	난 너한테 완전히 정떨어졌어.
밥	야, 화내지 마!

ANDREW	I'm fighting mad. Why did you do that?
BILL	Now, let's talk this over.

앤드류	나 정말 화났어. 도대체 왜 그런 짓을 한 거야?
빌	음, 얘기 좀 하자.

ANDREW	Now, try it again, slowly this time.
SALLY	How many times do I have to rehearse this piece?

앤드류	자, 다시 한번 해 봐, 이번엔 천천히.
샐리	이 부분을 몇 번이나 연습해야 하는 거야?

disgusted with ~에 정떨어진, 싫증 난 | get angry 화내다 | fighting mad 아주 화가 난 (fighting은 부사로 '싸움을 붙고 싶을 만큼'의 뜻)

• speaking (quite) candidly

솔직히 말해서

Speaking quite candidly, I find your behavior a bit offensive, stated Frank, obviously offended.

솔직히 말해 네 행동이 약간 무례한 것 같아, 프랭크가 기분이 상해 이렇게 말했다.

MARY Tell me what you really think about this skirt.

SALLY Speaking candidly, I think you should get your money back.

메리 이 치마가 어떤지 솔직하게 말해 줘.

샐리 솔직히 말하면, 환불하는 게 낫겠다.

behavior 행동 | offensive 무례한 | offend ~의 기분[감정]을 상하게 하다

- **(speaking) (quite) frankly**
- **frankly speaking**

솔직히 말해서

TOM Speaking quite frankly, I'm not certain she's the one for the job.

MARY I agree.

탐 솔직히 말해서, 그 여자가 이 일에 적임자는 아닌 것 같아.

메리 내 생각도 그래.

"Frankly speaking," said John, "I think you're out of your mind!"

존은 "솔직히 말해서 너 제정신이 아닌 것 같아."라고 말했다.

~ is the one for the job ~가 그 일에 적임자다 | be out of one's mind 제정신이 아니다, 정신 나가다

UNIT 8-3 ▶ 대화 마무리하기

- (It's been) good talking to you.
- (It's) been good to talk to you.
- (It's been) nice talking to you.

이야기 즐거웠어.

대화를 끝내고 자리를 뜰 때 사용하는 공손한 인사말이다.

MARY (as the elevator stops) Well, this is my floor. I've got to get off.

JOHN Bye, Mary. It's been good talking to you.

메리 (엘리베이터가 멈추자) 이 층에서 내려야 해. 나 내릴게.

존 잘 가, 메리. 얘기 즐거웠어.

JOHN It's been good talking to you, Fred. See you around.

FRED Yeah. See you.

존 얘기 즐거웠어, 프레드. 또 보자.

프레드 그래. 잘 가.

This is my floor. (엘리베이터) 이번 층에서 내려요. | **I've got to** ~해야 한다 (have got 은 have의 구어체 표현) | **get off** (차·엘리베이터 등에서) 내리다

- Catch me later.
- Catch me sometime later.
- Catch me some other time.

나중에 얘기하자.

BILL (angry) Tom, look at this phone bill!

TOM Catch me later.

빌 (화가 나서) 탐, 이 전화 요금 고지서 좀 봐!

탐 그 얘긴 나중에 하자.

"Catch me some other time," hollered Mr. Franklin over his shoulder. "I've got to go to the airport."

프랭클린 씨는 어깨너머로 "나중에 얘기해, 지금 공항에 가야 돼." 하고 소리쳤다.

holler 소리[고함]치다 | **over one's shoulder** ~의 어깨너머로

• Could we continue this later?

**이 얘기 나중에
계속할까?**

could 대신 can이나 may를 사용하기도 한다.

BOB	After that, we both ended up going out for a pizza.
SUE	Could we continue this later? I have some work I have to get done.
BOB	Sure. No problem.
밥	그러고 나서 우리 둘은 결국 피자를 먹으러 나갔지.
수	나중에 다시 얘기해도 될까? 끝내야 할 일이 좀 있어서.
밥	그래. 그러지 뭐.

• Let's not go through all that again.

**그 문제는 다시
꺼내지 말자.**

비교 Do we have to go through all that again? (126쪽)

BILL	Now, I still want to explain again about last night.
SALLY	Let's not go through all that again!
빌	저, 어젯밤에 있었던 일 다시 해명하고 싶어.
샐리	이제 그 얘긴 꺼내지 마!

• No offense meant.

상처 줄 생각은 없었어.

참고 No offense taken. (174쪽)

Sorry. I know that sounded rude. No offense meant.

미안해요. 그 말이 무례하게 들렸다는 거 알아요. 상처 줄 생각은 없었어요.

JAN	That perfume's a little strong. Oops. No offense meant.
MARIA	No offense taken.
젠	그 향수는 향이 좀 강해요. 앗. 상처 줄 생각은 없었어요.
마리아	상처 안 받았어요.

• No offense taken.

상처 안 받았어요.

참고 No offense meant. (173쪽)

Don't worry. No offense taken.

걱정하지 마요. 상처 안 받았으니까.

• one final word • one final thing
• one more word • one more thing

마지막 한마디

작별의 말이나 목록의 마지막 항목을 소개할 때 쓰는 표현이다.

JOHN One final word: keep your chin up.

MARY Good advice!

존 마지막으로 한마디할게, 기운 내.

메리 힘이 나는군!

SUE And one final thing: don't haul around a lot of expensive camera stuff. It just tells the thieves who to rob.

JOHN There are thieves here?

SUE Yeah. Everywhere.

수 마지막으로 한마디할게, 비싼 카메라 장비들을 너무 많이 가지고 다니지 마. 도둑들에게 훔쳐 가라는 말이나 다름없으니까 말이야.

존 여기 도둑들이 있어?

수 그럼. 도처에 깔렸지.

Keep your chin up. 기운 내. | haul around 가지고 다니다 | camera stuff (렌즈 · 받침대 등의 주변기기를 포함한) 카메라 장비 일체

• The rest is history.

그 다음 얘긴 뻔해.

BILL Then they arrested all the officers of the corporation, and the rest is history.

SUE Can't trust anybody these days.

빌 그리고 나서 그 사람들이 회사 임원들을 모조리 체포했대. 그 다음은 뻔하지 뭐.

수 요즘엔 믿을 사람이 없다니까.

BOB	Hey, what happened between you and Sue?
BILL	Finally we realized that we could never get along, and the rest is history.
밥	야, 너랑 수 사이에 무슨 일 있었어?
빌	우린 결국 절대 잘 지낼 수 없다는 걸 깨달았어. 그 다음 얘기야 뻔하지 뭐.

arrest 체포하다 | **corporation** 주식회사, 법인 | **get along** 사이 좋다, 살아가다

• There you are.

이렇게 된 거야.

ANDREW	Then what happened?
BOB	Then they put me in a cell until they found I was innocent. Somebody stole my watch in there, and I cut myself on a broken wine bottle left on a bench. And now I've got lice. All because of mistaken identity. So, there you are.
앤드류	그래서 어떻게 됐는데?
밥	내가 무죄라는 게 입증될 때까지 감옥에 갇혀 있게 됐는데, 그 안에서 누가 내 시계를 훔쳐간 거야. 게다가 벤치 위에 있던 깨진 포도주병에 베었지. 게다가 이까지 옮았어. 이게 다 사람을 잘못 알아봐서 생긴 일이라고. 그래서 일이 이렇게 된 거야.

put ~ in a cell ~를 감방에 처넣다. (cell은 교도소의 '감방', '독방') | **innocent** 무죄의 | **cut oneself on ~** ~에 베다

Chapter 08 대화 연결 표현

칭찬과
격려의 말

UNIT 9-1 ▶ 칭찬할 때

- **Great!**
- **Excellent!**

훌륭해!

JANE	I'm getting a new job.
BILL	**Great!**

제인 나 새 일자리를 구했어.
빌 잘 됐다!

BOB	What's happening?
FRED	Hi! I'm getting a new car.
BOB	**Excellent!**

밥 무슨 일이야?
프레드 안녕! 나 새 차 사.
밥 멋지다!

- **Bravo!**

브라보!

일을 매우 잘 해낸 사람을 칭찬하거나 기운을 북돋워줄 때 쓰는 표현이다.

"Keep it up! **Bravo!**" cheered the audience.

관중들은 "계속 힘내! 브라보!"라고 외치며 응원했다.

- **There you go!**

**잘했어! /
이제야 정신 차렸구나!**

ALICE	I know I can do it. I just need to try harder.
JANE	**There you go!**

앨리스 내가 할 수 있다는 거 알아. 더 열심히 노력해야 하겠지.
제인 이제야 정신 차렸구나!

• Well done!

잘했어!

SALLY Well done, Tom. Excellent speech.

TOM Thanks.

샐리 잘했어, 탐. 훌륭한 연설이었어.

탐 고마워.

• You are something else (again)!

정말 대단하다!

After Sally finished telling her joke, everyone laughed, and someone said, "Oh, Sally, you are something else!"

샐리가 농담을 끝내자 모두들 웃었고 누군가 "야, 샐리 너 정말 대단하다!"라고 말했다.

"You are something else again," said Fred, admiring Sue's dynamic presentation.

프레드는 수의 박진감 넘치는 발표에 감탄하며 "너 정말 대단하다."라고 말했다.

admire ~에 감탄하다

• (I) love it!

아주 마음에 들어!

MARY What do you think of this car?

BILL Love it! It's really cool!

메리 이 차 어때?

빌 정말 멋지다! 진짜 근사한걸!

BOB What a joke, Tom!

JANE Yes, love it!

TOM Gee, thanks.

밥 그 얘기 진짜 웃긴다, 탐!

제인 맞아, 정말 재미있어!

탐 음, 고마워.

• More power to you!

잘했어!

강세는 to에 두고 you는 대개 ya로 발음한다.

BILL I finally told her off, but good.

BOB More power to you!

빌 드디어 그 여자에게 따끔하게 한마디 했어. 물론 좋게 말했지.
밥 잘했어!

SUE I spent years getting ready for that job, and I finally got it.

MARY More power to you!

수 그 일자리를 얻으려고 몇 년 동안 준비해서 마침내 해냈어.
메리 정말 장하다!

tell ~ off ~에게 따끔하게 한마디 하다, 야단치다 | spend ... -ing ~하는 데 …만큼의 시간을 보내다

• Nice going!   • Good job!   • Nice job!

❶ 잘했어!

JOHN Well, I'm glad that's over.

SALLY Nice going, John! You did a good job.

존 다 끝나니 홀가분하다.
샐리 잘했어, 존! 정말 수고했어.

TOM Nice job, Bill!

BILL Thanks, Tom!

탐 잘했어, 빌!
빌 고마워, 탐!

be over 끝나다 | You did a good job. 수고했어.. 일을 잘 해냈구나.(= Good job!)

❷ (빈정대며) 잘한다!

BILL Nice job, Fred!
You've now messed us all up!

FRED Well, I'm sorry.

빌 잘한다, 프레드! 너 때문에 우리 다 망쳤잖아!
프레드 그래, 미안해!

"Nice going," frowned Jane, as Tom upset the bowl of potato chips.

탐이 감자 칩이 들어 있는 그릇을 뒤엎자 제인이 "잘한다."라고 인상을 찌푸리며 말했다.

• Good for you!

잘됐네! / 잘했어!

SUE I just got a raise.

BILL Good for you!

수 나 월급 올랐어.

빌 잘됐네!

• (That's the) way to go!

잘했어!

As John ran over the finish line, everyone cried, "That's the way to go!"

존이 결승선을 통과하자 모든 사람이 "잘했어!"라고 소리쳤다.

"Way to go!" said Mary when Bob finally got the car started.

마침내 밥이 차에 시동을 걸자 메리가 "잘했어!"라고 말했다.

run over the finish line 결승선을 통과하다 | **get a car started** 차에 시동을 걸다

• That takes the cake.

❶ 훌륭해!

잘해서 상을 받을 만하다는 뜻으로, 여기서 cake는 '상'을 의미한다.

SUE Wow! That takes the cake! What a dive!

RACHEL She sure can dive!

수 왜! 정말 훌륭해! 환상적인 다이빙인걸!

레이첼 정말 다이빙 잘 하지!

❷ 끝장났군!

BOB Wow! That takes the cake!

BILL What is it? Why are you slowing down?

BOB That stupid driver in front of me just hit the car on the left and then swung over and hit the car on the right.

밥 이런! 끝장났군!

빌 무슨 일이야? 왜 속도를 늦추는 거야?

밥 앞에 가던 어떤 멍청한 놈이 왼쪽 차를 들이받고 튕겨나가서는 오른쪽에 있는 차까지 받아 버렸어.

slow down 속도를 늦추다 | **swing over** (맞고) 튕겨나가다. 방향이 바뀌다

• Now you're cooking (with gas)!

이제야 제대로 하는구나!

TOM   (painting a fence) How am I doing with this painting? Any better?

JANE   Now you're cooking.

TOM   Want to try it?

탐   (울타리를 페인트칠하며) 내 페인트칠 솜씨가 어때? 좀 나아졌니?

제인   이제야 제대로 하네.

탐   너도 해 볼래?

do with ~를 다루다, 처리하다

• Bully for you!

❶ 기운 내!

BOB   I quit my job today.

SALLY   Bully for you!
Now what are you going to do?

BOB   Well, I need a little loan to tide me over.

밥   나 오늘 회사 그만둬.

샐리   기운 내! 이제 뭐 할 거야?

밥   글쎄. 당분간 대출을 좀 받아 지내려고.

quit one's job 직장을 그만두다 | loan 대출 | tide ~ over (어려운 시기 동안) ~를 돕다, 지원하다

❷ (빈정대듯이) 장하기도 하셔라!

BOB   I managed to save three dollars last week.

BILL   Well, bully for you!

밥   지난주에 간신히 3달러 모았어.

빌   어휴, 장하기도 하시지!

MARY   I won a certificate good for a free meal!

SALLY   Bully for you!

메리   나 무료 식사권 땄어!

샐리   장하기도 하셔라!

manage to 간신히 ~하다 | certificate good for ~에 유효한 증서

UNIT 9-2 ▶ 조언하거나 충고할 때

- **Remember your manners.**
- **Mind your manners.**

❶ (대개 아이에게)
**예의 바르게
행동하렴.**

As Jimmy was going out the door, his mother said, "Have a good time and remember your manners."

지미가 문을 나설 때, 그의 엄마는 "재미있게 지내고 예의 바르게 행동해."라고 말했다.

JOHN It's time for me to go to the party, Mom.

MOTHER Yes, it is. Remember your manners. Good-bye.

존 이제 파티에 갈 시간이에요, 엄마.

엄마 그렇구나, 예의 바르게 행동해야 한다. 잘 놀다 오렴.

It's time (for ~) to ~가 …할 시간이다

❷ (아이에게)
**'고맙습니다.'라고
해야지.**

After Mary gave a cookie to little Bobby, Bobby's mother said to him, "Remember your manners."

메리가 꼬마 바비에게 과자를 주자 바비의 엄마는 바비에게 "고맙다고 인사해야지."라고 말했다.

- **Don't do anything I wouldn't do.** 구어

쓸데없는 짓 하지 마.

두 친구가 서로 헤어질 때 쓰는 일상적인 표현이다.

BILL See you tomorrow, Tom.

TOM Yeah, man.
Don't do anything I wouldn't do.

BILL What wouldn't you do?

빌 내일 보자, 탐.

탐 그래, 친구. 괜히 쓸데없는 짓일랑 하지 말고.

빌 쓸데없는 짓이 뭔데?

• if you know what's good for you

무엇이 네게 좋을지
안다면

MARY I see that Jane has put a big dent in her car.

SUE You'll keep quiet about that if you know what's good for you.

메리 제인이 차에 흠집을 아주 크게 냈던걸.
수 너한테 득이 될 게 뭔지 안다면 잠자코 있는 게 좋을 거야.

SALLY My boss told me I had better improve my spelling.

BILL If you know what's good for you, you'd better do it too.

샐리 우리 사장님이 나한테 철자법을 좀 더 배우라고 하시더군.
빌 너한테 득이 될 게 뭔지 안다면 배우는 게 좋겠지.

dent 움푹 파인 곳

• Better safe than sorry.

나중에 후회하는 것보다
미리 조심하는 게 낫다.

JOHN Why do I have to buy all this car insurance?

BOB Better safe than sorry.

존 제가 왜 이런 자동차 보험을 전부 들어야 하는 건가요?
밥 나중에 후회하시는 것보다는 미리 조심하시는 게 더 나을 거예요.

• Don't waste your time.

괜한 시간 낭비 하지 마.

MARY Should I ask Tom if he wants to go to the convention, or is he still in a bad mood?

SALLY Don't waste your time.

MARY Bad mood, huh?

메리 탐에게 집회에 가고 싶은지 아니면 아직도 기분이 안 풀렸는지 물어볼까?
샐리 괜히 시간 낭비하지 마.
메리 아직도 기분 안 좋구나, 그렇지?

JANE	I'm having trouble fixing this doorknob.
MARY	Don't waste your time.
	I've ordered a new one.
제인	이 문 손잡이 고치느라 애먹고 있어.
메리	괜히 시간 낭비하지 마. 내가 새로 하나 주문했어.

• Easy does it.

❶ 조심해서 해.

BILL	(holding one end of a large crate) It's really tight in this doorway.
BOB	(holding the other end) Easy does it.
	Take your time.
빌	(커다란 나무 상자의 한쪽 끝을 들고) 이게 문간에 꽉 끼는데.
밥	(다른 한쪽을 들고) 조심해서 살살. 천천히 해 봐.

❷ 진정해.

JOHN	I'm so mad I could scream.
BOB	Easy does it, John.
	No need to get so worked up.
JOHN	I'm still mad!
존	정말 화가 나서 고함지를 뻔했어.
밥	진정해, 존. 그렇게까지 흥분할 건 없어.
존	아직도 화가 안 풀렸어!

• I'd like some feedback on something.
• I'd like some input about something.

~에 대한 정보를 받고 싶어.

feedback과 input의 의미에서 약간 오해의 소지가 있을 수도 있다.

I've been thinking about going to Guatemala, and I'd like some feedback on that country.

저는 쭉 과테말라에 가는 것에 대해 생각해 보았는데요. 그 나라에 대한 정보를 좀 받고 싶어요.

Can somebody give me some input about the current price of gold?

누가 저한테 현재 금값 시세에 대한 정보를 알려 주실래요?

• (I) wouldn't if I were you.

나라면 안 그럴 거야.

MARY Do you think I should trade this car in on a new one?

SALLY I wouldn't if I were you.

메리 차를 새 걸로 바꿀까?
샐리 나 같으면 안 바꿀 거야.

BOB I'm going to plant nothing but corn this year.

SUE I wouldn't if I were you.

BOB Why?

SUE It's better to diversify.

밥 올해는 옥수수만 심을 생각이야.
수 나 같으면 안 그럴 거야.
밥 왜?
수 다양한 작물을 기르는 게 더 좋으니까.

trade A in on B A를 팔아 추가 비용을 보태서 B를 사다 ∣ nothing but ~만(= only) ∣ diversify 다양화하다

• if I were you

나 같으면

충고하는 말의 앞이나 뒤에 덧붙인다.

JOHN If I were you, I'd get rid of that old car.

ALICE Gee, I was just getting to like it.

존 나 같으면, 저 낡은 차를 처분할 거야.
앨리스 허, 난 막 정드는 참이었는데.

• Them's fighting words!

**어디 한번
붙어 보자는 거야!**

아주 도발적인 말로, 이 말을 하면 싸움이 날 수도 있다. 익살스럽고 약간은 위협적이기도 한 표현이다. 틀린 문법을 사용한 것은 시골의 순박함을 익살스럽게 표현한 것이다.

What do you mean by saying I took your parking place? Them's fighting words!

내가 당신 주차 장소를 차지했다니 그게 무슨 말이에요? 어디 한번 붙어 보자는 겁니까!

JOHN   You know, I don't like the way you drive.
        You scare me to death.
BOB   Where I come from, them's fighting words.

존   알겠지만, 난 네 운전 방식이 마음에 안 들어. 간 떨어지겠어.
밥   우리 고향에서 그런 말은 어디 한번 붙어 보자는 소리라고.

• (You'd) better mind your Ps and Qs.

예의 바르게 행동하는 게 좋을 거야.

고어로, 이 어구의 기원을 설명하기 위한 많은 시도가 있었으나 결정적인 것은 없었다.

When you go to the party, mind your Ps and Qs.

파티에 갈 때는 하나부터 열까지 예의 바르게 행동해야 한다.

MARY   Aunt Clara is such a stickler for manners,
        isn't she?
JANE   Yes, You really have to mind your Ps and
        Qs when you're around her.

메리   클라라 고모는 예의범절에 꽤 까다로운 분이셔. 안 그래?
제인   그래. 고모 곁에 있을 때는 하나부터 열까지 예의 바르게 행동
        하는 게 좋을 거야.

• You've got another think coming.

그렇게 생각한다면 오산이야.

think 대신 thing을 사용하기도 한다.

RACHEL If you think I'm going to stand here and
        listen to your complaining all day, you've
        got another think coming!
BILL   Frankly, I don't care what you do.

레이첼   내가 하루 종일 네 불평이나 들으며 여기 있을 거라 생각한다면
        오산이야!
빌   솔직히 네가 어떻게 하든지 난 상관없어.

UNIT 9-3 경고할 때

• Be careful.

❶ 조심해.

BILL   I'm going to the beach tomorrow.
SALLY   Be careful. Use lots of sunscreen!

빌   나 내일 바닷가에 갈 거야.
샐리   조심해. 선크림 많이 바르고!

❷ (작별 인사로) 몸조심해.

JOHN   See you around, Fred.
FRED   Be careful.

존   또 보자, 프레드.
프레드   몸조심해!

• Look out!
• Watch out!

조심해!

Be careful!

Bob saw the scenery starting to fall on Tom. "Look out!" he cried.

밥은 무대 배경이 탐 위로 넘어지기 시작하는 모습을 보고 "조심해!"라고 소리쳤다.

"Watch out! That sidewalk is really slick with ice!" warned Sally.

샐리가 "조심해! 길이 얼음 때문에 미끄러워!"라고 주의를 주었다.

scenery (연극 무대 등에 붙이는) 배경 | fall on ~ 위로 떨어지다[넘어지다] | sidewalk 인도, 보도 | slick 미끄러운

• Behind you!

뒤를 조심해!

"Behind you!" shouted Tom just as a car raced past and nearly knocked Mary over.

"뒤를 조심해!" 자동차가 빠르게 스쳐 지나가며 메리를 칠 뻔하자 탐이 소리쳤다.

• Watch it!

❶ 조심해!

RACHEL Watch it! There's a broken stair there.

JANE Gee, thanks.

레이첼 조심해! 저기 계단이 부서졌어.

제인 이런, 고마워.

❷ (경고하며) 다음부터 그러지 마.

BILL You girls always seem to take so long to do a simple thing like getting dressed.

MARY Watch it!

빌 너희 여자 애들은 옷 입는 것처럼 단순한 일을 하면서도 그렇게 오래 시간을 끌더라.

메리 그렇게 말하지 마!

take so long to ~하는 데 시간이 오래 걸리다 | get dressed 옷을 차려입다

• Heads up!

조심해!

The load the crane was lifting swung over near the foreman. "Heads up!" shouted one of the workers, and the foreman just missed getting bonked on the head.

크레인이 들어올리던 화물이 공장장 근처에서 흔들렸다. 인부 한 명이 "조심하세요!"라고 소리쳤고 공장장은 간발의 차로 화물이 머리에 부딪치는 것을 피했다.

• Don't even look like something!

~할 꿈도 꾸지 마!

something 자리에는 어떤 생각이나 행동이 들어간다.

MARY Are you thinking about taking that last piece of cake?

BOB Of course not.

MARY Well, don't even look like you're doing it!

메리 마지막 남은 케이크 먹으려고?

밥 당연히 아니지.

메리 그래, 그건 꿈도 꾸지 마!

JOHN	You weren't going to try to sneak into the theater, were you?
BOB	No.
JOHN	Well, **don't even look like it**, if you know what's good for you.

존	극장에 몰래 들어가려고 했던 건 아니겠지?
밥	아니야.
존	그래, 어떻게 하는 게 잘하는 것인지 안다면 그런 생각은 추호도 하지 마.

Are you thinking about -ing? ~할 생각이니? | **sneak into** (다른 사람의 눈을 피해) ~로 살금살금 몰래 들어가다

• Don't even think about (doing) it.

~할 생각은 아예 접어 둬.

그런 일은 절대 하지도 말고, 생각도 하지 말라는 뜻이다.

| MARY | Look at that diver! It must be forty feet down to the water. |
| BOB | **Don't even think about doing it** yourself. |

| 메리 | 저기 다이빙하는 사람 좀 봐! 물까지 높이가 40피트는 될 것 같은데. |
| 밥 | 네가 저렇게 해보겠다는 생각은 아예 하지도 마! |

• Make no mistake (about it)!

실수하지 마!

| SALLY | I'm very angry with you! **Make no mistake about it!** |
| FRED | Whatever it's about, I'm sorry. |

| 샐리 | 나 너 때문에 정말 화났어! 실수하지 마! |
| 프레드 | 어찌됐건, 내가 잘못했어. |

| CLERK | **Make no mistake!** This is the finest carpet available. |
| SALLY | I'd like something a little less fine, I think. |

| 점원 | 실수하시면 안 됩니다! 이건 우리 가게에서 취급하는 최고급 카펫이거든요. |
| 샐리 | 이것보다는 조금 덜 좋은 게 좋겠어요. |

be angry with ~에게 화나다 | **available** (소비자 입장에서) 구입할 수 있는, (판매자 입장에서) 취급하는

• Shape up or ship out!

제대로 안 할 거면 그만둬!

해군 또는 뱃사람들이 쓰는 표현에서 유래되었다.

HANNA I've spent about as much time as I want trying to train you to do the simplest tasks around here. I have had it! You're gonna have to shape up or ship out!

IDA You mean you're gonna fire me?

HANNA You got it!

한나 나는 여기에서 가장 단순한 일이라도 할 수 있게 가르쳐 보려고 충분한 시간 공을 들여 할 만큼 했어요. 이제 정말 질리네요! 제대로 안 할 거면 그만두세요!

아이다 저를 해고할 거라는 말씀이신가요?

한나 잘 알아들었네요!

• There will be hell to pay.

그러다가 큰일 날 줄 알아.

FRED If you break another window, there will be hell to pay.

ANDREW I didn't do it! I didn't.

프레드 너 또 한 번만 더 창문 깼다가는 크게 혼날 줄 알아.

앤드류 내가 안 그랬어! 정말이야.

BILL I'm afraid there's no time to do this one. I'm going to skip it.

BOB There will be hell to pay if you do.

빌 이거 할 시간이 없어. 그냥 건너뛸래.

밥 그러다가 큰코다칠걸.

There's no time to ~할 시간이 없다 | skip 건너뛰다, 빼먹다

190

🎧 1-09-04

UNIT 9-4　격려하거나 위로할 때

- Don't worry.
- Don't worry about a thing.

걱정 마.

"Don't worry, Fred," said Bill, "everything will be all right."

빌은 "걱정하지 마, 프레드. 다 잘될 거야."라고 말했다.

MARY　This has been such an ordeal.

SUE　I'll help. Don't worry about a thing.

메리　이건 정말 시련이야.

수　내가 도와줄게. 걱정하지 마.

- Better luck next time.

❶ (밝은 목소리로)
다음번엔 잘될 거야.

BILL　That does it! I can't run any farther. I lose!

BOB　Too bad. Better luck next time.

빌　이젠 안 되겠어! 더 이상 달릴 수가 없어. 내가 졌다!

밥　유감이구나. 다음번엔 더 잘할 수 있을 거야.

❷ (빈정거리며)
**다음번에나
잘해 보시지.**

SALLY　I lost out to Sue, but I think she cheated.

MARY　Better luck next time.

샐리　내가 수한테 지긴 했지만, 걔가 속임수를 쓴 것 같아.

메리　다음에 더 잘해 보셔.

SUE　You thought you could get ahead of me, you twit! Better luck next time!

SALLY　I still think you cheated.

수　날 이길 수 있을 거라고 생각하나 본데, 멍청하긴!! 다음번엔 더 잘해 보시지!

샐리　그래도 난 네가 속임수를 썼다고 생각해.

lose (out) to ~에게 지다 | cheat 속임수를 쓰다, 속이다 | get ahead of ~을 앞서다, ~보다 잘하다 | twit 바보, 멍청이

- **Everything's going to be all right.**
- **Everything will be all right.**

다 잘될 거야.

all right 대신 okay, just fine, great 등을 쓸 수 있다.

MARY	I just don't know if I can go on!
BOB	Now, now. Everything will be just fine.
메리	내가 계속할 수 있을지 모르겠어!
밥	자, 힘내. 다 잘될 거야.

go on 계속 해나가다

- **Cheer up!**

기운 내!

Don't worry!

TOM	Things are really looking bad for me financially.
MARY	Cheer up! Things'll work out for the best.
탐	요즘 재정적으로 정말 힘들어.
메리	기운 내! 다 잘될 거야.

- **Come on!**

❶ 그만 좀 해!

MARY	Are you really going to sell your new car?
SALLY	Come on! How dumb do you think I am?
메리	네 새 차, 정말 팔 거야?
샐리	그만 좀 해! 내가 그렇게 바보로 보이니?

dumb 멍청한

❷ 허락해 주세요!

MOTHER	Sorry. You can't go!
BILL	Come on, let me go to the picnic!
엄마	안됐지만, 넌 못 가!
빌	제발, 소풍 보내 주세요!

• Don't give up!

포기하지 마!　Do not stop trying! / Keep trying!

JOHN　Get in there and give it another try.
Don't give up!

BILL　Okay. Okay. But it's hopeless.

존　그렇게 조치하면서 다시 한번 해 봐. 포기하지 말고!
빌　알았어. 알았다고. 하지만 가망 없어.

JANE　I asked the boss for a raise,
but he said no.

TOM　Don't give up. Try again later.

제인　사장님한테 급여 인상을 요구했는데, 안 된다고 하시네.
탐　포기하지 마. 나중에 다시 말씀드려 봐!

get in there 행동에 옮기기 시작하다(= begin to act) ｜ give it a try 시도하다, 도전하다
｜ hopeless 가망 없는, 구제불능의 ｜ raise 급여 인상

• Don't give up the ship!

아직 포기하지 마!　해군 용어에서 유래했다.

BILL　I'm having a devil of a time with calculus.
I think I want to drop the course.

SALLY　Keep trying. Don't give up the ship!

빌　미적분학 시간만 되면 정말 죽겠어. 중도 포기해 버릴까.
샐리　계속 노력해 봐. 포기하면 안 돼!

BILL　Every time we get enough money saved
up to make a down payment on a house,
the price of houses skyrockets. I'm about
ready to stop trying.

SUE　We'll manage. Don't give up the ship!

빌　계약금 낼 만큼 돈을 모으면 늘 집값이 껑충 뛴단 말이야. 집 살
생각은 아예 포기해야겠어.
수　우린 해낼 수 있어. 포기하지 말자!

• Don't get your bowels in an uproar! 속어

너무 열 내지 마!

BILL	What have you done to my car? Where's the bumper? The side window is cracked!
BOB	Calm down! Don't get your bowels in an uproar!
빌	내 차에 무슨 짓을 한 거야? 범퍼는 어디 갔어? 옆 유리창도 깨졌잖아!
밥	진정해! 너무 열 내지 말고!

• Don't give up too eas(il)y!
• Don't give up without a fight!

쉽게 포기하지 마!

SUE	She says no every time I ask her for a raise.
MARY	Well, don't give up too easily. Keep after her.
수	급여를 올려 달라고 할 때마다 그녀는 안 된다고 해.
메리	그래도 쉽게 포기하지 마. 계속 얘기해 봐.

JOHN	I know it's my discovery, not hers, but she won't admit it.
SALLY	Don't give up without a fight.
존	그건 그녀가 아니라 내가 발견했는데 그녀는 인정을 안 할 거야.
샐리	싸워 보지도 않고 포기하지 마.

keep after (성가실 정도로 어떤 일을 해달라고) ~에게 계속 얘기하다

• Don't hold your breath.

**너무 마음 졸이지 마. /
너무 기대하진 마.**

일이 일어나려면 생각보다 훨씬 더 많은 시간이 걸린다는 의미이다.

SALLY	Someone said that gasoline prices would go down.
BOB	Oh, yeah? Don't hold your breath.
샐리	누가 그러는데 휘발유 값이 내릴 거라고 하더군.
밥	어, 그래? 너무 기대는 하지 마.

go down (물가 등이) 내리다

194

• Don't let someone/something **get you down.**

너무 속 끓이지 마.

TOM	I'm so mad at her, I could scream!
SUE	Don't let her get you down.
탐	그 여자 때문에 정말 돌겠어, 소리라도 꽥 지르고 싶다니까!
수	너무 속 끓이지 마.

• Don't let the bastards wear you down.

형편없는 놈 때문에 열받지 마.

BILL	The place I work at is really rough. Everybody is rude and jealous of each other.
TOM	Don't let the bastards wear you down.
빌	지금 다니는 직장 정말 살벌해. 사람들이 죄다 무례하고 서로 시기하거든.
탐	그런 사람들 때문에 속상해하지 마.

• Give it time.

기다려 봐.

Things will get better. Don't worry. Give it time.

상황이 나아질 거야. 걱정 마. 기다려 보자.

Of course, things will improve. Give it time.

물론, 상황이 나아질 거야. 기다려 봐.

• Give it your best shot.

최선을 다해 봐.

I know it is a difficult assignment, but give it your best shot.

그것이 어려운 과제인 줄은 나도 알지만, 최선을 다해 봐.

• Go for it!

힘내! / 잘해 봐!

Go ahead!

SALLY I'm going to try out for the basketball team. Do you think I'm tall enough?

BOB Sure you are! Go for it!

샐리 나 농구팀에 지원해 보려고 하는데. 내 키로 괜찮을까?

밥 그럼! 잘해 봐!

BOB Mary can't quit now! She's almost at the finish line!

BILL Go for it, Mary!

ALICE Come on, Mary!

밥 메리가 여기에서 그만둘 순 없지! 결승선에 거의 다 왔는데 말이야!

빌 힘내, 메리!

앨리스 어서, 메리!

• God forbid!

제발 그런 일이 없기를! 상대가 방금 언급한 상황이 절대 일어나지 않기를 신에게 비는 표현이다.

BOB Bill was in a car wreck. I hope he wasn't hurt!

SUE God forbid!

밥 빌이 교통사고가 났어. 다치지 않았어야 하는데!

수 제발 다치지 않았기를!

car wreck 자동차 사고

• Hang in there.

견뎌 봐.

MARY Sometimes I just don't think I can go on.

SUE Hang in there, Mary. Things will work out.

메리 가끔 내가 잘 해내지 못할 것 같은 생각이 들어.

수 참고 견뎌 봐, 메리. 잘될 거야.

go on 계속하다, 해나가다

196

• Have a go at it.

한번 해 봐.

TOM   I am having a good time painting this fence. It takes a lot of skill.

HENRY   It does look challenging.

TOM   Here, have a go at it.

HENRY   Thanks!

탐   이 울타리 페인트칠하는 거 재미있다. 기술이 많이 필요하네.
헨리   해보고 싶어지는걸.
탐   어디 한번 해 봐.
헨리   고마워!

have a good time -ing ~하며 즐거운 시간을 보내다 | **fence** 울타리

• hopefully

바라건대

이 표현을 싫어하는 사람이 많다.

HENRY   Hopefully, this plane will get in on time so I can make my connection.

RACHEL   I hope so too.

헨리   비행기 갈아타는 데 차질이 없도록 이 비행기가 제시간에 도착했으면 좋겠다.
레이첼   그러게 말이야.

• (I) hope not.

안 그랬으면 좋겠다.

JOHN   It looks like it's going to rain.

JANE   Hope not.

존   비가 올 것 같아.
제인   안 왔으면 좋겠다.

• (I) hope so.

그랬으면 좋겠다.

BILL   Is this the right house?

BOB   Hope so.

빌   이 집이 맞나?
밥   그랬으면 좋겠다.

• Keep in there!

계속해 봐!

ANDREW   Don't give up, Sally. Keep in there!
SALLY   I'm doing my best!

앤드류   포기하지 마, 샐리. 계속해 봐!
샐리   최선을 다하고 있어!

JOHN   I'm not very good, but I keep trying.
FRED   Just keep in there, John.

존   썩 잘하진 않지만 그래도 계속 노력하고 있어.
프레드   끝까지 해 봐, 존.

do one's best 최선을 다하다

• Keep it up!

❶ 계속해!

JANE   I think I'm doing better in calculus.
JOHN   Keep it up!

제인   미적분학 실력이 점점 나아지는 것 같아.
존   계속 열심히 해 봐!

❷ 계속 그런 식으로 해 보라고.
(어떻게 되나 두고 보자.)

비교 (Go ahead,) make my day! (237쪽)

JOHN   You're just not doing what is expected of you.
BILL   Keep it up! Just keep it up, and I'll quit right when you need me most.

존   네가 할 일들을 안 하고 있군.
빌   그렇게 해 봐! 계속 그렇게만 해 보라고. 내가 가장 절실하게 필요할 때 바로 그만둘 테니!

"Your behavior is terrible, young man! You just keep it up and see what happens," warned Alice. "Just keep it up!"

앨리스는 "네 행동은 정말 눈뜨고는 볼 수 없구나. 이 녀석아! 어디 계속 그렇게 하다가 어떤 일을 당할지 두고 보자. 계속 그렇게 해 보라고!"라고 경고했다.

behavior 행동 | warn 경고하다, 주의를 주다

• Keep (on) trying.
• Don't quit trying.

계속 노력해.

JANE I think I'm doing better in calculus.

JOHN Keep trying! You can get an A.

제인 미적분학 성적이 좀 나아지는 것 같아.

존 계속 열심히 해 봐! A 받을 수도 있을 거야.

SUE I really want that promotion, but I keep getting turned down.

BILL Don't quit trying! You'll get it.

수 정말 그 자리로 승진하고 싶은데 매번 안 되네.

빌 계속 노력해 봐! 승진할 수 있을 거야.

promotion 승진 | get turned down (후보 명단에서) 탈락하다

• Keep smiling.

미소 잃지 마.

헤어질 때 상대가 즐거운 기분을 갖도록 격려하는 표현이다.

BILL What a day! I'm exhausted and depressed.

BOB Not to worry. Keep smiling. Things will calm down.

빌 정말 힘든 하루였어! 너무 지치고 맥이 풀리네.

밥 걱정할 것 없어. 미소 잃지 마. 나아질 거야.

• Keep up the good work.

지금처럼 계속 잘해 봐.

FATHER Your grades are fine, Bill. Keep up the good work.

BILL Thanks, Dad.

아빠 성적이 좋구나, 빌. 계속 지금처럼 잘해 봐.

빌 고맙습니다, 아빠.

• Keep your chin up.

기운 내.

JOHN Smile, Fred. Keep your chin up.

FRED I guess you're right. I just get so depressed when I think of this mess I'm in.

존 웃어, 프레드. 기운 내.

프레드 그래야지. 근데 내가 겪고 있는 이 골칫거리들을 생각하니 너무 우울해지네.

• now, now

자, 자

조언을 시작하면서 상대방의 마음을 가라앉히고 위로하는 표현이다.

JANE I'm so upset!

ANDREW Now, now, everything will work out all right.

제인 나 정말 화났어!

앤드류 자, 자, 다 잘될 거야.

upset 화난 | work out (일·상황 등이) 잘 되다, 잘 풀리다

• Stick with it.

계속해.

BILL This job is getting to be such a pain.

SUE True, but it pays well, doesn't it? Stick with it.

빌 이 일이 갈수록 힘들어져.

수 맞아, 그래도 보수는 좋잖아? 계속해 봐.

• Take heart.

힘내.

Take heart. Things are not as bad as they seem.

힘내. 상황이 보이는 것만큼 나쁘지는 않아.

I'm sorry for your troubles, but take heart. Things are bound to improve.

네 고민거리에 대해서는 유감이지만, 힘내. 상황은 반드시 나아질 거야.

• (That's) too bad.

참 안됐다.

TOM	I hurt my foot on our little hike.
FRED	That's too bad.
	Can I get you something for it?
TOM	No, I'll live.

탐	하이킹을 좀 하다가 발을 다쳤어.
프레드	그것 참 안됐다. 내가 뭐 좀 도와줄까?
탐	아니, 견뎌 볼게.

BOB	My uncle just passed away.
TOM	That's too bad. I'm sorry to hear that.
BOB	Thanks.

밥	삼촌께서 방금 돌아가셨어.
탐	정말 마음이 아프다.
밥	고마워.

I'll live. 견뎌 볼게. | **pass away** 사람이 '죽다'라는 의미의 완곡한 표현으로, 우리말의 '돌아가시다' 정도에 해당함

• Things will work out (all right).
• Everything will work out (all right).
• Everything will work out for the best.
• Things will work out for the best.

다 잘될 거야.

"Cheer up!" Mary said to a gloomy Fred. "Things will work out all right."

메리가 우울해하는 프레드에게 "기운 내! 다 잘될 거야."라고 말했다.

MARY	Oh, I'm so miserable!
BILL	Don't worry.
	Everything will work out for the best.

메리	아, 나 정말 비참해!
빌	걱정 마. 다 잘될 거야.

"Now, now, don't cry. Things will work out,"
consoled Sally, hoping that what she was saying
was really true.

샐리는 자신의 말이 현실이 되길 바라며 "자, 자, 울지 마. 다 잘될 거야."
라고 위로했다.

gloomy 우울한 | miserable 비참한 | console 위로하다

• You'll get onto it.

**금방 익숙해질 테니
걱정하지 마.**

MARY   How long does it take to learn to work this
computer?

JANE   Don't fret. You'll get onto it.

메리   컴퓨터 사용법을 다 배우려면 얼마나 걸리지?
제인   초조해 하지 마. 금방 익숙해질 테니.

How long does it take to ~? ~하는 데 시간이 얼마나 걸리죠? | fret 초조해 하다

• You'll get the hang of it.

**금방 요령을
터득할 거야.**

MARY   It's harder than I thought to glue these
things together.

TOM   You'll get the hang of it.

메리   이것들을 풀로 붙이는 게 생각보다 어렵네.
탐   금방 요령을 터득할 거야.

BILL   I can't seem to swing this club the way you
showed me.

SALLY   You'll get the hang of it. Don't worry.
Golf is easy.

빌   네가 가르쳐 준 내로 골프채를 휘두르지 못하겠어.
샐리   금방 요령을 터득하게 될 거야. 걱정하지 마. 골프는 쉽거든.

glue (풀 등의) 접착제로 붙이다: 접착제 | swing (방망이 등을) 휘두르다, 흔들다 | club
골프채(= golf club)

202

• an A for effort

노력을 높이 삼

성공하지는 못했어도 노력한 사실은 인정해 준다는 뜻이다.

The plan didn't work, but I'll give you an A for effort for trying.

계획이 성공하지는 못했지만 시도한 노력은 높이 사 줄게.

• Bear up!

힘내!

Bear up, Fred! You can do it. It will all be over in a few days.

힘내, 프레드! 넌 할 수 있어. 며칠만 있으면 다 끝날 거야.

I know that things are going badly just now, but bear up! We are all standing behind you.

지금 당장은 일이 잘 풀리지 않는다는 거 알지만, 힘내! 우리 모두가 널 응원하고 있어.

UNIT 9-5 〉 행운을 빌어줄 때

• Good luck!

❶ 행운을 빌어!

MARY	I have my recital tonight.
JANE	I know you'll do well. Good luck!
메리	나 오늘 밤에 독주회가 있어.
제인	넌 잘할 거야. 행운을 빌어!

❷ (빈정대며)
잘해 보시라고!

BILL	I'm sure I can get this cheaper at another store.
CLERK	Good luck!
빌	분명히 다른 가게에서 더 싸게 살 수 있을 거예요.
점원	그럼 그러시든지!

• Lots of luck!

잘해 봐!

BILL	I'm going to try to get my tax bill lowered.
TOM	Lots of luck!
빌	세금을 좀 줄여야겠어!
탐	잘해 봐!

MARY	I'll go in there and get him to change his mind, you just watch!
SALLY	Lots of luck!
메리	내가 거기 들어가서 그 사람 마음을 돌려놓을 테니 두고 봐!
샐리	잘해 봐

짜증날 때
핀잔주는 말

UNIT 10-1 ▶ 저리 가

• Don't bother me!

귀찮게 하지 마!

Go away! / Leave me alone!

TOM　Hey, Bill!

BILL　Don't bother me! I'm busy. Can't you see?

탐　어이, 빌!

빌　귀찮게 하지 마! 나 지금 바빠. 안 보여?

• Don't waste my time.

시간 낭비하게 하지 마.

BOB　I'd like to show you our new line of industrial-strength vacuum cleaners.

BILL　Beat it! Don't waste my time.

밥　뛰어난 성능을 자랑하는 저희의 신형 진공청소기를 보여 드리고 싶습니다.

빌　가세요! 시간 낭비하게 하지 마세요.

• Get out of here!

꺼져!

Go away!

JOHN　I've heard enough of this! Get out of here!

BILL　I'm going! I'm going!

존　이 얘긴 지겹도록 들었어! 꺼져!

빌　가! 간다고!

BILL　Where have you been? You smell like a sewer! Get out of here!

FRED　I can't imagine what you smell.

빌　어디 갔다 온 거야? 너한테서 시궁창 냄새 난다! 나가!

프레드　무슨 냄새가 난다는 건지 모르겠네.

smell ~한 냄새가 나다. 냄새를 맡다 | sewer 하수구, 재봉사 | imagine 짐작하다, 상상하다

• Go away!

저리 가!

MARY   You're such a pest, Sue. Go away!

SUE   I was just trying to help.

메리   수, 너 왜 이렇게 귀찮게 구니. 저리 가!

수   난 그저 도와주려고 했을 뿐이야.

• Get lost!

저리 가!

Go away!

BILL   I'm still real mad at you.

TOM   Bill! Bill! I'm sorry about it. Let's talk.

BILL   Get lost!

빌   아직도 너한테 정말 화가 나.

탐   빌! 빌! 그 일은 정말 미안해. 얘기 좀 하자.

빌   저리 가!

be mad at ～에게 매우 화가 나다

• Beat it! 속어

꺼져!

Go away!

BILL   Sorry I broke your radio.

BOB   Get out of here! Beat it!

빌   라디오 고장 내서 미안해.

밥   여기서 당장 나가! 꺼지란 말이야!

• Get out of my face!

내 눈앞에서 사라져!

ALICE   Beat it! Get out of my face!

        Go away and stop bothering me!

FRED   What on earth did I do?

앨리스   썩 꺼져! 내 눈앞에서 사라져! 귀찮게 하지 말고 꺼지란 말이야!

프레드   대체 내가 뭘 어쨌는데?

• Don't tell me what to do!

나한테 이래라저래라
하지 마!

BOB Get over there and pick up those papers before they blow away.

SALLY Don't tell me what to do!

BOB Better hurry. One of those papers is your paycheck. But it's no skin off my nose if you don't.

밥 다 날아가기 전에 저기 가서 저 서류들 좀 집어와!

샐리 나한테 이래라저래라 하지 마!

밥 빨리 가는 게 좋을걸. 저 중에는 네 급여 수표도 있으니까. 안 가져와도 난 상관없어.

• (It's) none of your business!

네가 상관할 바 아니야!

ALICE How much does a little diamond like that cost?

MARY None of your business!

앨리스 그런 작은 다이아몬드는 얼마나 해?

메리 네가 상관할 바 아니야!

JOHN Do you want to go out with me Friday night?

MARY Sorry, I don't think so.

JOHN Well, what are you doing then?

MARY None of your business?

존 금요일 저녁에 나랑 데이트할래?

메리 미안하지만 안 돼.

존 그럼 뭐 할 건데?

메리 네가 알 필요 없잖아?

go out with ~와 데이트하다

208

• None of your lip!

쓸데없는 참견 마!

None of your lip! I've heard nothing but whining from you since we started out, and now you want to tell me how to drive!

쓸데없는 참견은 하지 마! 우리가 출발하고 난 후로 난 너한테서 불평하는 소리 말고는 아무 말도 듣지 못했는데, 이제는 나한테 운전하는 법에 대해 설교하려 드는군!

• Mind your own business.
• Get your nose out of my business.
• Keep your nose out of my business.

네 일이나 신경 써.

매우 무례한 표현이니 주의해야 한다.

ANDREW This is none of your affair.
Mind your own business.

SUE I was only trying to help.

앤드류 이건 너랑은 상관없는 일이야. 제발 신경 좀 꺼 줘.
수 난 그저 좀 도와주려는 거였어.

TOM How much did it cost?

SUE Tom! Get your nose out of my business!

탐 이거 얼마 주고 샀어?
수 탐! 제발 네 일이나 신경 써!

BOB How much did you pay in federal taxes last year?

JANE Good grief, Bob!
Keep your nose out of my business!

밥 작년에 연방세 얼마나 냈니?
제인 아이고, 밥! 내 일에 참견 좀 하지 말아 줘!

- ## Keep out of this!
- ## Stay out of this!

넌 좀 빠져!

JOHN   Now, you listen to me, Fred!

MARY   That's no way to talk to Fred!

JOHN   Keep out of this, Mary!

         Mind your own business!

FRED   Stay out of this, Mary!

MARY   It's just as much my business as it is yours.

존   자, 내 말 좀 들어봐, 프레드!

메리   프레드한테 그런 식으로 말하면 안 돼!

존   넌 좀 빠져, 메리! 네 일이나 신경 쓰라고!

프레드   넌 좀 잠자코 있어, 메리!

메리   너희만큼 나도 이 일과 관계있어.

- ## What's it to you? 구어

(시비조로)
네가 무슨 상관이야?

TOM   Where are you going?

JANE   What's it to you?

탐   어디 갈 거야?

제인   그게 너랑 무슨 상관이야?

MARY   Bill's pants don't match his shirt.

JANE   Does it matter? What's it to you?

메리   빌이 입은 바지는 셔츠랑 안 어울려.

제인   그게 중요해? 너랑 무슨 상관이야?

match 어울리다

- ## Leave me alone!

나 좀 내버려 둬!

Don't bother me!

FRED   Let's give Bill a dunk in the pool.

BILL   Leave me alone!

프레드   우리 빌을 수영장에 빠뜨리자.

빌   나 좀 내버려 둬!

give ~ a dunk in ~를 …에 빠뜨리다

• Get off my back! 속어

**귀찮게 하지 마! /
날 좀 내버려 둬!**

TOM   You'd better get your paper written.

BILL   I'll do it when I'm good and ready.
Get off my back!

탐   논문을 쓰는 게 좋을걸.

빌   제대로 준비되면 쓸 거야. 날 좀 내버려 둬!

ALICE   I'm tired of your constant criticism!
Get off my back!

JANE   I was just trying to help.

앨리스   끝도 없는 네 불평 정말 지겹다! 귀찮게 좀 하지 마!

제인   난 그저 도와주려고 했을 뿐이야.

paper 논문 | be good and ready 제대로 준비되다 | be tired of ~에 질리다 |
constant 끊임없는 | criticism 비평, 비난

• Get off my tail! 속어

❶ 따라오지 마!

TOM   Look, Bill, don't you have something else
to do? Quit following me around!
Get off my tail!

BILL   Can I help it if we both go to the same
places?

탐   야, 빌, 너 다른 볼일은 없냐? 나 좀 그만 따라다녀! 따라오지 좀
말라고!

빌   우리가 같은 장소에 가게 되는 걸 난들 어쩌라고?

❷ 귀찮게 하지 마!

Get off my back!

TOM   You'd better get your laundry done.

BILL   I'll do it when I'm good and ready.
Get off my tail!

탐   너 빨래 좀 하는 게 좋겠다.

빌   제대로 준비되면 알아서 할 거야. 귀찮게 좀 하지 마!

• Butt out!

참견하지 마!

TOM	Look, Mary, we've been going together for nearly a year.
JANE	(approaching) Hi, you guys!
TOM	Butt out, Jane! We're talking.

탐	이것 봐, 메리, 우리가 사귄 지 거의 1년이 다 되어 간다고.
제인	(다가오며) 안녕, 친구들!
탐	끼어들지 마, 제인! 지금 우리 얘기 중이야.

go together (남녀가) 사귀다, 동거하다

• I'll thank you to mind your own business.

남의 일에 참견 말아 줬으면 고맙겠어.

Mind your own business.(네 일이나 신경 써.)보다 공손한 표현이다. 약간 화가 난 상태를 나타낸다.

TOM	How much did this cost?
JANE	I'll thank you to mind your own business.

탐	이거 얼마 주고 샀어?
제인	남의 일에 참견하지 말아 줬으면 좋겠어.

BOB	Is your house in your name or your brother's?
JOHN	I'll thank you to mind your own business.

밥	너희 집 네 명의로 되어 있니, 네 형 명의로 되어 있니?
존	남의 일에 참견하지 말아 줬으면 좋겠어.

• When I'm good and ready.

좀 이따가 하고 싶을 때. 약간 화를 내는 듯한 표현이다.

MARY	When are you going to rake the leaves?
FATHER	When I'm good and ready.

메리	낙엽은 언제 치우실 거예요?
아빠	좀 있다가 내키면.

• You go to your church, and I'll go to mine.

너는 네 방식대로 해, 난 내 방식대로 할래.

예배 참석 여부와는 아무 관련이 없는 말이다.

JOHN Don't you think you ought to follow my example on this matter? I am certain that my way is the best way.

BOB I'm doing just fine. You go to your church, and I'll go to mine.

존 이 문제에는 내 예시를 따라야 한다고 생각하지 않니? 난 내 방식이 최선이라고 확신해.

밥 난 잘하고 있어. 넌 네 방식대로 해, 난 내 방식대로 할 테니까.

• Go chase yourself! • Go climb a tree!
• Go jump in the lake! • Go fly a kite!

저리 꺼져! / 저리 가!

BOB Get out of here! You're driving me crazy! Go chase yourself!

BILL What did I do to you?

BOB You're just in the way. Go!

밥 꺼져! 너 때문에 정말 돌아 버리겠어! 귀찮게 하지 말고 꺼져!

빌 내가 뭘 어쨌다고 그래?

밥 그냥 방해돼. 저리 가!

BILL Dad, can I have ten bucks?

FATHER Go climb a tree!

빌 아빠, 10달러만 주세요.

아빠 저리 가라!

FRED Stop pestering me. Go jump in the lake!

JOHN What did I do?

프레드 귀찮게 좀 하지 마. 저리 좀 가라고!

존 내가 뭘 어쨌다고?

BOB Well, Bill, don't you owe me some money?

BILL Go fly a kite!

밥 저기, 빌, 너 나한테 돈 꿔가지 않았냐?

빌 귀찮게 하지 말고 가라, 응?

drive ~ crazy ~를 미치게 하다 | be in the way 방해되다 | pester ~를 못살게 굴다

• Vamoose!

저리 가!

Let's go.에 해당하는 스페인어 vamos에서 유래된 표현이다.

TOM   Go away!

BILL   What?

TOM   Vamoose! Scram! Beat it!

BILL   Why?

TOM   Because you're a pain.

탐   저리 가!

빌   뭐라고?

탐   가라고! 꺼져! 꺼지라고!

빌   왜?

탐   넌 골칫덩이니까.

Scram! 어서 가버려!, 썩 꺼져! | **be a pain (in the neck)** 목에 가시 같은 존재이다. (즉, '골칫거리이다', '성가신 존재이다'라는 의미)

UNIT 10-2 그만해

• Come off it!

그런 소리 마! /
잘난 척하지 마! /
거짓말 마!

TOM This stuff just doesn't meet my requirements.

BILL Come off it, Tom! This is exactly what you've always bought.

TOM That doesn't mean I like it.

탐 내가 원한 건 이게 아니야.

빌 거짓말 마, 탐! 네가 매번 사던 거잖아.

탐 좋아서 산 건 아니야.

MARY We are not amused by your childish antics.

SUE Come off it, Mary. Who do you think you're talking to?

메리 그런 유치한 장난 재미없어.

수 잘난 척하지 마, 메리. 내가 그렇게 우습게 보여?

meet one's requirements ~의 요구를 충족시키다 | That doesn't mean (that)... 그게 ~라는 의미는 아니다 | be amused by ~로 인해 재미있다[즐겁다] | antics 익살 스러운 몸짓 | Who do you think you're talking to? 어떻게 나한테 그렇게 말할 수 있 어?

• Cut it out! 구어 친밀

그런 소리 마! /
잘난 척하지 마! /
거짓말 마!

SUE Why, I think you have a crush on Mary!

TOM Cut it out!

수 어휴, 내가 보기에 너 메리한테 홀딱 빠진 거 같은데.

탐 그런 소리 마!

why 아니, 저런 | have a crush on ~에게 홀딱 반하다

• Do you mind?

❶ 그만 좀 할래? 짜증 내거나 몹시 화를 내는 표현이다. "네가 지금 하고 있는 행동을 그만둬 줄래?"라는 뜻이다.

The lady in line behind Sue kept pushing against her every time the line moved. Finally, Sue turned and said sternly, "Do you mind?"

줄이 앞으로 움직일 때마다 뒤에 있는 여자가 계속해서 수를 밀쳤다. 결국엔 수가 돌아서서 "그만 좀 밀치실래요?"라고 단호히 말했다.

❷ 제가 ~해도 될까요? 내가 하려는 일에 이의가 있는지 묻는 말이다.

"Do you mind?" asked John as he raced by Sally through the door.

존은 샐리 옆을 지나 황급히 문을 빠져나가며 "지나가도 될까요?"라고 말했다.

• Don't make me say it again!
• Don't make me tell you again!

또 얘기하게 하지 마! 대개 말 안 듣는 아이한테 쓴다.

BILL No, Sue, I will not buy you a beach house. Don't make me say it again!

SUE Are you sure?

빌 안 돼, 수. 바닷가 별장은 사 주지 않을 거야. 이 얘긴 두 번 다시 하지 마!

수 정말이에요?

MOTHER I told you thirty minutes ago to clean up this room! Don't make me tell you again!

CHILD Okay. I'll do it.

엄마 내가 너한테 30분 전에 방 청소하라고 했지! 또 얘기하게 하지 마라!

아이 알겠어요. 청소할게요.

clean up 청소하다 | **Are you sure?** 정말이야?(= Really? / Are you serious?)

• Don't say it!

**알았으니까
그 얘긴 그만해!**

JOHN	(joking) What is that huge pile of stuff on your head?
BILL	Don't say it! I know I need a haircut.
존	(농담으로) 머리 위에 산더미처럼 수북하게 쌓인 게 뭐야?
빌	그 얘기라면 그만둬! 머리 깎아야 하는 거 나도 다 알아.

FRED	And then I'll trade that car in on a bigger one, and then I'll buy a bigger house.
BOB	Fred!
FRED	Oh, don't say it!
BOB	You're a dreamer, Fred.
FRED	I had hoped you wouldn't say that.
프레드	그러고 나서 그 차를 되팔아 더 큰 차를 사고 집도 더 큰 걸로 살 거야.
밥	프레드!
프레드	알았어, 알았다고!
밥	꿈속에 사는구나, 프레드.
프레드	그 말만은 하지 않길 바랐는데.

• Drop the subject!
• Drop it!

그 얘긴 그만둬!

BILL	Yes, you're gaining a little weight. I thought you were on a diet.
SALLY	That's enough! Drop the subject!
빌	어, 너 조금씩 살찌고 있잖아. 다이어트하는 줄 알았는데.
샐리	그만해! 그 얘긴 그만둬!

BILL	That house looks expensive. What do you think it's worth?
MARY	That's my aunt's house. Just what did you want to know about it?
BILL	Oh, drop it! Sorry I asked.
빌	집이 꽤 비싸 보이는데. 얼마나 될까?
메리	저건 우리 이모네 집이야. 대체 뭘 알고 싶은 건데?
빌	아, 그만둬! 물어본 내가 잘못이지.

Chapter 10

찌증날 때 만건주는 말

Part 1 일상 회화표현 • 217

• Enough is enough!

이제 됐으니까 그만해!

SUE   That color of lipstick is all wrong for you, Sally.

SALLY   Enough is enough! Sue, get lost!

SUE   I was just trying to help.

수   립스틱 색깔 너한테 진짜 안 어울린다, 샐리.

샐리   됐어. 그만 좀 해! 꺼져, 수!

수   난 그냥 도와주려고 한 것뿐인데.

• That's enough!

그만 좀 해!

JOHN   I could go on with complaint after complaint. I could talk all week, in fact.

BOB   That's enough!

존   계속 투덜거릴 수도 있어. 일주일 내내 떠들어댈 수도 있다고.

밥   그만 좀 해!

go on with complaint after complaint 끝도 없이 계속 불평하다

• (That's) enough (of this) foolishness!

❶ 바보 같은 짓 좀 그만두라고!

BILL   Enough of this foolishness. Stop it!

SALLY   Sorry.

빌   어리석은 짓은 그만하면 됐어. 당장 그만둬!

샐리   미안해.

FATHER   That's enough of this foolishness. You two stop fighting over nothing.

BOB   Okay.

BILL   Sorry.

아빠   어리석은 짓 그만둬. 너희 둘 아무것도 아닌 일로 그만 좀 싸우라고.

밥   알았어요.

빌   잘못했어요.

❷ 이젠 지긋지긋해!

ANDREW Enough of this foolishness. I hate ballet.
         I'm leaving.
SUE   Well, sneak out quietly.
ANDREW   No, I'll lead an exodus.

앤드류   이젠 지겨워. 발레는 정말 싫어. 그만 갈래.
수   그래, 조용히 빠져나가.
앤드류   아니, 내가 다 끌고 나갈 거야.

SALLY   That's enough foolishness. I'm leaving and
         I never want to see you again!
BOB   Come on! I was only teasing.

샐리   이제 그만둘래. 난 갈 거야. 그리고 다시는 널 보고 싶지 않아!
밥   이러지 마! 그냥 장난 좀 친 거야.

sneak out 몰래 살금살금 나가다 | exodus 어떤 곳에 있는 집단의 '대거 이동' 혹은 '대
거 탈퇴'를 의미 | tease (장난으로) 놀리다, 집적거리다

• Give me a break!

❶ 한 번만 기회를 줘!   Give me a chance!

BOB   I know I can do it. Let me try again.
MARY   Well, I don't know.
BOB   Give me a break!
MARY   Well, okay.

밥   난 할 수 있어. 다시 한번 해 볼게.
메리   글쎄, 그럴까?
밥   다시 한번 기회를 줘!
메리   그래, 좋아.

❷ 이제 그만 좀 해!   I have had enough! / Drop this matter! / Stop bothering me!

"Give me a break!" shouted Bob. "Go away and
stop bothering me!"

밥이 "이제 그만해! 제발 귀찮게 하지 말고 저리 가!"라고 고함을 질렀다.

• Save it! 친밀

그만 좀 해!   I've heard enough. Save it!

그만하면 됐어. 이젠 그만 좀 해!

Save it! You talk too much!

그만 좀 해! 지겹게 얘기했잖아!

• Skip it!

됐어! / 그만둬!

Never mind! / Forget it! 말을 빨리 못 알아들어서 짜증스럽거나 실망스러운 마음을 나타낸다.

JANE Will you be able to do this, or should I get someone with more experience?

BOB What did you say?

JANE Oh, skip it!

제인 네가 이 일을 할 수 있을까, 아니면 경험이 더 많은 사람을 불러야 할까?

밥 뭐라고?

제인 아, 그만두자!

• Some people (just) don't know when to quit.
• Some people (just) don't know when to give up.

❶ 끝도 없이 계속 저러는군.

이야기나 논쟁, 꾸지람 등을 그만두라고 할 때 쓴다. 일반적인 사람들이 그렇다는 의미라기보다는 언급하고 있는 사람을 두고 하는 말일 경우가 많다.

BILL I hate to say it again, but that lipstick is all wrong for you. It brings out the wrong color in your eyes, and it makes your mouth look larger than it really is.

JANE Oh, stop, stop! That's enough! Some people just don't know when to quit.

빌 다시 얘기하기는 싫지만 그 립스틱은 너한테 정말 안 어울려. 눈 색깔하고도 안 어울리고 게다가 네 입술이 실제보다 더 커 보이잖아.

제인 야, 그만해! 그만하면 충분해! 누군지 도무지 끝도 없이 떠드는군.

be wrong for ~에게 안 어울리다 | bring out the wrong color in one's eyes 색깔이 ~의 눈에 어울리지 않다

❷ 적당히 하고 그만둘 줄을 모른다니까.

JANE He just kept on gambling. Finally, he had no money left.

SALLY Some people don't know when to quit.

제인 그 남자 계속 도박을 하더니 결국 빈털터리가 됐대.

샐리 도무지 그만둘 줄을 모르더라고.

UNIT 10-3 잘난 척하지 마

• Who do you think you are?

네가 뭔데?

뭘 믿고 그렇게 거만하게 구냐는 뜻이다. 대개 화를 내면서 쓴다.

TOM Just a minute! Who do you think you are?
You can't talk to me that way!

BOB Says who?

탐 잠깐만! 네가 뭔데 그래? 나한테 그런 식으로 말하면 안 되지!
밥 누가 그래?

• Who do you think you are talking to?

어디다 대고 큰소리야?

CLERK Look, take it or leave it.
Isn't it good enough for you?

SUE Who do you think you're talking to?
I want to see the manager!

점원 이봐요, 싫으면 관둬요. 이게 성에 안 찬다는 겁니까?
수 어떻게 그런 식으로 말을 해요? 책임자 불러요!

Take it or leave it. 싫으면 그만둬., 그러든 말든 맘대로 해.

• Don't I know it!

내가 모를까 봐! /
나도 잘 알아!

SUE You seem to be putting on a little weight.

JOHN Don't I know it!

수 살이 좀 찐 것 같네.
존 나도 알아!

You seem to ~해 보이다. ~인 것 같다 | **put on a weight** 체중이 늘다

• Get over yourself!

잘난 척 좀 그만해!

ISABEL	I said to him, "You're your own hobby. Get over yourself!"
ANDY	You think you're so smart! Get over yourself!
이자벨	나는 그에게 "넌 네 생각만 해. 잘난 척 좀 그만해!"라고 말해 주었어.
앤디	넌 네가 아주 똑똑하다고 생각하나 봐! 잘난 척 좀 그만해!

• How dumb do you think I am?

내가 바보인 줄 알아? 대답을 예상하거나 바라지 않고 쓰는 표현이다.

MARY	Are you really going to sell your new car?
SALLY	Come on! How dumb do you think I am?
메리	너 정말 새 자동차를 팔 거야?
샐리	야! 누굴 바보로 아니?

TOM	Do you think you could sneak into that theater without paying?
BOB	Good grief! How dumb do you think I am?
탐	너 돈 안 내고 저 극장에 몰래 들어갈 수 있을 거라 생각하니?
밥	맙소사! 내가 그렇게 바보인 줄 아니?

sneak into ~로 몰래 들어가다 | Good grief! 맙소사!

• You think you're so smart!

넌 네가 똑똑한 줄 알더라!

BOB	I know more about it than you do.
JANE	You think you're so smart! You don't know anything!
밥	그것에 관해서는 내가 너보다 더 잘 알아.
제인	넌 네가 똑똑한 줄 알더라! 아무것도 모르면서!

Boy! He thinks he's so smart!

참나! 걔는 자기가 엄청 똑똑한 줄 안다니까!

UNIT 10-4 그래서 어쩌라고

• So (what)? 구어 친밀

그래서? /
그게 뭐 어쨌다고?

무례해 보일 수도 있는 표현이다.

BOB Your attitude always seems to lack sincerity.
MARY **So what?**

밥 네 태도는 항상 진지함이 부족한 것 같아.
메리 그래서?

JOHN Your car sure is dusty.
SUE **So?**

존 네 차 정말 지저분하더라.
수 그게 뭐 어쨌다고?

lack 부족하다 | sincerity 진지함 | dusty 지저분한, 먼지투성이의

• (So) what else is new?

새삼스럽게 뭘 그래?

MARY Taxes are going up again.
BOB **So what else is new?**

메리 세금이 또 오를 거라는군.
밥 새삼스럽게 뭘 그래?

JOHN Gee, my pants are getting tight.
Maybe I'm putting on a little weight.
SALLY **What else is new?**

존 이런, 바지가 꽉 끼잖아. 살이 좀 찌나 봐.
샐리 또?

go up (물가 등이) 오르다 | gee 이런 | tight 꽉 끼는 | put on weight 체중이 늘다(= gain weight), (반대로 '체중이 줄다'는 lose weight)

• What about it?

그래서 어쩌라고?

싸움을 거는 표현이다.

BILL I heard you were the one accused of breaking the window.

TOM Yeah? So, what about it?

빌 창문을 깬 혐의로 고소당한 사람이 너라는 말을 들었어.

탐 그래? 그래서 어쩌라고?

accuse ~ of ~의 혐의로 …를 고소[고발, 비난]하다

• What does that prove?

그게 어쨌다는 건데?

방어적인 표현이다. that에 가장 강세를 둔다. 앞에 so를 함께 사용하는 경우가 많다.

TOM It seems that you were in the apartment the same night that it was robbed.

BOB So, what does that prove?

TOM Nothing, really. It's just something we need to keep in mind.

탐 아파트에 강도가 들던 날 밤에 네가 거기에 있었던 것 같군.

밥 그래서, 그게 어쨌다고?

탐 아무것도 아냐. 다만 우리가 그걸 명심해야 한다는 말이지.

rob 강도질하다 ｜ **keep in mind** 기억해 두다

• What if I do? 구어

내가 그러겠다면 어쩔 건데?

JANE You're not going to go out dressed like that, are you?

SUE So, what if I do?

제인 설마 그렇게 입고 밖에 나가겠다는 건 아니지?

수 그렇다면 어쩔 건데?

• What if I don't? 구어

**내가 안 그러겠다면
어쩔 건데?**

FATHER You are going to get in by midnight tonight
or you're grounded.

FRED So what if I don't?

FATHER That's enough! You're grounded as of this
minute!

아빠 오늘 밤에 자정까지는 집에 돌아와라. 안 그러면 외출 금지야.
프레드 안 그러면 어쩌실 건데요?
아빠 됐어! 이 순간부터 당장 외출 금지야!

be grounded 외출 금지를 당하다 | **as of** ~부로(시점)

• What of it?

그게 어쨌는데?

JOHN I hear you've been having a little trouble at
the office.

BOB What of it?

존 너 사무실에서 문제가 좀 있었다며.
밥 그게 어쨌다고?

• Who cares?

무슨 상관이야?

누가 신경이나 쓰겠나?, 전혀 중요하지 않다는 의미이다.

JOHN I have some advice for you.
It will make things easier for you.

BOB Who cares?

JOHN You might.

존 너한테 충고해 줄 게 있어. 그러면 일이 좀 더 수월해질 거야.
밥 무슨 상관이야?
존 상관 있을걸.

• Suppose I do?
• Supposing I do?

그렇게 하면 어쩔래? 대개 의문문처럼 끝을 올려서 말하지 않는다.

ALICE	Do you really think it's right to do something like that?
SUE	Suppose I do?
앨리스	너 정말 그렇게 하는 게 옳다고 생각해?
수	그렇다면 어쩔 건데?

FRED	Are you going to drive up into the mountains as you said you would?
SALLY	Supposing I do?
FRED	I'm just asking.
프레드	너 정말 네 말대로 차를 몰고 산에 올라갈 작정이야?
샐리	그렇다면?
프레드	그냥 물어보는 거야.

• Suppose I don't?
• Supposing I don't?

그렇게 안 하면 어쩔래? 대개 의문문처럼 끝을 올려서 말하지 않는다.

BILL	You'd better get yourself over to the main office.
TOM	Suppose I don't?
빌	넌 본사로 가야 해.
탐	안 가겠다면?

FATHER	You simply must do better in school.
TOM	Supposing I don't?
FATHER	Your clothing and personal belongings will be placed on the curb for the garbage pickup, and we will have the locks changed. Next question.
아빠	학교 성적을 더 올려야 한다.
탐	올리지 못하면요?
아빠	그럼 쓰레기차가 실어가도록 네 옷이랑 소지품을 밖에 내놓고 집 자물쇠를 모조리 바꿀 테다. 다음 질문.

• Pardon me for living!

내가 죽을 죄라도 지은 모양이군!

비판이나 비난에 대해 매우 분개하는 표현이다.

FRED   Oh, I thought you had already taken yourself out of here!

SUE   Well, pardon me for living!

프레드   어, 난 네가 이미 나간 줄 알았는데!

수   그래서, 내가 죽을 죄라도 지었다는 거야?

TOM   Butt out, Mary! Bill and I are talking.

MARY   Pardon me for living!

탐   참견하지 마, 메리! 빌과 얘기 중이잖아.

메리   내가 큰 죄라도 지은 모양이군!

take oneself out of ~에서 나가다, 떠나다

UNIT 10-5 ▶ 무슨 짓이야

• What do you think you are doing here?

여기서 뭐 하는 거야?   단호하고 위협적인 표현이다.

JOHN   Mary!

MARY   John!

JOHN   What do you think you're doing here?

존   메리!

메리   존!

존   너 여기서 뭐 하는 거야?

• You're out of your mind!
• You've got to be out of your mind!

제정신이 아니구나!

BILL   Go to the Amazon?
        You're out of your mind!

JANE   Maybe so, but doesn't it sound like fun?

빌   아마존에 간다고? 제정신이 아니구나!

제인   그럴지도 모르지, 하지만 재미있을 것 같지 않니?

MARY   Come on, Jane.
        Let's go swimming in the river.

JANE   Look at that filthy water. Swim in it?
        You've got to be out of your mind!

메리   야, 제인. 강에 수영하러 가자.

제인   저 더러운 물 좀 봐. 저기서 수영을 하자고? 너 제정신이 아니구나!

filthy 더러운

• What's the (big) idea?

도대체 무슨 생각이야? 보통 화가 났다는 것을 표현하기 위해 사용한다.

You knocked the book out of my hand. **What's the big idea?**

네가 책을 치는 바람에 내 손에서 떨어졌잖아. 도대체 무슨 생각인 거야?

What's the idea? You just about knocked me down! Watch where you're going!

도대체 무슨 생각인 거야? 날 쓰러뜨릴 뻔했잖아! 조심해서 다녀!

• What (a) nerve!
• Of all the nerve!

정말 무례하구나!

BOB	Lady, get the devil out of my way!
MARY	**What a nerve!**
밥	아가씨, 빌어먹을 길 좀 비키시지!
메리	정말 무례하군요!

JANE	You can't have that one! I saw it first!
SUE	**Of all the nerve!** I can too have it!
제인	넌 저걸 절대 가질 수 없어! 내가 먼저 봤잖아!
수	정말 무례하구나! 나도 가질 권리가 있다고!

Get the devil out of my way! 저리 꺼져!

• Says who?

누가 그래?

BILL	You take this dog out of here right now!
BOB	**Says who?**
BILL	Says me!
빌	당장 여기서 이 개를 데리고 나가!
밥	누가 그래?
빌	내가!

dumb 바보 같은, 벙어리의

• If you don't mind.

❶ (꾸짖는 말투로)
뭐 하는 거죠?

사소한 예절을 지키지 않았을 때 꾸짖는 표현이다.
참고 Do you mind? (216쪽)

BILL   (pushing his way in front of Mary in the checkout line) Excuse me.

MARY   **If you don't mind!** I was here first!

BILL   I'm in a hurry.

MARY   So am I!

빌   (계산대에서 메리를 밀치고 앞으로 나아가며) 실례합니다.
메리   이거 보세요! 제가 먼저 왔어요!
빌   제가 좀 급해서요.
메리   저도 급해요!

push one's way in front of ~를 밀치고 앞으로 나아가다 | checkout line 계산대

❷ (부탁할 때)
괜찮으시다면.

BILL   **If you don't mind,** could you move a little to the left?

SALLY No problem. (moving) Is that all right?

BILL   Yeah. Great! Thanks!

빌   괜찮다면, 왼쪽으로 조금만 가 주시겠어요?
샐리   그러죠. (움직이며) 이 정도면 됐나요?
빌   네. 됐어요! 감사합니다!

❸ (애매한 긍정)
그러고 싶으면 그렇게 해.

TOM   Do you want me to take these dirty dishes away?

MARY   **If you don't mind.**

탐   내가 이 더러운 접시를 좀 치워 줄까?
메리   너만 괜찮다면.

UNIT 10-6 네 마음대로 해

• Tell me another (one)!

또 거짓말해 보시지!

BILL   Did you know that the football coach was once a dancer in a movie?

TOM   Go on! Tell me another one!

빌   축구팀 코치가 한때 영화에서 댄서로 출연했다는 거 너 아니?

탐   계속해 봐! 그런 거짓말 또 해 보시지!

• Who do you think you are kidding?

나보고 그걸 믿으라고?

BILL   I must pull down about eighty thousand dollars a year.

BOB   You? Who do you think you're kidding?

빌   일 년에 8만 달러는 벌어야 하는데.

밥   네가? 지금 나한테 농담하는 거야?

MARY   This carpet was made in Persia by children.

TOM   Who do you think you're kidding?

메리   이 카펫, 페르시아 아이들이 만든 거래.

탐   나더러 그런 농담을 믿으라고?

pull down (돈을) 벌다

• That's easy for you to say.

넌 그렇게 말하기 쉽지. 그 일이 너에게는 다른 사람한테만큼 영향을 미치지 않으니까 그렇게 쉽게 말할 수 있을 거라는 의미이다.

WAITER   Here's your check.

MARY   Thanks. (turning to others) I'm willing to just split the check evenly.

BOB   That's easy for you to say. You had lobster!

웨이터	여기 계산서 가져왔습니다.
메리	고마워요. (다른 사람들에게 돌아서며) 똑같이 나눠서 내자.
밥	넌 그렇게 말하기 쉽지. 바닷가재 요리를 먹었으니까!

• You just don't get it!

이해를 못하는구나!

Everyone tells you that you are a bore, but you just don't get it!

모두들 너보고 따분한 애라고 하는데, 넌 알아듣질 못하는구나!

You just don't get it! People avoid you because you offend them.

모르나 보구나! 네가 사람들을 기분 나쁘게 하니까 널 피하는 거잖아.

bore 따분한 사람 | **avoid** ~을 피하다 | **offend** ~의 기분을 상하게 하다

• Don't push (me)!

다그치지 마!

문자 그대로 '밀지 말라'는 의미로도 쓴다.

SUE	You really must go to the dentist, you know.
JOHN	Don't push me.
	I'll go when I'm good and ready.

| 수 | 너 정말 치과에 가야 해. 알잖아. |
| 존 | 다그치지 마. 나중에 내가 알아서 갈 거야. |

• Don't rush me!

재촉하지 마!

BILL	Hurry up! Make up your mind!
BOB	Don't rush me!
BILL	I want to get out of here before midnight.

빌	빨리! 결정해!
밥	재촉하지 마!
빌	자정 전에 여길 나가고 싶단 말이야.

232

BILL	The waiter wants to take your order.
	What do you want?
JANE	Don't rush me! I can't make up my mind.
WAITER	I'll come back in a minute.

빌	웨이터가 주문받으려고 기다리잖아. 뭐 시킬래?
제인	재촉하지 마! 아직 못 정했단 말이야.
웨이터	잠시 후에 다시 오겠습니다.

make up one's mind 결심하다, 결정하다 | get out of here 여기서 나가다 | take one's order 주문받다 | in a minute 잠시 후에

• Don't make me laugh!

웃는는 소리 하지 마!　비교 You make me laugh! (233쪽)

MARY	I'll be a millionaire by the time I'm thirty.
TOM	Don't make me laugh!
MARY	I will! I will!

메리	난 서른 살까지 백만장자가 될 거야.
탐	웃기는 소리 하지 마!
메리	될 거야! 꼭 되고 말 거야!

• You make me laugh!

웃기는 소리 하고 있네!　비교 Don't make me laugh! (233쪽)

BILL	I have this plan to make electricity from
	garbage.
SALLY	What a dumb idea! You make me laugh!

빌	난 쓰레기로 전기를 만들 계획이야.
샐리	무슨 멍청한 생각이야! 말도 안 되는 소리 하고 있네!

have a plan to ~할 계획이다, ~할 계획이 있다 | make electricity from ~에서 전기를 만들어내다

• How many times do I have to tell you?

도대체 몇 번을
얘기해야 알겠니?

MARY	Clean this place up!
	How many times do I have to tell you?
BILL	I'll do it! I'll do it!

메리   여기 좀 치워라! 도대체 몇 번을 얘기해야 알겠니?

빌   할게! 한다고!

• If I've told you once, I've told you a thousand times.

이 얘기 한 번만 더 하면 천 번이야.

주로 아이를 꾸짖을 때 사용하는 표현이다.

MOTHER   If I've told you once, I've told you a thousand times, don't leave your clothes in a pile on the floor!

BILL   Sorry.

엄마   내가 이 말 한 번만 더 말하면 천 번이야. 옷을 바닥에 쌓아놓지 말라고 했잖아!

빌   잘못했어요.

leave ~ in a pile ~를 무더기로 쌓아두다

• Act your age!

나잇값 좀 해!

어린애처럼 유치하게 행동하는 사람을 꾸짖을 때 사용하는 표현이다. 흔히 아이가 어린아기처럼 어리광을 부릴 경우에 쓴다.

CHILD   Aw, come on! Let me see your book!

MOTHER   Be quiet and act your age. Don't be such a baby.

아이   제발! 책 좀 보여줘!

엄마   조용히 하고 나잇값 좀 해라. 아기처럼 굴지 말란 말이야.

Let me... 내가 ~하게 해 줘

• Cut the comedy!
• Cut the funny stuff!

멍청한 짓 좀 하지 마!

JOHN   All right, you guys! Cut the comedy and get to work!

BILL   Can't we ever have any fun?

JOHN   No.

존   자, 너희들! 바보 같은 얘기 좀 그만하고 일해!

빌   잠깐 농담하는 것도 안 돼요?

존   안 돼.

BILL	Come on, Mary, let's throw Tom in the pool!
MARY	Yeah, let's drag him over and give him a good dunking!
TOM	Okay, you clowns, cut the funny stuff! I'll throw both of you in!
BILL	You and what army?

빌	빨리, 메리, 탐을 수영장에 빠뜨리자!
메리	좋았어, 걔를 끌고 와서 기분 좋게 던져 버리는 거야!
탐	요 장난꾸러기들, 바보 같은 소리 하지 말라고! 내가 너희 둘을 빠뜨릴 거니까!
빌	너하고 누가?

get to work 업무에 들어가다 | throw ~ in ~을 …로 던지다 | drag ~ over (to) ~를 …로 끌고 오다 | give ~ a good dunking (물에) ~를 풍덩 빠뜨리다 | You and what army? 너하고 누가? (상대방의 위협에 대해 가소롭다는 뉘앙스를 풍기는 표현)

• Shame on you!

부끄러운 줄 알아!

부적합한 행동을 하는 상대를 꾸짖는 표현이다. 대개 아이나 유치한 잘못을 하는 어른에게 사용한다.

JOHN	I think I broke one of your figurines.
MARY	Shame on you!
JOHN	I'll replace it, of course.
MARY	Thanks, I sort of liked it.

존	네 조각상 하나를 깼어.
메리	부끄러운 줄 알아!
존	내가 꼭 사다 놓을게.
메리	고마워, 그러는 게 좋겠다.

• Were you born in a barn?

왜 그 모양이야?

문을 열어 두거나 정리를 못하는 사람을 나무라는 표현이다.

ANDREW	Close the door! Were you born in a barn?
BOB	Sorry.

앤드류	문 좀 닫아! 넌 왜 그 모양이냐?
밥	미안해.

FRED	Can't you clean this place up a little? Were you born in a barn?
BOB	I call it the messy look.

프레드	여기 청소 좀 할 수 없어? 대체 왜 그 모양이냐?
밥	그냥 어질러진 것뿐이야.

messy 어질러진, 엉망진창의

• Don't be so picky!

그렇게 까다롭게 굴지 마!

IDA	I'd like a piece of chicken with no skin on it and no sauce. I'll have some broccoli if it's not overcooked. A little mashed potatoes would be fine, but only a small portion and not if there's butter in it.
HANNA	Sakes alive! Don't be so picky!

아이다	껍질이 붙어 있지 않은 치킨으로 소스는 뿌리지 않고 한 조각 먹을게. 너무 푹 익히지 않았다면 브로콜리도 좀 먹을게. 으깬 감자도 조금이라면 괜찮을 것 같기는 한데, 안에 버터가 들어 있지 않다면 조금만 줘.
한나	맙소사! 그렇게 까다롭게 굴지 마!

JOHN	There's a little hole in my sock.
BOB	Don't be so picky!

존	양말에 작은 구멍이 있어.
밥	그렇게 까다롭게 굴지 마!

• for your information

참고로 말하자면

정보를 제공할 때 그 앞이나 뒤에 덧붙이는 표현이다. 상당히 짜증스럽게 말하는 경우도 있다.

MARY	What is this one?
SUE	For your information, it is exactly the same as the one you just asked about.

메리	이건 뭐죠?
수	참고로 말씀드리면, 좀 전에 물어보셨던 것과 완전히 똑같은 것 이랍니다.

BOB	How long do I have to wait here?
BILL	For your information, we will be here until the bus driver feels that it is safe to travel.
밥	여기서 얼마나 기다려야 하나요?
빌	참고로 말씀드리면, 버스 운전기사가 운행해도 안전하다고 생각할 때까지 기다리셔야 합니다.

exactly 정확하게 | How long do I have to ~ ? 얼마 동안이나 ~해야 하죠?

• (Go ahead,) make my day!

❶ (쓴맛을 보게 해줄 테니)
덤벼 봐!

영화에서 유래된 표현으로, 그 영화에서 이 말을 하는 배우는 악당에게 총을 거누면서, 자신이 총을 쏘는 행위를 정당화할 수 있도록 악당이 빌미를 제공해 주기를 바란다. 요즘은 진부한 표현으로 취급된다. **비교 Keep it up!** (198쪽)

The crook reached into his jacket for his wallet. The cop, thinking the crook was about to draw a gun, said, "Go ahead, make my day!"

도둑이 지갑을 꺼내려고 재킷 속으로 손을 넣었다. 경찰은 그가 총을 꺼내려는 거라고 생각하고 "덤벼, 너 잘 걸렸다!"라고 말했다.

❷ (무슨 일로 내 기분을 잡치게 할 건지)
얼른 해 봐!

❶의 의미에 비해 약간 빈정대는 듯한 표현이다.

SALLY	I've got some bad news for you.
JOHN	Go ahead, make my day!
샐리	너한테 나쁜 소식을 몇 가지 전해야 하는데.
존	말해 봐, 뭔데!

• Have it your way.

네 마음대로 해.

대개 화자가 짜증 난 상태임을 보여준다.

TOM	I would like to do this room in blue.
SUE	I prefer yellow. I really do.
TOM	Okay. Have it your way.
탐	난 이 방을 파란색으로 칠하고 싶어.
수	난 노란색이 더 좋은데. 정말로 말이야.
탐	좋아. 그럼 네 마음대로 해.

• How could you (do something)?

어떻게 ~할 수 있어?

TOM Then I punched him in the nose.

RACHEL Oh, how could you?

탐 그래서 내가 녀석 코에 한방 먹였지.

레이첼 어머, 어떻게 그럴 수 있어?

punch ~ in the nose ~의 코에 주먹을 한방 날리다

• How's that working (out)?
• How's that working for you?
• How's that working out (for you)?

그게 잘 먹혔어?

때로는 빈정거리거나 반어적인 의미로 사용된다.

DON I tried to lose weight by giving up desserts.

HANNA How's that working out for you?

돈 난 살을 빼 보려고 후식을 포기했어.

한나 그게 잘 먹혔어?

DALE I tried a new toothpaste that isn't as sweet-tasting as the last one.

IDA How's that working out for you?

데일 난 지난번 것보다는 단맛이 덜한 새 치약을 써 봤어.

아이다 그게 너한테 잘 맞는 것 같니?

• I'm not having this conversation.

난 이런 이야기는 하고 싶지 않아.

DON You are late again, and your workspace is a mess. We are all angry with you.

HANNA I'm not having this conversation.

돈 넌 또 지각을 한 데다가 네 작업 공간은 엉망진창이야. 우리는 모두 너 때문에 화가 나.

한나 난 이런 이야기는 하고 싶지 않아.

238

• Look who's talking!

사돈 남 말 하네!

TOM You criticize me for being late! **Look who's talking!** You just missed your flight!

JANE Well, nobody's perfect.

탐 나보고 늦었다고 뭐라고 했지! 사돈 남 말 하지 마! 넌 방금 비행기 놓쳤잖아!

제인 그래, 완벽한 사람은 없어.

criticize 비판하다 | miss a flight 비행기를 놓치다

• Need I remind you that ~?

~라고 꼭 말해야겠니? 다소 건방지거나 부모가 아이를 타이르는 듯한 어감이다.

BILL **Need I remind you that** today is Friday?

BOB (sarcastically) Gee, how else would I have known?

빌 오늘이 금요일이라고 꼭 말해 줘야 아니?

밥 (빈정대며) 이런, (말 안 해 주면) 내가 알 수가 있나?

JOHN **Need I remind you that** you must return immediately?

JANE Sorry, I forgot.

존 지금 당장 돌아가야 한다고 꼭 알려 줘야 하니?

제인 미안, 깜빡했어.

sarcastically 빈정거리며, 신랄하게 | immediately 즉시, 당장

• Says me!

몰라서 물어? / 내가! Says who?(누가 그래?)에 대해 시비조로 답하는 표현이다.

BILL I think you're making a mess of this project.

BOB Says who?

BILL **Says me!**

빌 네가 이 프로젝트를 다 망쳐놓고 있는 것 같아.

밥 누가 그래?

빌 몰라서 물어?

• Says you!

네까짓 게 뭘 알아!

BILL	I think you're headed for some real trouble.
BOB	Says you!
빌	너 그러다 큰일 나.
밥	네까짓 게 뭘 안다고 그래!

FRED	Says who?
TOM	Says me!
FRED	Aw, says you!
프레드	누가 그래?
탐	내가!
프레드	에이, 네까짓 게 뭘 알아!

be headed for ~으로 향하다

• take a potshot at someone/something

~를 비난하다

John is taking potshots at me in his condemnation of office workers.

존은 직원들을 비난할 때 나를 빼놓지 않는다.

condemnation 비난

• Use your head!

머리를 쓰라고!

TOM	I just don't know what to do.
MARY	Use your head! You'll figure out something.
탐	무얼 해야 할지 모르겠어.
메리	머리를 써 봐! 뭔가 생각날 거야.

ANDREW	Come on, John, you can figure it out. A kindergartner could do it. Use your head!
JOHN	I'm doing my best.
앤드류	야, 존. 넌 풀 수 있어. 유치원생도 할 수 있는 거야. 머리를 써 봐!
존	최선을 다하고 있어.

figure out 처음 대화에서는 '~을 찾아내다', '생각해 내다'라는 의미로, 두 번째 대화에서는 '(문제 등을) 풀다', '이해하다'라는 의미로 쓰임 | do one's best 최선을 다하다

• That'll teach someone!

따끔한 맛을 봐야 해!

someone 자리에는 대개 대명사가 온다.

BILL   Tom, who has cheated on his taxes for years, finally got caught.

SUE   That'll teach him.

빌   탐, 몇 년 동안 탈세했던 그 사람이 드디어 잡혔대.

수   그런 인간은 따끔하게 혼이 나야 해.

• You (always) give up too eas(il)y.

넌 항상 너무 쉽게 포기해.

BILL   Well, I guess she was right.

BOB   No, she was wrong.
You always give up too easily.

빌   음, 그 여자 말이 맞았던 것 같아.

밥   아니야, 틀렸어. 넌 항상 너무 쉽게 포기하더라.

BOB   I asked her to go out with me Friday, but she said she thought she was busy.

TOM   Ask her again. You give up too easy.

밥   그 여자한테 금요일에 데이트 신청했는데, 바쁠 것 같대.

탐   또 얘기해 봐. 넌 너무 쉽게 포기해.

go out with ~와 데이트하다

• You and who else?
• You and what army?

든든한 백이라도 있나 보지?

BILL   I'm going to punch you in the nose!

BOB   Yeah? You and who else?

빌   네 코를 납작하게 해 줄 거야!

밥   그래? 든든한 백이라도 있나 보지?

TOM   Our team is going to slaughter your team.

BILL   You and what army?

탐   우리 팀이 너희 팀을 박살 낼 거야.

빌   뭐 믿고 그렇게 까부니?

punch 주먹을 날리다 | **slaughter** 쳐부수다, 도살하다

• You heard someone.

(군소리 말고)
시키는 대로 해.

someone 자리에 사람 이름이나 직함 혹은 대명사를 쓸 수 있다.

ANDREW You heard the man. Get moving.

HENRY Don't rush me!

앤드류　군소리 말고 그 사람 말대로 해. 어서 움직이라고.
헨리　다그치지 마!

• You wouldn't dare ((to) do something)!

그렇게는 못할걸!

상대방이 하겠다고 큰소리치는 일에 대해 콧방귀를 뀌는 표현이다.

BILL I'm going to leave school.

TOM You wouldn't dare to leave!

빌　나 학교 그만둘 거야.
탐　그렇게는 못할걸!

• You'll be the death of me (yet).

**너 때문에 내가
제 명에 못 죽지.**

물론 다소 과장된 표현이다.

BILL Mom, teacher says you have to go to
school again for a conference.

MOTHER Oh, Billy. You'll be the death of me.

빌　엄마, 선생님께서 또 학교에 상의 좀 하러 오시래요.
엄마　오, 빌리야. 내가 너 때문에 제 명에 못 죽겠다.

for a conference 의논할 게 있어서

• You're too much!

❶ 이런
골칫거리를 봤나!

BILL You're too much!
I'm going to report you to the head office!

BOB Go ahead. See if I care.

빌　이런 골칫거리를 봤나! 네 잘못을 본사에 보고할 거야!
밥　해봐. 누가 신경이나 쓰나 보라지.

BOB	Get out! Just go home! You're too much!
TOM	What did I do?
BOB	You're a pest!

밥	가! 집에 가 버려! 이런 골칫덩어리야!
탐	내가 뭘 어쨌길래?
밥	넌 정말 골칫덩이라고!

report ~ to ~의 잘못을 …에 보고[신고]하다 | pest 귀찮은 존재, 골칫덩어리

❷ 정말 재미있구나! /
정말 똑똑하구나!

| ALICE | Oh, Fred, that was really funny. You're too much! |
| FRED | I do my best. |

| 앨리스 | 야, 프레드, 그 얘기 정말 재미있었어. 너 정말 재미있는 애구나! |
| 프레드 | 최선을 다하는 거지. |

• You're (just) wasting my time.

너 때문에 내 시간만
허비하고 있잖아.

| RACHEL | I've heard enough. You're just wasting my time. Good-bye. |
| MARY | If that's the way you feel about it, good-bye. |

| 레이첼 | 이제 들을 만큼 들었어. 너 때문에 괜히 시간만 허비하고 있잖아. 나 갈래. |
| 메리 | 네가 그렇게 생각한다면 가려무나. |

UNIT 11-1 › 감사의 말

- **Thank you.**

고마워.

BILL	Here, have some more cake.
BOB	Thank you.
빌	여기, 케이크 좀 더 먹어.
밥	고마워.

- **Thank you very much.**
- **Thank you so much.**

정말 고마워.

TOM	Welcome. Come in.
BOB	Thank you very much.
탐	반가워. 어서 들어와.
밥	정말 고마워.

BILL	Here's the book I promised you.
SUE	Thank you so much.
빌	내가 너한테 주기로 약속했던 책이야.
수	정말 고마워.

- **Thanks (a lot).**
- **Thank you a lot.**

❶ 정말 고마워.

BILL	Here, take mine.
BOB	Thanks a lot.
빌	여기, 내 거 가져!
밥	정말 고마워.

MARY	Well, here's your pizza.
BILL	Thanks.
메리	자, 네가 먹을 피자 여기 있어.
빌	고마워.

❷ (빈정대며)
눈물 나게 고맙구먼.

JOHN	I'm afraid that you're going to have to work the night shift.
BOB	Thanks a lot.
존	유감스럽지만 네가 야간 근무를 해야겠어.
밥	눈물 나게 고맙구나.

• Thanks a million.

정말 고마워.

BILL	Oh, thanks a million. You were very helpful.
BOB	Just glad I could help.
빌	오, 정말 고마워. 도움이 많이 됐어.
밥	도움이 됐다니 나도 기쁘다.

JOHN	Here's your book.
JANE	Thanks a million. Sorry I needed it back in such a rush.
존	여기 네 책.
제인	정말 고마워. 이렇게 급히 돌려 달라고 해서 미안해.

in (such) a rush (이렇게) 급히

• Thanks awfully.

정말 고마워.

JOHN	Here's one for you.
JANE	Thanks awfully.
존	이거 네 거야.
제인	정말 고마워.

MARY	Here, let me help you with all that stuff.
SUE	Thanks awfully.
메리	자, 그 일 내가 다 도와줄게.
수	정말 고마워.

let me... 내가 ~할게 | help ~ with... ~가 …하는 것을 도와주다 | stuff 일

246

- **Thanks loads.** 구어

정말 고마워.

MARY   Here, you can have these.
And take these too.

SALLY   Thanks loads.

메리   야, 이거 가져. 이것들도.
샐리   정말 고마워.

Chapter 11 감사 표현

- **Thank goodness!**
- **Thank heavens!**

하느님 감사합니다!

JOHN   Well, we finally got here.
Sorry we're so late.

MOTHER   Thank goodness! We were all so worried.

존   야, 드디어 도착했네. 너무 늦어서 죄송해요.
엄마   하느님 감사합니다! 우리 모두 많이 걱정했어.

JANE   There was a fire on Maple Street, but no one was hurt.

BILL   Thank heavens!

제인   메이플 스트리트에서 불이 났는데 다친 사람은 아무도 없대.
빌   하늘이 도왔네!

- **Be thankful for small blessings.**

작은 은총에 감사드려.   특히 어려운 상황에 처했을 때 현재 누리고 있는 작은 혜택에 감사드린다는 의미이다.

Bob was badly injured in the accident, but at least he's still alive. Let's be thankful for small blessings.

밥이 사고로 심하게 다쳤지만 적어도 목숨은 건졌어. 이 작은 은총에 감사드리자.

badly 심하게 | **be injured** 다치다, 부상당하다 | **at least** 적어도, 최소한

• (I) can't thank you enough.

어떻게 감사드려야 할지
모르겠어요.

BILL   Here's the book I promised you.

SUE   Oh, good. I can't thank you enough.

빌   내가 주겠다고 약속했던 책이야.

수   와, 멋지다. 이렇게 고마울 수가.

• Much obliged.

대단히 감사합니다.

JOHN   Thank you, and here's five dollars for your
       trouble.

BOB   Much obliged.

존   고마워요, 여기 수고해 주신 것에 대한 대가인 5달러예요.

밥   대단히 감사합니다.

• I owe you one.

너한테 신세 졌어.

BOB   I put the extra copy of the book on your
       desk.

SUE   Thanks. I owe you one.

밥   네 책상 위에 책 한 권 더 올려놨어.

수   고마워. 신세 졌네.

BILL   Let me pay for it.

BOB   Thanks a lot. I owe you one.

빌   내가 계산할게.

밥   정말 고마워. 신세 졌네.

copy 권, 부

• We aim to please.

네가 기쁘다니
우리도 기뻐.

MARY   This meal is absolutely delicious!

WAITER We aim to please.

메리   음식이 정말 맛있어요!

웨이터   맛있게 드셨다니 저희도 기쁘네요.

248

TOM	Well, Sue, here's the laundry detergent you wanted from the store.
SUE	Oh, thanks loads. You saved me a trip.
TOM	**We aim to please.**

탐	야, 수, 여기 네가 가게에서 사고 싶어 했던 세제야.
수	아, 정말 고마워. 덕분에 가게에 갈 필요가 없어졌네.
탐	네가 좋아하니 나도 기쁘다.

absolutely 매우, 절대적으로 | laundry detergent 세탁용 세제 | save ~가 …하지 않아도 되도록 해 주다

Chapter 11 감사 표현

• No thanks to you.

너한테 고마워할 일은 아니지.

JANE	It looks like the picnic wasn't ruined despite the fact that I forgot the potato salad.
MARY	Yes, it was okay. **No thanks to you**, of course.

제인	감자 샐러드를 빠트리긴 했지만 소풍을 망친 거 같진 않네.
메리	그래, 괜찮았어. 물론 너한테 고마워해야 할 일은 아니지만 말이야.

despite ~에도 불구하고

• Thanks for the ride.
• Thanks for the lift.

태워 줘서 고마워.

JOHN	(stopping the car) Here we are.
BOB	Thanks for the ride. Bye.
JOHN	Later.

존	(차를 멈추며) 다 왔다.
밥	태워다 줘서 고마워. 잘 가.
존	나중에 보자.

As Fred got out of the car, he said, "Thanks for the lift."

프레드가 차에서 내리면서 "태워 줘서 고마워."라고 말했다.

get out of a car 차에서 내리다

Part 1 일상 회화 표현 •249

🎧 1-11-02

UNIT 11-2 감사 인사에 대한 대답

• You're welcome.

천만에.

Thanks. 혹은 Thank you.에 대한 공손한 대답이다. quite 혹은 very와 같은 부사를 덧붙이면 보다 정중한 표현이 된다.

BOB　We all thank you very much.
SALLY　You're quite welcome.

밥　우리 모두 너에게 정말 고마워하고 있어.
샐리　별말씀을.

• My pleasure.

❶ 천만에요.

It's my pleasure.에서 나온 표현이다. My와 pleasure 두 곳 다 강세를 주어 말한다.

MARY　Thank you for bringing this up here.
BILL　My pleasure.

메리　이걸 이곳까지 올려다 줘서 고마워.
빌　천만에.

❷ 만나서 반가워.

BILL　Good to see you again.
MARY　My pleasure.

빌　다시 보게 돼서 기뻐.
메리　나도 기뻐.

• No sweat. 구어 속어

**괜찮아. /
별거 아니야.**

TOM　I'm sorry I'm late.
MARY　No sweat.
　　　We're on a very flexible schedule.

탐　늦어서 미안.
메리　괜찮아. 일정 조절이 가능하니까.

250

• Not at all.

천만에.

Thank you. 나 그 밖의 감사 표현에 대한 매우 공손한 대답이다.

MARY I want to thank you very much for all your help.

SUE Not at all. Happy to do it.

메리 이렇게 물심양면으로 도와주셔서 정말 고마워요.

수 천만에요. 도움이 되어서 저도 기쁜걸요.

Happy to do it. 그럴 수 있어서 기쁩니다. (앞에 I am이 생략된 형태)

Chapter 11 감사 표현

• Think nothing of it.
• Don't give it another thought.
• Don't give it a (second) thought.

❶ 천만에요.

MARY Thank you so much for driving me home.

JOHN Think nothing of it.

메리 집까지 태워다 줘서 정말 고마워요.

존 천만에요.

❷ 아무렇지도 않아.

SUE Oh, sorry. I didn't mean to bump you!

BOB Think nothing of it.

수 미안해. 일부러 부딪친 건 아니야!

밥 아무렇지도 않아.

JANE I hope I didn't hurt your feelings when I said you were too loud.

BILL Don't give it a second thought.
I was too loud.

제인 내가 너한테 너무 시끄럽다고 말했다고 마음 상하지 않았길 바라.

빌 아무렇지도 않아. 내가 좀 시끄럽긴 했지.

I didn't mean to (일부러) ~하려던 건 아니다 | **bump** 부딪치다 | **hurt one's feelings** ~의 감정을 상하게 하다

Part 1 일상 회화 표현 • 251

CHAPTER
12
헤어질 때

UNIT 12-1 ▶ 가야 한다고 말하기

- **(I) have to be moving along.**
- **(I) have to move along.**

가야겠어.

BILL	Bye, now. Have to be moving along.
SALLY	See you later.
빌	이제 안녕. 가야겠어.
샐리	나중에 봐.

SALLY	It's late. I have to move along.
MARY	If you must. Good-bye. See you tomorrow.
샐리	늦었네. 그만 가야겠다.
메리	가야 한다면 어쩔 수 없지. 잘 가. 내일 보자.

- **(I) have to go now.**

이제 그만 가야겠어.

FRED	Bye, have to go now.
MARY	See you later. Take it easy.
프레드	안녕. 그만 가야겠어.
메리	나중에 보자. 잘 가.

SUE	Would you help me with this box?
JOHN	Sorry. I have to go now.
수	이 상자 옮기는 것 좀 도와줄래?
존	미안해. 지금 가 봐야 하거든.

- **(I) have to run along.**

그만 가야겠어.

JANE	It's late. I have to run along.
TOM	Okay, Jane. Bye. Take care.
제인	늦었다. 이제 그만 가야겠어.
탐	그래, 제인. 잘 가. 조심해서 가.

- **(I) have to shove off.**
- **(I) have to push off.**
- **(I've) got to shove off.**
- **(I've) got to be shoving off**
- **(It's) time to shove off.**

이제 그만 가야겠어.

JOHN	Look at the time! I have to shove off!
JANE	Bye, John.
존	시간이 벌써 저렇게 됐네! 이제 그만 가야겠다!
제인	잘 가, 존.

JANE	Time to shove off. I have to feed the cats.
JOHN	Bye, Jane.
제인	그만 가야겠다. 고양이 밥 줘야 하거든.
존	잘 가, 제인.

FRED	I have to push off. Bye.
JANE	See you around. Bye.
프레드	그만 가 봐야겠다. 잘 있어.
제인	나중에 보자. 잘 가.

shove off 떠나다(=push off) | feed 먹이를 주다

- **(I) hope to see you again (sometime).**

언제 또 보자.

BILL	Nice to meet you, Tom.
TOM	Bye, Bill. Nice to meet you.
	Hope to see you again sometime.
빌	만나서 반가웠어, 탐.
탐	잘 가, 빌. 나도 반가웠어. 언제 또 보자.

BILL	Good talking to you. See you around.
BOB	Yes, I hope to see you again. Good-bye.
빌	이야기 즐거웠어. 또 보자.
밥	그래, 언제 또 보자. 잘 가.

• I must be off.

이제 가야겠어.

BILL   It's late. I must be off.

BOB   Me, too. I'm out of here.

빌   늦었네. 이젠 가야겠다.

밥   나도. 나도 가야지.

• (I) must be running along.

가 봐야 해.

Oh, it's after midnight. Must be running along.

아. 자정이 넘었네. 가 봐야 해요.

Must be running along. Got a cake in the oven.

가 봐야 해요. 오븐에 케이크를 넣어 두었거든요.

• I must say good night.

이제 그만 가야겠어.

JANE   It's late. I must say good night.

BOB   Can I see you again?

JANE   Call me. Good night, Bob.

BOB   Good night, Jane.

제인   늦었네요. 이제 그만 가야겠어요.

밥   다시 볼 수 있을까요?

제인   전화 주세요. 잘 가요, 밥.

밥   잘 가요, 제인.

• (I) really must go.

정말 가야 해.

BOB   It's getting late. I really must go.

JANE   Good night, then. See you tomorrow.

밥   계속 늦어지네. 이젠 정말 가야겠다.

제인   그럼 잘 가. 내일 보자.

• (I'd) better be going.
• (I'd) better be off.

그만 가야겠다.

BOB   Better be going. Got to get home.

BILL   Well, if you must, you must. Bye.

밥   그만 일어서야겠어. 집에 가야 해.

빌   정 그렇다면 가야지. 잘 가.

FRED   It's midnight. I'd better be off.

HENRY   Okay. Bye, Fred.

프레드   자정이네. 그만 가야겠다.

헨리   그래. 잘 가, 프레드.

HENRY   Better be off. It's starting to snow.

JOHN   Yes, it looks bad out.

헨리   그만 가야겠다. 눈이 오기 시작했어.

존   그래, 바깥 날씨가 심상치 않은데.

Got to get home. 완전한 문장은 I've got to get home.(집에 가야 해.)인데, 구어체에서는 이처럼 I've를 생략하기도 함

• (I'd) better get moving.

그만 가는 게 좋겠어.

JANE   It's nearly dark. Better get moving.

MARY   Okay. See you later.

제인   어두워졌네. 그만 가는 게 좋겠다.

메리   그래. 다음에 보자.

BOB   I'm off. Good night.

BILL   Look at the time! I'd better get moving too.

밥   나 이제 갈게. 잘 있어.

빌   시간이 벌써 이렇게 됐네! 나도 이만 가 봐야겠다.

nearly 거의 | **Look at the time!** (시계를 보며) 시간이 벌써 이렇게 됐네!

• (I'd) better get on my horse. 친밀

그만 일어서야겠다.

JOHN   It's getting late. **Better get on my horse.**
RACHEL   Have a safe trip. See you tomorrow.

존   늦었네. 그만 일어서야겠다.
레이첼   조심해서 가. 내일 보자.

"**I'd better get on my horse.** The sun'll be down in an hour," said Sue, sounding like a cowboy.

수는 마치 카우보이처럼 "그만 일어서야겠다. 한 시간이면 해가 지겠는걸." 하고 말했다.

• I'm gone. 속어

나 그만 갈게.

떠나기 바로 전에 사용한다. 참고 I'm out of here. (258쪽)

JANE   **I'm gone.** See you guys.
JOHN   See you, Jane.
FRED   Bye, Jane.

제인   나 그만 갈게. 나중에 보자.
존   나중에 봐, 제인.
프레드   잘 가, 제인.

• I'm off. 속어

나 그만 갈게.

이제 막 떠나려는 사람이 사용한다.

SUE   Well, it's been great. Good-bye. Got to go.
MARY   **I'm off** too. Bye.

수   정말 즐거웠어. 잘 있어. 갈게.
메리   나도 그만 갈래. 안녕.

• I'm out of here. 속어

그만 갈게.

out of는 보통 줄여서 outta로 발음한다.

JOHN   I'm out of here.
JANE   Bye.

존   이제 그만 갈게.
제인   잘 가.

• (It's) time I left.

떠나야 할 시간이야.

다른 인칭으로도 쓸 수 있다. 참고 (It's) time we were going. (260쪽)

It's almost dawn! Time I left.

거의 새벽이 다 되었네! 나 떠나야 할 시간이야.

It's time we left. The party is totally over.

우리가 떠나야 할 시간이야. 파티는 완전히 끝났어.

• (It's) time to go.

갈 시간이야.

JANE   Look at the clock! Time to go!
JOHN   Yup! I'm out of here too.

제인   시간이 벌써 저렇게 됐네! 가야겠다!
존   그래! 나도 가야지.

• (It's) time to hit the road.
• (I'd) better hit the road.
• (I've) got to hit the road.

그만 가야겠어. /
가야 할 시간이야.

HENRY   Look at the clock. It's past midnight.
It's time to hit the road.
ANDREW   Yeah. We got to go.
SUE   Okay, good night.

헨리	시계 좀 봐. 자정이 넘었어. 이제 가야겠다.
앤드류	그래. 가야겠다.
수	그래, 잘 가.

BILL	I've got to hit the road.
	I have a long tomorrow.
MARY	Okay, good night.
BILL	Bye, Mary.

빌	이제 그만 가야겠다. 내일은 힘든 하루가 될 테니까.
메리	그래, 잘 가.
빌	안녕, 메리.

- (It's) time to run.
- (It's) time to push along.
- (It's) time to split.
- (It's) time to move along.
- (It's) time to push off.

가야 할 시간이야.

ANDREW	Time to push off. I've got to get home.
HENRY	See you, dude.

앤드류	이제 갈 시간이야. 집에 가야 해.
헨리	잘 가, 친구.

JOHN	It's time to split. I've got to go.
SUE	Okay. See you tomorrow.

존	헤어질 시간이군. 가야겠다.
수	그래. 내일 보자.

- (It's) time we should be going.

이제 가야 할 것 같아. 한 쌍(혹은 단체)의 손님 중 한 사람이 동행한 상대에게 사용하는 표현이다. 대체로 남편이 아내에게, 혹은 아내가 남편에게 가야 할 시간이라고 알릴 때 쓴다.

TOM	Well, I suppose it's time we should be going.
MARY	Yes, we really should.
ALICE	So early?

탐	자, 이제 가야 할 것 같아.
메리	그래, 정말 가야 해.
앨리스	이렇게 일찍?

Chapter 12 헤어질 때

• (It's) time we were going.

우리 이제 가야 해.　　　다른 인칭으로도 쓸 수 있다. **참고** **(It's) time I left.** (258쪽)

It's time we were going. It's really late.

우리, 이제 가야 해. 정말로 늦었어.

It's late, and it's time we were going.

시간이 늦었어. 그러니 우리 이제 가야 해.

• (I've) got to fly.

그만 가 봐야겠어.

BILL　Well, time's up. I've got to fly.
BOB　Oh, it's early yet. Stay a while.
BILL　Sorry. I got to go.

빌　자, 시간 다 됐다. 그만 가 봐야겠어.
밥　어, 아직 이르잖아. 좀 더 있다 가.
빌　미안. 그만 가 봐야 해.

• (I've) got to get moving.

그만 가 봐야겠어.

TOM　Time to go. Got to get moving.
SALLY　Bye, Tom.

탐　가야 할 시간이야. 그만 갈게.
샐리　잘 가, 탐.

MARY　It's late and I've got to get moving.
SUE　Well, if you must, okay.
　　　Come again sometime.
MARY　Bye.

메리　늦었어, 그만 가야겠다.
수　그래, 정 가야 한다면 좋아. 언제 또 놀러 와.
메리　잘 있어.

if you must 정 그래야 한다면야 | Come again. 또 놀러 와.

• (I've) got to go.

그만 가봐야겠어.

ANDREW Bye, I've got to go.

RACHEL Bye, little brother. See you.

앤드류 잘 있어. 그만 가 봐야겠다.
레이첼 잘 가. 동생. 또 보자.

SALLY Ciao! Got to go.

SUE See ya! Take it easy.

샐리 잘 있어! 그만 가 봐야겠다.
수 잘 개! 조심해서 가.

Ciao! 잘 있어. 잘 개! (헤어질 때 하는 인사말로 이탈리아어에서 유래)

• (I've) got to run.

그만 가야겠어.

JOHN Got to run. It's late.

JANE Me, too. See ya, bye-bye.

존 가야겠다. 늦었어.
제인 나도 가야겠어. 다음에 보자, 잘 가.

MARY Want to watch another movie?

BILL No, thanks. I've got to run.

메리 다른 영화도 볼래?
빌 아니 됐어. 그만 가야겠다.

• (I've) got to split.

그만 가야겠어.

JANE Look at the time! Got to split.

MARY See you later, Jane.

제인 시간이 벌써 저렇게 됐네! 그만 헤어져야겠다.
메리 나중에 보자, 제인.

BILL It's getting late. I've got to split.

SUE Okay, see you tomorrow.

BILL Good night.

빌	늦겠다. 그만 가 봐야겠어.
수	그래, 내일 보자.
빌	잘 가.

• (I've) got to take off.

그만 가야겠어.

MARY	Got to take off. Bye.
BOB	Leaving so soon?
MARY	Yes. Time to go.
BOB	Bye.

메리	그만 가야겠다. 잘 있어.
밥	이렇게 일찍 가려고?
메리	응. 갈 시간이야.
밥	잘 가.

"Look at the time. I've got to take off!" shrieked Alice.

앨리스는 "시간이 벌써 저렇게 됐네. 그만 가야겠다!"라고 큰 소리로 말했다.

shriek 소리 지르며 말하다

• (You'd) better get moving.

그만 가는 게 좋겠어. 떠나라고 권유하는 표현이다.

JANE	It's nearly dark. Better get moving.
MARY	Okay, I'm leaving right now.

제인	곧 어두워지겠다. 가는 게 좋겠어.
메리	그래, 지금 가려고.

BOB	I'm off. Good night.
BILL	Yes, it's late. You'd better get moving.

밥	갈게. 잘 자.
빌	그래, 늦었다. 그만 가는 게 좋겠구나.

be off 떠나다, 가다

• (I've) got to go home and get my beauty sleep.

집에 가서 눈 좀
붙여야겠어.

SUE   Leaving so early?

JOHN   I've got to go home and get my beauty
      sleep.

수   이렇게 일찍 가려고?

존   집에 가서 눈 좀 붙여야겠어.

• Could you excuse us, please?
• Can you excuse us, please?
• Would you excuse us, please?
• Will you excuse us, please?

실례해도 될까요?   자리에서 일어날 때 쓰는 정중한 표현이다.

BILL   Could you excuse us, please?
      We simply must rush off.

ALICE   So sorry you have to go.
      Come back when you can stay longer.

빌   먼저 실례해도 될까? 급히 좀 가 봐야 해서 말이야.

앨리스   가야 한다니 아쉽네. 언제 시간 있을 때 또 놀러 와.

BILL   Will you excuse us, please?
      We really must leave now.

BOB   Oh, sure. Nice to see you.

빌   먼저 일어서도 될까? 이제 정말 가 봐야 돼.

밥   그래. 만나서 반가웠어.

rush off (~에서) 급히[서둘러] 떠나다

🎧 1-12-02

UNIT 12-2 ▶ 헤어질 때의 인사

- Bye. 친밀
- Bye-bye.

안녕.

SALLY	See you later. Bye.
TOM	Bye.
샐리	나중에 보자. 안녕.
탐	안녕.

TOM	Bye-bye. Remember me to your brother.
BILL	I will. Bye.
탐	안녕. 너희 형한테 안부 전해 줘.
빌	그럴게. 잘 가.

- See ya! 구어

잘 가!

ANDREW	Good-bye, Tom, see ya!
TOM	Bye. Take it easy.
앤드류	안녕, 탐. 잘 가!
탐	안녕. 조심해서 가.

- See ya, bye-bye. 구어 속어

잘 가, 안녕.

BILL	I have to be off.
BOB	See ya, bye-bye.
빌	이제 그만 가 봐야겠다.
밥	안녕, 잘 가.

264

• See you around.

다음에 보자.

BOB	Bye for now.
JANE	See you around.
밥	그럼 안녕.
제인	다음에 보자.

• See you later, alligator.
• Later, alligator.

잘 가.

After while(, crocodile).과 짝지어 쓰이는 표현이다.

BOB	See you later, alligator.
JANE	After while, crocodile.
밥	잘 가. 친구.
제인	그때까지 안녕, 친구.

BOB	Bye, Tom.
TOM	See you later, alligator.
BOB	Later.
밥	잘 가. 탐.
탐	잘 가게. 친구.
밥	다음에 봐.

• Drive safely.

운전 조심해.

떠나는 사람에게 운전 조심하라고 조언하는 표현이다.

MARY	Good-bye, Sally. Drive safely.
SALLY	Good-bye. I will.
메리	잘 가, 샐리. 운전 조심하고.
샐리	잘 있어. 조심할게.

• After while(, crocodile).

잘 지내, 친구.　crocodile은 각운을 맞추기 위해 별 뜻 없이 사용된 것이다. See you later, alligator.에 답할 때 쓴다.

MARY　See you later.
BILL　After while, crocodile.

메리　나중에 보자.
빌　그때까지 잘 지내.

JANE　After while.
MARY　Toodle-oo.

제인　나중에 봐.
메리　안녕!

Toodle-oo. 안녕.

• Good-bye for now.　• (Good-bye) until next time.
• Till next time.　• Till we meet again.
• Until we meet again.

다시 만날 때까지 안녕.　종종 라디오나 텔레비전 방송이 끝날 때 진행자가 사용하는 표현이다.

ALICE　See you later. Good-bye for now.
JOHN　Bye, Alice.

앨리스　나중에 봐. 그때까지 잘 지내.
존　잘 가, 앨리스.

MARY　See you later.
BOB　Good-bye for now.

메리　나중에 봐.
밥　다시 만날 때까지 안녕.

The host of the talk show always closed by saying, "Good-bye until next time. This is Wally Ott, signing off."

그 토크 쇼 사회자는 끝날 때 항상 "다음 시간까지 안녕히 계세요! 왈리 오트였습니다. 오늘은 여기서 마치겠습니다."라고 말했다.

host (프로그램) 진행자 | sign off 방송을 마치다

- (Good-bye) until then.
- (Good-bye) till then.
- (Good-bye) until later.
- (Good-bye) till later.

그때까지 안녕.

SALLY See you tomorrow. Good-bye until then.

SUE Sure thing. See you.

샐리 내일 보자. 그때까지 안녕.

수 그래. 안녕.

MARY See you later.

BOB Until later.

메리 나중에 보자.

밥 그때까지 잘 지내.

Sure thing. 그래., 물론이지.

- (I'll) be seeing you.

조만간 또 보자.

BOB Bye. Be seeing you.

SALLY Yeah. See you later.

밥 잘 가. 조만간 또 보자.

샐리 그래. 나중에 봐.

JOHN Have a good time on your vacation.
I'll be seeing you.

SALLY See you next week. Bye.

존 휴가 즐겁게 잘 보내. 조만간 또 보자.

샐리 다음 주에 봐. 안녕.

- (I'll) catch you later.

나중에 연락할게.

MARY Got to fly. See you around.

SALLY Bye. Catch you later.

메리 그만 가 봐야겠어. 나중에 봐.

샐리 잘 가. 나중에 연락할게.

• (I'll) see you in a little while.

잠시 후에 보자.

상대방과 적어도 몇 시간 이내에 다시 만날 것을 의미한다.

JOHN   I'll see you in a little while.

JANE   Okay. Bye till later.

존   잠시 후에 보자.
제인   그래. 이따 봐.

SALLY   I have to get dressed for tonight.

FRED   I'll pick you up about nine.
        See you in a little while.

SALLY   See you.

샐리   오늘 저녁에 예쁘게 입어야 하는데.
프레드   9시쯤에 데리러 갈게. 잠시 후에 보자.
샐리   이따 봐.

get dressed 잘 차려입다

• I'll see you later.   • (See you) later.
• See you.

나중에 봐.

JOHN   Good-bye, Sally. I'll see you later.

SALLY   Until later, then.

존   잘 가, 샐리. 나중에 봐.
샐리   그때까지 안녕.

BOB   Time to go. Later.

MARY   Later.

밥   갈 시간이네. 나중에 봐.
메리   나중에 보자.

time to ~할 시간 (완전한 문장은 It's time to...이나 구어체에서는 종종 이처럼 It's를 생략
하기도 함)

• (I'll) see you next year.

내년에 봐.

연말에 헤어지며 하는 인사말이다.

BOB Happy New Year!
SUE You, too! See you next year.

밥 새해 복 많이 받아!
수 너도! 내년에 보자.

• (I'll) see you (real) soon.

조만간 또 보자.

BILL By, Sue. See you.
SUE See you real soon, Bill.

빌 잘 가, 수. 또 보자.
수 조만간 또 보자, 빌.

JOHN Bye, you two.
SALLY See you soon.
JANE See you, John.

존 너희 둘 다 잘 가.
샐리 조만간 또 보자.
제인 또 보자, 존.

• (I'll) see you then.

그때 보자.

JOHN Can we meet at noon?
BILL Sure. See you then. Bye.
JOHN Bye.

존 점심시간에 볼 수 있을까?
빌 그럼. 그때 보자. 잘 가.
존 안녕.

• (I'll) see you tomorrow.

내일 봐.

대체로 일과가 같은 사람들끼리 사용하는 표현이다.

BOB   Bye, Jane.

JANE   Good night, Bob. See you tomorrow.

밥   잘 가, 제인.

제인   잘 자, 밥. 내일 보자.

• Let's get together (sometime).

언제 또 만나자.

sometime 자리에 특정한 시간을 나타내는 말을 넣을 수도 있고, sometime을 그대로 써서 '막연히 다음에'라는 의미를 나타낼 수도 있다.

BILL   Good-bye, Bob.

BOB   See you, Bill. Let's get together sometime.

빌   잘 가, 밥.

밥   안녕, 빌. 언제 또 보자.

JANE   We need to discuss this matter.

JOHN   Yes, let's get together next week.

제인   이 문제를 의논해야 해.

존   그래. 다음 주에 만나서 얘기하자.

• (I'll) talk to you soon.

조만간 다시 전화할게.

SALLY   Bye now. Talk to you soon.

JOHN   Bye now.

샐리   이만 끊을게. 조만간 다시 전화할게.

존   그래, 안녕.

BILL   Nice talking to you. Bye.

MARY   Talk to you soon. Bye.

빌   통화 즐거웠어. 안녕.

메리   조만간 다시 전화할게. 안녕.

Nice talking to you. 통화 즐거웠어. (전화를 끊을 때 쓰는 표현이지만 인터넷 채팅 시에도 쓸 수 있음)

• Later, bro.

나중에 보자, 친구. bro는 brother를 의미한다.

ANDY	Bye, Don.
DON	Later, bro.
앤디	잘 가, 돈.
돈	나중에 보자, 친구.

• You're excused.

❶ 그만 가 봐도 돼. Could I be excused?에 대한 대답이다.

BILL	(raising his hand) Can I leave the room? I have to go get my books off my bike.
TEACHER	You're excused.
BILL	Thanks.
빌	(손을 올리며) 이제 방에서 나가도 될까요? 자전거에 있는 책을 가져와야 해요.
선생님	가도 좋아.
빌	감사합니다.

raise one's hand 손을 들다 | get ... off ~ ~에서 …를 치우다

❷ (야단을 치고 나서)
그만 가 봐.

FATHER	I've heard quite enough of his nonsense, Tom. You're excused.
TOM	Sorry.
아빠	그놈이 얼마나 터무니없는 짓을 했는지는 들을 만큼 들었어, 탐. 이제 가 봐.
탐	죄송해요.

❸ (상대방의 결례에 대해)
괜찮아.

SALLY	Excuse me for being so noisy.
MOTHER	You're excused.
샐리	시끄럽게 해서 죄송해요.
엄마	용서해 줄게.

- ## Not if I see you sooner.
- ## Not if I see you first.

내가 먼저 널 보면
난 얼른 피할 거야.

I'll see you later.라는 말에 대한 농담조의 대답이다. 직역하자면 '다음번에 내가 먼저 널 발견하면 피할 거니까 날 보지 못할 것'이라는 뜻이다.

TOM	See you later.
MARY	Not if I see you sooner.
탐	나중에 보자.
메리	내가 먼저 널 보면 못 본 척해야지.

JOHN	Okay. If you want to argue, I'll just leave. See you later.
MARY	Not if I see you first.
존	좋아. 정 그렇게 주장하고 싶다면, 난 그냥 갈래. 나중에 보자.
메리	내가 먼저 널 보면 난 모른 척할 거야.

argue (어떤 문제에 대해) 논하다, 주장하다

- # Take care (of yourself).

❶ **잘 가. / 몸조심해.**

MARY	Take care.
SUE	Okay. See you later.
메리	잘 가.
수	그래. 나중에 보자.

❷ **건강 잘 돌봐서**
빨리 나아야지.

JANE	I'm sorry you're ill.
BOB	Oh, it's nothing.
JANE	Well, take care of yourself.
제인	네가 아프다니 마음이 아프다.
밥	별일 아니야.
제인	그래, 건강 조심하고 잘 지내.

It's nothing. 아무것도 아냐.. 별일 아냐.

• Take it easy.

❶ 잘 지내.

MARY	Bye-bye.
BILL	See you, Mary. Take it easy.
메리	잘 가.
빌	나중에 보자, 메리. 잘 지내.

❷ 쉬엄쉬엄해.

HENRY	Oh, I'm pooped.
ALICE	You just need a little rest and you'll feel as good as new. Just take it easy.
헨리	아, 너무 지쳤어.
앨리스	좀 쉬면 기분이 나아질 거야. 쉬엄쉬엄해.

pooped 녹초가 된 | as good as new (컨디션이) 매우 좋은

❸ 진정해.

ANDREW	I am so mad, I could blow my top!
RACHEL	Now, now. Take it easy. What's wrong?
앤드류	정말 화나서 폭발하기 일보 직전이야!
레이첼	자, 자. 진정해. 왜 그래?

blow one's top 매우 화나다, 화가 머리끝까지 치밀어 폭발하기 직전이다

• Have a good time.

즐거운 시간 보내.

BILL	I'm leaving for the party now.
FATHER	Have a good time.
빌	저 지금 파티에 가요.
아빠	즐겁게 놀다 오렴.

• Have a ball! 친밀

즐겁게 놀아!

BILL	Well, we're off to the party.
JANE	Okay. Have a ball!
빌	우리 파티에 가.
제인	그래. 재미있게 놀다 와!

- **Have a nice day.**　　　• **Have a good day.**
- **Have a good one.**

좋은 하루 보내세요.　　너무 많이 쓰는 표현이어서 별로 좋아하지 않는 사람들이 많다.

CLERK	Thank you.
TOM	Thank you.
CLERK	Have a nice day.

점원　감사합니다.
탐　감사합니다.
점원　좋은 하루 보내세요.

BOB	See you, man!
JOHN	Bye, Bob. Have a good one!

밥　야, 잘 가!
존　안녕, 밥. 좋은 하루 보내!

- **Have a good trip.**
- **Have a nice trip.**

여행 잘 다녀와.　　안전에 대한 말은 아니다. 비교 **Have a safe trip.** (275쪽)

As Sue stepped onto the plane, someone in a uniform said, "Have a nice trip."

수가 비행기 안으로 발을 들여놓자 승무원 중 한 사람이 "즐거운 여행 되세요."라고 말했다.

"Have a good trip," said Bill, waving his good-byes.

빌이 손을 흔들며 "여행 잘 다녀와."라고 말했다.

step onto a plane 비행기에 탑승하다 ｜ **someone in a uniform** 유니폼을 입은 사람. (여기서는 '승무원(flight attendant)'을 말함) ｜ **wave one's good-byes** 작별 인사로 손을 흔들다

- **Have a safe trip.**
- **Have a safe journey.**

무사히 여행하세요.

BILL   Well, we're off for London.

SALLY   Have a safe trip.

빌   이제, 우리 런던으로 떠난다.

샐리   무사히 여행하길 바라.

BILL   You're driving all the way to San Francisco?

BOB   Yes, indeed.

BILL   Well, have a safe trip.

빌   샌프란시스코까지 죽 자동차로 가는 거지?

밥   응, 그럴 거야.

빌   그럼, 조심해서 여행해.

be off for ～로 떠나다[가다] | all the way (그 길을) 죽, 내내 | indeed 정말로

- **Have a nice flight.**

즐거운 비행 되세요.   항공사 직원들이 승객들에게 사용하는 경우가 많다.

CLERK   Here's your ticket, sir. Have a nice flight.

FRED   Thanks.

직원   탑승권 여기 있습니다. 즐거운 비행 되세요.

프레드   감사합니다.

- **Be good.**

얌전하게 굴어.   떠난다고 작별 인사하는 사람에게 하는 응답으로 '잘 가, 행동 조심하고'라는 의미이다.

JANE   Well, we're off. Be back in a week.

MARY   Okay, have fun. Be good.

JANE   Do I have to?

제인   자, 우리 간다. 일주일 있다 돌아올게.

메리   그래, 재미있게 지내. 처신 똑바로 하고.

제인   꼭 그래야 하나?

• Don't be gone (too) long.

얼른 돌아와.

TOM   I've got to go to the drugstore to get some medicine.

SUE   Don't be gone too long.

TOM   I'll be right back.

탐   약국에 가서 약 좀 사 올게.

수   얼른 와.

탐   금방 올게.

"Don't be gone long," said Bill's uncle. "It's about time to eat."

빌의 삼촌은 "밥 먹을 시간 다 됐으니 얼른 돌아와라."라고 말했다.

get some medicine 약을 사다 | It's about time to ~할 시간이 다 됐다

• Adios. 친밀

안녕.

Good-bye. 스페인어에서 유래했다.

BOB   See you later, man.

BILL   Yeah, man. Adios.

밥   나중에 또 봐.

빌   그래. 잘 가.

BOB   Adios, my friend.

MARY   See you, Bob.

밥   안녕, 친구.

메리   또 보자, 밥.

• Toodle-oo.   • Ta-ta.
• Toodles.

잘 가.

FRED   Bye, you guys. See you.

SALLY   It's been. Really it has. Toodle-oo.

프레드   얘들아, 잘 가. 나중에 보자.

샐리   정말 즐거웠어, 잘 가.

MARY	See ya, bye-bye.
SUE	Ta-ta.
메리	다음에 보자. 잘 가.
수	안녕.

• Cheerio.

안녕. / 잘 있어.

주로 영국에서 사용하는 표현이다.

BOB	Bye.
TOM	Cheerio.
밥	잘 가.
탐	잘 있어.

• Ciao.   • Chow.

안녕. / 잘 있어.

이탈리아어에서 온 표현이다. Chow는 이탈리아식 철자가 아니다.

JOHN	Ciao.
MARY	Ciao, baby.
존	안녕.
메리	안녕, 자기.

"Ciao," said Mary Francine as she swept from the room.

메리 프란신은 방을 휙 나가며 "안녕."이라고 말했다.

sweep from ~에서 휙 나가다

PART 2
주제별
회화 표현

01

생각 표현하기

UNIT 1-1 생각 표현하기

• It strikes me that ~

~라는 생각이 들다

HENRY It strikes me that you are losing a little weight.

MARY Oh, I love you!

헨리 너 약간 살이 빠진 것 같아.

메리 아, 정말 고마워!

• or words to that effect

그런 취지의 말

SALLY She said that I wasn't doing my job well, or words to that effect.

JANE Well, you ought to find out exactly what she means.

SALLY I'm afraid I know.

샐리 그 여자가 내가 일을 잘 못한다나 어쩐다나 뭐 그런 얘기를 하더라고.

제인 음, 넌 그 여자가 한 말이 정확히 무슨 뜻인지 알아야 해.

샐리 유감스럽지만 무슨 뜻인지는 알아.

ought to ~해야 한다

• put two and two together

(정보를 통해) **결론을 도출하다**

Well, I put two and two together and came up with an idea of who did it.

음, 수집한 정보들을 통해서 누가 그랬는지 알아냈어.

Don't worry. John won't figure it out. He can't put two and two together.

걱정 마. 존은 알아내지 못할 거야. 그는 결론을 도출할 줄 모르거든.

Chapter 01 생각 표현하기

• (right) off the top of one's head

언뜻 생각하기로는

MARY How much do you think this car would be worth on a trade?

FRED Well, right off the top of my head, I'd say about a thousand.

메리 이 차 얼마 정도에 팔면 좋을까?

프레드 음, 언뜻 생각하기로는 천 달러 정도면 적당할 것 같은데.

• see someone as something

~을 …라고 생각하다

The manager saw the skilled employee as a godsend.

부장은 그 유능한 사원을 신이 내린 선물이라 생각했다.

John saw the new salesman as a threat to his territory.

존은 새로 온 영업 사원을 자신의 영역을 위협하는 존재로 생각했다.

skilled 숙련된, 유능한 | **godsend** (신의 선물과 같은) 뜻밖의 행운, 신이 내린 선물

• take someone/something at face value

액면 그대로 받아들이다

Don't just take her offer at face value. Think of the implications.

그 여자의 제안을 액면 그대로만 받아들이지 마. 속뜻을 잘 생각해 봐.

Jane tends to take people at face value, and so she is always getting hurt.

제인은 사람들을 보이는 그대로 믿어서 항상 마음에 상처를 입는다.

implication 내포된 의미 | **tend to** ~하는 경향이 있다 | **get hurt** 상처 입다

• (I) had it on the tip of my tongue.

입에서 맴돌기만 해.

Sorry, I know your name. I had it on the tip of my tongue.

미안해요, 당신의 이름을 알기는 하는데요. 입에서 맴돌기만 하네요.

This is called a, well, uh—had it on the tip of my tongue.

이것의 이름은, 그러니까, 어, 입에서 맴돌기만 하네요.

• jog someone's memory

기억을 되살리다

Hearing the first part of the song I'd forgotten really jogged my memory.

까맣게 잊고 있던 그 노래의 첫 부분을 듣자 기억이 되살아났다.

• keep (it) in mind that ~

~를 잊지 않다 /
~를 명심하다

BILL   When we get there, I want to take a long hot shower.

FATHER Keep it in mind that we are guests, and we have to fit in with the routines of the household.

빌   그곳에 도착하면 뜨거운 물에 오랫동안 샤워하고 싶어요.

아빠   우리가 손님이란 걸 잊지 마라. 우리가 그 집 사람들 생활 방식에 맞춰야 하는 거야.

SALLY   Keep it in mind that you don't work here anymore, and you just can't go in and out of offices like that.

FRED   I guess you're right.

샐리   넌 이제 여기 직원이 아니니까 전처럼 사무실에 마음대로 들락날락할 수 없다는 걸 명심해.

프레드 그렇군.

not ~ anymore 더 이상 ~이 아닌 | go in and out 들락날락하다

• lose one's train of thought

다 잊어버리다

ANDREW I had something important on my mind, but that telephone call made me lose my train of thought.

MARY Did it have anything to do with money, such as the money you owe me?

ANDREW I can't remember.

앤드류 중요한 것을 생각하고 있었는데, 전화 와서 다 잊어버렸어.

메리 혹시 돈과 관련된 문제 아니었니? 이를테면 나한테 빌려 간 돈이라든지 말이야.

앤드류 기억이 안 나.

have ~ on one's mind ~을 생각하다, 마음에 두다 | owe 빚지다

• ring a bell (with someone)

낯이 익다 /
들어 본 적이 있다

HANNA I don't seem to recall the name of the gentleman standing near the punch bowl. Is he one of your guests?

DON Well, his face rings a bell, but I really don't have any idea who he is.

한나 난 펀치 그릇 근처에 서 있는 남성분의 이름이 생각날 것 같지 가 않아. 당신 손님 중 한 명이야?

돈 글쎄, 얼굴이 낯익긴 하지만, 누군지는 나도 정말로 모르겠어.

Let's see. Cosmology. It rings a bell but I'm not sure what it is. Does it have anything to do with makeup?

어디 보자. 코스몰로지라. 들어 본 적은 있는 것 같은데, 그게 뭔지 잘 모 르겠어. 화장하고 무슨 관련이 있는 건가?

cosmology 우주론 (이 대화에서는 cosmology(우주론)를 cosmetics(화장품)와 연관지어 잘못 생각한 것)

• I just have this feeling.

왠지 이런 느낌이 들어.

I really don't know that something is wrong. I just have this feeling.

뭐가 잘못된 건지는 잘 모르겠지만 왠지 불길한 느낌이 들어.

I just have this feeling that she is not telling us the truth.

왠지 그 여자가 우리에게 거짓말하고 있는 것 같은 느낌이 들어.

• (just) as I expected

내가 예상했던 대로

JANE He's not here.

BOB   As I expected, he left work early again.

제인   그 사람 여기 없어.

밥   예상했던 대로, 또 일찍 퇴근했군.

leave work 퇴근하다

UNIT 1-2 ▷ 믿기 어려울 때

• I can't believe (that)!

말도 안 돼!

TOM What a terrible earthquake!
All the houses collapsed, one by one.

JANE I can't believe that!

탐 정말 끔찍한 지진이었어! 집이 모두 차례차례 무너져 버렸어.
제인 말도 안 돼!

BILL This lake is nearly two hundred feet deep.

SUE I can't believe!

BILL Take my word for it.

빌 이 호수는 수심이 거의 200피트나 돼.
수 말도 안 돼!
빌 진짜라니까.

earthquake 지진 | collapse 무너지다 | one by one 차례차례, 하나씩 | **Take my word for it.** 진짜야., 내 말 믿어.

• I don't believe it!

말도 안 돼! /
그럴 리가!

BOB Tom was just elected president of the trade association!

MARY I don't believe it!

밥 탐이 방금 무역협회 회장으로 선출되었다는군!
메리 말도 안 돼!

BOB They're going to build a Disney World in Moscow.

SALLY I don't believe it!

밥 그 사람들이 모스크바에 디즈니 월드를 세울 거래.
샐리 그럴 리가!

elect 선출하다 | trade association 무역협회

• I doubt that.

정말 그럴까?

JOHN	Fred says he can't come to work because he's sick.
JANE	I doubt that.
존	프레드가 아파서 출근을 못하겠다는군.
제인	정말일까?

• You can't expect me to believe that.
• You don't expect me to believe that.

무슨 뚱딴지 같은
소리야.

BILL	My father is running for president.
BOB	You can't expect me to believe that.
빌	우리 아버지께서 대통령 선거에 출마하신대.
밥	무슨 터무니없는 소리야.

JANE	Everyone in our family has one extra toe.
MARY	You don't expect me to believe that!
제인	우리 가족은 모두 발가락이 하나 더 있어.
메리	무슨 뚱딴지 같은 소리니!

run for (선거 등에) 출마하다 | extra 여분의

• Can you imagine?

상상이 돼?

놀라운 상황에 닥쳤을 때 사용하는 표현이다.

She wore jeans to the dance. Can you imagine?

그 여자가 댄스파티에 청바지 바람으로 갔대. 상상이 되니?

Billy was eating the houseplant! Can you imagine?

빌리가 집에서 기르는 화초를 먹고 있더라니까! 상상이 되니?

houseplant 실내 화분용 화초

• Do you expect me to believe that?

(약간 짜증 내며)
**그 말을 내가
믿을 것 같아?**

비교 You can't expect me to believe that. (287쪽)

MARY　Wow! I just got selected to be an astronaut!

SALLY　Do you expect me to believe that?

MARY　Here's the letter! Now do you believe me?

메리　와! 내가 막 우주비행사로 뽑혔어!
샐리　내가 그 말을 믿을 것 같아?
메리　이게 통지서야! 이젠 믿겠어?

get selected to ~하도록 선발되다 | astronaut 우주비행사

• Horsefeathers!

말도 안 돼!

FRED　I'm too old to walk that far.

SUE　Horsefeathers!

프레드　난 너무 늙어서 그렇게 멀리까지 걸어갈 수 없어.
수　말도 안 되는 소리 마!

• (You) could have fooled me.

전혀 몰랐는걸.

HENRY　Did you know that this land is among the most productive in the entire state?

JANE　You could have fooled me. It looks quite barren.

헨리　이 땅이 전국에서 생산성이 가장 높은 곳에 속한다는 사실 알고 있었니?
제인　전혀 안 그래 보이는걸. 너무 척박해 보이는데.

JOHN　I really do like Mary.

ANDREW　Could have fooled me.
　　　　You treat her rather badly sometimes.

존　나 정말 메리를 좋아해.
앤드류　전혀 몰랐는데. 넌 가끔 메리한테 좀 심하게 대하잖아.

productive 생산성 있는 | barren 척박한, 불모지의 | treat ~를 대하다, 취급하다 | badly 심하게

• You wouldn't be trying to kid me, would you?

나한테 거짓말하는 거 아니지, 그렇지?

BILL The history final examination was changed to yesterday. Did they tell you?

BOB You wouldn't be trying to kid me, would you?

빌 역사 기말고사가 어제로 변경됐잖아. 애들이 말 안 해 줬어?

밥 너 거짓말하는 건 아니겠지?

final examination 기말고사

• You've got to be kidding!

농담하는 거지?

BOB Sally is getting married. Did you hear?

MARY You've got to be kidding!

밥 샐리가 결혼한대. 들었니?

메리 농담하는 거지?

BILL I think I swallowed my gold tooth!

MOTHER You've got to be kidding!

빌 제 금니를 삼킨 것 같아요!

엄마 농담하는 거지?

swallow 삼키다

• Smile when you say that.

장난으로 하는 말이지?

JOHN You're a real pain in the neck.

BOB Smile when you say that!

존 너 진짜 골칫덩어리구나.

밥 너 장난으로 하는 말이지?

SUE I'm going to bop you on the head!

JOHN Smile when you say that!

수 네 머리를 한 대 때려 줄 거야!

존 너 장난으로 하는 말이지?

pain in the neck 골칫덩어리 | bop 때리다

• too good to be true

(거짓말처럼) **너무 좋은**

The news was too good to be true.

그 소식은 믿을 수 없을 만큼 반가운 소식이었다.

When I finally got a big raise, it was too good to be true.

마침내 봉급이 크게 올랐을 때 나는 너무 좋아 실감이 나지 않았다.

get a raise 임금이 인상되다

• Would you believe!

말도 안 돼!

TOM	Jane has run off and married Fred!
SALLY	Would you believe!
탐	제인이 도망 나가서 프레드랑 결혼했대!
샐리	말도 안 돼!

• You can't mean that!

그럴 리가 없어!

BILL	I hate you! I hate you! I hate you!
MARY	You can't mean that!
빌	너 정말 미워! 미워! 미워!
메리	설마 진심은 아니겠지.

SALLY	The cake burned, and there's no time to start another before the party.
MARY	You can't mean that!
샐리	케이크가 타 버렸어. 파티 시작하기 전에 새로 구울 시간이 없는데.
메리	그럴 리가!

burn 타다 | **There's no time to** ~할 시간이 없다

UNIT 1-3 사실 여부 확인하기

• No lie?

정말이야?

BILL	A plane just landed on the interstate highway outside of town!
TOM	No lie? Come on! It didn't really, did it?
BILL	It did too!
TOM	Let's go see it!

빌	비행기 한 대가 방금 마을 외곽의 주간 고속도로에 착륙했대!
탐	정말이야? 야! 거짓말이지?
빌	정말이라니깐!
탐	어디 가서 한번 보자!

land on (비행기가) ~에 착륙하다 | interstate highway 주간 고속도로

• Seriously?
• Honestly?

정말?

FATHER	I got a raise today, but higher taxes will eat up almost all of it.
MOTHER	Seriously? How can we ever expect to get ahead?

아빠	오늘 봉급이 오르긴 했는데, 세금이 많아서 오른 봉급을 전부 상쇄시켜 버렸어.
엄마	정말? 대체 우리가 앞으로 돈을 좀 모을 수 있기는 한 걸까?

Honestly? You really think you've finished this?

정말? 너 정말로 이걸 끝냈다고 생각하는 거야?

Chapter 01

생각 표현하기

• Are you leveling with me?

나한테 사실대로 털어놓고 있는 거야?

MAX   Come on, Sammy.
          You know I wouldn't kid around.

SAMMY   Are you leveling with me?

MAX   You know I am.

맥스   그러지 마, 새미. 내가 바보같이 굴지 않을 거라는 거 알잖아.
새미   너, 나한테 사실대로 털어놓고 있는 거지?
맥스   내가 그러고 있다는 거 알면서 그래.

• believe it or not

믿거나 말거나

TOM   Well, Fred really saved the day.

SUE   Believe it or not, I'm the one who saved
          the day.

탐   자, 프레드 덕에 고비를 정말 잘 넘겼구나.
수   믿든 안 믿든, 어려운 고비를 넘긴 건 내 덕이야.

BILL   How good is this one?

CLERK   This is the best one we have, believe it or
          not.

빌   이 제품이 얼마나 좋은 건가요?
점원   믿으실지 모르겠지만, 저희 가게에서 가장 좋은 제품입니다.

• Believe you me!

내 말 정말이야!

ALICE   Is it hot in that room?

FRED   It really is. Believe you me!

앨리스   저 방 덥니?
프레드   진짜 더워. 정말이야!

SUE   How do you like my cake?

JOHN   Believe you me, this is the best cake I've
          ever eaten!

수   내가 만든 케이크 맛이 어때?
존   정말이지, 내가 먹어 본 것 중에 최고야!

• Really.

❶ 맞아.

RACHEL This cake is just too dry.

MARY Really. I guess it's getting stale.

레이첼 이 케이크는 너무 팍팍해.

메리 맞아, 상해 가는 것 같아.

dry 마른, 건조한 | stale 상한, 케케묵은, 곰팡내 나는

❷ (의문형으로) 정말이야?

HENRY I'm going to join the army.

MARY Really?

HENRY Yes, I'm really going to do it.

헨리 나 군에 입대할 거야.

메리 정말?

헨리 그래, 정말 입대할 거야.

❸ (놀라며) 저런!

FRED Then I punched him in the nose.

HENRY Really!

FRED Well, I had too.

HENRY Really!

프레드 그래서 그 녀석 코를 한 대 때려 줬어.

헨리 저런!

프레드 나도 맞긴 했지만.

헨리 저런!

• I promise you!

약속할게!

비교 Trust me! (294쪽)

JOHN Things will work out, I promise you!

JANE Okay, but when?

존 잘 해결될 거야, 약속할게!

제인 그래, 근데 언제?

SUE I'll be there exactly when I said.

BOB Are you sure?

SUE I promise you, I'm telling the truth!

수 내가 말한 그 시간에 정확히 거기 있을게.

밥 정말이야?

수 약속할게, 정말이야!

Things will work out. 다 잘될 거야. (이때 work out은 '잘 풀리다', '잘 해결되다'라는 의미)

• I'm not kidding!

농담 아니야!

MARY	Those guys are all suspects in the robbery.
SUE	No! They can't be!
MARY	I'm not kidding!

메리	저 사람들 모두 강도 용의자야.
수	말도 안 돼! 그럴 사람들이 아니!
메리	농담 아니야!

suspect 용의자 | robbery 도둑질, 강도

• (My) hand to God!

하늘에 맹세해!

서약을 할 때 한 손을 들어 올리는 것과 관련이 있다.

JOHN	Is there something wrong with her?
BOB	No. I saw her standing right there on the corner with no shoes on! Hand to God!

존	그녀한테 무슨 문제라도 있는 거야?
밥	그건 아닌데, 난 그녀가 신발도 안 신고 바로 저기 모퉁이에 서 있는 것을 봤어! 하늘에 맹세코!

• Trust me!

날 믿어!

Tom said with great conviction, "Trust me! I know exactly what to do!"

탐은 "날 믿어! 무얼 해야 할지 정확히 알고 있다니까"라고 강한 확신에 차서 말했다.

MARY	Do you really think we can keep this party a secret until Thursday?
SALLY	Trust me! I know how to plan a surprise party.

메리	정말 목요일까지는 이 파티를 비밀로 할 수 있다고 생각해?
샐리	날 믿으라니까! 난 깜짝파티 준비하는 방법을 알고 있으니까.

keep ~ a secret ~을 비밀에 부치다 | surprise party 깜짝파티

- **You can take it to the bank.**
- **You can bank on it.**

믿어도 돼.

Believe me. What I am telling you is the truth. You can take it to the bank.

나를 믿어. 너한테 하고 있는 말은 사실이야. 한번 믿어 보라니까.

This information is as good as gold. Your client can bank on it.

이 정보는 아주 가치 있는 거야. 네 고객은 그걸 믿어도 돼.

- **You (just) wait (and see)!**
- **Just (you) wait (and see)!**

두고 봐!

JOHN	You'll get what you deserve! Just you wait!
JANE	Mind your own business.
존	넌 대가를 치르게 될 거야! 두고 봐!
제인	네 일이나 신경 쓰지그래.

BILL	Things will get better. Just wait!
SUE	Sure, but when?
빌	상황이 점차 나아질 거야. 두고 봐!
수	그렇겠지, 하지만 언제?

- **(You) (just) watch!**

두고 보라고!

ANDREW	You watch! You'll see I'm right.
SALLY	Sure, you are.
앤드류	두고 보라고! 내 말이 옳다는 걸 알게 될 테니.
샐리	그래, 네가 옳겠지.

BOB	Watch! This is the way it's done.
BILL	You don't know what you're doing.
BOB	Just watch!
밥	봐! 일이 이렇게 된 거야.
빌	넌 네가 무슨 짓을 하고 있는지도 몰라.
밥	두고 보라고!

• the gospel truth

진실

The witness swore he was telling the gospel truth.

목격자는 분명히 진실만을 말하겠다고 맹세했다.

I told my parents the gospel truth about how the vase broke.

나는 꽃병이 어쩌다 깨졌는지 부모님께 사실대로 말씀드렸다.

witness 목격자 | swear 맹세하다

• I don't mean maybe!

농담 아니야!

BOB	Do I have to do this?
SUE	Do it now, and I don't mean maybe!
밥	이 일 꼭 해야 돼?
수	지금 당장 해. 나 농담하는 거 아니야!

FATHER	Get this place cleaned up! And I don't mean maybe!
JOHN	All right! I'll do it!
아빠	여기 치워라! 농담 아니다!
존	알았어요! 할게요!

• I kid you not.

농담 아니야.

BILL   Whose car is this?

SALLY   It's mine. It really is. I kid you not.

빌   이거 누구 차야?

샐리   내 차야. 정말이야. 농담 아니라니까.

"I kid you not," said Tom, glowing. "I outran the whole lot of them."

"농담 아니야. 내가 저 사람들을 모두 앞질렀다니까."라고 탐이 흥분하며 말했다.

outrun 앞지르다. 초과하다

• Take my word for it.

정말이야.

BILL   Take my word for it. These are the best encyclopedias you can buy.

BOB   But I don't need any encyclopedias.

빌   제 말 믿으세요. 이게 당신이 살 수 있는 가장 좋은 백과사전입니다.

밥   하지만 전 백과사전은 필요 없어요.

RACHEL   No one can cook better than Fred. Take my word for it.

BILL   Really?

FRED   Oh, yes. It's true.

레이첼   프레드보다 요리 잘하는 사람은 없어. 정말이야.

빌   진짜?

프레드   그렇다니까. 확실해.

encyclopedia 백과사전

• be the case

사실이다

I think Bill is a vegetarian, and if that is the case, we should not serve him meat.

내 생각에 빌은 채식주의자인 것 같아. 그리고 그게 사실이라면 고기를 대접하면 안 돼.

Susie believes trees can talk, but that is not the case.

수지는 나무가 말을 할 수 있다고 믿지만 그건 사실이 아니야.

vegetarian 채식주의자

• if I ever saw one

**지금까지
내가 본 ~중에**

주로 사람과 관련하여 주장하는 바를 강조할 때 쓴다.

She's a natural-born leader if I ever saw one.

그녀는 내가 지금까지 본 사람 중에 가장 타고난 지도자야.

• or what?

그렇지?

'예', '아니오'로 대답할 수 있는 화자의 질문에 강조의 의미를 덧붙이는 표현이다. '내 말이 틀렸다면 대체 뭐겠어?'라는 의미이다.

BOB Now, is this a fine day or what?

JOHN Looks okay to me.

밥 날씨가 정말 좋지, 그렇지?

존 좋아 보이네.

TOM Look at Bill and Mary.
　　　Do they make a fine couple or what?

BOB Sure, they look great.

탐 빌이랑 메리 좀 봐. 멋진 커플이지, 그렇지?

밥 물론, 잘 어울리지.

make a fine couple 멋진 커플이다

UNIT 1-4 ▶ 좋다는 의사표시

• Don't you just love it?

(빈정거리며)
아주 괜찮지 않아?

HANNA	What a cool little computer!
IDA	Yes. Don't you just love it?

한나	참 멋진 소형 컴퓨터구나!
아이다	그래. 아주 괜찮지 않아?

DON	Yuck. It looks like it's going to rain all day again today.
ANDY	Don't you just love it?

돈	으악. 오늘도 하루 종일 비가 올 것 같네.
앤디	그래도 괜찮지 않아?

• Good enough.

좋아.

BILL	I'll be there about noon.
BOB	Good enough. I'll see you then.

빌	정오쯤 도착할 거야.
밥	좋아. 그럼 이따 봐.

• How something is that!

그거 굉장하네!

something 자리에는 cool, good, great, awesome, yummy 등을 쓸 수도 있다. 의문문이라기보다는 감탄문에 더 가까우며, 의문 부호나 감탄 부호 중 하나를 쓸 수 있다.

JOHN	Here is my new jacket. Isn't the red bright?
BOB	How cool is that?

존	여기에 내 재킷이 있어. 빨간색이 참 선명하지?
밥	참 멋지지 않아?

• (I) don't mind if I do.

나야 좋지.

SALLY   Have some more coffee?

BOB   Don't mind if I do.

샐리   커피 더 마실래?

밥   좋지.

JANE   Here are some lovely roses. Would you like to take a few blossoms with you?

JOHN   I don't mind if I do.

제인   여기 예쁜 장미꽃이 조금 있어. 몇 송이 가져갈래?

존   나야 좋지.

• (It) couldn't be better.
• (Things) couldn't be better.

더할 나위 없이 좋아.

JOHN   How are things going?

JANE   Couldn't be better.

존   어떻게 지내?

제인   더할 나위 없이 잘 지내.

BILL   I hope everything is okay with your new job.

MARY   Things couldn't be better.

빌   새 직장에서 모든 일이 다 잘 되면 좋겠다.

메리   더할 나위 없이 좋아.

• (It) suits me (fine).

안성맞춤이야.

JOHN   Is this one okay?

MARY   Suits me.

존   이거 어때?

메리   나한테 딱 좋은데.

JOHN	I'd like to sit up front where I can hear better.
MARY	Suits me fine.
존	좀 더 잘 들리는 앞자리에 앉고 싶어.
메리	좋지.

• (It) works for me. 구어

나야 좋지.

works와 me에 강세를 둔다. Does it work for you?(넌 괜찮아?)라는 질문에 대한 대답이다.

BOB	Is it okay if I sign us up for the party?
SALLY	It works for me.
밥	우리 모두 파티에 가는 거 어때?
샐리	나야 좋지.

TOM	Is Friday all right for the party?
BILL	Works for me.
BOB	It works for me, too.
탐	금요일에 파티 하는 거 괜찮을까?
빌	난 좋은데.
밥	나도 좋아.

Is it okay if ~? ~해도 괜찮아? | **sign ~ up for ...** ~가 …에 참가하도록 신청하다

• (That's) fine with[by] me.
• (That's) okay with[by] me.

**난 좋아. /
난 상관없어.**

구어체에서는 with 대신 by를 사용한다.

SUE	I'm giving away your old coat.
BOB	That's fine with me.
수	네 낡은 외투 누구 주려고.
밥	상관없어.

SALLY	Can I take twenty dollars out of your wallet?
FRED	That's okay by me—if you can find it, of course.

샐리	네 지갑에서 20달러만 꺼내가도 될까?
프레드	네가 20달러를 찾을 수만 있다면, 상관없어.

• What's not to love?

마음에 안 들 리가
있겠어?

Yes, it's a great idea. What's not to love?

응, 아주 좋은 아이디어야. 마음에 안 들 리가 있겠어?

Yeah. This is the best small car made. What's not to love?

응. 이게 만들어진 것 중 가장 좋은 소형차야. 마음에 안 들 리가 있겠어?

• (You) (just) gotta love it!

딱 좋아!

It's so cute! You just gotta love it!

그거 아주 귀엽네! 딱 좋아!

Great song. I keep singing it in my head. Gotta love it!

멋진 노래야. 난 계속 머릿속으로 따라 부르고 있어. 딱 좋아!

• Everything's coming up roses.

만사형통이야.

JANE	How are things going?
BOB	Everything's coming up roses.

제인	어떻게 지내세요?
밥	만사형통이죠.

come up roses 잘 되어 가다, 성공하다

302

• (I) couldn't ask for more.

더 이상 바랄 게 없어.

BILL   Are you happy?

SUE   Oh, Bill. I couldn't ask for more.

빌   당신 행복해?

수   오, 빌. 난 더 이상 바랄 게 없어요.

WAITER   Is everything all right?

BILL   Oh, yes, indeed. Couldn't ask for more.

웨이터   이제 다 됐나요?

빌   네, 정말이에요. 이제 더 바랄 게 없어요.

ask for 요구하다, 청하다 | Yes, indeed. 네, 정말로요.

• It's you!

너한테 딱이야!

JOHN   (trying on jacket) How does this look?

SALLY   It's you!

존   (재킷을 입어 보며) 어때?

샐리   너한테 딱이다!

SUE   I'm taking a job with the candy company.
I'll be managing a store on Maple Street.

MARY   It's you! It's you!

수   나 사탕 회사에서 일하게 됐어. 메이플 스트리트에 있는 상점을
관리하는 거야.

메리   너한테 딱 맞는 일이네! 딱 좋다!

• lucky for you

너한테는 잘된 거야

ANDREW   Lucky for you the train was delayed.
Otherwise you'd have to wait till tomorrow
morning for the next one.

FRED   That's luck, all right.
I'd hate to have to sleep in the station.

앤드류   기차가 지연된 게 너한테는 잘된 거야. 그렇지 않으면 내일
아침까지 다음 기차를 기다려야 했을걸.

프레드   그래, 정말 운이 좋았네. 역에서 자는 건 정말 싫어.

• **spare** someone something

**~가 …을 겪지 않아도
되게 하다**

원하지 않는 걸 듣거나 경험하는 것을 모면하게 하는 것을 말한다.

I'll spare you the details and get to the point.

거두절미하고 본론만 말할게.

Please, spare me the story and tell me what you want.

제발 그런 얘기는 그만두고 네가 원하는 걸 말해 봐.

the details 상세한 내용 | **get to the point** 본론으로 들어가다, 핵심을 말하다

• **Thank God for small favors.**

그나마 다행이야.

Thank God for small favors. We got here on time through no fault of our own.

그나마 다행이에요. 어쩌다 보니 우리는 제시간에 여기 도착했거든요.

• **That's more like it.**

좀 낫군.

WAITER   Here is your order, sir. Roast chicken as you requested. Sorry about the mix-up.

JOHN   That's more like it.

웨이터   주문하신 음식 나왔습니다. 원하시던 닭고기 구이입니다. 차질을 빚어 죄송합니다.

존   이제 좀 낫군요.

CLERK   Now, here's one that you might like.

SALLY   Now, that's more like it!

점원   자, 이건 마음에 드실 겁니다.

샐리   네, 좀 낫군요!

• This is it!

바로 이거야!

"This is it!" shouted the scientist, holding a test tube in the air.

과학자는 시험관을 공중으로 들어 올리며 "바로 이거야!"라고 소리쳤다.

SUE This is it! This is the book that has all the shrimp recipes.

MARY I never saw anybody get so happy about shrimp!

수 바로 이거야! 이게 온갖 새우 요리법이 담긴 책이라고.

메리 새우 때문에 이렇게 좋아하는 사람은 처음 봤네!

• turn things around

상황을 호전시키다

They've just hired a really energetic new CEO who did very well at her last post. They're hoping she can really turn things around.

그들은 이전에 맡은 일을 아주 잘 해냈던, 아주 에너지 넘치는 새 CEO를 방금 고용했다. 그들은 그녀가 정말로 상황을 호전시키기를 바라고 있다.

🎧 2-01-05

UNIT 1-5 ▶ 싫다는 의사표시

- It doesn't quite suit me.
- This doesn't quite suit me.

제가 찾는 게 아니군요. 〔비교〕 (It) suits me (fine). (300쪽)

CLERK	How do you like this one?
MARY	It doesn't quite suit me.
점원	이건 어떠세요?
메리	제가 찾는 게 아닌데요.

BOB	This doesn't quite suit me.
	Let me see something a little darker.
CLERK	How's this?
BOB	Better.
밥	이건 제가 찾는 게 아니에요. 약간 더 짙은 색으로 보여주세요.
점원	이건 어떠세요?
밥	좀 낫군요.

- (To) hell with that!

난 싫어!

MARY	I think we ought to go to the dance Friday night.
TOM	To hell with that!
메리	우리 금요일 밤에 댄스파티 가자.
탐	난 싫어!

FRED	Don't you want to drive me down to school?
JOHN	To hell with that!
프레드	나 좀 학교까지 태워다 줄래?
존	싫어!

306

• I don't love something.

난 ~이 마음에 안 들어.　누군가의 노력이 기대만큼 만족스럽지 않아 실망했음을 암시하는 표현이다.

Well, it's a nice house, but I don't love the entrance.

음, 멋진 집이기는 하지만, 출입문이 마음에 안 들어요.

I don't love this sauce on the chicken.

닭고기에 뿌린 이 소스가 마음에 안 들어요.

• That's (just) too much!

❶ 정말 못 참겠어!

BILL   I'm afraid this movie isn't what we thought it was going to be.

SUE   Did you see that? That's too much! Let's go!

빌　이 영화는 우리가 생각했던 것과는 딴판이네.

수　너도 그렇게 생각해? 너무 심하다! 가자!

❷ 진짜 재미있다!

비교 You're too much! (242쪽)

After Fred finished the joke, and Bill had stopped howling with laughter, Bill said, "That's too much! Tell a sad one for a change."

프레드가 농담을 끝내자, 한바탕 신나게 웃던 빌이 "정말 재미있다! 분위기를 바꾸는 차원에서 슬픈 얘기 하나 해 줘."라고 말했다.

When Tom stopped laughing, his sides ached and he had tears in his eyes. "Oh, that's too much!" he moaned.

탐이 웃음을 멈추었을 때는 옆구리가 쑤시고 눈물이 나올 지경이었다. 그는 "아, 진짜 재미있다!"라고 신음하듯 말했다.

• by the skin of someone's teeth

가까스로 / 간신히

HENRY   I almost didn't make it.

ANDREW What happened?

HENRY   I had to flag down a taxi.
I just made it **by the skin of my teeth**.

헨리   하마터면 제때 올 뻔했어.
앤드류 무슨 일 있었어?
헨리   손을 흔들어 택시를 세워야 했어. 택시를 가까스로 잡았거든.

"Well, Bob, you passed the test **by the skin of your teeth**," said the teacher.

"자, 밥, 넌 가까스로 시험에 통과했단다."라고 선생님께서 말씀하셨다.

• a day late and a dollar short

한발 늦은

실패에 대한 절망감을 약간 익살스럽게 표현한 것이다.

It's the story of my life. **A day late and a dollar short.**

내 인생이라는 게 그렇지 뭐. 한발 늦은 거야.

• stuck in traffic

교통 체증에 빠진 / 교통 체증으로 발이 묶인

I am sorry I am late. I was **stuck in traffic**.

늦어서 미안해. 교통 체증 때문에 옴짝달싹할 수가 없었어.

My taxi was **stuck in traffic**, and I thought I would never get to the airport on time.

내가 탄 택시가 교통 체증 때문에 꼼짝도 못해서 나는 제시간에 공항에 도착하지 못할 거라 생각했다.

on time 제시간에, 시간에 맞춰

• drinking the Kool-Aid

**비판 없이 무조건
수용하는 / 신봉하는**

약 900명의 사람들이 자발적으로 독을 탄 음료인 Flavor Aid를 마시고 사망한 1978년의 사건에서 유래되었다. 이 표현에는 더 널리 알려진 음료인 Kool-Aid 의 이름이 사용되는 경우가 아주 흔하다.

You're just drinking the Kool-Aid if you think any political party is going to level with you.

어느 정당이라도 여러분께 솔직하게 터놓고 말할 거라고 생각한다면 여러분은 비판 없이 무조건 수용하기만 하는 거예요.

• too little, too late

너무 늦은 감이 있는

참고 a day late and a dollar short (308쪽)

ANDY   Your help with the picnic was appreciated, but it was too little, too late. By the time we got there, it was raining.

HELEN   Sorry.

앤디   네가 소풍 준비를 도와준 것은 고마웠지만, 너무 늦은 감이 있었어. 우리가 도착할 무렵에는 비가 내리고 있었거든.

헬렌   미안해.

• too much, too soon

시기상조인

He really wasn't ready to lead the entire squad. He's clever, but it's too much, too soon.

실제로 그는 전 분대를 이끌 준비가 아직 덜 되었다. 그는 똑똑하기는 하지만 시기상조이다.

DAN   Should we promote him now or later?

IDA   Later, I think. Promotion would be too much, too soon.

댄   그를 지금 승진시켜야 할까 아니면 나중에 해야 할까?

아이다   나중이 좋을 것 같아. 승진은 시기상조일 거야.

• What do you expect?

대체 뭘 기대한 거야? 빈정거리며 체념조로 하는 말이다.

Yeah, the IRS will squeeze every single dollar out of you. What do you expect?

그래, 국세청은 너한테서 동전 한 푼까지 다 쥐어짜 낼 거야. 대체 뭘 기대한 거야?

What do you expect? Cats scratch people. It's in their job description.

대체 뭘 바란 거야? 고양이는 사람을 할퀴어. 그게 고양이들이 하는 일이야.

IRS 미국 국세청

02
질문하고
대답하기

UNIT 2-1 ▶ 질문하기

• (I was) just wondering.

그냥 궁금해서.

JOHN   Do you always keep your film in the refrigerator?

MARY   Yes. Why?

JOHN   I was just wondering.

존   필름을 항상 냉장고에 넣어 두니?
메리   응. 왜?
존   그냥 궁금해서.

BOB   Did this cost a lot?

SUE   I really don't think you need to know that.

BOB   Sorry. Just wondering.

밥   이거 비싸니?
수   네가 알 필요 없잖아.
밥   미안. 그냥 궁금해서.

keep A in B A를 B에 보관하다 | refrigerator 냉장고 | cost a lot 값이 비싸다

• if I might ask

여쭤 봐도 실례가 안 된다면

How old are you, if I might ask?

여쭤 봐도 실례가 안 된다면 나이가 어떻게 되세요?

If I might ask, how long have you lived here?

여쭤 봐도 실례가 안 된다면 여기서 얼마나 사셨는지요?

312

• I'm (just) dying to know.

(진짜) 알고 싶어 죽겠어. 다른 인칭으로도 쓸 수 있다.

JAN   I'm not sure if I am supposed to tell you
when Mary is leaving for New York.

ANN   Oh, please! I'm just dying to know.

젠   메리가 언제 뉴욕으로 떠나는지 네게 말해도 될지 잘 모르겠어.
앤   아, 좀! 진짜 알고 싶어 죽겠단 말이야.

I'm just dying to know what our new address will
be. I'm hoping for Paris.

우리의 새 주소가 어떻게 될지 진짜 알고 싶어 죽겠어. 나는 파리이기를
바라고 있어.

• What can I tell you?

❶ 궁금한 게 뭐야?

MARY   I would like to ask a question about the quiz
tomorrow.

BILL   What can I tell you?

MARY   The answers, if you know them.

메리   내일 볼 시험에 관해 물어볼 게 있어.
빌   궁금한 게 뭐야?
메리   혹시 알고 있으면 답 좀 가르쳐 줘.

ask a question 질문하다

**❷ 내가 무슨 말을
하겠어?**

비교 What can I say? (472쪽)

JOHN   Why on earth did you do a dumb thing like
that?

BILL   What can I tell you? I just did it, that's all.

존   대체 왜 그렇게 바보 같은 짓을 한 거야?
빌   무슨 말을 해야 할지 모르겠어. 그냥 했어, 그것뿐이야.

MARY   I'm so disappointed with you, Fred.

FRED   What can I tell you? I am too.

메리   너한테 정말 실망했어, 프레드.
프레드   무슨 말을 해야 할지 모르겠어. 나도 실망했으니까.

• (Are you) sorry you asked?

괜히 물어보셨죠?

You'll be sorry you asked. (325쪽)

FATHER How are you doing in school?

BILL I'm flunking out. Sorry you asked?

아빠 학교생활은 어떠니?

빌 낙제해서 퇴학당할 거예요. 괜히 물어보셨죠?

MOTHER You've been looking a little down lately.
Is there anything wrong?

BILL I probably have mono.
Are you sorry you asked?

엄마 너 요즘 안색이 안 좋아 보인다. 무슨 일 있니?

빌 그냥 선열이 좀 있는 거 같아요. 괜히 물어보셨죠?

flunk out 낙제하여 퇴학당하다 | **look down** 기운이 없어 보이다, 우울해 보이다 |
lately 요즘에, 최근에 | **mono** 선열(= mononucleosis)

• How do you know?

❶ 어떻게 알고 있어?

강세는 know에 있다.

BILL The train is about to pull into the station.

SUE How do you know?

BILL I hear it.

빌 좀 있으면 기차가 역에 들어올 거야.

수 어떻게 알아?

빌 기차 소리가 들려.

❷ (따지듯이)
네가 어떻게 알아?

강세는 you에 있다.

TOM Having a baby can be quite an ordeal.

MARY How do you know?

TOM I read a lot.

탐 아기를 낳는 건 참 힘든 일인 것 같아.

메리 네가 어떻게 알아?

탐 책에서 많이 읽었어.

ordeal 힘든 일

UNIT 2-2 ▶ 대답하기

• For sure. 구어

물론이지.

Certainly.

SALLY	Are you ready to go?
BOB	For sure.
SALLY	Then, let's go.

샐리	갈 준비 다 됐어?
밥	물론이지.
샐리	그럼, 가자.

JANE	Are you coming with us?
JOHN	For sure. I wouldn't miss this for the world.

제인	우리랑 같이 갈래?
존	물론이지. 이런 기회는 절대 놓칠 수 없지.

be ready to ~할 준비가 되다 | miss 놓치다, 빼먹다, 그리워하다 | for the world (부정문에서) 결코, 절대로

• Of course.

물론이지.

Certainly. / For sure.

SALLY	Are you ready to go?
BOB	Of course.
SALLY	Then, let's go.

샐리	갈 준비가 됐니?
밥	물론이지.
샐리	그럼, 어서 가자.

JANE	Are you coming with us?
JOHN	Of course. I wouldn't miss this for the world.

제인	우리랑 같이 갈래?
존	당연하지. 무슨 일이 있어도 이 기회를 놓칠 순 없어.

Chapter 02

질문하고 대답하기

"And you'll be there, of course?" asked Alice.
앨리스가 "너 당연히 거기 갈 거지?"라고 물었다.

• Absolutely!

물론이지!

MOTHER Do you want another piece of cake?

CHILD Absolutely!

엄마 케이크 한 조각 더 먹을래?

아이 물론이죠!

another piece of ∼ 한 조각 더

• Sure.

물론이지.

참고 Oh, sure (someone/something will)! (151쪽)

MARY This okay?

JANE Sure.

메리 이거 괜찮아?

제인 물론이지.

• Sure thing.

물론이지.

SUE Will you be at the reception?

BOB Sure thing.

수 피로연에 참석할 거야?

밥 물론이지.

BILL You remember my cousin, Tom, don't you?

BOB Sure thing. Hi, Tom.

빌 내 사촌 탐 기억하지?

밥 물론이지. 안녕, 탐.

• Sure as shooting!

물론이지!

Absolutely! Sure.보다 강한 표현이다.

BILL   Are you going to be there Monday night?

BOB   Sure as shooting!

빌   월요일 밤에 거기 갈 거야?

밥   물론이지!

• You bet.
• You betcha.

물론이지.

BILL   Can I take one of these apples?

BOB   You bet.

빌   이 사과 중에 하나 가져가도 될까?

밥   물론.

BILL   Do you like this movie?

TOM   You betcha.

빌   이 영화 좋아하니?

탐   물론이지.

• Okay.   • OK.   • O.K.

❶ 그래.

All right.

JOHN   Can we go now?

SUE   Okay. Let's go.

존   이제 가도 될까?

수   그래. 가자.

❷ (혼잣말로) 좋아.

현재의 상황을 받아들인다는 것을 나타낸다.

BILL   O.K., I can see the house now.

RACHEL   This must be where we turn, then.

빌   좋아, 이제 집이 보인다.

레이첼   그럼 여기서 돌아야 하겠네.

❸ (의문형으로)
그렇지? / 괜찮지?

상대방에게 현재의 상황을 받아들일지 묻는 것이다. 보통 Okay?라고 물어본다.

BILL   I'm going to turn here, okay?

RACHEL   Sure. It looks like the right place.

빌   여기서 돌면 되지, 그렇지?

레이첼   그래. 여기가 맞는 것 같아.

• Right.

맞아.

JANE   It's really hot today.

JOHN   Right.

JANE   Keeping cool?

JOHN   No way.

제인   오늘 정말 덥다!

존   맞아.

제인   시원하게 지내고 있니?

존   그럴 리가 있니.

• All right.

❶ 알았어. / 좋아.

동의나 묵인의 표시이다. 친한 사이의 대화에서는 종종 aright로 발음된다.

FATHER   Do it now, before you forget.

BILL   All right.

아빠   잊어버리기 전에 지금 그걸 해라.

빌   알았어요.

❷ 자! / 좋았어!

대개 All right!의 형태로 동의나 격려의 뜻을 나타낸다.

ALICE   Come on, let's give Sally some
           encouragement.

FRED   All right, Sally! Keep it up! You can do it!

앨리스   자, 어서, 샐리를 좀 격려해 주자.

프레드   좋아, 샐리! 계속해! 넌 할 수 있어!

"That's the way to go! All right!" shouted various
members of the audience.

"바로 그거야! 좋았어!"라고 여러 명의 관중이 소리쳤다.

• Bingo!

빙고! / 바로 그거야!   빙고 게임에서 유래한 표현이다. 빙고 게임에서는 가장 먼저 이긴 사람이 '빙고!'라고 외친다.

BILL   I've found it! Bingo!

MARY   I guess you found your contact lens?

빌   드디어 찾았어! 빙고!

메리   콘택트렌즈 찾았구나?

• Righto.

알았어.

FRED   Can you handle this project for me today?

SUE   Righto.

프레드   오늘 나 대신에 이 프로젝트 좀 처리해 줄래?

수   알았어.

handle 처리하다, 다루다

• Roger (wilco).

알았어.   항공기 무전 통신에서 유래한 표현이다. wilco는 '지시대로 하겠습니다.'라는 뜻이다.

JOHN   Can you do this right now?

BOB   Roger.

존   지금 당장 이것 좀 해 줄 수 있어?

밥   그러지.

MARY   I want you to take this over to the mayor's office.

BILL   Roger wilco.

메리   이것 좀 시장님 사무실에 갖다 주시면 좋겠는데요.

빌   알겠습니다.

> - **Same to you.**
> - **You too.**
>
> - **Same to ya.**
> - **Right back at you.**

❶ (대답으로)
너도.

CLERK Have a nice day.
SALLY The same to you.

점원 좋은 하루 보내세요.
샐리 당신도요.

BOB I hope things work out for you.
Happy New Year!
BILL Same to you. Bye-bye.

밥 네가 하는 일이 다 잘 되길 바라. 새해 복 많이 받아!
빌 너도. 안녕.

BOB Merry Christmas, Fred.
FRED Right back at you, Bob.

밥 즐거운 크리스마스 보내, 프레드.
프레드 너도, 밥.

work out (일·상황 등이) 잘 풀리다. 잘되다

❷ (비난을 듣고)
너도 마찬가지야.

구어 표현으로 to에 강세를 준다.

TOM You're such a pest!
BILL Same to ya!

탐 넌 정말 벌레만도 못한 놈이야!
빌 너야말로!

JOHN Hey, Matt! You really stunk in your last gig!
MATT Right back at you, amateur!

존 어이, 매트! 마지막 공연은 정말로 구렸어!
매트 너야 말로다, 이 아마추어 같은 인간아!

pest 골칫거리. 해충

• So do I.

나도.

MARY	I want some more cake.
SALLY	So do I.
메리	케이크 더 먹고 싶다.
샐리	나도.

• So be it.

(어쩔 수 없이)
그렇다면 알겠어.

JOHN	I really want you to complete this list of things even if you have to work through the night.
BOB	So be it. But you had better pay me well.
존	설령 자네가 밤새워 일을 해야 한다고 할지라도 나는 자네가 이 업무 목록에 있는 것들을 꼭 마무리해 주었으면 하네.
밥	그렇다면 좋습니다. 하지만 제게 봉급은 후하게 지불하시는 편이 좋겠습니다.

If that is the way you want us to remember you, so be it. But you shouldn't burn your bridges behind you.

만약 우리가 너를 그렇게 기억해 주기를 원하는 거라면 좋아. 하지만 돌이켜 달라고 하면 안 돼.

• Yes siree(, Bob)!

좋지!

Absolutely! / Without a doubt! 반드시 어떤 특정한 남자나 밥이라는 이름을 가진 사람이 대상인 것은 아니다.

MARY	Do you want some more cake?
TOM	Yes siree, Bob!
메리	케이크 더 먹을래?
탐	좋지!

"That was a fine turkey dinner. Yes siree!" said Uncle Henry.

헨리 아저씨는 "칠면조 요리가 정말 일품인 저녁 식사였어. 두말할 필요가 없지!"라고 말했다.

• Yup. 구어 친밀

넵.

아이가 어른에게 사용하는 경우에는 무례하거나 버릇없이 들릴 수 있다.

BILL	Want some more?
TOM	Yup.
빌	더 먹을래?
탐	넵.

• By all means.

아무렴.

JOHN	Will you help me with this?
BOB	By all means.
존	내가 이 일을 하는 것 좀 도와주겠니?
밥	아무렴.

• Check.

좋았어. / 맞아. / 알았어.

SUE	Is the coffee ready yet?
JOHN	Check.
수	이제 커피 준비됐니?
존	맞아.

MARY	Let's go over the list. Flashlight?
JOHN	Check.
MARY	Band-Aids?
JOHN	Check.
MARY	Great!
메리	목록을 확인해 보자. 손전등?
존	있어.
메리	반창고는?
존	있어.
메리	좋아!

go over 점검하다, 확인하다 | **flashlight** 손전등 | **Band-Aid** 반창고

322

• Don't ask.

**물어보지도 마. /
말도 마.**

JOHN   How was your class reunion?

ALICE   Oh, heavens! Don't ask.

존   동창회 어땠어?

앨리스   아, 세상에! 묻지도 마.

TOM   What was your calculus final exam like?

MARY   Don't ask.

탐   미적분학 기말시험 어떻게 됐어?

메리   말도 마.

• (It) doesn't hurt to ask.
• (It) never hurts to ask.

그냥 한번 물어본 거야. 부정적인 대답이 나올 것이 뻔한 경우에도 쓸 수 있다.

JOHN   Can I take some of these papers home with me?

JANE   No, you can't. You know that.

JOHN   Well, it doesn't hurt to ask.

존   이 서류 중 일부를 집으로 가져가도 될까요?

제인   아니, 안 되지. 자네도 알잖아.

존   그냥 한번 물어본 거죠.

SUE   Can I have two of these?

SALLY   Certainly not!

SUE   Well, it never hurts to ask.

SALLY   Well, it just may!

수   이 중에 두 개 가져도 돼?

샐리   절대 안 돼!

수   그냥 한번 물어나 본 거야.

샐리   그래, 그럴 수도 있겠지!

papers 서류, 보고서

Chapter 02

질문하고 대답하기

• Sorry (that) I asked.

물어본 내가 잘못이지.

ALICE Can we get a new car soon?
The old one is a wreck.

JOHN Are you kidding? There's no way we could ever afford a new car!

ALICE Sorry I asked.

앨리스 우리 조만간 새 차를 살 수 있을까? 지금 차는 고물이잖아.
존 농담하니? 우리가 지금 새 차 살 여유가 어디 있어!
앨리스 물어본 내가 잘못이지.

After he heard the long list of all the reasons he wouldn't be allowed to go to the concert, Fred just shrugged and said, "Sorry that I asked."

그 애가 콘서트에 갈 수 없는 이유를 구구절절 늘어놓는 걸 듣고 프레드는 그저 어깨를 으쓱하며 "물어본 내가 잘못이지."라고 말했다.

wreck 다 망가져서 고물이 다 된 물건 (여기서는 '고물차'라는 의미) | There's no way (that)... (도저히) ~할 방법이 없다 | shrug (양 손바닥을 내보이며) 어깨를 으쓱하다

• field questions

질문에 답하다

특히 기자들이 묻는 일련의 질문에 대답하는 것을 말한다.

The president's press agents field questions from the newspaper.

대통령 공보 담당관들은 신문기자들의 질문에 대답한다.

president's press agent 대통령 공보 담당관

• That's about the size of it.

바로 그거야.

BOB We only have grocery money left in the bank.

SALLY That means that there isn't enough money for us to go to Jamaica?

BOB That's about the size of it.

밥 이제 통장에 식비밖에 안 남았어.
샐리 그럼 자메이카에 갈 돈이 없다는 말이네?
밥 바로 그거야.

BOB I'm supposed to take this bill to the county clerk's office and pay them four hundred dollars?

SALLY That's about the size of it.

밥 이 청구서를 군청에 가지고 가서 400달러를 내야 하는 거야?

샐리 바로 그거야.

• You'll be sorry you asked.

괜히 물어봤다고
후회할걸.

비교 (Are you) sorry you asked? (314쪽)

FATHER What are your grades going to be like this semester?

SALLY You'll be sorry you asked.

아빠 이번 학기 성적은 어떨 것 같니?

샐리 물어보신 거 후회하실걸요.

• I guess not.　　• I expect not.
• I suppose not.　• (I) 'spose not.
• I suspect not.　• I think not.
• (I) don't think so.

아닐 것 같아.

no보다 정중하고 부드러운 부정 표현이다. 보통 suppose는 'spose로, expect와 suspect를 'spect로 줄여 말하기도 한다. 아포스트로피(')를 항상 사용하는 것은 아니다.

BILL It's almost too late to go to the movie. Shall we try anyway?

MARY I guess not.

빌 영화 보러 가긴 너무 늦었네. 그래도 가 볼까?

메리 가지 않는 게 나을 것 같아.

TOM Will it rain?

MARY I 'spect not.

탐 비가 올까?

메리 안 올 것 같아.

anyway 어쨌든

• I doubt it.

그럴 것 같지 않아.

TOM   Think it will rain today?

SUE   I doubt it.

탐   오늘 비가 올 것 같니?

수   그럴 것 같진 않은데.

• (I'm) afraid not.
• 'Fraid not.

유감이지만 그건 안 돼.   아포스트로피(')를 항상 사용하는 것은 아니다.

RACHEL   Can I expect any help with this problem?

HENRY   I'm afraid not.

레이첼   이 문제 푸는 걸 좀 도와줄 수 있니?

헨리   미안하지만 안 되는데.

ANDREW   Will you be there when I get there?

BILL   Afraid not.

앤드류   내가 가면 너도 올 거야?

빌   미안하지만 난 못 가.

• (I'm) afraid so.
• 'Fraid so.

유감스럽지만 그래.   아포스트로피(')를 항상 사용하는 것은 아니다.

ALICE   Do you have to go?

JOHN   Afraid so.

앨리스   가야 해?

존   미안하지만 가야 해.

RACHEL   Can I expect some difficulty with Mr. Franklin?

BOB   I'm afraid so.

레이첼   프랭클린 씨와 일하기가 어려울까?

밥   유감스럽지만 그럴걸.

• (I'm) sorry you asked (that).

(그건) **묻지 않았다면 좋았을 텐데.**

TOM What on earth is this hole in your suit jacket?

BILL I'm sorry you asked. I was feeding a squirrel and it bit through my pocket where the food was.

탐 네 양복 재킷에 난 이 구멍은 대체 뭐야?

빌 안 물어봤으면 했는데. 다람쥐 먹이 주는데 녀석이 먹이가 들어 있는 내 재킷을 물어뜯었어.

SALLY Why is there only canned soup in the cupboard?

JOHN Sorry you asked that. We're broke. We have no money for food.

SALLY Want some soup?

샐리 찬장에 왜 수프 통조림밖에 없니?

존 안 물어봤으면 했는데. 우리 빈털터리야. 음식 살 돈이 없어.

샐리 수프 좀 사다 줄까?

on earth 도대체 | hole 구멍 | squirrel 다람쥐 | bite 물다, 물어뜯다 | canned soup 수프 통조림 | cupboard 찬장 | be broke 파산하다

• No way!

절대 안 돼!

Absolutely not!

BILL Will you take my calculus test for me?

BOB No way!

빌 나 대신 미적분 시험 좀 봐 주지 않을래?

밥 절대 안 돼!

BOB You don't want any more sweet potatoes, do you?

JANE No way!

밥 이제 더 이상 고구마는 먹기 싫다 이거지?

제인 절대 안 먹어!

take one's test 시험을 치르다 | calculus 미적분학

- ## Not in a thousand years!
- ## Never in a thousand years!

절대 안 돼!

JOHN Will you ever approve of her marriage to Tom?

SUE No, not in a thousand years!

존 그 애가 탐하고 결혼하는 거 허락할 거야?

수 아니, 절대 안 되지!

MARY Will all this trouble ever subside?

JOHN Never in a thousand years!

메리 이 문제가 모두 잠잠해질까?

존 절대 그럴 리 없을걸!

approve of ~을 허락하다, 인정하다 | marriage to ~와의 결혼 | subside (사태가) 잠잠해지다, 가라앉다

- ## Not on your life!

절대 안 돼!

Absolutely not!

SUE I was cheated out of fifty dollars.
Do you think I need to see a lawyer?

JOHN Not on your life! You'll pay more than that to walk through a lawyer's door.

수 50달러를 사기당했어. 변호사를 만나 봐야 할까?

존 그건 안 돼! 변호사 사무실에 발을 들여놓는 순간 배보다 배꼽이 더 커질걸.

be cheated out of ~을 사기당하다 | see a lawyer 변호사에게 의뢰하다 | walk through a lawyer's door 변호사 사무실에 걸어 들어가다 '(변호사에게 일을 맡기다'라는 말을 비유적으로 표현한 것)

- ## Neither do I.

나도 아니야.

BILL No matter what they do to them, I just don't like sweet potatoes!

BOB Neither do I.

빌 고구마를 어떻게 지지고 볶든 난 고구마가 정말 싫어!

밥 나도 그래.

• Nope. 구어

아니.

Yup!의 반대 표현이다.

BOB	Tired?
BILL	Nope.
밥	피곤하니?
빌	아니.

BILL	Are you sorry you asked about it?
MARY	Nope.
빌	그거 물어본 거 후회하니?
메리	아니.

• No way, Jose! 속어

싫어!

No!의 어감을 보다 강조한 형태이다. Jose의 첫 자음은 H로 발음한다.

BOB	Can I borrow a hundred bucks?
BILL	No way, Jose!
밥	100달러만 빌려 줄래?
빌	싫어!

buck 달러(= dollar)

• Not always.

늘 그런 건 아니야.

JOHN	Do you come here every day?
JANE	No, not always.
존	여기 매일 오니?
제인	아니, 매일 오는 건 아니야.

JOHN	Do you find that this condition usually clears up by itself?
DOCTOR	Not always.
존	이런 증상은 보통 저절로 나을까요?
의사	항상 낫는 건 아닙니다.

• Not anymore.

이제는 그렇지 않아.

MARY   This cup of coffee you asked me to bring you looks cold. Do you still want it?

SALLY   Not anymore.

메리   네가 나한테 가져다 달라고 부탁한 이 커피가 좀 식은 것 같아. 아직도 마시고 싶니?

샐리   이젠 마시고 싶지 않아.

TOM   Do the Wilsons live on Maple Street?

BOB   Not anymore.

탐   윌슨 씨 가족들은 아직도 메이플 가에 사니?

밥   이젠 아니야.

03

가능과 능력 표현하기

🎧 2-03-01

UNIT 3-1 ▶ 단정의 표현

- (I) can't say (that/as) I have. 구어 친밀
- I('ll) bet.

그랬다고는 할 수 없지. /
아니라고 봐야겠지.

'어떤 일을 해 봤느냐', '어디에 가 본 적이 있느냐'와 같은 질문에 대한 모호한 대답으로, 공손하게 부정적인 의미를 표현하는 말이다. say as와 say's는 표준 영어가 아니다.

BILL Have you ever been to a real opera?

BOB I can't say as I have.

빌 너 실제로 오페라 공연 보러 간 적 있니?

밥 아니라고 해야겠지.

MARY Well, have you thought about going with me to Fairbanks?

FRED I can't say I have, actually.

메리 자, 나랑 페어뱅크스에 가는 거 생각해 봤니?

프레드 사실, 생각해 보지 않았다고 봐야겠지.

- no doubt

틀림없이

SUE Mary is giving this party for herself?

RACHEL Yes. She'll expect us to bring gifts, no doubt.

수 메리가 자기를 위해서 이 파티를 연대?

레이첼 응, 틀림없이 우리가 선물을 가져오길 기대하고 있을걸.

MARY All this talk about war has my cousin very worried.

SUE No doubt. At his age, I don't wonder.

메리 이런 전쟁 얘기를 들으면 내 사촌 동생은 무척 불안해 해.

수 분명 그렇겠지. 그 나이 땐 당연한 거야.

332

• (There is) no doubt about it.

정말 그래.

JANE	It's really cold today.
FRED	No doubt about it!

제인	오늘 진짜 춥다.
프레드	정말 그래!

SUE	Things seem to be getting more and more expensive.
TOM	There's no doubt about that. Look at the price of oranges!

수	물가가 계속 오를 것 같아.
탐	정말 그래! 오렌지 가격 좀 봐!

• without a doubt

틀림없이

JOHN	This cheese is as hard as a rock. It must have been in the fridge for weeks.
FRED	It's spoiled. Without a doubt.

존	이 치즈가 돌덩이처럼 딱딱하네. 냉장고에 몇 주일은 족히 있었겠군.
프레드	상했을 거야. 틀림없어.

must have p.p. ~였던 게 분명하다 | fridge 냉장고 | spoiled (음식이) 상한

• Don't be too sure.

너무 단정 짓지 마.

비교 Don't speak too soon. (336쪽)

BILL	I think I've finally saved up enough money to retire.
JOHN	Don't be too sure. Inflation can ruin your savings.

빌	이제 퇴직해도 될 만큼 돈을 모은 것 같아.
존	너무 단정하지 마. 인플레이션으로 저축한 돈 가치가 떨어질 수도 있어.

save up (돈을) 모으다, 저축하다 | retire 퇴직하다 | ruin 못쓰게 만들다

• (I) can't rightly say. 구어 친밀

잘 모르겠는데. /
글쎄.

FRED   When do you think we'll get there?

BILL   Can't rightly say.

프레드   우리 언제쯤 거기 도착할까?

빌   글쎄.

BOB   Okay, how does this look to you?

BILL   I can't rightly say.

    I've never seen anything like it before.

밥   좋아, 이거 네가 보기엔 어때?

빌   잘 모르겠어. 그런 건 한 번도 본 적이 없어서.

• (I) can't say for sure.

확실히 모르겠는데.

TOM   When will the next train come through?

JANE   I can't say for sure.

탐   다음 열차가 언제 올까?

제인   확실히는 모르겠어.

BOB   How can the driver hit so many potholes?

BILL   Can't say for sure.

    I know he doesn't see too well, though.

밥   그 운전자는 어떻게 툭하면 웅덩이에 빠질 수 있지?

빌   확실히는 모르겠지만, 그 남자 시력이 좋지 않은가 봐.

come through (기차 등이) 도착하다 | pothole (도로·보도 따위의) 웅덩이 | though 그러나, 하지만

UNIT 3-2 ▶ 가능성 표현하기

• (as) like(ly) as not

가능성이 반반인

Like as not, John will not be here for the meeting.

가능성이 반반이기는 하지만 존은 회의 때 여기 오지 않을 거예요.

JOHN Do you think she'll be on time?

BOB As likely as not, because she has to stop by the candy store.

존 그녀가 제시간에 올 거라고 생각해?

밥 그녀가 사탕가게에 들러야 하기 때문에 가능성은 반반이야.

• by chance

우연히

I found this book by chance at a book sale.

도서 할인 판매 할 때 우연히 이 책을 발견했어.

We met by chance in a class in college.

우리는 대학 수업에서 우연히 만났어.

find 찾아내다, 발견하다 | book sale 도서 할인 판매

• Can do.

난 할 수 있어.

I can do it. 반대말은 No can do.

BOB Can you get this pack of papers over to the lawyer's office by noon?

BILL Can do. I'm leaving now. Bye.

밥 이 서류들, 변호사 사무실에 정오까지 전해 줄 수 있겠어요?

빌 할 수 있어요. 지금 바로 출발하죠. 다녀오겠습니다.

a pack of papers 서류 다발[뭉치] | get ~ over to … ~을 …에(게) 갖다 주다[전해 주다]

• Don't bet on it!

기대도 하지 마!

| JOHN | I expect to see you at the office bright and early tomorrow morning. |
| BOB | Don't bet on it! Tomorrow is Sunday. |

| 존 | 내일 아침 날 밝자마자 일찍 회사에서 자네를 보게 되길 기대하겠네. |
| 밥 | 기대도 하지 마세요! 내일은 일요일이에요. |

• Don't speak too soon.

속단하지 마.

비교 Don't be too sure. (333쪽)

| BILL | It looks like it'll be a nice day. |
| MARY | Don't speak too soon. I just felt a raindrop. |

| 빌 | 날씨가 좋을 것 같아. |
| 메리 | 속단하지 마. 방금 빗방울 맞았어. |

raindrop 빗방울

• (Don't) you wish!

꿈 깨시지!

| MARY | I'm going to get a job that lets me travel a lot. |
| SALLY | Don't you wish! |

| 메리 | 난 여행을 많이 다니는 직업을 구할 거야. |
| 샐리 | 꿈 깨셔! |

• Dream on.

꿈도 야무지네.

You want to get promoted to general manager? Dream on.

총지배인으로 승진하고 싶다고? 꿈도 야무지네.

You, an opera singer? Dream on.

네가 오페라 가수가 된다고? 꿈도 야무지네.

• everything humanly possible

인력으로 가능한 모든 것 The rescuers did everything humanly possible to find the lost campers.

구조원들은 실종된 야영객들을 찾기 위해 인력으로 할 수 있는 모든 일을 했다.

The doctor tried everything humanly possible to save the patient.

그 의사는 환자를 살리기 위해 인력으로 할 수 있는 모든 일을 했다.

• fat chance

가망이 없다 /
(감탄문으로)
그럴 리가 없다

Fat chance he has of getting the promotion.

그가 승진할 가능성은 희박해.

You think she'll lend you the money? Fat chance!

그 여자가 너한테 돈을 빌려줄 것 같니? 그런 일은 절대 없을걸!

• for what it's worth

(잘은 모르겠지만) **일단은**

어떤 정보가 유용할 수도 혹은 그렇지 않을 수도 있다는 뜻을 내비칠 때 덧붙이는 표현이다.

MARY	What do you think about it, Fred?
FRED	Well, let me tell you something, for what it's worth.

메리 프레드, 그거 어떻게 생각해?
프레드 글쎄, 일단 얘기를 좀 해 주지.

JOHN	For what it's worth, you're doing great!
SUE	Thanks! It's worth a lot!

존 잘은 모르지만 일단은 아주 잘 하고 있어!
수 고마워! 꽤 해 볼 만하네!

It's worth. 할 만하다.

- **go** someone **one better**
- **do** someone **one better**

~보다 잘하다

That is quite an experience, but I can go you one better.

그건 아주 좋은 경험이지만, 난 너보다 더 잘할 수 있어.

| JOHN | Who could possibly throw the ball farther than I did? |
| BOB | I think I can do you one better. |

| 존 | 누가 나보다 공을 멀리 던질 수 있겠어? |
| 밥 | 내가 너보다 잘할 수 있을 것 같아. |

God willing.

별일 없으면.

| JOHN | Please try to be on time. |
| ALICE | I'll be there on time, God willing. |

| 존 | 제발 제시간에 좀 오도록 해. |
| 앨리스 | 별일 없으면 제시간에 갈게. |

(I) can too.

난 할 수 있어.

(You) can't!에 대한 대답이다.

SUE	I'm going to the party.
MOTHER	You can't.
SUE	I can too.
MOTHER	Cannot!
SUE	Can too!

수	파티에 갈 거예요!
엄마	못 가.
수	갈 수 있어요.
엄마	못 간다니까!
수	갈 수 있어요!

- **(I) can't say (that) I do.**
- **(I) can't say (as) I do.**

꼭 그렇다고 할 수는 없어.

어떤 일이나 사람을 기억하는지, 알고 있는지, 좋아하는지 등을 물었을 때 공손하게 부정적인 의미를 표현하는 대답이다. say as와 say's는 표준 영어가 아니다.

JANE	You remember Fred, don't you?
JOHN	**Can't say as I do.**
제인	프레드 기억하지?
존	글쎄, 꼭 그렇다고 할 수는 없어.

BOB	This is a fine looking car. Do you like it?
BILL	**I can't say I do.**
밥	이 차 정말 멋지다! 너도 맘에 드니?
빌	꼭 그렇다고 할 수는 없어.

- **I guess.**
- **I suppose.**
- **I expect.**
- **I suspect.**

❶ 그런 것 같아.

추측을 나타낸다. 흔히 suppose는 'spose로, expect와 suspect는 'spect로 줄여 말하기도 한다. 아포스트로피(')를 항상 사용하는 것은 아니다.

BOB	**I guess** it's going to rain.
BILL	Oh, I don't know. Maybe so, maybe not.
밥	비가 올 것 같군.
빌	글쎄, 난 잘 모르겠어. 올 수도 있고 안 올 수도 있겠지.

ALICE	**I expect** you'll be wanting to leave pretty soon.
JOHN	Why? It's early yet.
앨리스	내가 보기에는 곧 가는 게 좋겠는데.
존	내가 왜? 아직 이른걸.

❷ 그런 것 같기도 해.

막연한 긍정을 나타낸다.

JOHN	You want some more coffee?
JANE	**I 'spose.**
존	커피 좀 더 마실래?
제인	그럴까?

ALICE	Ready to go?
JOHN	I 'spect.
앨리스	갈 준비 다 됐어?
존	그런 것 같아.

• (I) wonder if ~

~인지 궁금하다

HENRY	I wonder if I could have another piece of cake.
SUE	Sure. Help yourself.
헨리	케이크 한 조각 더 먹어도 될까?
수	물론이지. 마음껏 먹어.

ANDREW	Wonder if it's stopped raining yet.
RACHEL	Why don't you look out the window?
앤드류	이제 비가 그쳤는지 궁금하네.
레이첼	창문을 내다보면 되잖아?

• (I) wouldn't bet on it.
• (I) wouldn't count on it.

설마 그럴 리가 있겠어. it 대신에 that을 쓰거나, 구체적으로 벌어진 상황을 언급할 수도 있다.

JOHN	I'll be a vice president in a year or two.
MARY	I wouldn't bet on that.
존	난 1~2년 안에 부사장이 될 거야.
메리	설마 그럴 수 있겠어?

JOHN	I'll pick up a turkey on the day before Thanksgiving.
MARY	Did you order one ahead of time?
JOHN	No.
MARY	Then I wouldn't count on it.
존	추수감사절 전날 칠면조를 살 거야.
메리	미리 주문했어?
존	아니.
메리	그렇다면 아마 못 살걸.

• It'll never fly!
• It'll never work!

아무 소용 없을 거야!

ANDY I built this contraption to help me gather up lawn clippings. What do you think of it?

FATHER It'll never fly!

앤디 깎여 나간 잔디를 주워 모으는 것을 도와줄 만한 기계를 만들어 봤어요. 어떻게 생각하세요?

아빠 아무 소용 없을 거다!

It seems like a great idea when you first think about it, but in the long run, it'll never work.

당신이 처음 그것에 대한 생각을 할 때는 아주 좋은 생각처럼 보이겠지만 결국에는 아무 소용 없을 거예요.

• (It's) out of the question.

절대 안 돼.

공손하지만 매우 단호한 부정의 표현이다.

JANE I think we should buy a watchdog.

JOHN Out of the question.

제인 경비견 한 마리를 사야 할 것 같아.

존 절대 안 돼.

JOHN Can we go to the mountains for a vacation this year?

JANE It's out of the question.

존 이번 휴가 때 산에 갈 수 있을까?

제인 불가능해.

• Not a chance!

그런 일은 없을걸!

(There is) no chance.가 변형된 표현이다.

SALLY Do you think our team will win today?

MARY Not a chance!

샐리 오늘 우리 팀이 이길 것 같니?

메리 그런 일은 없을걸!

• No such luck.

그렇게 운 좋은 일이
일어날 리가 없지.

JOHN Well, I guess that by now you should have
completed your degree and are gainfully
employed.

BOB No such luck.

존 그러니까. 난 지금쯤이면 네가 학위를 받고 돈 잘 버는 곳에 취
직했을 줄 알았지.

밥 그렇게 운 좋은 일이 일어날 리가 없지.

• Not likely.

아닐걸.

MARY Is it possible that you'll be able to fix this
watch?

SUE Not likely, but we can always try.

메리 너 이 손목시계 고칠 수 있어?

수 아마 못 고칠걸. 하지만 언제나 노력은 해 봐야지.

• (There is) no chance.

어림없어.

BILL No chance you can lend me a few bucks,
is there?

ALICE Nope. No chance.

빌 네가 나한테 돈을 빌려줄 리는 없겠지?

앨리스 그럼. 어림없지.

• When pigs can fly.

그럴 일은 없어. /
절대 안 돼!

빈정거리는 표현이다.

JOHN When are you going to get this television
mounted on the wall?

BOB When pigs can fly! It's just too heavy.

존 언제 이 텔레비전을 벽에 달아놓을 거야?

밥 그럴 일은 없어! 그건 너무 무거워.

- **Yeah, sure.**

(빈정거리며)
네, 그러시겠죠.

| JOHN | I know we can count on you to be here on time and work diligently until the end of the day. |
| BOB | Yeah, sure. |

존 자네는 제시간에 나와서 오늘 마감 시간까지 부지런히 일할 신뢰할 만한 사람이지. 우리도 알고 있어.

밥 네, 그러시겠죠.

- **You bet your (sweet) life!** 구어 친밀
- **You bet your boots!**
- **You bet your life!**
- **You bet your (sweet) bippy.**

당연하지!

| MARY | Will I need a coat today? |
| BILL | You bet your sweet life! It's colder than an iceberg out there. |

메리 오늘 코트를 입어야 할까?

빌 당연하지! 밖은 얼어 죽을 정도로 추워.

| BILL | Will you be at the game Saturday? |
| TOM | You bet your boots! |

빌 토요일 시합에 참가할 거야?

탐 당연하지!

iceberg 빙산 | be at ~에 가다[참석하다]

- **(You) can't fight city hall.**

행정 기관을 상대로 싸워 봤자지.

| BILL | I guess I'll go ahead and pay the tax bill. |
| BOB | Might as well. You can't fight city hall. |

빌 지금 바로 가서 세금을 내야겠다.

밥 잘 생각했어. 행정 기관을 상대로 싸워 봤자 너만 손해지.

Chapter 03

기능과 느낌 표현하기

MARY	How did things go at your meeting with the zoning board?
SALLY	I gave up. Can't fight city hall. Better things to do.

메리	구획 조정 위원회와 가진 회의는 어땠니?
셀리	포기했어. 행정 기관을 상대로 싸워 봤자지. 하라는 대로 하는 수밖에.

tax bill 세금 고지서 | Might as well. 그러는 편이 나아., 잘 생각했어. | **Better things to do.** (괜한 시간 낭비 말고) 하는 게 나아.

• You couldn't (do that)!
• You wouldn't (do that)!

그렇게는 못할걸!

BILL	I'm going to run away from home!
JANE	You couldn't!

빌	나 집 나갈 거야!
제인	그렇게는 못할걸!

BILL	I get so mad at my brother, I could just strangle him.
TOM	You couldn't do that!

빌	남동생 때문에 정말 미치겠어, 목 졸라 죽이고 싶을 지경이야.
탐	그렇게는 못할걸!

• You'll never get away with it.

그런 짓이 제대로 될 리가 없어.

BILL	I have a plan to cheat on the exam.
MARY	You'll never get away with it.

빌	시험 볼 때 커닝할 계획이야.
메리	그런 부정행위는 절대 성공 못할걸.

JANE	I think I can trick everybody into walking out on the performance.
MARY	That's awful. You'll never get away with it.

제인	사람들을 전부 속여서 공연을 보지 않고 밖으로 나가게 할 수 있을 것 같아.
메리	끔찍하다. 야, 그런 짓이 제대로 될 리가 없어.

cheat (시험에서) 커닝하다, ~를 속이다 | trick ~ into … ~을 속여서 …하게 하다

UNIT 3-3 ▶ 능력 표현하기

- **(I) can't beat that.**
- **(I) can't top that.**

난 못 따라갈 것 같아.

HENRY That was really great. I can't beat that.

RACHEL Yes, that was really good.

헨리　　정말 대단했지. 난 발끝도 못 따라갈 것 같더라.

레이첼　그래, 정말 대단했어.

"What a great joke! I can't top that," said Kate, still laughing.

케이트는 여전히 웃으면서 "그 얘기 진짜 웃긴다! 난 흉내도 못 내겠어."라고 말했다.

- **No can do.**

못하겠어.

I cannot do it. Can do.의 반대 표현이다.

BOB Can you do this now?

SALLY Sorry. No can do.

밥　　지금 이거 할 수 있니?

샐리　미안하지만 못해.

FRED Will you be able to fix this, or do I have to buy a new one?

ALICE No can do. You'll have to buy one.

프레드　너 이거 고칠 수 있니, 아니면 새로 하나 사야 할까?

앨리스　못해. 새 걸로 하나 사야지.

Chapter 03 가능과 능력 표현하기

• Neither can I.

나도 못해.

JOHN	Let's go. I cannot tolerate the smoke in here.
JANE	Neither can I.

존   나가자. 여기에서 나는 연기 못 참겠다.
제인   나도 못 참겠어.

• (You) can't.
• (You) cannot!

넌 못해!

(You) cannot.은 (I) can too.에 대한 전형적인 대답 표현이다.

BILL	Don't tell me I can't, because I can!
BOB	Cannot!
BILL	Can too!

빌   내가 못할 거라고 하지 마. 왜냐하면 난 할 수 있으니까!
밥   넌 못해!
빌   나도 할 수 있어!

TOM	I want to go to the rock concert. Bill can go and so can I, can't I?
MOTHER	No, you can't!

탐   록 콘서트에 가고 싶어요. 빌도 가니까 저도 갈 수 있죠, 그렇죠?
엄마   안 돼, 넌 못 가!

• (I) would if I could(, but I can't).

할 수 있으면 하지.

JANE	Can't you fix this yourself?
JOHN	I would if I could, but I can't.

제인   이거 네 힘으로 못 고치겠니?
존   할 수 있으면 하겠는데, 못 고치겠어.

BOB	Can you go to the dance?
	Hardly anyone is going.
ALICE	Would if I could.

| 밥 | 춤추러 갈 수 있니? 간다는 사람이 없네. |
| 앨리스 | 갈 수 있다면 갈 텐데. |

fix 고치다, 수리하다 | hardly 거의 ~않다

• (You) can't beat that.
• (You) can't top that.

최고야!

you는 앞서 언급한 특정인이나 일반인을 가리킨다. 즉, 2인칭 단수나 복수 또는 특별히 지칭하는 사람 없이 일반인을 의미한다.

MARY	Wow! Look at the size of that lobster!
	It looks yummy!
BILL	Yeah. You can't beat that. I wonder what
	it's going to cost.

| 메리 | 와! 저 바닷가재 진짜 크다! 맛있겠는걸! |
| 빌 | 그러게. 정말 최고다. 가격이 얼마나 할지 궁금하군. |

"What a view! Nothing like it anywhere! You can't top that!" said Jeff, admiring the view he was paying two hundred dollars a night for.

제프는 하룻밤에 200달러를 지불한 곳의 경치에 감탄하며 "경치 끝내준다! 이보다 멋진 경치는 없을 거야! 최고야!"라고 말했다.

yummy 맛있는

04

다양한
감정 표현

UNIT 4-1 ▶ 걱정 표현하기

• Get over it!

그 일은 잊어버려!

So he broke up with you. Get over it!

그러니까 그가 너랑 헤어진 거야. 그 일은 잊어버려!

I'm really broken up about it. I keep saying to myself, "Get over it!"

나는 그 일만 생각하면 정말로 괴로워. 나는 계속 "그 일은 잊어버려!"라고 혼잣말을 한다니까.

• Let it go.

잊어버려.

Don't get so angry about it. Let it go.

그 일에 너무 화내지 마. 잊어버려.

Let it go. Stop fretting.

잊어버려. 초조해하지 말고.

get angry 화내다 | **fret** 초조해하다, 애태우다

• Not to worry.

걱정 마.

BILL   The rain is going to soak all our clothes.

TOM   Not to worry. I put them all in plastic bags.

빌   우리 옷이 비에 다 젖겠어.

탐   걱정 마. 내가 전부 비닐봉지에 넣어 뒀으니까.

soak 적시다, 젖다 | **plastic bag** 비닐봉지

• Don't sweat it! 속어

걱정하지 마!

MARY　Good grief! I just stepped on the cat's tail, but I guess you heard.

SUE　Don't sweat it! The cat's got to learn to keep out of the way.

메리　맙소사! 방금 고양이 꼬리를 밟았어. 너도 들었지.

수　걱정하지 마! 고양이도 피해 다니는 법을 배워야 해.

Good grief! 맙소사! | **step on** ~를 밟다 | **keep out of the way** (서로 부딪히지 않도록) 길을 피해 다니다

• Fret not!

걱정하지 마!

MARY　Oh, look at the clock!
I'm going to be late for my appointment!

BOB　Fret not! I'll drive you.

메리　어, 시간이 벌써 저렇게 됐네! 약속 시간에 늦겠어!

밥　걱정하지 마! 내가 태워다 줄게.

"Fret not!" said Sally. "We're almost there!"

샐리는 "걱정하지 마! 거의 다 왔어!"라고 말했다.

be late for ~에 늦다 | **appointment** 약속 | **drive** (차로) 태워다 주다

• Don't sweat the small stuff.

별거 아닌 걸로 속 태우지 마.

IDA　I just can't seem to get comfortable in my office chair. I'm too far from the network printer, and my own printer is too slow.

HANNA　Don't sweat the small stuff. You're also a week late on your time-and-effort report.

아이다　난 사무실에서 내 자리에 편안하게 앉아 있을 수 없을 것 같아. 내 자리에서 네트워크 프린터까지는 너무 먼데, 내 전용 프린터는 너무 느리거든.

한나　별거 아닌 걸로 속 좀 태우지 마. 시간과 노력을 들여야 하는 보고서를 작성하는 데도 일주일이나 늦어 있으면서.

UNIT
4-2 ▶ **관심 표현하기**

• I don't care.

난 상관없어.

MARY	Can I take these papers away?
TOM	I don't care. Do what you want.

메리   이 신문들 치워도 돼?
탐   난 상관없어. 네 맘대로 해.

BILL	Should this room be white or yellow?
SALLY	I don't care.

빌   이 방을 흰색으로 칠할까, 노란색으로 칠할까?
샐리   난 아무래도 상관없어.

take ~ away ~을 치우다, 없애다 | paper 신문

• (I have) no problem with that.

난 아무래도 상관없어.   참고 (That causes) no problem. (353쪽)

BOB	Is it okay if I sign us up for the party?
SALLY	I have no problem with that.

밥   내가 우리도 파티에 참석하겠다고 신청을 해도 괜찮을까?
샐리   난 아무래도 상관없어.

BILL	It looks as though we will have to come back later. They're not open yet. Is that all right?
JANE	No problem with that. When do they open?

빌   나중에 다시 와야 할 것 같아. 아직 문을 안 열었네. 괜찮겠어?
제인   난 괜찮아. 문을 언제 열지?

Is it okay if ~? ~해도 될까? | sign up for ~에 참가 신청하다, ~에 참석하다 | as though[if] ~처럼

Chapter 04   다양한 감정 표현

- (It) makes no difference to me.
- (It) makes me no difference. 구어
- (It) makes me no never mind. 구어
- (It) doesn't bother me none. 구어
- (It) doesn't make me no never mind. 구어

난 상관없어.

BILL	Mind if I sit here?
TOM	Makes no difference to me.
빌	여기 앉아도 될까요?
탐	전 상관없어요.

BILL	What would you say if I ate the last piece of cake?
BOB	Don't make me no never mind.
빌	내가 마지막 남은 케이크 한 조각 먹어도 될까?
밥	난 상관없어.

- (It) (really) doesn't matter to me.

나와는 상관없어.

ANDREW	What shall I do? What shall I do?
ALICE	Do whatever you like. Jump off a bridge. Go live in the jungle. It really doesn't matter to me.
앤드류	내가 어떻게 할까? 어떻게 해야 해?
앨리스	뭐든 네가 하고 싶은 대로 해. 다리에서 뛰어내리든 정글에 가서 살든 나하곤 전혀 상관없는 일이니까.

TOM	I'm leaving you. Mary and I have decided that we're in love.
SUE	So, go ahead. It doesn't matter to me. I don't care what you do.
탐	너랑 헤어질래. 메리와 나는 서로 사귀기로 했어.
수	그래, 잘해 봐. 나하곤 상관없는 일이야. 네가 무슨 일을 하든지 신경 안 써.

• (It's) no trouble.

문제없어.

MARY   Do you mind carrying all this up to my apartment?

TOM   It's no trouble.

메리   이것들 좀 우리 아파트까지 들어다 줄래?
탐   그쯤이야 문제없지.

BOB   Would it be possible for you to get this back to me today?

BILL   Sure. No trouble.

밥   이거 오늘 돌려줄 수 있어?
빌   물론이지. 문제없어.

• (That causes) no problem.

문제없어.

MARY   Do you mind waiting for just a little while?

BOB   No problem.

메리   잠시만 기다려 주시겠어요?
밥   문제없습니다.

SUE   Does this block your light?
Can you still read?

JANE   That causes no problem.

수   이게 불빛을 가리지? 그래도 읽을 수 있겠니?
제인   문제없어.

• No big deal! 친밀

별일 아니야!

It didn't hurt. No big deal!

안 다쳤어. 별일 아니야!

It isn't a problem. No big deal!

문제없어. 별일 아니야!

hurt 아프다, 상처 내다

- **Like I care!**
- **As if (I cared)!**

나랑 무슨 상관이야!

ANN He treated me soooo badly. He took me to the prom in a crummy car, failed to pay me any attention all evening, and then wanted to leave early.

JAN Like I care!
I didn't even have a date to the prom.

앤 그는 나를 아주아주 막 대했어. 그는 똥차에 나를 태워 무도회장에 데려갔고 저녁 내내 나에게는 관심도 기울이지 않더니 일찍 무도회장을 떠나기를 원하지 뭐야.

젠 나랑 무슨 상관이야! 난 무도회에 데려가 줄 상대도 없었단 말이야.

JOHN I expect you to greet everyone at the door with a smile on your face and a friendly word for each of my guests.

JAN As if!

존 난 네가 문가에서 웃는 얼굴로 내 손님 한 사람 한 사람에게 다정한 말을 하면서 그들을 맞이해 주면 좋겠어.

젠 나랑 무슨 상관이야!

- **Like it's such a big deal!** 친밀

(비꼬며)
그게 뭐 대수야!

Like it's such a big deal. Who cares?

그게 뭐 대수야. 누가 신경이나 쓴데?

Who cares? 누가 신경이나 쓴데?, 무슨 상관이야?

- **Never mind!**

신경 쓰지 마! /
별거 아니야!

SALLY What did you say?

JANE Never mind! It wasn't important.

샐리 너 뭐라고 했어?

제인 신경 쓰지 마! 중요한 거 아니었어.

• See if I care!

**네 마음대로 해! /
내가 신경 쓰나 봐라!**

SUE I'm putting the sofa here, whether you like it or not.

BILL Go ahead! See if I care!

수 네가 좋아하든 싫어하든 소파는 여기에 놓을 거야.
빌 그래! 네 마음대로 해!

whether you like it or not 네가 좋든 싫든 | Go ahead! 그렇게 해!, 계속해!

• Don't mind me.

나한테 신경 쓰지 마.

Bob was sitting at the table when Mary and Bill started up a quiet and personal conversation. Bob stared off into space and said, "Don't mind me." Bill and Mary didn't even notice.

밥이 식탁에 앉아 있을 때 메리와 빌이 조용히 사적인 대화를 나누기 시작했다. 밥은 짐짓 딴 데 보는 척하며 "나 신경 쓰지 마"라고 말했다. 빌과 메리는 밥이 있는지도 몰랐다.

stare off into space (눈길을 돌려) 멀뚱멀뚱 허공을 바라보다 | notice 알아채다

• Forget (about) it!

❶ 신경 꺼!

Drop the subject! / Never mind!

SALLY What's this I hear about you and Tom?

SUE Forget about it!

샐리 너랑 탐에 관한 얘길 들었는데 그게 무슨 소리야?
수 신경 쓰지 마!

**❷ 별것 아니니까
잊어버려!**

Nothing.

SUE What did you say?

MARY Forget it!

수 뭐라고 했어?
메리 별것 아니야!

(감사에 대한 답변으로)
**천만에. /
그 정도 갖고 뭘.**

You're welcome.

JOHN Thank you so much for helping me!

BILL Oh, forget it!

존 도와줘서 정말 고마워!

빌 천만에!

BOB We're all very grateful to you for coming into work today.

MARY Forget about it! No problem!

밥 우리는 오늘 네가 일하러 와 줘서 진심으로 고마워하고 있어.

메리 그 정도 갖고 뭘. 괜찮아.

grateful 고마워하는 | come into work 일하러 오다

• I can live with that.

난 괜찮아.

SUE I want to do this room in green.

BILL I can live with that.

수 나 이 방을 녹색으로 칠하고 싶은데.

빌 난 괜찮아.

CLERK This one will cost twelve dollars more.

BOB I can live with that. I'll take it.

점원 이 물건은 12달러를 더 내셔야 하는데요.

밥 괜찮아요. 주세요.

cost ~의 비용이 들다

• (I) could(n't) care less.

전혀 관심 없어.

could를 쓰든 couldn't를 쓰든 강세는 less에 있다. 둘 다 관용적인 표현이다. 긍정과 부정의 형태이므로 서로 반대말처럼 보이지만 보통 could를 쓰든 couldn't를 쓰든 두 가지 모두 같은 뜻이다. 단, could를 가장 강하게 발음하는 문장의 경우는 예외다. 이때는 '관심을 줄일 수도 있겠지. (하지만 난 안 그래.)'라는 뜻이 된다.

TOM It's raining in! The carpet will get wet!

MARY I couldn't care less.

탐 비가 안으로 다 들어오네! 카펫이 다 젖겠어!

메리 내가 알 바 아니야.

356

- **(That's) no skin off my nose.** 속어
- **(That's) no skin off my teeth.**

나랑은 상관없는 일이야. teeth를 이용한 표현은 '가까스로'라는 뜻의 비유적인 표현인 by the skin of someone's teeth에서 유래되었다. 첫 번째 표현을 변형한 여타 표현들이 있는데 대부분 저속한 표현이다.

> BILL Everybody around here seems to think you're the one to blame.
>
> BOB So what? I'm not to blame. It's no skin off my teeth, whatever they think.
>
> 빌 여기 사람들은 모두 네 잘못이라고 생각하는 것 같아.
>
> 밥 그래서? 내 잘못이 아니야. 그 사람들이 어떻게 생각하든 나랑은 상관없는 일이야.

> BILL Sally is going to quit her job and go to Tampa.
>
> BOB No skin off my nose!
> I don't care what she does.
>
> 빌 샐리가 일을 그만두고 탬파로 갈 거래.
>
> 밥 나랑은 상관없는 일이야! 샐리가 무엇을 하든 난 관심 없어.

• not worth mentioning

❶ 언급할 만한 가치도 없는

There are others, but they are not worth mentioning.

다른 일들도 있지만, 말씀드릴 만큼 중요한 건 아닙니다.

A small number of books hint at the phenomenon, but they aren't worth mentioning.

그 현상에 관해 언급하고 있는 책이 몇 권 있긴 하지만 그리 대단하진 않습니다.

be worth -ing ~할 만한 가치가 있다 | hint at (넌지시) ~을 언급하다 | phenomenon 현상

❷ 대수롭지 않은

This isn't a problem at all. It's not worth mentioning.

이건 문제가 전혀 안 돼. 별거 아닌데 뭐.

UNIT 4-3 ▶ 놀라움 표현하기

• Wow!

(놀라움 · 경탄) **와!**

"Wow! A real shark!" said Billy.

빌리가 "와! 진짜 상어잖아!"라고 말했다.

JANE Wow! I just made it.
I thought I would miss this flight for sure.

SUE Well, you almost did.

제인 와! 가까스로 왔네. 분명히 비행기를 놓칠 거라고 생각했는데.
수 그래, 거의 놓칠 뻔했지.

shark 상어 | make it (무사히 시간에 맞춰) 오다, 도착하다 | miss a flight 비행기를
놓치다 | for sure 분명히

• My

**와 / 이런 / 이것 참 /
아이고 / 야**

약간 놀라서 말을 시작할 때 사용한다. 참고 My(,my) (360쪽)
이런 표현들은 대체로 이어지는 문장에 내포된 의미를 전달하기 쉬운 어조로 만들
어 준다. 이 표현을 넣어서 짧게 끊는 어조로 얘기하면 비꼼 · 이견 · 경고 · 위로 ·
단호함 등을 나타낸다.

"My, what a nice place you have here!" said
Gloria.

글로리아는 "와, 너희 집 정말 좋다!"라고 말했다.

RACHEL My, it's getting late!

JOHN Gee, the evening is just beginning.

레이첼 어, 늦었네!
존 어휴, 이제 겨우 저녁인걸 뭐.

"My, it's hot!" said Fred, smoldering.

프레드는 "휴, 더워!"라고 짜증을 내며 말했다.

• (My) goodness (gracious)!

세상에! / 어쩌나!

일반적으로 가볍게 놀라거나 관심을 보일 때 쓴다.

BILL   **My goodness!** The window is broken!

ANDREW   I didn't do it!

BILL   Who did, then?

빌   세상에! 창문이 깨졌잖아!

앤드류   내가 안 그랬어!

빌   그럼 누가 그런 거야?

"**Goodness!** I'm late!" said Kate, glancing at her watch.

케이트가 손목시계를 흘깃 보며 "어쩌나! 늦었네!"라고 말했다.

"**Goodness gracious!** Are you hurt?" asked Sue as she helped the fallen student to his feet.

수는 넘어진 학생을 도와 일으키며 "세상에나! 다쳤니?" 하고 물었다.

glance at ~를 흘깃 보다 | fallen 넘어진 | help someone to someone's feet ~을 일으키다 (to someone's feet은 '일어선 상태'라는 의미)

• Of all things!

하필이면!

낙담한 심경을 드러낸다.

JAN   Did you hear that Fred and Mary sold their house and bought a small hotel in the Bahamas?

JOHN   No. **Of all things!**

젠   프레드와 메리가 집을 팔아서 바하마에 작은 호텔을 샀다는 소식 들었어?

존   아니. 하필이면!

JOHN   Good grief! The stock market's crashed again!

BOB   **Of all things!**

존   맙소사! 주식 시장이 다시 폭락했어!

밥   하필이면!

• (My) heavens!

어머나!

가벼운 놀라움을 나타내는 감탄사이다.

BILL **Heavens!** The clock has stopped.

BOB Don't you have a watch?

빌 어머나! 시계가 멈췄잖아.

밥 손목시계 없니?

SALLY The police are parked in our driveway and one of them is getting out!

MARY **My heavens!**

샐리 경찰이 우리 차도에 차를 세우고 한 사람이 내리고 있어!

메리 어머나!

park in ~에 주차시키다 | **driveway** (주택 내 차고에서 집 앞 도로까지 이어진) 차도 | **get out** 내리다

• My(, my).

어머나! / 이런!

가벼운 놀람이나 관심을 표현하는 감탄사이다. 참고 My (358쪽)

FRED **My, my!** How you've grown, Bill.

BILL Of course! I'm a growing boy.
Did you think I would shrink?

프레드 어머나! 너 진짜 많이 컸구나, 빌.

빌 그럼요! 성장기잖아요. 제가 작아질 거라고 생각하셨어요?

shrink 작아지다, 줄어들다

• My word!

세상에 이럴 수가!

My word! He actually arrived on time for work!

세상에 이럴 수가! 그가 사무실에 정각에 도착하다니!

My word! A hole in one! This is only my second round of golf in my entire life.

세상에 이럴 수가! 홀인원이잖아! 이번이 내 평생에 두 번째로 나온 골프 라운드인데.

360

• Oh, boy.

❶ 야!

사내아이와는 아무런 관련이 없는 표현이다.

BILL   Oh, boy! An old-fashioned circus!

BOB   So what?

빌   야, 진짜 구식 서커스네!

밥   그래서?

So what? 그래서 어쨌다고?

**❷ (좋지 않은 상황을 보고)
저런!**

DOCTOR   It looks like something fairly serious.

JANE   Oh, boy.

DOCTOR   But nothing modern medicine can't
handle.

의사   상당히 심각한 것 같군요.

제인   이런, 어쩌나.

의사   하지만 현대 의학으로 못 고칠 건 아닙니다.

fairly 꽤, 상당히 | serious 심각한 | handle 다루다, 처리하다

• why

어

놀람을 나타내는 말을 시작할 때 쓴다.

"Why, it's just a little boy!" said the old sea captain.

늙은 선장은 "어, 그냥 어린아이잖아!"라고 말했다.

BOB   Why, what are you doing here?

MARY   I was going to ask you the same thing.

밥   어, 여기서 뭐 해?

메리   나도 네게 그걸 물어보려던 참이었어.

MARY   Why, your hair has turned white!

ANDREW   No, I'm in the school play.
This is just temporary.

메리   세상에, 머리가 하얗게 셌네!

앤드류   아니야. 학교 연극에 출연하거든. 잠깐 염색한 거야.

sea captain 선장, 함장 | be in the play 연극에 출연하다 | temporary 임시의, 일시
적인

• (Well,) what do you know!

어쩜, 이럴 수가!

ANDREW　Well, what do you know!
　　　　　Here's a brand-new shirt in this old trunk.

BOB　　 I wonder how it got there.

앤드류　웬일이니! 이 낡은 가방에 새 셔츠가 들어 있네.
밥　　　그게 어쩌다 거기 들어갔지?

TOM　　These two things fit together like this.

JOHN　 Well, what do you know!

탐　　　이 두 개가 이렇게 딱 들어맞네.
존　　　어쩜, 이럴 수가!

• Boy! 친밀
• Boy, oh boy! 친밀

야! / 와!

놀라움을 표현하거나 강조할 때 문장 첫머리에 사용한다. 상대를 부르는 호칭이
아니므로 남녀 모두에게 사용할 수 있다.

JOHN　 Hi, Bill.

BILL　　Boy! Am I glad to see you!

존　　　안녕, 빌.
빌　　　야! 만나서 진짜 반갑다!

BOB　　What happened here?

FRED　 I don't know.

BOB　　Boy! This place is a mess!

밥　　　여기 무슨 일이 일어난 거야?
프레드　모르겠어.
밥　　　와! 엉망진창이네!

"Boy! I'm tired!" moaned Henry.

헨리는 "야! 나 피곤해!"라며 툴툴거렸다.

• Boy howdy! 구어 친밀

이야!

들떠서 놀라는 모습을 나타내는 감탄사이다.

BOB   Well, I finally got here.
FRED   Boy howdy! Am I glad to see you!

밥   야, 드디어 여기에 도착했네!
프레드   이야! 이렇게 만나니 정말 반갑다!

get here 여기에 도착하다 ('~에 도착하다'라는 뜻의 [get to + 장소]에서 [to + 장소] 자리에 부사 here가 온 경우)

• For Pete('s) sake(s)!
• For pity('s) sake(s)!

어머나!

놀라움이나 충격에 대한 가벼운 감탄의 표현이며 구어체에서는 s를 붙인다.

FRED   For pity's sake! What on earth is this?
ALICE   It's just a kitten.

프레드   어머나! 대체 이게 뭐야?
앨리스   그냥 새끼 고양이야.

JOHN   Good grief! What am I going to do?
             This is the end!
SUE   What is it now, for Pete's sake?

존   맙소사! 내가 지금 뭘 하려는 거지? 못쓰게 됐잖아!
수   어머나. 이게 뭐야?

on earth 도대체 | **kitten** 새끼 고양이

• gee

이런

실망 · 이견 · 놀람 등의 감정을 나타낸다. 이런 표현은 종종 어조를 달리하여 뒤에 나오는 문장에 내포된 의미를 전달한다. 짧게 끊는 말투에는 비꼼 · 이견 · 경고 · 위로 · 단호함 등을 나타내는 말이 이어진다.

"Gee, why not?" whined Billy.

빌리는 "이런, 왜 안 되지?"라며 툴툴댔다.

JOHN	Gee, Tom, I'm sort of surprised.
TOM	You shouldn't be.
존	이런, 탐, 조금 놀랬잖아.
탐	놀랄 건 없는데.

• Golly!

어머나! / 세상에!

놀라움이나 관심을 나타낸다.

ALICE	Golly, is it real?
MARY	Of course it's real!
앨리스	어머나, 그거 진짜야?
메리	물론 진짜지!

JANE	Look at the size of that fish!
SUE	Golly!
제인	이 물고기 크기 좀 봬!
수	세상에!

• Good grief!

맙소사!

놀라움 · 혐오 · 충격 · 경악을 표현하는 감탄사이다.

BILL	There are seven newborn kittens under the sofa!
JANE	Good grief!
빌	소파 아래 갓 태어난 새끼 고양이가 일곱 마리나 있어!
제인	맙소사!

newborn 갓 태어난

• (Good) heavens!

맙소사! / 세상에!

놀람이나 충격, 경악을 표현하는 감탄사이다. 비교▶ (My)heavens! (360쪽)

JOHN	Good heavens! A diamond ring!
BILL	I bet it's not real.
존	세상에! 다이아몬드 반지잖아!
빌	분명히 진짜 아닐걸.

JANE	Ouch!
JOHN	Good heavens! What happened?
JANE	I just stubbed my toe.

제인	아야!
존	세상에! 무슨 일이야?
제인	발끝을 채었어.

- **(Goodness) sakes alive!** 친밀
- **(For) goodness sake(s)!**
- **Sakes alive!**

참 황당하네!

가볍게 욕을 하거나 항의할 때 사용한다.

"Goodness sakes alive!" cried Grandma, "The deer ate my tulips!"

"참 황당하네!"라고 할머니께서는 외치셨다. "사슴이 내 튤립을 먹다니!"

JOHN	Look at the size of that watermelon!
BOB	Sakes alive! I'm sure I couldn't possibly lift it.

존	저 수박 크기 좀 봐!
밥	황당하네! 난 분명히 그거 들어 올릴 수도 없을 거야.

- **Great Scott!**

세상에!

충격이나 놀라움을 나타내는 감탄사이다.

FRED	The water heater just exploded!
BILL	Great Scott! What do we do now?
FRED	Looks like cold showers for a while.

프레드	방금 온수기가 터졌어!
빌	세상에! 그럼 어떡하지?
프레드	당분간 찬물로 샤워해야 할 것 같아.

water heater 온수기 | explode 터지다, 폭발하다 | cold shower 찬물 샤워 | for a while 한동안, 당분간

• Hello!

어어! / 잠깐만! 놀람의 감정을 소리 내어 반응하는 말이다. 강세는 두 번째 음절이 아니라 첫 번째 음절에 있다.

Hello! Why is this rotten apple still in the refrigerator?

어어! 왜 이 썩은 사과가 아직도 냉장고에 있는 거야?

• Hell's bells (and buckets of blood)!

이게 어찌된 일이야? 분노나 놀라움을 나타내는 감탄사이다.

ALICE   Your pants are torn in the back.

JOHN   Oh, hell's bells! What will happen next?

앨리스   네 바지 뒤쪽이 찢어졌어.
존   이게 어찌된 일이지! 다음엔 또 어떤 일이 벌어지려나?

BILL   Congratulations, you just flunked calculus.

JANE   Hell's bells and buckets of blood! What do I do now?

빌   축하해, 너 미적분학에서 낙제했더라.
제인   이게 어찌된 일이야! 이젠 어쩌지?

be torn 찢어지다 | **flunk** 낙제하다

• (I) can't get over something.

~ 때문에 깜짝 놀랐어. something 자리에는 어떤 사실이나 that 혹은 it과 같은 대명사가 올 수 있다.

BOB   The very idea, Sue and Tom doing something like that!

BILL   I can't get over it!

밥   말도 안 돼, 수와 탐이 그런 일을 저질렀다니!
빌   나도 깜짝 놀랐어!

• I (do) declare!

이럴 수가!

구식 표현이다.

MARY I'm the new president of my sorority!
GRANDMOTHER I declare! That's very nice.

메리 제가 여학생 클럽의 새 회장이 됐어요!
할머니 놀랍구나! 장하다.

A plane had landed right in the middle of the cornfield. The old farmer shook his head in disbelief. "I do declare!" he said over and over as he walked toward the plane.

비행기 한 대가 옥수수밭 한가운데 착륙했다. 나이 든 농부가 믿을 수 없다는 듯이 고개를 절레절레 흔들었다. 그는 비행기를 향해 걸어가며 연거푸 "이럴 수가"라고 되뇌었다.

sorority 여학생 클럽, 여성회 | land 착륙하다 | cornfield 옥수수밭 | shake one's head 고개를 절레절레 흔들다 | disbelief 불신 | over and over 되풀이하여

• If that don't beat all!
• That beats everything!

정말 말도 안 돼!

that don't는 문법적으로 틀리지만 이 형태 그대로 사용된다.

TOM The mayor is kicking the baseball team out of the city.
BILL If that don't beat all!

탐 시장이 우리 시 야구팀을 없애 버린대.
빌 정말 말도 안 돼!

JOHN Now, here's a funny thing. South America used to be attached to Africa.
FRED That beats everything!
JOHN Yeah.

존 이거 재미있군. 옛날엔 남아메리카가 아프리카에 붙어 있었대.
프레드 말도 안 돼!
존 그렇지.

mayor 시장 | kick ~ out of... ~를 … 밖으로 쫓아내다 (여기서는 '시 소속 야구팀을 없앤다'는 얘기) | be attached to …에 붙어 있다

• I'll be a monkey's uncle!

깜짝이야!

TED Well, I'll be a monkey's uncle.
If it isn't Bob Jones!

BOB Hey, Ted! What's cooking?

테드 어, 깜짝이야. 이게 누구야, 밥 존스잖아!
밥 어이, 테드! 무슨 일 있어?

• I'll be damned!
• I'll be hanged!

에구머니나!

I'll be damned! Did you see that Rolls-Royce go by? I'd swear it was gold-plated!

에구머니나! 저 롤스로이스 지나가는 거 봤어요? 맹세코 금으로 도금했다니까요!

I'll be hanged! An Indian-head penny. You never see those any longer.

에구머니나! 저거 옛날 1페니잖아. 너 저런 것들은 더는 못 볼 거야.

• I'm speechless.

**기가 막혀 말이
안 나오네.**

MARY Fred and I were married last week.

SALLY I'm speechless.

메리 프레드하고 나, 지난주에 결혼했어.
샐리 너무 놀라 말이 안 나오네.

• It blows my mind! 속어

웬일이니!

BILL Did you hear about Tom's winning the lottery?

SUE Yes, it blows my mind!

빌 탐이 복권에 당첨됐다는 얘기 들었어?
수 응, 웬일이니!

win a lottery 복권에 당첨되다

• You could have knocked me over with a feather.

정말 깜짝 놀랐어.

JOHN Did you hear that they are going to tear down city hall and build a new one—price tag twelve million dollars?

SALLY Yes, and when I did, you could have knocked me over with a feather.

존 시청을 헐고 1,200만 달러를 들여 새 건물을 지을 거라는 소식 들었니?

샐리 응, 그 소식 듣고 정말 깜짝 놀랐어.

tear down ~을 부수다

• take someone by surprise

~를 놀라게 하다

Bill took his mother by surprise by coming to the door and pretending to be a solicitor.

빌은 문 앞에서 외판원인 척해서 엄마를 놀라게 했다.

solicitor 외판원

• curdle someone's blood

간담이 서늘하다

The story was scary enough to curdle your blood.

그 이야기는 간담이 서늘해질 정도로 무서웠다.

The terrible scream was enough to curdle my blood.

그 끔찍한 비명 소리에 간담이 서늘해질 지경이었다.

scary 무서운 | terrible 끔찍한, 소름 끼치는 | scream 비명

Chapter 04

다양한 감정 표현

• scared silly

질겁한

I was scared silly by the big explosion.

그 대형 폭발 사고 때문에 깜짝 놀랐어.

We were scared silly to go into the park after dark.

어두워진 후에 공원에 들어가기가 너무 무서웠어.

explosion 폭발, 폭발사고 | **after dark** 어두워진 후

• with one's tail between one's legs

기가 죽어서

John seems to lack courage. When people criticize him unjustly, he just goes away with his tail between his legs and doesn't tell them that they're wrong.

존은 용기가 부족해 보여. 사람들이 부당하게 그를 비난해도 잔뜩 기가 죽어서 그들이 잘못됐다는 말도 못해.

The frightened dog ran away with its tail between its legs when the bigger dog growled.

덩치 큰 개가 으르렁거리자 겁에 질린 그 개는 꼬리를 내리고 도망쳤다.

lack ~이 부족하다 | **growl** 으르렁거리다

• For crying out loud!
• For crying in a bucket!

이것 참!

충격 · 분노 · 놀라움을 나타내는 감탄의 표현이다.

FRED For crying out loud! Answer the telephone!
BOB But it's always for you!

프레드 이것 참! 전화 좀 받아 봐!
밥 걸려오는 전화는 전부 네 전화잖아!

JOHN	Good grief! What am I going to do?
	This is the end!
SUE	For crying in a bucket! What's wrong?
존	이런! 이제 어쩌지? 끝장났네!
수	어이쿠! 뭐가 문제야?

- **Hot diggety (dog)!**
- **Hot ziggety!**
- **Hot dog!**

좋았어!

흥분과 기쁨을 나타내는 표현이다. 개(dogs)와 관련이 있는 것은 아니다.

RACHEL	I got an A! Hot diggety dog!
HENRY	Good for you!
레이첼	나 A 받았어! 정말 신난다!
헨리	잘됐다!

BILL	Look, here's the check! We're rich!
JANE	Hot dog!
BILL	What'll we spend it on?
JANE	How about saving it?
빌	봐, 수표야! 이제 우린 부자야!
제인	신난다!
빌	이 돈을 어디다 쓰지?
제인	저금하는 게 어떨까?

TOM	You won first place!
MARY	Hot ziggety!
탐	네가 일등을 했어!
메리	이야!

UNIT
4-4 ▶ 불쾌함 표현하기

- **Excuse me?**
- **'Scuse me?**
- **Pardon (me)?**

무슨 소리야? /
뭐라고?

| MARY | Your policies seem quite inflexible to me. |
| BILL | Excuse me? |

메리 　당신 정책은 너무 융통성이 없는 것 같아요.
빌 　　무슨 소리예요?

| BOB | These silly people are getting on my nerves. |
| MARY | Pardon me? |

밥 　　이 멍청이들 때문에 미치겠군.
메리 　뭐라고?

- **so mad I could scream**

꼭지가 돌아 버린 /
굉장히 화가 난

I am just so mad I could scream! Why is he such a jerk?

나 지금 열불 나 죽겠어! 그 남자 왜 그렇게 덜떨어진 거야?

- **take** something **personally**

~을 기분 나쁘게
받아들이다

Don't take it personally, but you really need a haircut.

기분 나쁘게 듣지는 마, 너 정말 머리 좀 잘라야겠어.

| BOB | I'm not sure I like what you just said. |
| JANE | Please don't take it personally. |

밥 　　네 말을 좋게 해석해야 할지 말아야 할지 모르겠다.
제인 　기분 나쁘게 받아들이지 마.

372

• take umbrage at something

~에 대해 불쾌해하다 Mary took umbrage at the suggestion that she was being unreasonable.

메리는 자신이 무분별했다는 소리를 듣고 불쾌해했다.

unreasonable 무분별한, 조리에 맞지 않는

• That (really) burns me (up)!

그 얘기 들으니 정말
끓어오르네!

BOB Did you hear that interest rates are going back up?

MARY That really burns me up!

밥 금리가 도로 오른다는 얘기 들었니?
메리 그 얘기 들으니 정말 끓어오르네!

SUE Fred is telling everyone that you are the one who lost the party money.

MARY That burns me! It was John who had the money in the first place.

수 프레드가 파티 준비금을 잃어버린 사람이 너라고 얘기하고 다닌대.
메리 정말 끓어오르네! 애초에 돈을 갖고 있던 애는 존이었어!

interest rate 금리, 이자율 | go back up (물가 등이) 다시 오르다 | in the first place 애당초

• That tears it!

더 이상 못 참아! tears의 발음은 [티어ㄹ즈]가 아니라 stairs를 발음할 때처럼 [테어ㄹ즈]로 발음한다.

RACHEL Okay, that tears it! I'm going to complain to the landlord. Those people make noise day and night!

SUE Yes, this is too much.

레이첼 좋아, 더 이상은 못 참아! 집주인한테 따질 거야. 저 사람들이 밤낮없이 시끄럽게 하잖아!
수 그래, 정말 심해.

> - **That's all** someone **needs.**
> - **It's all** someone **needs.**
> - **(It's) just what you need.**
> - **That's just what you need.**

더는 못 참겠어.

항상 비꼬는 듯한 어조로 쓰인다. someone 자리에는 사람 이름이나 대명사가
쓰인다.

JANE The dog died, and the basement is just
starting to flood.

FRED That's all we need.

제인 그 개는 죽고 지하실은 물에 잠기기 시작했어.
프레드 이제 더는 못 참겠어!

BOB On top of all that, now I have car trouble!

MARY That's just what you need!

밥 게다가 이젠 차까지 고장 났어!
메리 더는 못 참겠어!

> - **(Well,) I never!**

**❶ 이런 모욕은
처음이야!**

BILL Just pack up your things and get out!

JANE Well, I never!

빌 당장 짐 챙겨서 나가!
제인 이런 모욕은 처음이야!

❷ 금시초문이야!

TOM Now they have machines that will do all
those things at the press of a button.

SALLY Well, I never! I had no idea!

탐 이제 그 사람들은 버튼만 누르면 뭐든지 척척 해 주는 기계를
보유하고 있대.
샐리 금시초문인데! 몰랐어!

JOHN Would you believe I have a whole
computer in this pocket?

ALICE I never!

존 이 주머니 안에 컴퓨터 한 대가 들어 있다면 믿겠어?
앨리스 금시초문이군!

• Ye gods (and little fishes)!

에이!

화, 놀람 등을 나타내는 가벼운 표현이다.

JOHN   Can I have the car tonight.

BOB   Ye gods, no! You never fill the gas tank!

존   오늘 저녁에 내가 그 차 좀 쓰자.

밥   에이, 안돼! 넌 기름을 하나도 안 채워 놓잖아!

Ye gods and little fishes! You broke my cell phone!

에이! 네가 내 휴대 전화를 망가뜨렸잖아!

• almost lost it

이성을 잃을 뻔하다

말 그대로 물건을 잃어버릴 뻔한 경우에도 쓴다.

When he saw the dent in his fender, he almost lost it.

자동차의 펜더가 움푹 들어간 걸 보고 그 남자는 거의 이성을 잃을 지경이었다.

dent 움푹 파인 곳 | fender (자동차 등의) 흙받이

• put somone's nose out of joint

**~의 기분을
상하게 하다**

I'm afraid I put his nose out of joint by not inviting him to the picnic.

소풍에 초대하지 않았다고 그 남자가 기분이 상하진 않았는지 걱정이네.

JANE   I'm really insulted!

BOB   I didn't mean to put your nose out of joint. I meant no harm.

제인   정말 모욕적이군요!

밥   기분 상하게 할 뜻은 없었어요. 해를 끼치려고 한 게 아니에요.

insulted 모욕적인 | I didn't mean ~할 뜻은 없었다 | harm 해; 해치다

UNIT 4-5 ▶ 안타까움 표현하기

• Aw

❶ (감탄사) '반대'의 의미

| BILL | Put the film in the fridge. |
| BOB | Aw, that's stupid! It'll just get cold! |

빌　필름은 냉장고에 넣어놔.
밥　뭐라고, 멍청한 짓이야! 차가워지기만 할 텐데!

❷ (감탄사) '간청'의 의미

| TOM | No! |
| FRED | Aw, come on! Please! |

탐　안 돼!
프레드　아, 그러지 마! 제발!

| FRED | You hurt my feelings. |
| BOB | Aw, I didn't mean it. |

프레드　너 때문에 상당히 불쾌해.
밥　아, 그럴 의도는 없었어.

I didn't mean it. 그럴 뜻은 없었어., 그러려고 한 건 아닌데.

• What a pity!
• What a shame!

정말 안됐구나!　　위로의 표현이다. 비꼬는 의미로 사용되기도 한다.

| BILL | I'm sorry to tell you that the cat died today. |
| MARY | What a pity! |

빌　오늘 고양이가 죽었다는 말을 전하게 돼서 유감이야.
메리　정말 안됐구나!

| MARY | The cake is ruined! |
| SALLY | What a shame! |

메리　케이크가 뭉개졌어!
샐리　그것참 안됐구나!

I'm sorry to ~하게 되어 유감이다 ｜ ruin 망치다, 망가뜨리다

• Dear me!

어쩌나!

당혹감이나 유감을 나타낸다.

SUE   Dear me, is this all there is?

MARY   There's more in the kitchen.

수   어쩌나, 이게 다야?

메리   부엌에 더 있어.

• For shame!

아이고, 창피해라!

SUE   Did you hear that Tom was in jail?

FRED   For shame! What did he do?

SUE   Nobody knows.

수   탐이 감옥에 있다는 얘기 들었니?

프레드   아이고, 남부끄럽게! 대체 무슨 일을 저질렀대?

수   그건 아무도 몰라.

• What more can I do?
• What else can I do?

이제 뭘 어떻게 해야 하지?

질문이 아니라 절망적인 감정을 나타내는 표현이다.

BOB   Did you hear about the death in the Wilson family?

BILL   Yes. I feel so helpless. I sent flowers. What more can I do?

밥   윌슨 씨 가족이 상을 당했다는 소식 들었니?

빌   응, 난감하더군. 꽃은 보냈는데 뭘 더 어떻게 해야 하지?

BILL   Is your child still sick?

MARY   Yes. I'm giving her the medicine the doctor sent over. What more can I do?

빌   아이가 아직도 아프니?

메리   응. 의사가 준 약을 먹이고는 있어. 이제 뭘 어떻게 해야 하지?

send over ~을 보내주다

• well

글쎄 / 음 / 야

말을 시작할 때 특별한 의미 없이 쓰는 표현으로 결정을 보류한다거나 미처 결정을 내리지 못했음을 나타내기도 한다. 대개 뒤에 나오는 문장에 내포된 의미에 따라 말투가 달라진다. 짧게 끊는 말투는 비꼼 · 이견 · 경고 · 위로 · 단호함 등을 나타낸다.

SALLY   Can you take this downtown for me?
ANDREW Well, I don't know.

샐리   나 대신 이것을 시내까지 가져다줄 수 있니?
앤드류 글쎄, 모르겠는데.

BILL   What do you think about my haircut?
JANE   Well, it looks okay to me.

빌   내 헤어스타일 어때?
제인 음, 내가 보기엔 괜찮은데.

"Well, hello," smiled Kate.

케이트는 "야, 안녕"이라고 말하며 미소를 지었다.

• Whoops!

이런!

실수했을 때 쓴다.

"Whoops! I think you meant flout, not flaunt," corrected Sally.

샐리는 "이런! 나는 네가 과시가 아니라 경멸이라고 한 줄 알았어."라며 바로잡았다.

"Whoops! I meant to say mature, not old," said Kate.

케이트가 "이런! 내 말은 늙었다는 게 아니라 성숙했다는 뜻이었는데."라고 말했다.

05
결정과
선택 말하기

UNIT 5-1 ▶ 결정과 결심 표현하기

• Better late than never.

늦더라도 안 하는 것보다는 낫다.

누군가 늦게 도착했거나 혹은 어떤 일이 뒤늦게 일어나거나 끝났을 때 쓰는 상용 어구이다.

MARY Hi, Tom. Sorry I'm late.

TOM Fret not! Better late than never.

메리 안녕, 탐. 늦어서 미안해.

탐 괜찮아! 안 온 것보다는 나아.

When Fred showed up at the doctor's office three days after his appointment, the receptionist said, "Well, better late than never."

프레드가 예약 날짜보다 3일 늦게 병원에 나타나자, 접수원은 "괜찮아요, 늦더라도 안 오신 것보단 낫죠."라고 말했다.

fret not! 걱정 매 | show up (at) (~에) 나타나다, 모습을 보이다 | doctor's office 병원 | appointment 예약, 약속 | receptionist 접수원

• (Have you) changed your mind?
• You changed your mind?

마음이 바뀌었어?

SALLY As of last week, they said you are leaving. Changed your mind?

BILL No. I'm leaving for sure.

샐리 지난주만 해도 그 사람들은 네가 떠날 거라고 하던데. 마음이 바뀌었어?

빌 아니. 꼭 떠날 거야.

TOM Well, have you changed your mind?

SALLY Absolutely not!

탐 그래, 마음이 바뀌었어?

샐리 절대 그럴 리가 없지!

for sure 확실히, 틀림없이(= for certain)

• (I) changed my mind.

마음이 바뀌었어.

TOM I thought you were going to Atlanta today.

BILL I changed my mind. I'm leaving tomorrow.

탐 나는 네가 오늘 애틀랜타로 갈 거라고 생각했는데.

빌 마음이 바뀌었어. 내일 떠날 거야.

• I won't give up without a fight.

**해 보지도 않고
포기하지는 않을 거야.**

비교 Don't give up too eas(il)y. (194쪽)

SUE Stick by your principles, Fred.

FRED Don't worry, I won't give up without a fight.

수 네 원칙에 충실하면 돼, 프레드.

프레드 걱정 마, 해 보지도 않고 포기하지는 않을 테니까.

• (It) doesn't bother me any.
• (It) doesn't bother me at all.

좋을 대로 해.

비교 (It) makes no difference to me. (352쪽)

참고 (It) won't bother me any. (382쪽)

JOHN Do you mind if I sit here?

JANE Doesn't bother me any.

존 여기 좀 앉아도 될까요?

제인 상관없어.

SALLY (smoking a cigarette)

Do you mind if I smoke?

BILL It doesn't bother me any.

샐리 (담배를 피우며) 담배를 좀 피워도 괜찮을까요?

빌 그러시든지.

Do you mind if ~? ~해도 될까요? | smoke 담배를 피우다

- **(It) won't bother me any.**
- **(It) won't bother me at all.**

마음대로 해.

그리 공손하거나 마음에서 우러나오는 표현은 아니다.

JOHN   Will you mind if I sit here?

JANE   Won't bother me any.

존   여기 좀 앉아도 될까?

제인   마음대로 해.

SALLY (lighting a cigarette) Do you mind if I smoke?

BILL   It won't bother me at all.

샐리   (담배에 불을 붙이며) 담배 좀 피워도 될까요?

빌   좋으실 대로 하세요.

light a cigarette 담배에 불을 붙이다

- **(It's) my way or the highway.**

**절이 싫으면
중이 떠나면 돼.**

내가 당신에게 말해 준 방법 외에는 달리 선택의 여지가 없다.

I hate that manager. Never any discussion. It's always my way or the highway.

난 저 매니저가 싫어. 논의를 하는 꼴을 못 본다니까. 항상 절이 싫으면 중이 떠나라는 식이야.

Just before I quit, the jerk said, "My way or the highway." I prefer the highway.

내가 그만두기 직전에 그 얼간이가 "절이 싫으면 중이 떠나면 된다."라고 하더라. 난 떠나는 편이 더 좋아.

- **(It's) time for a change.**

변화가 필요한 시점이야.

BILL   Are you really going to take a new job?

MARY   Yes, it's time for a change.

빌   너 정말 새 직장 구할 거니?

메리   그래, 변화가 필요한 시점이야.

382

- (I've) (got) better things to do.
- I've better things to do.

더 나은 일을 해야겠어.

ANDREW　Good-bye. I've got better things to do than stand around here listening to you brag.

HENRY　Well, good-bye and good riddance.

앤드류　갈게 네 허풍 들으며 여기서 얼쩡거리기보다 다른 일을 하는 게 낫겠어.

헨리　그래, 간다니 나도 속이 다 시원하다.

MARY　How did things go at your meeting with the zoning board?

SALLY　I gave up. Can't fight city hall. Better things to do.

메리　구획 지정 위원회와 만난 일은 어떻게 됐어?

샐리　포기했어. 시를 상대로 싸울 순 없으니까. 시간 낭비잖아.

stand around here 이 주변을 서성대다 | brag 자랑하다, 뽐내다 | good-bye and good riddance 간다니 속이 다 시원하다 | zoning board 구획 지정 위원회 | give up 포기하다, 단념하다 | fight city hall 관권을 상대로 싸움을 하다 (city hall은 원래 '시청사'를 의미하는 말로, 나아가 '시 당국'을 뜻하기도 함)

- **Like it or lump it!**

좋은 싫든 할 수 없지!

JOHN　I don't like this room. It's too small.

BILL　Like it or lump it. That's all we've got.

존　난 이 방이 맘에 안 들어. 너무 작잖아.

빌　맘에 들든 안 들든 할 수 없어. 우리한테는 이 방뿐이야.

JANE　I don't want to be talked to like that.

SUE　Well, like it or lump it! That's the way we talk around here.

제인　난 저런 말 정말 듣기 싫어.

수　좋든 싫든 할 수 없어! 여기선 다 그렇게 말해.

That's the way (that)... 그런 식으로 ~하다 | around here 이 근방에서

> - **Make up your mind.**
> - **Make your mind up.**

결정해.

HENRY I don't have all day. Make up your mind.

RACHEL Don't rush me.

헨리   하루 종일 이러고 있을 수는 없어. 결정을 내려.
레이첼 다그치지 마.

MARY I'm not sure I want to go.

BOB Make your mind up.
We have to catch the plane.

메리 내가 진짜 가고 싶은 건지 아닌지 확실히 모르겠어.
밥   어서 결정해. 비행기를 타야 하니까.

catch a plane 비행기를 (놓치지 않고) 타다

> - **might as well** (do something)
> - **may as well** (do something)

~하는 게 좋겠다   어떤 일을 하지 않는 것보다는 하는 편이 낫다는 의미이다.

BILL Should we try to get there for the
first showing of the film?

JANE Might as well. Nothing else to do.

빌   그 영화 첫 상영할 때 보러 갈래?
제인 그게 좋겠다. 달리 할 일도 없으니까.

ANDREW May as well leave now. It doesn't matter
if we arrive a little bit early.

JANE Why do we always have to be the first to
arrive?

앤드류 지금 떠나는 게 좋겠어. 조금 일찍 도착해도 상관없잖아.
제인   왜 항상 우리가 일등으로 도착해야 하지?

the first showing (영화 등의) 개봉 상영(= the first run) | film 영화 | It doesn't
matter if... ~해도 문제 될 거 없다

• Suit yourself.

네 마음에 드는 걸로 해.

MARY I think I want the red one.

TOM Suit yourself.

메리 난 저 빨간색이 좋은 것 같아.

탐 네 마음에 드는 걸로 해.

JOHN (reading the menu)

The steak sounds good, but I'm helpless in the face of fried chicken.

SALLY Suit yourself. I'll have the steak.

존 (메뉴를 보며) 스테이크도 맛있을 것 같지만 난 프라이드 치킨이 있으니 어쩔 수가 없군.

샐리 네 마음에 드는 걸로 해. 난 스테이크를 먹겠어.

helpless 어쩔 수 없는 | be in the face of ~를 마주 대하다 (즉, 어쩔 수 없이 프라이드 치킨으로 마음이 간다는 말)

• Take it or leave it.

싫으면 그만둬.

BILL That's my final offer. Take it or leave it.

BOB Aw, come on! Take off a few bucks.

빌 더 이상은 안 돼요. 싫으면 그만두세요.

밥 에이, 이봐요! 몇 달러만 더 깎아 줘요.

BILL Aw, I want eggs for breakfast, Mom.

MOTHER There's only Sweet Wheets left. Take it or leave it.

빌 에이, 아침 식사로 계란 먹고 싶어요, 엄마.

엄마 스위트 휘츠밖에 없어. 이거 먹기 싫으면 굶어.

take off ~을 깎아 주다, 할인해 주다 | buck 달러(= dollar)

UNIT 5-2 ▶ 선택 표현하기

- It's six of one and half a dozen of another.
- It's six of one and half a dozen of the other.

오십보백보야.

둘 중 어떤 선택을 하더라도 결과가 마찬가지이거나 둘 중 하나가 다른 하나보다 그다지 나을 게 없다는 의미이다. 때로는 half a dozen이 아니라 a half dozen 이라고 하기도 한다.

HANNA I simply can't choose between going to Florida or Arizona for the winter.
Lots of reasons on both side. It's six of one and half a dozen of the other.

IDA Then just flip a coin, silly.

한나 겨울에 플로리다에 갈지 애리조나에 갈지 선택을 못하겠어. 양쪽 다 가야 할 이유는 많은데. 오십보백보야.

아이다 이 바보야, 그럼 동전을 던져서 결정해 버려.

What does it matter whether you choose pinkish red or reddish pink. It's six of one and half a dozen of another.

분홍색이 도는 붉은색을 고를지 아니면 붉은색이 도는 분홍색을 고를지가 뭐가 중요해. 오십보백보인데.

• the lesser (of the two)

(둘 중에) 작은[적은] 것

The last two pieces of pie were not quite the same size, and I chose the lesser of the two.

마지막 남은 파이 두 조각은 크기가 달랐고, 나는 그중 작은 쪽을 골랐다.

Faced with a basket containing too much and one with too little, Tom chose the lesser.

물건이 너무 많이 들어 있는 바구니와 너무 적게 들어 있는 바구니 중에서 탐은 적은 쪽을 골랐다.

face with ~을 마주 대하다 | basket 바구니 | contain 담고 있다, 들어 있다

the lesser of two evils

둘 중에 그나마 나은 것 나쁜 것 두 가지 중에 좀 덜 나쁜 쪽을 의미한다.

I didn't like either politician, so I voted for the lesser of two evils.

그 정치인 두 사람 모두 싫었지만 그중 좀 나은 사람을 뽑았어.

politician 정치가 | **vote for** ~에게 투표하다

There's more than one way to skin a cat.

방법이야 많지.

JOHN   Isn't there a better way to do this?

BOB   Sure! There's more than one way to skin a cat.

존   이것을 하는 데는 더 좋은 방법이 있지 않니?

밥   물론이지! 방법이야 많아.

Whatever.

아무거나.

BOB   Which do you want, red or green?

TOM   Whatever.

밥   너 어떤 걸로 할래, 빨간색 아니면 녹색?

탐   아무거나.

a win-win situation

누이 좋고 매부 좋은 상황 거의 어떤 선택이라도 다 좋은 선택인 경우를 말한다.

Whether they buy a stock or sell it, it's fine with me. I'm a broker so it's a win-win situation for me.

그들이 주식을 매입하든 매매하든 난 괜찮아. 난 중개인이니까 나한테는 누이 좋고 매부 좋은 상황이지.

06

시간과 순서에
관한 표현

UNIT 6-1 과거, 현재, 미래

• the good old days

좋았던 옛 시절

실제로 그렇지 않았더라도 누구나 지금보다 더 좋았다고 기억하는 옛 시절을 말한다.

The good old days didn't start until they had indoor bathrooms.

실내에 화장실을 짓고 나서부터 좋은 세상이 되었지.

not A until B B 하고 나서야 A가 되다 | **indoor** 실내의

• since time immemorial

아득한 옛날부터

JANE   We had our first local parade on Independence Day this year.

BOB   My hometown has had a big parade on the Fourth of July since time immemorial.

제인   올해 독립기념일에 처음으로 우리 고장 퍼레이드를 했어.

밥   우리 고향에서는 아주 옛날부터 7월 4일, 독립 기념일에 성대한 퍼레이드를 해 왔는데.

• Those were the days.

그때가 정말 좋았지.

JANE   Ah, yes. The eighties.

BOB   Those were the days!

제인   아, 그래. 80년대.

밥   그때가 좋았지!

Those were the days. Back when people knew right from wrong.

그때가 좋았지. 그때는 사람들이 옳고 그른 것을 구별했다고.

know A from B A와 B를 구별하다

• **used to** do something

~하곤 했다

과거에 습관적으로 어떤 일을 하곤 했다는 의미이다.

We used to go swimming in the lake before it became polluted.

우리는 호수가 오염되기 전에 그곳으로 수영하러 가곤 했다.

• **as it is**

현재로서는 /
현재 일이 돌아가는
상황으로 봐서는

MARY   Can we afford a new refrigerator?

FRED   As it is, it would have to be a very small one.

메리   새 냉장고를 살 수 있을까?

프레드   지금 형편으로는 아주 작은 것밖에 못 살 것 같은데.

• **as we speak**

바로 이 순간

TOM   Waiter, where is my steak?
It's taking a long time.

WAITER   It is being grilled as we speak, sir—just as you requested.

탐   웨이터, 스테이크 언제 나옵니까? 오래 걸리네요.

웨이터   손님이 주문하신 대로 지금 굽고 있습니다.

• **at the present time**

현재

MARY   How long will it be until we can be seated?

WAITER   There are no tables available at the present time, madam.

MARY   But, how long?

메리   자리가 나려면 얼마나 기다려야 할까요?

웨이터   현재는 빈자리가 없습니다. 부인.

메리   그러니까, 얼마나 기다려야 하느냐고요.

• in this day and age

요즘 같은 세상에

BILL	Ted flunked out of school.
MOTHER	Imagine that!
	Especially in this day and age.

빌　　테드가 퇴학당했어요.
엄마　그게 말이나 되니! 특히나 요즘 같은 세상에.

flunk out of school 성적 불량으로 퇴학당하다 | Imagine that! 말도 안 돼!

• need something yesterday 친밀

지금 당장 필요하다

Yes, I'm in a hurry! I need it yesterday!

그래. 나 급해! 그게 지금 당장 필요하다고!

When do I need it? Now! Now! No, I need it
yesterday!

그게 언제 필요하냐고? 지금! 지금! 아니, 지금 당장 필요하다고!

• from now on

앞으로는

JOHN	Do you think you can change your way of doing this?
BOB	Sure. I'll do it your way from now on.

존　　네가 이 일을 하던 방식을 바꿀 수 있다고 생각해?
밥　　물론이지. 앞으로는 네 방식대로 그 일을 할 거야.

• Perhaps a little later.

조금 있다가.

WAITER	Would you like your coffee now?
BOB	Perhaps a little later.
WAITER	All right.

웨이터　지금 커피 드릴까요?
밥　　　조금 있다가요.
웨이터　알겠습니다.

• (someone/something **is) supposed to** (do something).

~가 …하기로 되어 있다. 말할 때는 supposed를 'sposed로 줄여 쓰는 경우가 많다. someone 이나 something의 자리에는 명사나 대명사를 쓰거나, 혹은 someone, something이 그대로 사용되기도 한다.

MARY   They didn't deliver the flowers we ordered.

SUE   Supposed to. Give them a call.

메리   그 사람들이 우리가 주문한 꽃을 배달하지 않았어.

수   보내기로 했는데. 전화해 봐.

SALLY   This screw doesn't fit into hole number seven in the way the instructions say it should.

BILL   It's supposed to. Something's wrong.

샐리   설명서와는 달리 이 나사가 7번 구멍에 안 맞아.

빌   맞을 텐데. 뭔가 잘못됐군.

screw 나사, 나사못 | **fit into** ~에 꼭 맞게 끼다[들어가다] | **in the way** ~한 방법대로 | **instructions** 설명서

• What's on tap for today?

오늘 일정이 어떻게 되지? 술통 꼭지(tap)만 틀면 언제든 마실 수 있도록 준비된 맥주처럼 예정되어 있는 일 정에 관한 질문이다.

TOM   Good morning, Fred.

FRED   Morning. What's on tap for today?

TOM   Trouble in the morning and difficulty in the afternoon.

FRED   So, nothing's new.

탐   안녕, 프레드.

프레드   안녕. 오늘 일정이 어떻게 돼?

탐   오전엔 고생, 오후엔 어려운 일이지.

프레드   새로울 게 없네.

UNIT 6-2 ▶ 시작과 끝

• good to go

준비 완료된

I've checked everything, and we are good to go.
준비물 다 확인했어. 이제 출발만 하면 돼.

Everything's good to go, and we will start immediately.
떠날 준비가 모두 끝났으니 우린 곧 떠날 거야.

• All systems are go.

준비 완료야. 모든 것이 준비되었거나 일이 계획대로 잘 진행되고 있다는 뜻이다. 미국에서 우주 탐사를 시작하던 초창기에 사용했던 전문 용어에서 유래되었다.

BILL　Can we leave now?
　　　Is the car gassed up and ready?
TOM　All systems are go. Let's get going.

빌　이제 떠날까? 자동차에 휘발유도 다 채우고 떠날 준비 됐지?
탐　준비 완료. 출발하자.

gas up (차에) 휘발유를 채우다

• Anytime you are ready.

너만 준비되면 언제든지. 상대방이 적절한 행동을 할 때까지 기다리고 있겠다는 뜻이다.

MARY　I think it's about time to go.
BILL　Anytime you're ready.

메리　이제 떠날 시간인 것 같아.
빌　너만 준비되면 언제든 떠나도 돼.

DOCTOR　Shall we begin the operation?
TOM　Anytime you're ready.

의사　수술 시작할까요?
탐　준비되셨으면 언제든 시작하세요.

Chapter 06　시간과 순서에 관한 표현

• do something **in a heartbeat**

~를 당장 실행에 옮기다 If I had the money, I would go back to college in a heartbeat.

돈만 있으면 당장 복학할 텐데.

Just tell me that you need me, and I'll come there in a heartbeat.

당신이 내가 필요하다고 한 마디만 한다면 당장 그곳으로 달려가겠소.

go back to college 대학에 복학하다 │ **in a heartbeat** 곧장, 두말 없이

• **Fire away!**

해 봐!

특히 질문을 시작해 보라고 할 때 쓴다. 군인에게 사격을 개시하라는 지시를 내리는 것에 비유한 표현이다.

ANDY   Dad, do you mind if I ask you a few questions?

FATHER Fire away!

앤디   아빠, 질문을 몇 가지 드려도 괜찮을까요?
아빠   해 보렴!

• **Hop to it!**

당장 시작해!

BILL   I have to get these things stacked up before I go home.

BOB   Then hop to it! You won't get it done standing around here talking.

빌   집에 가기 전에 이걸 전부 쌓아놓아야 해.
밥   그럼 당장 시작해! 여기 서서 잡담하다간 다 못할걸.

get ~ stacked up ~를 쌓다 │ **get ~ done** ~를 끝내다

• from day one

처음부터

From day one, she was a very calm and happy child.

처음부터 그녀는 아주 차분하고 행복한 아이였어요.

He has been a nuisance from day one. Someone needs to tell him to cool it.

그는 처음부터 성가신 존재였어. 누가 걔한테 열 좀 그만 내라고 말해 줘야 한다니까.

a nuisance 성가신 사람, 거머리 같은 사람

• from the get-go
• from the git-go

처음부터

git은 get의 발음이 자주 git으로 들리는 것에서 유래하여 이를 발음되는 대로 철자화한 것이다.

ANDY Fred just doesn't seem to be catching on to the job.

HANNA Yes, we had our doubts about him from the git-go.

앤디 프레드가 그 일을 도무지 이해하지 못하고 있는 것 같아.

한나 그래, 우리가 처음부터 그의 능력에 대해 의심하긴 했잖아.

• in the first place

우선 / 애초에

이어서 '두 번째로'는 in the second place, '세 번째로'는 in the third place 라고 한다. 하지만 네 번째 이상은 이런 식으로 표현하지 않는다.

BILL What did I do?

BOB In the first place, you had no business being there at all. In the second place, you were acting rude.

빌 내가 뭘 어쨌는데?

밥 우선, 넌 거기 갈 필요가 없었어. 둘째, 무례하게 행동했지.

• right away
• right now

지금 당장

JOHN	Take this over to Sue.
BILL	Right away.

존 이것 좀 수한테 갖다 줘.
빌 당장 할게.

JOHN	How soon can you do this?
SUE	Right now.

존 이거 언제쯤 해 줄 수 있니?
수 지금 당장 해 줄게.

• Let's do it.
• Let's do this.

그렇게 하자. /
이렇게 하자.

준비가 되었으니 이제 일을 하기 시작할 때라는 뜻이다.

HANNA	Do you have everything you need to know? Is everybody ready?
IDA	Yes. Let's do this.

한나 네가 알아야 하는 것은 모두 다 숙지하고 있니? 모두 준비된 거야?
아이다 응. 하자.

COACH	(standing on the bridge) Okay, bungee jumpers! Let's do it!

코치 (다리 위에 서서) 자, 번지 점프를 할 분들! 시작합시다!

• Batter up!

먼저 시작해!

야구 용어에서 온 표현으로, 문어체에서 쓰인다.

Okay, everyone has to make a three-minute presentation today. Let's get started with the first one. Batter up!

자, 오늘은 모든 사람이 3분짜리 발표를 해야 합니다. 첫 번째 사람부터 시작합시다. 시작하세요!

Somebody has to start. Who wants to be first?
Come on. Batter up!

누가 스타트를 끊어야 해요. 누가 먼저 할래요? 자, 어서요, 시작하세요!

• down to the wire

맨 마지막에 / 끝까지　I have to turn this in tomorrow, and I'll be working down to the wire.

이거 내일 제출해야 해. 아마 마감 직전에나 끝마칠 거야.

• drop everything

모든 일을 중단하다　Drop everything and go outside. The house is on fire.

하던 일 다 중단하고 얼른 나가. 집에 불이 났어.

• keep something on the back burner

~을 보류하다　This isn't the most important thing we have to deal with at the moment, so keep it on the back burner until we have some time.

이것은 우리가 즉시 처리해야 하는 중요한 문제는 아니니까 시간이 날 때까지 보류해 두자.

• Hold your horses!

천천히 해!

MARY　Come on, Sally, let's get going!
SALLY　Oh, hold your horses!
　　　　Don't be in such a rush!

메리　자, 샐리, 어서 가자!
샐리　야, 천천히 해! 그렇게 서두르지 마!

• I'm on it.

하고 있어.

ANDY You are supposed to be doing the
accounts for this month.

DON I'm on it, I'm on it!

앤디 당신이 이번 달 회계를 맡기로 되어 있잖아요.
돈 하고 있어요, 하는 중이에요!

I knew the boss was after me to get the report
done on time. I was working on it when he called
me the third time. "I'm on it, Chief," I said, sort of
fibbing, but sincere this time.

나는 상사가 그 보고서를 제시간에 마치라고 하려고 나를 찾았다는 것을
알고 있었어. 상사가 세 번째로 나를 불렀을 때 나는 그 일을 하고 있는 중
이었거든. "하고 있어요, 팀장님."이라고 거짓말을 좀 하긴 했지만, 이번엔
진심이었어.

• in the meantime

그 사이에 / 그동안

The movie starts at 6:00. In the meantime, let's
eat dinner.

영화는 여섯 시에 시작해. 그 사이에 저녁 먹자.

• (It's) about that time.
• It's that time.

시간 다 됐어.

It's about that time. We'll be saying good night.

시간 다 됐어. 이제 잘 자라고 말해야겠구나.

It's that time. See you in the morning.

시간 다 됐어. 아침에 보자.

About that time. Off to bed, kids.

시간 다 됐어. 얘들아, 침대에서 나와.

• It's not over 'til it's over.

끝까지 가 봐야 알아.   It looks bad for our side, but it's not over 'til it's over.

우리 쪽이 불리한 듯하지만 결과는 끝까지 지켜봐야 알 수 있어.

be over 끝나다

• (It's) not supposed to.
• (someone's) not supposed to.

원래 그게 아닌데.   주어로 사람 이름이나 대명사를 쓰기도 한다.

FRED   This little piece keeps falling off.

CLERK   It's not supposed to.

프레드   이 작은 조각이 자꾸 떨어져요.

점원   그러면 안 되는데.

BILL   Tom just called from Detroit and says he's coming back tomorrow.

MARY   That's funny. He's not supposed to.

빌   탐이 디트로이트에서 방금 전화했는데, 내일 돌아올 거래.

메리   이상하다. 원래 예정이 그게 아닌데.

fall off 떨어지다 | That's funny. 그것참 이상하다.

• Looking good.
• Lookin' good.

좋아.   Nice work, Sally. Looking good. Glad you'll finish on time.

잘했어. 샐리. 좋아. 네가 제시간에 끝내게 될 거라서 다행이야.

JOHN   Our project is halfway completed and beginning to take shape.

BOB   Sure is. Lookin' good, chum.
Keep up the good work.

존   우리 프로젝트가 반쯤 완성되어 형태가 잡혀가고 있어.

밥   확실히 그렇네. 좋아, 친구. 계속 잘해 봐.

• off and running

**힘차게 출발한 /
시작한 이후 계속하여**

경주 용어에서 유래된 문어체 표현이다.

JOHN It's going to be a very busy day like all
Saturdays. Everyone wants to shop on
Saturday. So, I guess it's time to unlock
the door and let them in.

BOB Okay, we're off and running.

존 여느 토요일과 마찬가지로 아주 바쁜 하루가 될 거예요. 토요일
에는 모든 사람들이 쇼핑을 하고 싶어 하니까요. 자, 이제 문을
열고 사람들을 들어오게 할 시간이 된 것 같군요.

밥 네, 힘차게 출발합시다.

It's Monday morning, and we're off and running
again.

월요일 아침이니까 다시 힘차게 출발해 봅시다.

• off to a flying start

출발이 아주 순조로운

MARY We started early this morning and are still
going strong.

JANE Yes, we're off to a flying start.
I hope we can continue at this pace.

메리 우리 오늘 아침에 일찍 일을 시작했는데도 여전히 기운이 넘치
네요.

제인 네, 출발이 아주 순조로워요. 우리가 이 속도를 유지할 수 있으
면 좋겠어요.

• one way or another

어떻게든

TOM Can we fix this radio, or do I have to buy a
new one?

MARY Don't fret! We'll get it repaired one way or
another.

탐 우리가 이 라디오를 고칠 수 있을까, 아니면 내가 새것을 사야
할까?

메리 안달 좀 하지 마! 어떻게든 고칠 거니까.

JOHN   I think we're lost.

ALICE   Don't worry.
We'll get there one way or another.

존   길을 잃은 것 같아.
앨리스   걱정 마. 어떻게든 도착할 거야.

fret 애태우다, 안달하다 | repair 수리하다, 고치다(= fix) | be lost 길을 잃다

• slow going

더딘 진행

It was slow going at first, but I was able to finish the project by the weekend.

처음엔 진행이 더뎠지만 주말까지는 그 프로젝트를 끝낼 수 있었어.

• What's the drill?

❶ 할 일이 뭐야?

BILL   I just came in. What's the drill?

TOM   We have to carry all this stuff out to the truck.

빌   나 지금 막 왔어. 뭘 하면 돼?
탐   이 물건을 전부 밖에 있는 트럭으로 옮겨야 해.

"What's the drill?" asked Mary. "Why are all these people sitting around like this?"

메리가 "해야 할 일이 뭐죠? 왜 이 사람들이 전부 이렇게 앉아 있는 거예요?"라고 물었다.

stuff 물건, 것 | carry ~ out to … ~를 …로 옮기다

❷ (절차에 관한 문의)
뭐부터 하면 되죠?

BILL   I need to apply for new license plates. What's the drill? Is there a lot of paperwork?

CLERK   Yes, there is.

빌   자동차 번호판을 새로 신청해야 합니다. 어떻게 해야 하죠? 서류 작성할 게 많나요?
직원   네, 많습니다.

BILL	I have to get my computer repaired. Who do I talk to? What's the drill?
BOB	You have to get a purchase order from Fred.
빌	컴퓨터를 좀 수리해야 합니다. 누구한테 얘기하면 되죠? 뭐부터 하면 되죠?
밥	프레드에게 수리 신청서를 받아오셔야 해요.

apply for ~을 신청하다 | license plate 자동차 번호판 | purchase order 구입 주문서 (여기서는 '수리 신청서'를 말함)

• You ain't seen nothing yet!

이건 시작에 불과해! 관용적으로 굳어진 표현이므로 ain't를 꼭 축약형으로 사용해야 한다.

ALICE	Well, the first act was simply divine.
SUE	Stick around. You ain't seen nothing yet!
앨리스	제1막은 그냥 종교적인 분위기였어.
수	계속 봐 봐. 그건 시작에 불과해!

• all over

❶ 완전히 끝난

Hooray. The play has ended, and it was it a huge success. Yippee! It's all over!

만세. 연극은 끝났고, 대성공이었어. 야호! 완전히 끝났어!

It's all over for Fred. He was fired today, and two guards led him out of the building.

프레드는 완전히 끝났어. 오늘 해고됐는데, 경비원 두 명이 그를 빌딩 밖으로 내쫓더라니까.

❷ 사방에 / 어디에나

TOM	I think I shouldn't have mentioned Fred's problems. I hope it doesn't become gossip.
ANN	You should have keep your mouth shut. It's all over now.
탐	내가 프레드의 문제에 대해 언급하면 안 됐던 것 같아. 뜬소문이 되지 않으면 좋겠는데.
앤	넌 입을 꾹 다물고 있어야 했어. 이제 사방에 다 퍼졌어.

The disease started out slowly, hitting only a few neighborhoods. Now it's all over.

그 질병은 서서히 발생하여 처음에는 인근 마을 몇 곳에만 타격을 입혔어. 이제는 사방에 다 퍼졌지만.

• at the end of the day

결국에는

문어체로도 쓰인다.

Don't sweat the small stuff. At the end of the day, it will all come out in the wash. You better believe it!

별것도 아닌 거 가지고 속 좀 태우지 마. 결국에는 다 잘될 거야. 틀림없다니까!

• once and for all

영원히 / 완전히

SUE I'm going to get this place organized once and for all!

ALICE That'll be the day!

수 이곳을 완전히 정리할 생각이야!

앨리스 해가 서쪽에서 뜨겠네!

• Let's call it a day.

오늘은 이만 끝내자.

MARY Well, that's the end of the reports. Nothing else to do.

SUE Let's call it a day.

메리 자, 보고서를 다 마무리했어. 더 이상 할 일이 없군.

수 오늘은 이만 끝내자.

• So much for that.

이만하면 됐어.

John tossed the stub of a pencil into the trash. "So much for that," he muttered, fishing through his drawer for another.

존은 쓰레기통에 몽당연필을 집어던졌다. 그는 "이만큼 썼으면 됐지."라고 중얼거리며 다른 연필을 꺼내려고 서랍을 뒤졌다.

• That does it!

❶ 다 했다!

When Jane got the last piece put into the puzzle, she said, "That does it!"

제인이 마지막 남은 퍼즐 조각을 맞추며 "완성!"이라고 말했다.

❷ 더 이상 못 참아!

BILL   We're still not totally pleased with your work.

BOB   That does it! I quit!

빌   우리는 여전히 당신이 한 일에 완전히 만족하지는 않아.
밥   더 이상은 못 참겠어요! 그만두겠어요!

• That's all, folks.

**이걸로 끝이에요,
여러분.**

Warner Brothers의 극장판 컬러 만화 영화의 마지막 부분에 상투적으로 나오는 안내 문구이다. 주로 Porky Pig가 중얼거리듯이 하는 말이다.

We've finished playing for the evening. That's all, folks!

오늘 저녁 연주는 다 끝났어요. 이걸로 끝이에요, 여러분!

JOHN   Can I have some more popcorn?

BOB   All gone. Sorry. That's all, folks.

존   팝콘을 더 먹을 수 있어요?
밥   다 팔렸어요. 죄송해요. 이걸로 끝입니다, 여러분.

• That's that!

끝이야!

TOM	Well, that's that! I can do no more.
SALLY	That's the way it goes.
탐	야, 이젠 끝이야! 더 이상은 못해.
샐리	원래 그런 거야.

• Time to call it a day.

오늘은 이만 끝내자.

JANE	Well, I'm done. Time to call it a day.
SUE	Yes, let's get out of here.
제인	야, 다 했다. 오늘은 이만하자.
수	그래, 어서 나가자.

• Time to call it a night.

오늘은 이만 끝내자. 일이나 파티와 관련된 상황에서 사용된다.

BOB	Wow, it's late! Time to call it a night.
MARY	Yes, it's really dark! Good night.
밥	저런, 늦었네! 오늘은 이만 끝내자.
메리	그래, 정말 깜깜해졌다! 잘 가.

• when all is said and done
• when everything is said and done

다 끝났으니 하는 말인데 참고 at the end of the day (403쪽)

JOHN	Looking back on things, I am pretty sure we made the right decision.
BOB	But when everything is said and done, it's six of one and half a dozen of the other.
존	지난 일을 다시 생각해 보니 우리가 옳은 결정을 내렸다는 확신이 들어.
밥	다 지나갔으니까 하는 말인데, 그게 그거야.

2-06-03

UNIT 6-3 · 시간 관련 표현

• (I) haven't got all day.

시간이 없어.

HENRY I haven't got all day. When are you going to finish with my car?

BOB As soon as I can.

헨리　시간이 없어요. 차 수리는 언제 끝나죠?
밥　되도록 빨리 고쳐 드릴게요.

finish with one's car 차 수리를 끝내다

• in the interest of saving time

시간을 절약하기 위해

MARY In the interest of saving time, I'd like to save questions for the end of my talk.

BILL But I have an important question now!

메리　시간 절약을 위해, 질문은 제 이야기가 다 끝나면 해 주세요.
빌　하지만 전 지금 중요한 질문이 있어요!

• in the nick of time

결정적인 순간에

The doctor arrived in the nick of time. The patient's life was saved.

그 의사는 결정적인 순간에 도착해서 환자의 목숨을 구했다.

I reached the airport in the nick of time.

난 가까스로 제시간에 공항에 도착했다.

reach ~에 도착하다(= arrive at)

• There aren't enough hours in the day.

시간이 모자라.

I am behind in all my work. There aren't enough hours in the day!

할 일은 산더미같이 쌓여 있는데, 시간이 모자라!

We can't handle all the problems that come our way. There aren't enough hours in the day.

우리에게 닥친 문제를 모두 처리할 수는 없어. 그러기엔 시간이 너무 모자라.

be behind in one's work 일이 밀려 있다 | **handle** 다루다, 처리하다 | **come one's way** (일이) 닥치다

• There's no time like the present.

해야 할 일은 당장 하는 것이 상책이다. / 지금이 가장 좋은 기회이다.

내일로 미루지 말라는 뜻의 속담이다.

JOHN   I think I will try to find a lawyer in a few weeks to help me with my will.

BOB   Do it now. There's no time like the present.

존   나는 몇 주 내로 내 유언장을 도와줄 변호사를 찾을까 생각 중이야.

밥   지금 해. 할 일은 당장 하는 게 상책이야.

• Yesterday wouldn't be too soon.

정말 급해.

When do you want this?(이게 언제 필요하죠?)에 대한 대답이다. '(원하는 물건을) 어제 받았더라도 그리 빠른 건 아닐 것이다'라는 의미로 매우 시급함을 나타낸다.

MARY   Mr. Franklin, when do you want this?

FRED   Well, yesterday wouldn't be too soon.

메리   프랭클린 씨, 이거 언제 필요하시죠?

프레드   음, 정말 급해요.

ALICE   When am I supposed to have this finished?

SUE   Yesterday wouldn't be too soon.

앨리스   이거 언제까지 끝내야 하죠?

수   너무 급해요.

be supposed to ~하기로 되어 있다 | **have ~ finished** ~를 끝내다

• late in the day

뒤늦은 감이 있는 문어체로도 쓰인다.

Now that you've lost most of your money in bad investments, it's late in the day to think about looking for a stockbroker.

잘못된 투자로 돈의 대부분을 잃고 나서 주식 중개인을 구하는 것에 대해 생각해 보는 것은 뒤늦은 감이 있다.

At 85, it's a little late in the day to be thinking about marriage.

85세 때 결혼에 대해 생각해 보는 것은 약간 뒤늦은 감이 있다.

• (My,) how time flies.

❶ 시간이 벌써 저렇게 됐네.

BILL   Look at the clock!

MARY   How time flies! I guess you'll be going.

TOM   Oh, no. I just noticed that it's time for the late show on television.

빌   시간 좀 봐!
메리   시간 참 빠르네! 너 가야 하지.
탐   아, 맞다. 텔레비전에서 심야 쇼 할 시간이네.

❷ 세월 참 빠르다. 특히 아이들이 훌쩍 커 버린 것을 보면서 하는 말이다.

TOM   It seems it was just yesterday that
I graduated from high school.
Now I'm a grandfather.

MARY   My, how time flies.

탐   고등학교 졸업한 게 엊그제 같은데 벌써 할아버지가 되다니.
메리   야, 세월 참 빠르다.

It seems it was just yesterday (that)... ~한 게 엊그제 같다 | graduate from ~를 졸업하다

• Since when?

언제부터?

JANE Fred is now the assistant manager.
BOB   Since when?
JANE Since I appointed him, that's when.

제인   이제 프레드가 부지배인이야.
밥   언제부터?
제인   내가 임명하면, 그때부터지.

assistant manager 부지배인 | **appoint** 지명하다, 임명하다

• so soon

예정보다 일찍

I got there early because my bus arrived so soon.
버스가 예정보다 일찍 와서 그곳에 빨리 도착했다.

Because the meeting ended so soon, I had some extra time.
회의가 예정보다 일찍 끝나서 약간 여유 시간이 생겼다.

have some extra time 여유 시간이 좀 생기다

• Sooner than you think.

생각보다 빨리.

SALLY I'm going to have to stop pretty soon for a rest.
MARY   Sooner than you think, I'd say. I think one of our tires is low.

샐리   조만간 멈춰서 쉬어가야겠어.
메리   빨리 쉬는 게 좋겠어. 타이어 하나가 바람이 빠진 것 같아.

TOM The stock market is bound to run out of steam pretty soon.
BOB Sooner than you think from the look of today's news.

탐   주식 시장이 조만간 침체될 거야.
밥   오늘 뉴스를 보니 예상보다 빨리 침체될 것 같더군.

• The sooner the better.

빠르면 빠를수록 좋아.

BOB When do you need this?

MARY The sooner the better.

밥 이거 언제 필요해?

메리 빠르면 빠를수록 좋아.

• Times are changing.

시대가 변했잖아.

SUE They paid nearly five hundred thousand for their first house!

RACHEL Well, I shouldn't be so surprised. Times are changing, I guess.

수 그 사람들은 처음으로 집을 살 거의 50만 달러를 줬다는군!

레이첼 별로 놀랄 일도 아니네. 시대가 변했잖아.

"Times are changing," warned Mary. "You can't expect the world to stand still."

메리는 "시대가 변했잖아. 세상이 그대로일 거라고 생각하면 안 되지."라고 주의를 주었다.

• Whenever.

언제든.

BILL When should I pick you up?

SUE Oh, whenever. I don't care. Just come on over, and we'll take it from there.

빌 언제 데리러 갈까?

수 언제든, 상관없어. 그냥 와, 그래서 저기서 실어 가자.

MARY Well, Uncle Harry, how nice to have you for a visit. We need to book your return flight. When will you be leaving?

UNCLE Oh, whenever.

메리 해리 아저씨. 이렇게 와 주셔서 정말 감사해요. 가시는 비행기를 예약해야 하는데, 언제 떠나실 거죠?

아저씨 음, 아무 때나.

• from the old school

옛날 방식을 고수하는 / 보수적인

과거에는 보편적이고 중요했지만 더 이상 적절한 것으로 여겨지지 않거나 혹은 요즘 추세에 맞지 않는 태도나 생각을 고수하는 것을 의미한다.

Grammar was not taught much in my son's school, but fortunately he had a teacher from the old school.

우리 아들 학교에서는 문법을 그다지 많이 가르치지 않았지만 다행인 것은 옛날 학습법을 고수하시는 선생님에게서 배웠다는 거야.

• That's old school.

그런 건 낡은 사고방식이야.

참고 from the old school (411쪽)

Don't bother holding the door open for me just because I am a woman. That's so old school.

제가 여자라고 해서 문을 잡고 있는 수고까지 할 필요는 없어요. 그런 건 낡은 사고방식이에요.

• a thing of the past

구시대의 산물

참고 What's the world coming to? (617쪽)

Taking off hats in elevators is a thing of the past.

엘리베이터 안에서 모자를 벗는 것은 구시대의 산물이다.

JOHN What happened to good old decency and respect for others?

BOB Sure seems like it's a thing of the past.

존 다른 사람들에게 보여 주던 그 옛날의 훌륭한 예절과 존중은 다 어디로 간 거야?

밥 확실히 그런 건 구시대의 산물처럼 보여.

07
전화

UNIT 7-1 통화하기

- **Could I speak to** someone**?**
- **Can I speak to** someone**?**
- **May I speak to** someone**?**

~와 통화할 수 있을까요?

보통 전화상에서 특정한 사람을 바꿔 달라고 요청하는 표현이다. someone 자리에는 통화를 원하는 사람의 이름을 넣으면 된다. speak 대신 talk를 사용하기도 한다.

TOM	(answering the phone) Good morning, Acme Air Products. With whom do you wish to speak?
BILL	Can I speak to Mr. Wilson?
TOM	One moment.

탐	(전화를 받고) 안녕하세요, 에크미 에어 프로덕트입니다. 누굴 찾으시나요?
빌	윌슨 씨와 통화할 수 있을까요?
탐	잠시만 기다리세요.

SALLY	May I speak to the manager, please?
CLERK	Certainly, madam. I'm the manager.

샐리	책임자와 얘기할 수 있을까요?
직원	물론이죠, 부인. 제가 책임자입니다.

answer a phone 전화를 받다 | **One moment.** 잠시만요.(= Just a minute.)

• I'd like to speak to someone, please.

**~와 통화할 수
있을까요?**

전화를 걸거나 사무실에 찾아가서 특정한 사람과 얘기하기를 청하는 일반적인 표
현이다.

SUE	(answering the phone) Hello?
BILL	Hello, this is Bill Franklin.
	I'd like to speak to Mary Gray, please.
SUE	I'll see if she's in.
수	(전화를 받으며) 여보세요?
빌	여보세요, 전 빌 프랭클린입니다. 메리 그레이와 통화하고 싶은데요.
수	자리에 있는지 알아볼게요.

"**I'd like to speak to Tom**," said the voice at the
other end of the line.

수화기 반대편에서 "탐과 통화하고 싶은데요."라고 하는 목소리가 흘러나
왔다.

I'll see if... ~인지 알아보다 | **at the other end of the line** 수화기 반대편에서

• Is someone there?

**(전화상으로)
~ 있나요?**

특히 전화에서 누군가를 바꿔 달라고 할 때 쓰는 표현이다. 단지 특정한 사람이 그
곳에 있는지를 알려고 하는 말이 아니다. someone 자리에는 대개 사람 이름이
들어간다.

TOM	Hello?
MARY	Hello. **Is Tom there?**
TOM	Speaking.
탐	여보세요?
메리	여보세요. 탐 있나요?
탐	전데요.

Speaking. 전데요. (전화상에서 '제가 당신이 찾는 사람입니다'라는 의미)

414

• I'll call back later.

나중에 다시 걸게.

SALLY   Is Bill there?

MARY   Sorry, he's not here right now.

SALLY   I'll call back later.

샐리   빌 있나요?

메리   미안하지만, 지금 없는데요.

샐리   나중에 다시 전화할게요.

• (It's) good to hear your voice.

**네 목소리 들으니
반갑다.**

전화 통화를 시작하거나 끝낼 때 쓴다.

BOB   Hello?

BILL   Hello, it's Bill.

BOB   Hello, Bill. It's good to hear your voice.

밥   여보세요?

빌   여보세요, 나 빌이야.

밥   안녕, 빌. 목소리 들으니 반갑다.

• Speaking.
• This is someone.

(전화상에서) 전데요.

someone 자리에 사람의 이름이나 he 또는 she를 쓴다.

TOM   Hello?

MARY   Is Tom there?

TOM   Speaking.

탐   여보세요?

메리   탐 있어요?

탐   전데요.

TOM   Hello?

MARY   Is Tom there?

TOM   This is he.

탐   여보세요?

메리   탐 있어요?

탐   전데요.

• Thank you for calling.

전화해 줘서 고마워. 전화해 줘서 도움이 된 경우 혹은 성가시게 전화를 하도록 만들어서 미안하다는
의미로 사용한다.

JOHN Okay. Well, I have to get off the phone.
I just wanted you to know what was
happening with your order.

JANE Okay. Bye. Thanks for calling.

존 알겠습니다. 이제 그만 끊어야겠네요. 주문하신 게 어떻게 됐는
지 알려 드리려고 전화드렸습니다.

제인 네. 안녕히 계세요. 전화해 주셔서 고맙습니다.

• Who do you want (to talk to)?
• Who do you want to speak to?
• Who do you wish to speak to?
• Who do you wish to talk to?

누구를 바꿔 드릴까요? who 대신 whom을 쓸 수 있다.

비교 With whom do you wish to speak? (418쪽)

SUE Wilson residence.
Who do you want to speak to?

BILL Hi, Sue. I want to talk to you.

수 윌슨 씨 댁입니다. 누구를 바꿔 드릴까요?

빌 안녕, 수. 너랑 통화하려고 전화했어.

TOM (answering the phone) Hello?

SUE Hello, who is this?

TOM Who do you wish to speak to?

SUE Is Sally there?

TOM Just a minute.

탐 (전화를 받으며) 여보세요?

수 여보세요, 누구세요?

탐 누구를 바꿔 드릴까요?

수 샐리 있나요?

탐 잠시만 기다리세요.

residence 집

416

• Who is this?

(전화 상에서)
누구시죠?

TOM	Who is this?
FRED	Isn't this the Harrison Poultry Shop?
TOM	No.
FRED	I guess I have the wrong number.

탐	누구시죠?
프레드	거기 해리슨 가금류 상점 아닌가요?
탐	아닌데요.
프레드	전화를 잘못 건 것 같네요.

MARY	(answering the phone) Hello?
SUE	Hello, who is this?
MARY	Well, who did you want?
SUE	I want Grandma.
MARY	I'm sorry, I think you have the wrong number.

메리	(전화를 받으며) 여보세요?
수	여보세요, 누구세요?
메리	글쎄 누굴 찾으시죠?
수	할머니 좀 바꿔 주세요.
메리	죄송합니다만 전화 잘못 건 것 같네요.

poultry 가금류

• Who's calling(, please)?

(전화 상에서)
누구시죠?

FRED	(answering the phone) Hello?
TOM	Hello, is Bill there?
FRED	Who's calling, please?
TOM	This is Tom Wilson returning his call.

프레드	(전화를 받으며) 여보세요?
탐	여보세요, 빌 있나요?
프레드	실례지만, 누구시죠?
탐	탐 윌슨인데요, 빌이 전화했다고 해서 전화드리는 겁니다.

return one's call ~에게 회신 전화를 하다

- ## Who's on the phone?
- ## Who's on the line?

누가 전화한 거야?

전화를 건 사람이 아직 대기 중일 수도 있다.

Bill was on the telephone, and Mary walked by. "Who's on the phone?" asked Mary, hoping the call was for her.

빌이 전화를 받고 있을 때 메리가 그 옆을 지나갔다. 그녀는 자신에게 온 전화이길 바라면서 "누가 전화한 거야?"라고 물었다.

Tom asked, "Who's on the line?" Mary covered the receiver and said, "None of your business!"

탐이 "누구 전화야?"라고 묻자 메리가 수화기를 막고 말했다. "네가 신경 쓸 일 아니야!"

- ## With whom do you wish to speak?

누구를 찾으세요?

상대가 누구와 통화하고 싶은지를 정중하게 묻는 표현이다.
비교 Who do you want (to talk to)? (416쪽)

TOM	(answering the phone) Good morning, Acme Air Products. With whom do you wish to speak?
SUE	Sorry, I have the wrong number.
TOM	That's perfectly all right. Have a nice day.

탐 (전화를 받으며) 안녕하십니까, 에크미 에어 프러덕트입니다. 누굴 찾으십니까?

수 죄송합니다. 전화를 잘못 걸었군요.

탐 괜찮습니다. 좋은 하루 되세요.

• You called?

❶ (무슨 일로)
전화했었어?

회신 전화를 하는 사람이 "전에 전화했을 때 무슨 말 하려고 했니?"라는 의미로 말한다.

BILL (answering the phone) Hello?

BOB This is Bob, you called?

빌 (전화를 받고) 여보세요?

밥 나 밥이야, 전화했다며?

❷ 불렀어? /
(농담조로)
부르셨습니까?

누군가에게 불려갔을 때 쓴다. 하인이 주인에게 답하듯 농담조로 사용하기도 한다.

MARY Oh, Tom. Come over here a minute.

TOM (coming to where Mary is standing)
You called?

메리 어, 탐. 잠깐 이리 와 볼래?

탐 (메리가 서 있는 곳으로 가며) 불렀어?

• What number are you calling?

몇 번으로 거셨죠?

상대가 전화를 잘못 걸었다고 생각될 때 하는 말이다.

BOB (on the telephone) Hello?

MARY Hello, is Sally there?

BOB Uh, what number are you calling?

MARY I guess I have the wrong number. Sorry.

BOB No problem. Good-bye.

밥 (전화를 받으며) 여보세요?

메리 여보세요, 샐리 있나요?

밥 저, 몇 번에 거셨죠?

메리 제가 전화를 잘못 건 것 같군요. 죄송합니다.

밥 괜찮아요. 그럼 안녕히 계세요.

UNIT 7-2 메시지 전달하기

• Could I have someone call you?

~한테 당신에게 전화하라고 할까요?

상대방이 찾는 사람이 당장 전화를 받을 수 없을 때 전화받는 사람이 묻는 말이다. someone 자리에는 사람의 이름 또는 인칭대명사를 쓰거나, 그냥 someone을 쓸 수도 있다. could 대신 can이나 may를 사용하기도 한다.

TOM Bill's not here now.
Could I have him call you?

BOB Yeah. Ask him to leave a message on my machine.

TOM Sure.

탐 빌이 지금 자리에 없는데요. 전화드리라고 할까요?
밥 네. 내 자동 응답기에 메시지 좀 남겨 달라고 전해 주세요.
탐 네, 그러죠.

be not here (now) ~가 (현재) 자리에 없다 | **ask ~ to...** ~에게 …하라고 요청하다 | **leave a message** 메시지를 남기다

• Could I leave a message?

메시지 좀 전해 주시겠어요?

could 대신 can이나 may를 사용하기도 한다.

"May I leave a message?" asked Mary politely.

메리는 "메시지 좀 전해 주시겠어요?"라고 정중하게 물었다.

BILL Can I talk to Fred?

MARY He's not here.

BILL Could I leave a message?

MARY Sure. What is it?

빌 프레드 좀 바꿔 주시겠어요?
메리 지금 없는데요.
빌 메시지 좀 전해 주시겠어요?
메리 물론이죠. 뭔데요?

• Could I take a message?

메시지 전해 드릴까요? 전화상에서 상대방이 찾는 사람에게 메시지를 전해 주겠다고 제안하는 표현이다.
can이나 may를 사용하기도 한다.

BILL Can I talk to Fred?

MARY He's not here. Could I take a message?

빌   프레드와 통화할 수 있을까요?

메리   지금 자리에 없는데요. 전하실 말씀 있나요?

take a message 메시지를 받다

• Could I tell someone who's calling?

~에게 누구시라고 전할까요? 전화를 건 사람에게 누구인지 정중하게 묻는 표현이다. someone 자리에는 사람 이름이나 대명사가 온다. could 대신 can이나 may를 사용하기도 한다.

MARY (on the phone) Hello.

Could I speak to Bill Franklin?

SALLY Could I tell him who's calling?

메리   (전화상에서) 여보세요. 빌 프랭클린 씨 좀 바꿔 주세요.

샐리   누구시라고 전할까요?

• It's for you.

네 전화야.

HENRY Hello?

FRED Hello. Is Bill there?

HENRY Hey, Bill! It's for you.

BILL Thanks. Hello?

헨리   여보세요?

프레드 여보세요, 빌 있나요?

헨리   야, 빌! 네 전화야.

빌   고마워. 여보세요?

"It's for you," said Mary, handing the telephone receiver to Sally.

메리가 수화기를 샐리에게 건네주며 "네 전화야."라고 말했다.

hand ~ to... ~를 …에게 건네다 | **telephone receiver** 수화기

UNIT 7-3 ▶ 기다려 달라고 말하기

- **Can you hold?**
- **Would you hold?**
- **Could you hold?**

**잠깐 기다려
주시겠어요?**

SUE (answering the telephone) Hello. Acme Motors.
Can you hold?

BOB I guess.

SUE (after a while) Hello. Thank you for holding.
Can I help you?

수 (전화를 받으면서) 안녕하세요. 에크미 모터스입니다. 잠깐 기다
려 주시겠어요?

밥 그럴게요.

수 (잠시 후) 여보세요. 기다려 주셔서 감사합니다. 무엇을 도와 드
릴까요?

"Could you hold?" asked the operator.

"잠깐 기다려 주시겠어요?"라고 교환수가 말했다.

- **Hang on (a minute).**
- **Hang on a second.**
- **Hang on a moment.**

잠시만 기다리세요.

MARY Hang on a minute.

TOM What do you want?

MARY I want to ask you something.

메리 잠깐만.

탐 왜 그러는데?

메리 뭐 좀 물어보려고.

JANE (entering the room) Oh, Bill.

BILL (covering the telephone receiver)
Hang on a second. I'm on the phone.

제인 (방안으로 들어서며) 어, 빌.

빌 (수화기를 막고) 잠깐만 기다려. 통화 중이야.

cover a telephone receiver (통화 상대방에게 말소리가 들리지 않도록) 전화 수화기를
막다 | **be on the phone** 전화 통화 중이다

- **Hold the wire(, please).**   - **Hold the line(, please).**
- **Hold, please.**

잠시만 기다리세요.

통화 대기회로가 널리 사용되기 전에 사용하던 표현이다.

BILL Hold the wire, please.
(turning to Tom) Tom, the phone's for you.

TOM Be right there.

빌 끊지 말고 기다리세요. (탐쪽으로 돌아보며) 탐, 네 전화야.
탐 금방 받을게.

RACHEL Do you wish to speak to Mr. Jones
or Mr. Franklin?

HENRY Jones.

RACHEL Thank you. Hold the line, please.

레이첼 존스 씨나 프랭클린 씨 바꿔 드릴까요?
헨리 존스 씨 부탁합니다.
레이첼 감사합니다. 끊지 말고 잠시만 기다려 주세요.

SUE Good afternoon, Acme Motors,
hold please. (click)

BILL (hanging up) That makes me so mad!

수 안녕하세요. 에크미 모터스입니다. 잠시만 기다려 주세요. (뚝)
빌 (전화를 끊으며) 이런 식으로 전화를 받다니 정말 화가 나!

The phone's for ~ ~에게 온 전화이다 | click 딸깍, 뚝 (전화 끊는 소리) | make ~ mad ~를 매우 화나게 하다

08

약속과 만남

UNIT 8-1 약속할 때

- ## How will I recognize you?
- ## How will I know you?

**당신을
어떻게 알아보죠?**

붐비는 넓은 장소에서 처음 만나기로 한 사람이 상대에게 묻는 질문이다.

BILL I'll meet you at six. How will I recognize you?

MARY I'll be carrying a brown umbrella.

빌 6시에 만나요. 당신을 어떻게 알아보죠?

메리 갈색 우산을 들고 있을 거예요.

- ## Where will I find you?

어디에 있을 거야?

만날 약속을 할 때 장소를 묻는 표현이다.

TOM We'll get to the farm about noon.
Where will I find you?

SALLY Probably in the barn. If you can't find me,
just go up to the house and make yourself
comfortable on the porch.

탐 정오쯤에 우린 농장에 갈 건데. 너 어디 있을 거야?

샐리 헛간에 있을 거야. 못 찾으면 집에 올라가 현관에서 그냥 쉬고
있어.

barn (농가의) 헛간, 외양간 | **porch** 현관

• Your place or mine?

너희 집 아니면 우리 집? 누구의 집에서 만날지를 묻는 표현이다. 갑작스럽게 혹은 임의로 만난 이성 간에 성관계 장소를 어디로 정할 것인지를 묻는 질문으로도 종종 쓰인다.

BILL   I was thinking of a movie.
           What's this "Your place or mine?"

MARY   Okay, I'll rent the movie and we'll watch it at your place.

빌   나는 영화 볼 생각하고 있었어. "너희 집 또는 우리집"은 어때?
메리   그래, 내가 그 영화를 빌릴 테니 너희 집에 가서 보자.

UNIT 8-2 ▶ 만났을 때

- (I'll) be right there.
- (I'll) be right with you.

금방 갈게.　　I'm coming.

BILL　Tom! Come here.
TOM　Be right there.

빌　탬! 이리 와 봐.
탐　금방 갈게.

판매원이나 접수원들이 쓰기도 한다.

MARY　Oh, Miss?
CLERK　I'll be right with you.

메리　저기요?
점원　잠깐만요, 곧 갈게요.

- Let's get out of here.

여기서 나가자.

ALICE　It's really hot in this room.
　　　Let's get out of here.
JOHN　I'm with you. Let's go.

앨리스　이 방은 너무 덥다. 여기서 나가자.
존　나도 나갈래. 가자

• Let's go somewhere where it's (more) quiet.

(좀 더) **조용한 데로 가자.**

TOM Hi, Mary. It's sure crowded here.

MARY Yes, let's go somewhere where it's quiet.

탐 안녕, 메리. 여기는 너무 사람이 많다.

메리 그래, 좀 더 조용한 데로 가자.

BILL We need to talk.

SALLY Yes, we do.
Let's go somewhere where it's more quiet.

빌 우리 얘기 좀 해.

샐리 그래, 그러자. 어디 좀 조용한 곳으로 가자.

• should be here any time   • will be here any time
• ought to be here any time

**조금 있으면 여기에
도착할 것이다**

여기서 time은 minute, moment, second와 바꾸어 쓸 수 있다.

MARY Where's John?

JANE He should be here any minute.

메리 존은 어디에 있어?

제인 조금 있으면 여기에 도착할 거야.

The plane should be here any moment.

비행기가 조금 있으면 여기에 도착할 거야.

She's not late yet. She will be here any second.

그녀는 아직 늦지 않았어. 조금 있으면 여기에 도착할 거야.

- (someone will) **be with you in a minute.**
- **With you in a minute.**

금방 갈게요.

대개 사람의 이름이나 대명사가 주어로 사용된다. 주어가 없을 경우에는 '내가 금방 가겠다'라는 뜻이다. minute 대신 moment나 second를 써도 된다.

SUE	Oh, Miss?
CLERK	Someone will be with you in a minute.
수	아, 저기요?
점원	금방 도와드릴게요.

BILL	Please wait here. I'll be with you in a minute.
BOB	Please hurry.
빌	여기서 기다려 주세요. 금방 돌아올게요.
밥	빨리 오세요.

- **What's keeping** someone**?**

~가 왜 안 오지?

someone 자리에는 사람 이름이나 대명사를 쓴다.

BOB	Wasn't Mary supposed to be here?
BILL	I thought so.
BOB	Well, what's keeping her?
BILL	How should I know?
밥	메리가 여기 있어야 하는 거 아니야?
빌	그러게 말이야.
밥	음. 왜 이렇게 안 오지?
빌	내가 어떻게 알겠어?

BILL	I've been waiting here for an hour for Sally.
SUE	What's keeping her?
빌	여기서 1시간 동안이나 샐리를 기다렸어.
수	왜 이렇게 안 오지?

UNIT
8-3 ▷ 바쁠 때

• I'm busy.

지금 바빠.

BOB	Can I talk to you?
BILL	I'm busy.
BOB	It's important.
BILL	Sorry, I'm busy!

밥   얘기 좀 할 수 있을까?
빌   바쁜데.
밥   중요한 일이야.
빌   미안하지만 지금 바빠!

• I've got work to do.

❶ (바빠서)
가 봐야 해.

JANE	Time to go. I've got work to do.
JOHN	Me, too. See you.

제인   가야겠어. 해야 할 일이 산더미야.
존   나도. 잘 가.

BOB	I have to leave now.
BILL	So soon?
BOB	Yes, I've got work to do.

밥   이제 그만 가야겠다.
빌   이렇게 빨리?
밥   응, 할 일이 좀 있어.

❷ (지금 바쁘니까)
나중에 얘기해.

BILL	Can I ask you a question?
JANE	I've got work to do.

빌   뭐 좀 물어봐도 될까?
제인   나 지금 바빠.

MARY	There is something we have to get straightened out on this Wilson contract.
JOHN	I've got work to do. It will have to wait.
메리	이번 윌슨 계약에서 확실히 해 두어야 할 게 있어.
존	지금 바빠. 그거 하려면 시간이 좀 걸릴 거야.

straighten out 분명하게 해 두다

- **I don't have time to catch my breath.**
- **I don't have time to breathe.**

숨 쉴 틈도 없이 바빠. /
아주 바빠.

HENRY	I'm so busy these days. I don't have time to catch my breath.
RACHEL	Oh, I know what you mean.
헨리	요즘 아주 바빠. 숨 돌릴 틈도 없을 지경이야.
레이첼	무슨 말인지 알아.

SUE	Would you mind finishing this for me?
BILL	Sorry, Sue. I'm busy. I don't have time to breathe.
수	나 대신 이 일 좀 마무리해 줄래?
빌	미안해, 수. 나도 바빠. 너무 바빠서 숨 돌릴 틈도 없어.

- **(I'll) try to catch you (some other time).**
- **(I'll) try to catch you later.**
- **I'll try to see you later.**

나중에 연락할게.

BILL	I need to get your signature on this contract.
SUE	I really don't have a second to spare right now.
BILL	Okay, I'll try to catch you some other time.
빌	이 계약서에 서명해 주세요.
수	지금은 정말 시간이 없네요.
빌	알겠습니다. 나중에 다시 연락드리죠.

Chapter 08

약속과 만남

SUE	Later this afternoon would be fine.
BILL	I'm sorry for the interruptions, Tom.
	Things are very busy right now.
TOM	I'll try to see you later.

수	오늘 오후 늦게가 좋겠네요.
빌	끼어들어서 미안한데, 탐. 지금 무척 바쁘거든.
탐	나중에 다시 연락할게.

don't have a second to spare 할애할 시간이 조금도 없다 | later this afternoon 오늘 오후 늦게 | I'm sorry for the interruptions. (이야기 중이거나 통화 중인 상대방에게) 끼어들어서[방해해서] 미안해요.

• (There's) no rest for the wicked.

노닥거릴 시간이 없어.

Gee, I've been working my butt off all day. Not a moment's rest. Oh, well. No rest for the wicked, I guess.

이런, 하루 종일 엉덩이 붙이고 일만 하고 있어. 쉴 틈이 전혀 없네. 아, 그래. 노닥거릴 시간도 없는 것 같아.

Come on. Get up and go back to work. There's no rest for the wicked.

어서. 일어나서 다시 일하러 돌아가. 노닥거릴 시간 없어.

• Could I call you?

❶ (바쁘니까)
좀 있다가 통화하죠.

대개 사업 관계에서 사용하는 표현이다. could 대신 can을 써도 되지만, 여기서 may를 쓰면 지나치게 공손한 표현이 된다.

SALLY	I can't talk to you right now.
	Could I call you?
TOM	Sure, no problem.

| 샐리 | 지금은 얘기할 시간이 없는데. 나중에 통화해도 될까? |
| 탐 | 그럼, 물론이지. |

BILL	I've got to run. Sorry. Can I call you?
BOB	No, I'm leaving town.
	I'll try to get in touch next week.

| 빌 | 급히 좀 가야 하거든. 미안해. 나중에 전화해도 될까? |
| 밥 | 아니, 나 곧 떠나. 다음 주에 내가 연락할게. |

**❷ 제가 전화드려도
될까요?**

로맨틱한 상황에서도 쓸 수 있다. could 대신 can이나 may를 사용하기도 한다.

MARY　I had a marvelous time, Bob.

BOB　Me, too. Can I call you?

MARY　Sure.

메리　정말 신나고 즐거웠어, 밥.
밥　나도 그랬어. 전화해도 될까?
메리　그럼.

BOB　I had a marvelous time, Mary.
　　 May I call you?

MARY　Maybe in a week or two. I have a very
　　　busy week ahead. I'll call you, in fact.

밥　정말 신나고 즐거웠어, 메리. 전화해도 될까?
메리　1, 2주 후에는 괜찮을 거야. 앞으로 한 주는 좀 바쁘거든. 그러니
　　　까 내가 전화할게.

have a marvelous time 아주 신나고 멋진 시간을 보내다 | **ahead** 앞으로 | **in fact**
실은, 사실

- **(Have you been) keeping busy?**
- **You been keeping busy?**

요즘 바쁘니?

SUE　Hi, Fred. Have you been keeping busy?

FRED　Not really. Just doing what I have to.

수　안녕, 프레드. 요즘 바빴니?
프레드　그렇게 바쁘진 않았어. 해야 할 일을 하고 있었을 뿐이야.

TOM　Been keeping busy?

BILL　Yeah. Too busy.

탐　요즘 바쁘니?
빌　응. 무척 바빠.

UNIT 8-4 ▶ 변화 표현하기

• a change of scenery

환경 변화

풍경이나 전반적인 상황이 다른 곳으로 옮기는 것을 나타내는 표현이다.

I thought I would go to the country for a change of scenery.

환경을 좀 바꿔 보려고 시골로 갈까 해.

A change of scenery would help me relax and organize my life.

환경을 바꾸면 마음이 안정되고 인생 계획을 세우는 데 도움이 될 거야.

organize one's life 인생을 설계하다

• Let's change something up (a little).

~을 (조금) 바꾸어 보자.

회화에서는 흔히 up을 붙여 쓴다.

JOHN Aren't things okay the way they are?

BOB No, Let's change things up a little.

존 지금 그대로도 괜찮지 않아?

밥 아니야. 조금 바꾸어 보자.

ANDREW This stuff is boring.

HANNA Okay, let's change it up.

앤드류 이 자료는 따분해.

한나 그래, 바꾸어 보자.

• That'll be the day!

해가 서쪽에서 뜨겠군!

BILL I think I'll fix that lamp now.

ANDREW When you finally get around to fixing that lamp, that'll be the day!

| 빌 | 당장 저 램프를 고치겠어. |
| 앤드류 | 네가 정말 저 램프를 고친다면 해가 서쪽에서 뜰 거야! |

| SUE | I'm going to get this place organized once and for all! |
| ALICE | That'll be the day! |

| 수 | 여길 완전히 정리해 놓겠어! |
| 앨리스 | 해가 서쪽에서 뜨겠군! |

organize 정리하다 | once and for all 완전히

• change something out
• swap something out

**~을 바꾸다 /
~을 교체하다**

일상 회화에서는 부사 out을 붙여 쓴다.

| DON | I had to change out the batteries, and now it works fine. |
| 돈 | 배터리를 바꿔야 했는데, 지금은 잘 작동하네. |

HANNA	What should I do to brighten up this kitchen?
ISABEL	Why don't you swap the cabinets out?
한나	이 부엌을 환하게 만들려면 어떻게 해야 할까?
이자벨	수납장을 바꿔 보는 건 어때?

• come as no surprise

새삼스러운 일이 아니다 It will come as no surprise for you to learn that the company is losing money this year.

회사가 올해 적자에 허덕이고 있다는 건 네게 그리 새삼스러운 일은 아닐 거야.

It came as no surprise that the president had been lying.

대통령이 거짓말을 했다는 것은 새삼스러운 일이 아니었다.

learn 알다, 알아내다 | lose money (금전적으로) 손해를 보다

2-08-05

UNIT 8-5 ▶ 기타 상황 표현

• All is not lost.

건질 게 하나도 없는
것은 아니야. /
완전히 실패한 것은
아니야.

Don't worry. I'll help. All is not lost.

걱정하지 마세요. 도와드릴게요. 건질 게 하나도 없는 것은 아니에요.

All is not lost. Here comes Reggie with a jar of French mustard!

건질 게 하나도 없는 것은 아니야. 레지가 여기로 프렌치 머스터드 단지를 가지고 오잖아!

• (It's) better than nothing.

없는 것보단 나아.

JOHN   How do you like your dinner?

JANE   It's better than nothing.

JOHN   That bad, huh?

존   저녁식사 어때?

제인   안 먹는 것보다야 낫지.

존   그렇게 형편없어?

• better left unsaid

말하지 않는 편이 좋은

일반적으로 It is… / That is… / The details are… / Some things are… 뒤에 이어진다.

MARY   I really don't know how to tell you this.

BOB   Then don't. Maybe it's better left unsaid.

메리   너한테 이걸 어떻게 말해야 할지 정말 모르겠어.

밥   그럼 하지 마. 말하지 않는 편이 나을 거야.

436

• break a sweat

열심히 땀을 흘리다 / 힘들게 일하다

직접적으로 신체적인 작용을 언급한 것일 수도 있고, 비유한 것일 수도 있다. 종종 부정형으로도 쓰인다.

What a lazy jerk. We work our butts off, and he never even breaks a sweat.

저런 게으른 놈 같으니. 우리는 엉덩이 한 번 자리에 못 붙이고 일하는데, 저 인간은 땀 한 방울도 안 흘리잖아.

It was nothing. I worked the crossword puzzle in four minutes and never broke a sweat.

별것 아니었어. 4분 안에 십자말풀이를 했는데, 하나도 안 힘들었어.

• dance on someone's grave

다른 사람의 불운을 고소해하다

I don't know which one of us will get the promotion, but I hope that we can be noble about it. Maybe we can agree that the winner will not dance on the loser's grave.

우리 중 누가 승진할지는 모르겠지만, 저는 우리가 그 일에 대해 점잖게 행동할 수 있으면 좋겠습니다. 승자가 패자의 불운을 고소해하지 않을 거라는 것에 우리 모두 동의할 수 있겠지요.

• (Do you) get the picture?

상황 파악이 돼? / 알겠어?

BILL   I want to get this project wrapped up before midnight. Do you get the picture?

TOM   I'm afraid I do.

BILL   Well, then, get to work.

빌   오늘 자정 전까지 이 프로젝트를 끝냈으면 해. 그러려면 어떻게 해야 할지 알겠지?

탐   그런 것 같아.

빌   좋아, 그럼 어서 일하자.

FRED	I'm really tired of all this. I want you to straighten up and get moving. Get the picture?
BILL	I got it.
프레드	이제 정말 이 모든 것에 질렸어. 네가 정리해서 좀 옮겨 줬으면 해. 알겠니?
빌	알겠어.

get the picture 상황을 이해하다 | get ~ wrapped up ~을 완전히 끝내다 | be tired of ~에 질리다 | straighten up (깔끔하게) 정리[정돈]하다 | I got it. 알겠어.. 이해했어.

• every other person/thing

하나 걸러 하나

The magician turned every other card over.

마술사는 카드를 하나 걸러 하나씩 뒤집었다.

Every other table had an ashtray on it.

하나 걸러 한 테이블에 재떨이가 놓여 있었다.

magician 마술사 | turn ~ over ~을 뒤집다 | ashtray 재떨이

• for all intents and purposes

사실상 / 모든 점에서

MARY	Is this finished now?
JOHN	For all intents and purposes, yes.
메리	이제 끝난 건가?
존	예. 사실상 끝난 거나 다름없죠.

• in general

대체로 / 일반적으로 / 대개

I like vegetables in general, but not beets.

난 대체로 채소를 좋아하지만 사탕무는 좋아하지 않아.

In general, I prefer a hotel room on a lower floor, but will take a higher room if it's special.

대개 난 아래층에 있는 호텔 방을 더 좋아하지만 특실이라면 더 높은 층의 방이라도 쓸 거야.

beet 사탕무

• in the main

대체로 / 대부분은

JOHN Are you all ready?
SUE   I think we're ready, in the main.
JOHN Then, we shall go.

존   준비 다 됐니?
수   전반적으로 준비가 다 된 것 같은데.
존   그럼 이제 출발하자.

• Is that x, or is it x?
• Is that x, or what?

**저게 X가 아니라면
뭐가 X야? /
저게 X가 아니면
뭐란 말이에요?**

Hot scarlet! What a cool color! Is that red, or is it red?

진홍색이네! 색깔 참 멋지다! 저게 빨간색이 아니면 뭐가 빨간색이야?

Man, try this pepper sauce. Is that hot, or is it hot?

이런, 이 고추장 좀 먹어 봐. 이게 매운 게 아니면 뭐란 말이야?

• It's written all over one's face.

~ 얼굴에 다 쓰여 있어.

JOHN How did you know what naughty little thing I got away with at work today?
BOB   It's written all over your face.

존   내가 오늘 직장에서 한 나쁜 짓을 무사히 모면했다는 걸 어떻게 알았어?
밥   네 얼굴에 다 쓰여 있어.

You must have some good news for us. It's written all over your face.

너, 우리에게 전할 좋은 소식이 있는 게 틀림없어. 네 얼굴에 다 쓰여 있어.

• just like that

그렇게 /
(아무 설명 없이)
그런 식으로

SUE	You can't walk out on me just like that.
JOHN	I can too. Just watch!
수	넌 그렇게 날 떠날 수 없어.
존	왜 못해. 두고 봐!

MARY	And then she slapped him in the face, just like that!
SALLY	She can be so rude.
메리	바로 그때 그 여자가 그 남자의 뺨을 때렸어. 바로 그렇게 말이야!
샐리	그렇게 무례하다니.

• That (all) depends.

상황 봐서. /
사정 나름이다.

TOM	Will you be able to come to the meeting on Thursday night?
MARY	That all depends.
탐	목요일 밤 모임에 올 수 있니?
메리	상황 봐서.

• Under no circumstances.
• Not under any circumstances.

무슨 일이 있어도 안 해.

ANDREW	Under no circumstances will I ever go back there again!
RACHEL	Why? What happened?
앤드류	무슨 일이 있어도 다시는 거기 안 갈 거야!
레이첼	왜? 무슨 일 있었어?

SUE	Can I talk you into serving as a referee again?
MARY	Heavens, no! Not under any circumstances!
수	신원보증 한 번만 더 부탁할 수 있을까?
메리	맙소사. 안 돼! 무슨 일이 있어도 절대 안 돼!

• under normal circumstances

일반적인 상황에서 /
보통은

"We'd be able to keep the dog at home under normal circumstances," said Mary to the vet.

메리는 수의사에게 "보통은 집에서 개를 기를 수 있을 거예요."라고 말했다.

"Under normal circumstances you'd be able to return to work in a week," explained the doctor.

의사는 "일반적인 경우라면 일주일 후 다시 일할 수 있을 겁니다."라고 설명했다.

• under oath

선서하고서 /
선서를 한 상태인

You must tell the truth because you are under oath.

선서를 했으니 반드시 진실만을 얘기해야 합니다.

I was placed under oath before I could testify in the trial.

나는 법정에서 증언하기에 앞서 선서를 했다.

testify 증언하다 | in the trial 법정에서

• What you see is what you get.

보고 있는 게 전부야.

BOB Are there any red or green ones available?
CLERK Sorry. What you see is what you get.

밥 빨간색이나 초록색으로 살 수 있는 게 있나요?
점원 죄송합니다. 보고 계신 게 전부예요.

DIRECTOR Could we get a little more excitement in your face when you say the lines?
ACTOR Not today. I'm too upset. What you see is what you get.

감독 대사를 말할 때 조금 더 신난 표정을 지어 주겠어요?
배우 오늘은 안 되겠어요. 너무 화가 나 있어서요. 보고 계신 게 최선이에요.

09

정도, 비교, 거리

UNIT 9-1 ▶ 정도 표현하기

• It isn't worth it.

❶ 그럴 것까진 없어.

JOHN Do you suppose we should report that man to the police?

JANE No, it isn't worth it.

존 저 사람 경찰에 신고해야 할까?
제인 아니, 그럴 만한 일은 아니야.

report ~ to the police ~를 경찰에 신고하다

❷ 그리 중요한 거 아니야.

JOHN Should I have this coat cleaned? The stain isn't coming out.

SUE It isn't worth it. I only wear it when I shovel snow anyway.

존 이 코트 빨아야 할까? 얼룩이 잘 안 지워지네.
수 그거 중요한 거 아니야. 어차피 눈 치울 때만 입는 건데 뭐.

clean (~을) 빨다, 세탁하다 | stain 얼룩 | come out (얼룩이) 빠지다 | shovel snow (삽으로) 눈을 치우다

• not worth one's while

~할 만한 일이 아닌

It's not worth my while to discuss it with you.

너와 상의할 만한 문제가 아냐.

Don't bother trying to collect money from them. It isn't worth your while.

그 사람들에게 모금해 보겠다고 일부러 애쓰지 마. 그럴 만한 가치가 없으니까.

Don't bother trying to 굳이[일부러] ~하려고 애쓰지 마

• at best

기껏해야

JOHN I hope things went well for your reception.

BOB We were hoping for a large crowd,
but there were only a dozen there at best.

존 너희의 축하 연회가 잘 진행됐기를 바라.

밥 많은 사람들이 올 거라고 기대하고 있었는데, 기껏해야 열두어 명이 왔을 뿐이었어.

• Close, but no cigar!

간발의 차이였어!

경주나 추측 또는 예측을 할 때 아슬아슬한 것을 나타내는 표현으로, 마치 담배가 우승 상품인 것처럼 비유한다.

She ran a good race but finished a little behind the winner. Too bad. Close, but no cigar!

그녀는 좋은 경주를 펼쳤지만, 승자에게 조금 뒤처져 결승선에 들어왔어. 너무 안됐어. 간발의 차이였거든!

• need something like a hole in the head 친밀

~이 전혀 필요 없다

I need a house cat like I need a hole in the head!

집에서 기를 고양이 같은 건 필요 없어!

She needs a car like she needs a hole in the head.

그 여자한테 차가 무슨 소용이람.

• once more
• one more time

한 번만 더

MARY You sang that line beautifully, Fred.
Now, once more.

FRED I'm really tired of all this rehearsing.

메리 그 소절 정말 멋지게 잘 불렀어. 프레드. 자, 한 번만 더.

프레드 이 연습 정말 지긋지긋하다.

JOHN	(finishing practicing his speech) How was that?
SUE	Good! One more time, though.
JOHN	I'm getting bored with it.
존	(연설 연습을 끝내고) 어땠어?
수	잘했어! 하지만 한 번만 더 해 봐.
존	점점 지겨워진다.

• quite a bit

꽤 많이

보통 a bit은 적은 양을 나타낸다.

HANNA	How much of the cake flour will we use?
IDA	I don't know exactly. Quite a bit, I think.
한나	박력분을 얼마나 사용해야 할까?
아이다	정확히는 모르겠어. 상당히 많이 사용해야 할 거야.

• Kind of.
• Sort of.

약간.

BOB	Do you like what you're doing in school?
ALICE	Kind of.
밥	너 학교에서 하는 일은 맘에 드니?
앨리스	약간.

HENRY	What do you think about all these new laws? Do they worry you?
JOHN	Sort of.
헨리	이 새 법률들 어떻게 생각해? 걱정스럽지?
존	약간.

• (somewhere) in the neighborhood of something

대략 ~

I take somewhere in the neighborhood of ten pills a day for my various ailments.

나는 여러 가지 병을 앓고 있어서 하루에 약을 대략 열 알 정도씩 먹어.

My rent is in the neighborhood of $700 per month.

방세가 한 달에 대략 700달러쯤이야.

take (약을) 복용하다 | various 다양한, 여러 가지의 | ailment 병 | rent 방세, 집세

• That's neither here nor there.

그런 건 중요한 게 아니야.

WAITER But it's raining, and everyone will come in with umbrellas and wet coats.

CHEF That's neither here nor there. If we don't have the food prepared on time, we'll be fired whether the customers are wet or dry.

웨이터 하지만 비가 오고 있어서 모든 분들이 우산과 젖은 웃옷을 들고 들어올 거예요.

요리사 그런 건 중요한 게 아니에요. 만약 우리가 제시간에 음식을 준비해 놓지 못한다면 손님들이 비를 맞든 안 맞든 우리가 해고될 거라고요.

JOHN Fred can bring games for the children, and Mary can bring party hats.

BOB That's neither here nor there—since the party has been cancelled.

존 프레드는 아이들이 할 게임을 가져올 수 있고 메리는 파티용 모자를 가져올 수 있어.

밥 그런 건 중요한 게 아니야. 파티가 취소되었거든.

• (There is) no need (to).

그럴 필요 없어.

MARY Shall I try to save all this wrapping paper?

SUE No need. It's all torn.

메리 이 포장지를 전부 모아 둘까?

수 그럴 필요 없어. 다 찢어졌는걸.

BOB Would you like me to have it repaired? I'm so sorry I broke it.

BILL There is no need to. I can just glue it, thanks.

wrapping paper 포장지 | **be torn** 찢어지다 | **glue** (풀 등으로) 접착제로 붙이다

• (There's) no point in doing something.

**~해 봐야
아무 소용 없다.**

There is no point in locking the barn door now
that the horse has been stolen.

말들을 도둑맞고 나서 마구간 문을 잠가 봤자 아무 소용 없다.

No point in crying over spilled milk.

엎질러진 우유를 놓고 울어 봤자 아무 소용 없다.

• (There's) nothing to it!

그까짓 것 별거 아니야!

JOHN   Is it hard to learn to fly a small plane?

SUE   There's nothing to it!

존   경비행기 조종법 배우기가 어려워?
수   별거 아니야!

BILL   Me? I can't dive off a board that high!
I can hardly dive off the side of the pool!

BOB   Aw, come on! Nothing to it!

빌   나? 저렇게 높은 데서는 다이빙 못해! 수영장 가장자리에서도
다이빙 못하는걸!
밥   에이, 이봐! 진짜 별거 아니라고!

fly (비행기 · 우주선 등을) 조종하다 | **dive off** ~에서 다이빙하다

🎧 2-09-02

UNIT 9-2 　비교하기

• and then some

~ 말고도 훨씬 더 많은　He demands all of our best products and lowest prices and then some.

그는 우리의 최상품 전부를 최저 가격으로 제공받는 것 말고도 훨씬 더 많은 모든 것들을 요구한다.

• Less is more.

적을수록[작을수록] 더 좋다.

JOHN　This new gadget is much smaller than the old one, but it's supposed to be stronger.

BOB　I guess that less is more in this case.

존　이 새 부속품은 예전 것보다 훨씬 작지만 더 튼튼해진 것 같아.
밥　이번 경우에는 작을수록 더 좋은 것 같군.

• little by little
• bit by bit

조금씩, / 서서히

ANDY　Why are you so slow, Don?
When on earth will this job get done?

DON　Don't worry. I'll get it done little by little.

앤디　왜 그렇게 느려 터진 거야, 돈? 그래 가지고 도대체 언제 이 일을 끝내겠어?
돈　걱정하지 마. 난 그것을 조금씩 끝낼 거야.

I can't pay you everything I owe you all at once. I'll have to pay it off bit by bit.

당신에게 빚진 돈을 한번에 다 지불할 수는 없어요. 조금씩 갚을게요.

448

• more and more

점점 더

As I learn more and more, I see how little I know.
점점 더 배우면 배울수록 내가 아는 것이 별로 없다는 것을 알게 된다.

Dad seems to be smoking more and more lately.
아버지는 최근에 담배를 점점 더 많이 피우시는 것처럼 보인다.

• more or less

다소 / 대략

HENRY   I think this one is what I want, more or less.
CLERK   A very wise choice, sir.

헨리   이게 제가 찾던 거랑 대략 비슷할 것 같아요.
점원   아주 잘 고르셨네요, 손님.

• more than you('ll ever) know

네 생각보다 더 많이

BOB   Why did you do it?
BILL   I regret doing it. I regret it more than you know.

밥   왜 그런 짓을 했니?
빌   나도 후회하고 있어. 네가 생각하는 것보다 훨씬 많이 후회하고 있다고.

JOHN   Oh, Mary, I love you.
MARY   Oh, John, I love you more than you'll ever know.

존   오, 메리, 사랑해.
메리   오, 존, 난 네가 생각하는 것보다 널 훨씬 많이 사랑해.

regret 후회하다

• slower and slower

점점 느리게

The car is going slower and slower and will stop soon.

그 차는 점점 속도를 늦추다가 곧 멈출 것이다.

The dog's breathing got slower and slower as it went to sleep.

개가 잠들자 숨소리가 점점 느려졌다.

breathing 호흡 | go to sleep 잠들다

• So much the better.

도리어 그 편이 더 좋을 수도 있어.

Tom, if you decide to leave now and pick up Jean at the airport, so much the better. It will save a lot of time in the long run.

탐, 만약 네가 지금 집을 나서서 공항에서 진을 태워 오기로 결정한다면, 그것이 훨씬 더 나을 거야. 결과적으로는 많은 시간을 절약할 수 있어.

JOHN   She finally agreed to use the old ones rather than replace them.

BOB   So much the better. The new ones are really cheaply made.

존   그녀는 결국 오래된 것들을 대체하느니 차라리 그것들을 사용하겠다는 데 동의했어.

밥   도리어 그편이 더 좋아. 새것들은 정말로 싸구려거든.

450

UNIT 9-3 · 거리 말하기

• (way) over there

저쪽에

약간 떨어져 있는 곳을 말한다.

I see a house **way over there** in the field.
들판 저쪽에 집이 한 채 보인다.

My hat is **over there** on the table.
내 모자는 저 탁자 위에 있어.

• within walking distance

걸어갈 만한 거리에 있는

Is the train station **within walking distance**?
기차역까지 걸어갈 만큼 가깝나요?

My office is **within walking distance** from here.
여기서 제 사무실까지는 걸어갈 수 있는 거리예요.

• (You) can't get there from here.

여기서는 거기에 못 가.

우회로를 통하지 않으면 갈 수 없는 곳의 방향을 묻는 사람에게 농담조로 하는 상투적인 표현이다.

BILL How far is it to Adamsville?
TOM Adamsville? Oh, that's too bad. **You can't get there from here.**

빌 아담스빌이 여기서 멉니까?
탐 아담스빌이요? 오, 이를 어쩌죠. 돌아가는 길밖에 없을 텐데요.

"Galesburg? Galesburg, you say?" said the farmer. "By golly, **you can't get there from here!**"
농부가 "게일즈버그? 게일즈버그라고 했소? 이런, 여기서 그리로 바로 갈 수는 없는데!"라고 말했다.

How far is it to ~? ~까지는 얼마나 가야 하죠? | **by golly** 아이고, 이런

Chapter 09 정도, 비교, 거리

10

문제 상황에
대한 표현

UNIT 10-1 > 문제가 발생했을 때

• What's wrong?

**무슨 일이야? /
무슨 문제 있어?**

SUE (crying) Hello, Sally?

SALLY Sue, what's wrong?

SUE Oh, nothing. Tom left me.

수 (울면서) 안녕, 샐리?
샐리 수. 무슨 일 있니?
수 별거 아니야. 탐이 날 떠났어.

• What's the matter (with you)?

**❶ 무슨 일 있어? /
어디 아파?**

BOB I have to stay home again today.

BILL What's the matter with you?
Have you seen a doctor?

밥 나 오늘도 집에서 쉬어야겠어.
빌 무슨 일 있니? 병원엔 가 봤어?

MARY Oh, I'm so miserable!

SUE What's the matter?

MARY I lost my contact lenses and my glasses.

메리 아, 너무 괴로워!
수 무슨 일 있니?
메리 콘택트렌즈랑 안경을 다 잃어버렸거든.

**❷ (화를 내며)
저렇게 멍청하다니까!**

As Fred stumbled over the step and dumped
the birthday cake on the floor, Jane screamed,
"What's the matter with you? The party is in
fifteen minutes and we have no cake!"

프레드가 계단에 걸려 휘청거리다가 생일 케이크를 바닥에 떨어뜨리자 제
인은 "어쩜 그렇게 멍청한 실수를 할 수 있니? 이제 생일 파티가 15분밖
에 안 남았는데 케이크가 없잖아!"라고 고함을 쳤다.

Chapter 10

문제 상황에 대한 표현

MARY	I think I just lost the Wilson account.
SUE	What! What's the matter with you?
	That account pays your salary!

메리	윌슨 건을 놓쳐 버린 것 같아.
수	뭐! 어쩜 그렇게 멍청한 실수를 할 수 있어? 그 계약 건이 네 밥 줄인 거 몰라?

stumble over ~에 걸려 넘어질 듯 비틀거리다 | dump 털썩 떨어뜨리다

• What's the problem?

❶ 무슨 일인데?

BILL	(coming in)
	I need to talk to you about something.
TOM	What's the problem, Bill?

빌	(들어오며) 너하고 상의할 게 있어.
탐	무슨 일인데, 빌?

❷ (별문제가 아니라는 듯이) 뭐가 문제야?

CHILD	(crying) He hit me!
FATHER	What's the problem?
CHILD	He hit me!
FATHER	Are you hurt?
CHILD	No.
FATHER	Then, stop crying.

아이	(울면서) 쟤가 날 때렸어요!
아빠	뭐가 문제야?
아이	쟤가 날 때렸다고요!
아빠	아프니?
아이	아니오.
아빠	그럼 그만 뚝 그쳐라.

• What gives?

무슨 일이야? / 어떻게 된 거야?

BILL	Hi, you guys. What gives?
BOB	Nothing, just a little misunderstanding.
	Tom's little angry.

빌	야, 얘들아. 무슨 일이야?
밥	아무 일도 아니야. 그냥 오해가 좀 있어서 탐이 약간 화가 났을 뿐이야.

454

BOB	Where's my wallet? What gives?
TOM	I think one of those roughnecks who just walked by us has borrowed it for a little while.
밥	내 지갑이 어디 갔지? 어떻게 된 거지?
탐	방금 녀석들이 우리 옆으로 지나가는 동안 슬쩍한 것 같아.

misunderstanding 오해 | wallet 지갑 | roughneck 무뢰한 | for a little while 잠시

• What happened?

무슨 일이야?

BOB	(approaching a crowd) What happened?
TOM	(with Bob) What's wrong?
BYSTANDER	Just a little mix-up. A car wanted to drive on the sidewalk, that's all.
밥	(사람들에게 다가가며) 무슨 일이에요?
탐	(밥과 함께) 무슨 일이죠?
행인	약간 소동이 있었어요. 차 한 대가 인도로 돌진할 뻔했죠. 그뿐이에요.

• What's coming off?
• What's going down?

무슨 일이야?

BILL	Hey, man! What's coming off?
TOM	Oh, nothing, just a little car fire.
빌	야! 무슨 일이야?
탐	별일 아닌데. 그냥 차에 불이 약간 났어.

BOB	Hey, we just got here! What's going down?
BILL	What does it look like? This is a party, dude!
밥	야, 우리 막 왔어! 무슨 일이야?
빌	무슨 일인 것 같아? 파티라네, 친구!

dude (남자들끼리) 친구, 녀석

• What's eating someone? 속어

무슨 일이야? /
무슨 문제라도 있어?

BILL Tom's so grouchy lately.
         What's eating him?

BOB   Beats me!

빌   최근에 탐이 계속 투덜대던데. 무슨 일이야?
밥   나도 몰라!

grouchy 투덜대는, 까다로운 │ Beats me! 나도 몰래!

• What's going on (around here)?

(여기) **무슨 일이**
벌어지고 있는 거야?

BILL There was an accident in the factory
         this morning.

BOB   That's the second one this week.
         What's going on around here?

빌   오늘 아침에 공장에서 사고가 있었어.
밥   이번 주에만 벌써 두 번째잖아. 대체 무슨 일이 일어나고 있는
     거지?

MARY What's all the noise? What's going on?

SUE   We're just having a little party.

메리 저 시끄러운 소리는 뭐야? 무슨 일이지?
수   저희가 조촐한 파티를 하고 있어요.

• What's the catch? 구어

뭐가 문제죠? /
속셈이 뭐지?

CLERK How would you like to have these seven
          books for your very own?

SALLY What's the catch?

CLERK There's no catch. You have to pay for
          them, but there's no catch.

점원 이 책 일곱 권을 혼자 다 사겠다는 건가요?
샐리 뭐가 문제죠?
점원 아무 문제 없죠. 돈만 낸다면요.

BOB	Here, take this dollar bill.
SUE	So, what's the catch?
BOB	No catch. It's counterfeit.

밥	자, 이 1달러짜리 지폐 가져.
수	어, 무슨 속셈이야?
밥	별거 아냐. 그거 위조지폐야.

for one's (very) own (정말) 혼자서, 혼자 힘으로 | catch 문제점 | counterfeit 위조품, 모조품

• What's the deal?

**무슨 일이야? /
어떻게 되어 가?**

What's going on?

MARY	What's the deal?
SUE	Oh, hi, Mary. We're just cleaning out the closet.

메리	무슨 일이야?
수	안녕, 메리구나. 그냥 옷장 좀 정리하고 있어.

clean out (필요 없는 것 따위를) 깨끗이 정리하다 | closet 옷장

• What's the scam? 속어

**웬일이야? /
무슨 일이야?**

TOM	Hey, man! What's the scam?
BILL	Greetings, oh ugly one! What's happening?
TOM	Not much. Want to order a pizza?
BILL	Always.

탐	안녕, 친구! 여긴 웬일이야?
빌	안녕, 못난이! 어떻게 지내?
탐	그럭저럭. 피자 시켜 먹을까?
빌	나야 늘 좋지!

John burst into the room and shouted, "Yo!
What's the scam?" It took the prayer meeting
a little time to get reorganized.

존이 갑자기 방 안으로 들어와서 "야! 무슨 일이야?"라고 소리쳤다. 그 바람에 기도회가 다시 정돈되는 데 시간이 다소 걸렸다.

burst into 난데없이 ~로 들어오다[나타나다] | prayer meeting 기도회

• What's with someone/something?

~에 무슨 일 있어?

MARY What's with Tom? He looks depressed.
BILL He broke up with Sally.

메리 탐한테 무슨 일 있니? 우울해 보이던데.
빌 샐리랑 헤어졌대.

"What's with this stupid coffeepot? It won't get hot!" groused Alice.

앨리스가 "이 빌어먹을 커피포트가 왜 이러지? 가열이 안 되잖아!" 하고 불평을 늘어놓았다.

break up with ~와 헤어지다 | **grouse** 투덜대다, 불평하다

• What's your deal?

왜 그래요? /
문제가 뭐야?

IDA What's the matter? What's your deal?
DAN Nothing. I'm just tired.

아이다 문제가 뭐야? 왜 그래?
댄 아무것도 아냐. 그냥 피곤해서 그래.

• Where's the fire?

어딜 그리 급히 가?

대개 경찰이 과속을 한 운전자에게 하는 말이다.

OFFICER Okay, where's the fire?
MARY Was I going a little fast?

경찰 그래, 어딜 그리 급히 가십니까?
메리 제가 좀 빨랐나요?

• (Are) things getting you down?

일이 잘 안 돼?

JANE Gee, Mary, you look sad.
     Are things getting you down?
MARY Yeah.
JANE Cheer up!
MARY Sure.

제인	이런, 메리, 울적해 보이는구나. 일이 잘 안 되니?
메리	응.
제인	기운 내!
메리	그래야지.

TOM	What's the matter, Bob?
	Things getting you down?
BOB	No, I'm just a little tired.
탐	무슨 일이야, 밥? 일이 잘 안 되니?
밥	아니, 그냥 좀 피곤해서 그래.

• (Do you) want to make something of it?
• You want to make something of it?

그래서 한판 붙자는 거야?

시비를 거는 듯한 무례한 표현이다.

TOM	You're really bugging me.
	It's not fair to pick on me all the time.
BILL	You want to make something of it?
탐	왜 이렇게 날 못살게 구는 거야. 항상 날 괴롭히는 건 옳지 않아.
빌	그래서 한판 붙자는 거야?

BOB	Please be quiet.
	You're making too much noise.
FRED	Do you want to make something of it?
BOB	Just be quiet.
밥	조용히 좀 해 줘. 너무 시끄럽잖아.
프레드	그래서 한판 붙자는 거야?
밥	그냥 좀 조용히 해 달라고.

• (Do) you want to step outside?

나가서 한판 붙을래?

어떤 문제를 싸움으로 해결하고자 상대를 밖으로 불러내는 표현이다.

JOHN	Drop dead!
BOB	All right, I've had enough out of you.
	You want to step outside?
존	꺼져 버려!
밥	좋아, 나도 너한테 참을 만큼 참았어. 나가서 한판 붙을래?

BILL	So, you're mad at me! What else is new? You've been building up to this for a long time.
BOB	Do you want to step outside and settle this once and for all?
BILL	Why not?
빌	그래서, 나한테 화났군! 새삼스러운 일도 아니잖아? 넌 계속 이런 식이니까.
밥	나가서 확실하게 결판낼까?
빌	못할 것 없지?

Drop dead! 꺼져! | I've had enough out of you. 네가 하는 짓도 이젠 지긋지긋해. | be mad at ~ 때문에 미치다, 속이 뒤집어지다 | What else is new? 새삼스러운 일도 아니잖아? | for a long time 오랫동안 계속 | once and for all 완전히, 최종적으로 | Why not? 안 될 거 없지.

• come out of left field

예상치 못한 일이
발생하다 /
예상 밖이다

This new problem came out of left field. We were really surprised.

예상치 못한 곳에서 새로운 문제가 발생해서 우리는 정말 놀랐어.

Your remarks came out of left field. I can't understand your complaint.

네가 그런 말을 할 줄은 몰랐어. 네가 그런 불평을 하다니 이해가 안 돼.

• Here we go again.

또 시작이군.

FRED	We must continue our discussion of the Wilson project.
SUE	Here we go again.
FRED	What's that?
SUE	Nothing.
프레드	윌슨 프로젝트에 관해 계속 토론해야 합니다.
수	또 시작이군.
프레드	뭐라고요?
수	아무것도 아닙니다.

He's having issues.

그는 문제가 있어.

다른 인칭으로도 쓸 수 있다.

MOTHER What's the matter with the baby?
She's been cranky all day long.

FATHER Oh, she's just having issues, I guess.

엄마 아기한테 무슨 문제가 있는 걸까요? 애가 하루 종일 변덕을 부리고 있는데요.

아빠 아, 애한테 문제가 있는 것 같아요.

Now what?
What now?

**무슨 일인데? /
이번엔 또 뭐야?**

The doorbell rang urgently, and Tom said, rising from the chair, "Now what?"

초인종이 다급하게 울리자 탐이 의자에서 몸을 일으키며 "무슨 일이지?" 하고 말했다.

BOB There's a serious problem—sort of an emergency—in the mail room.

SUE What now?

BOB They're out of stamps or something silly like that.

밥 우편물 관리실에 긴급 상황 같은 심각한 문제가 발생했어.

수 무슨 일인데?

밥 우표가 떨어졌거나 그 비슷한 말도 안 되는 일이 일어났나 봐.

urgently 다급하게 | **emergency** 긴급 상황 | **mail room** 우편물 관리실 | **be out of** ~가 다 떨어지다

• Something's got to give.

곧 무슨 일이 터질 거야.

ALICE   There are serious problems with Mary and Tom. They fight and fight.

SUE   Yes, something's got to give. It can't go on like this.

앨리스   메리와 탐에게 심각한 문제가 있어. 만나기만 하면 싸우네.

수   그래, 조만간 무슨 일이 터질 거야. 이런 식으로 계속 갈 리가 없지.

• the talk of somewhere

~의 화젯거리

The handsome new teacher was the talk of the town.

새로 오신 잘생긴 선생님은 마을의 화젯거리였다.

UNIT 10-2 문제 상황에 대해 말하기

- **Cut me a little slack.**
- **Cut me some slack.**

사정 좀 봐주세요.

Come on, man. I'm sorry, but I didn't see you. Don't be so angry. Cut me a little slack.

그러지 마세요. 죄송하지만 당신을 못 봤어요. 그렇게 화내지 말아 주세요. 제 사정 좀 봐주세요.

I tried to get my landlord to cut me some slack, but all he could say was: "You must pay the rent!"

저희 집주인이랑 연락해서 제 사정을 좀 봐달라고 해 봤지만, 그분이 할 수 있는 말은 "당신은 집세를 내야 합니다!"가 전부라고 하더군요.

- **Give** one **an inch, and** one **will take a mile.**
- **Give** some people **an inch, and they will take a mile.**

봉당을 빌려주니 마당까지 달란다.

뭔가를 조금 받으면 더 많은 것을 바란다는 의미이다. people 대신 them이나 some people 또는 특정한 무리의 사람들을 가리키는 단어를 쓸 수도 있다.

MARY I told John he could use my ladder, but then he came back and helped himself to my lawnmower, and he hasn't brought either on back.

JANE Give him an inch, and he'll take a mile.

메리 내가 존에게 내 사다리를 써도 된다고 말했더니 그다음에 와서는 내 잔디 깎는 기계를 마음대로 사용하더라고. 그러더니 둘 중 하나도 돌려주지를 않는 거야.

제인 봉당을 빌려주니 마당까지 달라는 꼴이로군.

First they wanted to wear funny hats to school. Now they want to bring their cell phones. Give them an inch, and they'll take a mile.

처음에 그들은 이상한 모자를 쓰고 등교하고 싶어 했어. 이제 그들은 휴대 전화를 가지고 오고 싶어 해. 봉당을 빌려주니 마당까지 달라고 하더군.

Chapter 10

문제 상황에 대한 표현

• **For two cents I would** do something.

**약간만 부추기면
나는 ~할 텐데.**

I'm so tired of being treated like a servant rather than an employee. For two cents I would quit right now!

나를 직원이 아니라 하인처럼 부려먹는 데 아주 질려 버렸어. 약간만 부추기면 지금 당장 그만둬 버릴 텐데!

• **have** one's **finger in too many pies**

**벌여 놓은 일이
너무 많다**

I'm too busy. I have my finger in too many pies.

너무 바빠. 너무 많은 일을 벌여 놓았거든.

She never gets anything done because she has her finger in too many pies.

그 여자는 너무나 많은 일에 손을 대고 있어서 무엇 하나 제대로 처리하는 일이 없다.

• **have** (some) **issues** (**with** someone/something)

(~와) **문제가 있다**

I have a lot of issues with Ted, and it is hard even to talk to him.

나는 테드와 문제가 많은데, 그와 대화를 나누는 것조차도 힘들어.

Is there a problem with my choice of color? Do you have issues with bright orange?

제가 선택한 색상에 문제가 있는 겁니까? 밝은 오렌지색에 문제가 있으신 건가요?

• hell on earth

끔찍한 상황

The whole time I was there was just **hell on earth**.

거기 있던 내내 정말 끔찍했어.

• in the wrong place at the wrong time

좋지 않은 시간과 장소에

I always get into trouble. I'm just **in the wrong place at the wrong time**.

난 항상 문제에 휘말려. 사건이 일어나는 그 시간에 꼭 거기에 있단 말이야.

It isn't my fault. I was just **in the wrong place at the wrong time**.

내 잘못이 아니야. 그저 어쩌다 보니 그때 거기 있었을 뿐이야.

get into trouble 골치 아픈 일에 휘말리다

• Here goes nothing.

밑져야 본전이야.

Opening the door of his new boss's office, Wallace muttered to himself, "**Here goes nothing**."

월리스는 그의 새로운 상사의 사무실 문을 열면서 "밑져야 본전이지."라고 혼잣말을 중얼거렸다.

• I'm damned if I do and damned if I don't.

해도 문제고
안 해도 문제야. /
이러지도 저러지도 못해.

I can't win. **I'm damned if I do and damned if I don't**.

난 이길 수 없어. 이겨도 문제고 져도 문제란 말이야.

No matter whether I go or stay, I am in trouble. **I'm damned if I do and damned if I don't**.

내가 거기 가든 여기 있든 모두 곤란해. 이러지도 저러지도 못해.

No matter whether A or B A이든 B이든 간에 어쨌든 | **be in trouble** 곤란해지다

• in someone's **face**

~을 도발하는 /
~을 짜증 나게 하는

문어체로도 쓰인다.

I really can't stand her manner. She's always in my face about something. With her, everything is urgent.

나는 그녀의 태도를 정말 못 참아 주겠어. 그녀는 무슨 일이든 나를 도발해. 그녀랑 있으면 다급하지 않은 일이 없다니까.

• **Join the club!**
• **Welcome to the club!**

같은 신세네!

So, you just got your electric bill for last month, and you're astounded. Join the club!

그러니까 네가 방금 지난달 전기료 고지서를 받았는데, 깜짝 놀랐다는 말이잖아. 같은 신세네!

DON   I just found out that our company's pension plan is insolvent. I'm really screwed!

ANDY   Welcome to the club!

돈   난 우리 회사 연금 제도가 지급 불능 상태라는 것을 막 알게 됐어. 난 정말 망했어!

앤디   같은 신세네!

• **leave** someone **high and dry**

~를 속수무책으로
만들다 /
꼼짝없이 ~하게 하다

All my workers quit and left me high and dry.
직원들이 모두 그만둬서 나는 속수무책이었다.

All the children ran away and left Billy high and dry to take the blame for the broken window.

아이들이 모두 도망가서 빌리는 유리창 깬 책임을 꼼짝없이 뒤집어 쓸 수밖에 없었다.

run away 도망가다, 달아나다 | **take the blame for** ~에 대한 책임을 지다

• lull before the storm

폭풍 전야의 고요함

It was very quiet in the cafeteria just before the students came in for lunch. It was the lull before the storm.

학생들이 점심을 먹으러 들어오기 직전의 카페테리아는 쥐 죽은 듯 조용했다. 폭풍 전야의 고요함만 감돌았다.

In the brief lull before the storm, the clerks prepared themselves for the doors to open and bring in thousands of shoppers.

점원들은 폭풍 전야의 짤막한 고요함 속에서, 개점 후에 맞이할 수천 명의 손님들을 위한 준비를 했다.

lull 일시적인 고요 | brief 잠깐의, 짧은, 간결한 | bring in ~을 안으로 들이다 | shopper 쇼핑객

• beg the question

❶ 논점을 회피하다

Stop arguing in circles. You're begging the question.

빙빙 돌려 얘기하지 마. 넌 논점을 회피하고 있어.

❷ 의문이 생기게 만들다

전적으로 잘못 재해석되어 오용되고 있는 경우이다. 최근 몇 년간 매우 자주 쓰이는 표현이다.

His behavior begs the question: "Is he basically rude or just dull?"

그의 행동을 보면 의문이 생겨. "원래 무례한 거야, 아니면 멍청한 거야?"

This letter begs the question: "How much money should I charge?"

이 편지를 보니 의문이 생기는군. "돈을 얼마나 청구해야 된다는 거야?"

basically 근본적으로, 원래 | dull 멍청한 | charge (대가·요금을) 청구하다

• run rampant

**통제 불능이다 /
만연하다**

The children ran rampant through the house.

아이들이 온 집안을 마구 날뛰고 다녀서 통제 불능이야.

Weeds have run rampant around the abandoned house.

잡초가 폐가 주변에 무성하게 자라서 어떻게 할 수가 없다.

weed 잡초 | **abandoned** 버려진, 황폐한

• cut to the chase

본론을 말하다

Let's stop all this chatter and cut to the chase.

이런 잡담은 그만두고 본론으로 들어가자.

I like the way you cut to the chase and don't waste my time.

시간 낭비하지 않고 본론으로 들어가는 네 방식이 맘에 들어.

chatter 잡담 | **waste one's time** 시간을 낭비하다

• drive something home

~을 납득시키다

마치 나무에 못을 단단하게 박는 것처럼 확실하게 하는 것을 의미한다.

Your speech needs some more work. You need to be more enthusiastic if you want to drive each point home.

당신의 연설은 좀 더 손을 봐야 할 필요가 있어요. 각각의 요지를 납득시키고 싶다면 좀 더 열정적일 필요가 있어요.

• Fill in the blanks.

맞춰봐.

MARY   What happened at Fred's house last night?

BILL   There was a big fight, then the neighbors called the police.

MARY   Then what happened?

BILL   Fill in the blanks. What do you think?

메리   어젯밤에 프레드네 집에서 무슨 일 있었어?
빌   한바탕 싸움이 나서 이웃 사람들이 경찰에 신고했대.
메리   그래서 어떻게 됐는데?
빌   맞춰 봐. 어떻게 됐을 것 같아?

• in plain English

쉬운 말로

직접적이고 분명한 언어로, 누구나 이해할 수 있는 영어로.

I told him what he was to do in plain English.

그에게 해야 할 일을 쉬운 말로 말해 주었다.

That was too complicated. Please tell me again, this time in plain English.

너무 복잡하네요. 다시 한 번만, 이번에는 쉽게 말해 주세요.

complicated 복잡한, 어려운 │ this time 이번에는

• off the subject

주제에서 벗어난

I got off the subject and forgot what I was supposed to be talking about.

주제에서 벗어나 버려서 원래 무슨 얘기를 하기로 했는지 생각이 안 나.

The speaker was off the subject, telling about his vacation in Hawaii.

그 연사가 주제를 벗어나 하와이에 휴가 갔던 얘기를 하더군.

get off the subject 주제를 벗어나다(= be off the subject) │ be supposed to ~하기로 되어 있다

• open a conversation

대화를 시작하다

She opened a conversation with an inquiry into my health, which got me talking about my favorite subject.

그 여자는 내 건강 상태를 물으며 대화를 시작했고, 이에 나는 제일 좋아하는 주제에 대해 얘기하게 되었어.

inquiry 질문 | favorite 제일 좋아하는 | subject 주제, 과목

• pose a question

문제를 제기하다

Genetic research poses many ethical questions.

유전자 연구는 윤리적으로 많은 문제를 제기한다.

genetic research 유전자 연구 | ethical 윤리적인

• put in one's two cents(' worth)

한마디 덧붙이다

Can I put in my two cents' worth?

제가 한마디 덧붙여도 될까요?

Sure, go ahead—put your two cents in.

그럼, 어서 해 봐. 어서 더 말해 보라니깐.

Go ahead. 어서 해 봐.

🎧 2-10-03

UNIT 10-3 ▶ 유감 표현하기

• (I'm) sorry.

미안해.

BILL	Oh! You stepped on my toe!
BOB	I'm sorry.
빌	오! 네가 내 발을 밟았어!
밥	미안해.

• My bad.

내 잘못이야.

DON	Who left the door unlocked?
HANNA	I did. My bad.
돈	누가 문을 열어 둔 거야?
한나	내가 그랬어. 내 잘못이야.

• I spoke out of turn.

내가 실언을 했어. /
내가 하지 말아야 할
말을 했어.

BILL	You said I was the one who did it.
MARY	I'm sorry. I spoke out of turn. I was mistaken.
빌	너 그걸 내가 했다고 말했다며.
메리	미안해. 잘못 말했어. 내가 착각했어.

• I spoke too soon.

❶ 내가 성급했어.

BILL	I know I said I would, but I spoke too soon.
SUE	I thought so.
빌	내가 하겠다고 말한 건 맞지만, 그땐 너무 성급했어.
수	나도 그렇게 생각했어.

Chapter 10

문제 상황에 대한 표현

❷ 내가 잘못 말했어.

BOB	It's beginning to brighten up.
	I guess it won't rain after all.
JOHN	I'm glad to hear that.
BOB	Whoops! I spoke too soon.
	I just felt a raindrop on my cheek.

밥　　　날씨가 점차 개고 있어. 결국 비는 안 오겠는걸.
존　　　듣던 중 반가운 소리다.
밥　　　이런! 내가 잘못 말했네. 방금 뺨에 빗방울이 떨어졌어.

brighten up (날씨가) 개다 | feel ~ on one's cheek ~가 뺨에 닿는 것을 느끼다

• I've been there.

나도 겪어 봐서 알아.

| SUE | These employment interviews are very tiring. |
| BOB | I know it! I've been there. |

수　　　이런 취업 면접은 정말 힘들어.
밥　　　알아! 나도 다 겪어 봤거든.

employment interview 취업 면접

• What can I say?

내가 무슨 할 말이 있겠어?

참고 What do you want me to say? (473쪽)

| BILL | Why on earth did you lose that big order? |
| SALLY | What can I say? I'm sorry! |

빌　　　대체 어떻게 그렇게 큰 수주를 놓칠 수 있어?
샐리　　할 말이 없습니다. 죄송합니다!

• What do you want me to say?

**내가 무슨 할 말이
있겠어?**

What can I say?, What can I tell you?와 거의 비슷한 표현이다.

BOB All of these problems should have been settled some time ago. Why are they still plaguing us?

TOM What do you want me to say?

밥 이 문제는 이미 모두 해결됐어야 하잖아. 왜 아직까지 이것 때문에 우리가 골치를 앓아야 하니?

탐 내가 무슨 할 말이 있겠니.

be settled (문제가) 해결되다 | plague 골머리를 앓게 하다, 괴롭히다

• No comment.

할 말 없어.

JOHN When did you stop beating your dog?

MARY No comment.

존 강아지를 언제까지 때렸죠?

메리 할 말 없어요.

JANE Georgie, did you chop down the cherry tree?

GEORGIE No comment.

제인 조지, 네가 벚나무를 베었니?

조지 드릴 말씀이 없어요.

stop -ing ~하는 것을 그만두다 | beat 때리다, 치다 | chop down (나무 등을) 베어 넘기다, 잘라 떨어뜨리다

UNIT 10-4 〉 문제에 대한 반응

- **Good call!**
- **Nice call!**

잘했어!

Jane noticed a clause in the contract that would cost us a lot of money if bad weather interrupted shipping. John smiled and said, "Good call, Jane! That might get you a promotion!"

제인은 악천후 때문에 배송이 중단될 경우, 우리가 많은 돈을 물게 되어 있는 계약서의 한 조항을 알아차렸다. 존은 웃으면서 "잘했어, 제인! 그 일로 승진하게 될지도 몰라!"라고 말했다.

Good call! No one else saw that car coming.

잘했어! 다른 사람은 아무도 그 차가 오는 것을 보지 못했어.

- **Nice catch!**
- **Good catch!**

- **Nice save!**

좋은 지적이야!

마치 누군가가 제때에 공을 잡은 것에 비유한 표현이다.
참고 Good call! (474쪽)

ANDREW **Nice catch**, Bob! You saved the company a lot of money.

HANNA I didn't see that clause in the contract. **Nice catch**, Bob.

앤드류 좋은 지적이었어, 밥! 회사가 많은 돈을 절약하게 해줬군.
한나 난 계약서의 그 조항을 발견 못 했는데. 좋은 지적이야, 밥!

- **I don't believe this!**

**믿을 수가 없어! /
이게 어떻게 된 거지!**

"I don't believe this!" muttered Sally as all the doors in the house slammed at the same time.

집 안의 모든 문이 동시에 쾅 닫히자 샐리는 "정말 이상한 일이네!" 하고 중얼거렸다.

SALLY	You're expected to get here early and make my coffee every morning.
JOHN	I don't believe this.
샐리	너 아침마다 일찍 와서 나한테 커피 타 주기로 했잖아.
존	이게 어떻게 된 거지.

mutter 중얼거리다 | slam 쾅 닫히다 | at the same time 동시에

• I'll put a stop to that.

내가 멈추게 할게. / 내가 처리하지.

FRED	There are two boys fighting in the hall.
BOB	I'll put a stop to that.
프레드	복도에서 두 녀석이 싸우고 있어.
밥	내가 말릴게.

SUE	The sales force is ignoring almost every customer in the older neighborhoods.
MARY	I'll put a stop to that!
수	판매 담당자는 구 지역 소비자들을 모두 무시한다니까.
메리	내가 처리하지!

sales force 판매부

• I'm fed up (with someone/something).

(~에) 이젠 질렸어.

I'm really fed up with…의 형태로 종종 쓰인다.

TOM	This place is really dull.
JOHN	Yeah. I'm fed up with it. I'm out of here!
탐	여기는 정말 따분해.
존	맞아. 나도 질렸어. 그만 갈래!

SALLY	Can't you do anything right?
BILL	I'm really fed up with you! You're always picking on me!
샐리	좀 제대로 할 수 없니?
빌	정말 너한테 질렸어! 항상 나한테 시비야!

dull 지루한, 재미없는 | pick on ~을 못살게 굴다, 집적거리다

• (It) can't be helped.

어쩔 수 없잖아. 과거 시제를 써서 It couldn't be helped.를 사용하기도 한다.

JOHN The accident has blocked traffic in two directions.

JANE It can't be helped. They have to get the people out of the cars and send them to the hospital.

존 사고가 나서 양방향 교통이 차단됐어.
제인 어쩔 수 없잖아. 사람들을 차 밖으로 빼내 병원으로 이송해야 하니까.

BILL I'm sorry I'm late.
I hope it didn't mess things up.

BOB It couldn't be helped.

빌 늦어서 미안해. 나 때문에 일을 망치지 않아야 할 텐데.
밥 어쩔 수 없었잖아.

block traffic 교통을 막다 | in two directions 양방향으로

• I've had enough of this!

**참을 만큼 참았어! /
더 이상 못 참아!**

SALLY I've had enough of this! I'm leaving!

FRED Me, too!

샐리 참을 만큼 참았어! 갈래!
프레드 나도!

JOHN (glaring at Tom) I've had enough of this!
Tom, you're fired!

TOM You can't fire me. I quit!

존 (탐을 노려보며) 참을 만큼 참았어! 탐, 자넨 해고야!
탐 절 해고하실 순 없어요. 제가 먼저 그만둘 테니까요!

476

• I've had it up to here (with someone/something).

(~을) **참을 만큼 참았어.** /
(~을) **더 이상은 못 참아.**

BILL	I've had it up to here with your stupidity.
BOB	Who's calling who stupid?
빌	네 멍청한 행동도 참을 만큼 참았어.
밥	누가 누구더러 멍청하다는 거야?

JOHN	I've had it up to here with Tom.
MARY	Are you going to fire him?
JOHN	Yes.
존	더 이상 탐을 봐줄 수가 없어.
메리	그럼 해고하실 건가요?
존	그래.

stupidity 멍청함 | Who's calling who ~? 누가 누구더러 ~하다는 거야?

• Leave it to me.

나한테 맡겨. /
내가 할게.

JOHN	This whole business needs to be straightened out.
SUE	Leave it to me. I'll get it done.
존	이 모든 일이 제대로 처리돼야 하는데.
수	나한테 맡겨 둬. 내가 할게.

• Let it be.

내버려 둬.

ALICE	I can't get over the way he just left me there on the street and drove off. What an arrogant pig!
MARY	Oh, Alice, let it be. You'll figure out some way to get even.
앨리스	거리에다 날 두고 차를 몰고 가 버린 그 남자를 도저히 용납할 수 없어. 거만한 자식!
메리	앨리스, 내버려 둬. 복수할 방법이 있을 거야.

I can't get over the way (that)... 그런 식으로 ~하다니 도저히 참을 수 없다 | **drive off** 차를 타고 가 버리다 | **arrogant** 오만한 | **figure out** (방법·해결책 따위를) 찾아내다, 알아내다 | **get even** (모욕에 대한 앙갚음으로) 본때를 보여주다

• let something **pass**

~을 눈감아 주다 /
~을 못 본 체하다

Bob **let Bill's insult pass** because he didn't want to argue.

밥은 말다툼을 하고 싶지 않아서 빌의 무례한 행동을 눈감아 줬다.

BOB   I'm really sorry.

JANE   Don't worry, I'll **let this little incident pass**.

밥   정말 미안해.

제인   걱정 마, 이런 작은 일은 그냥 넘어가 줄게.

• **Not again!**

(그러면 안 되는데)
또 그런다고?

MARY   The sink is leaking again.

SALLY Not again!

MARY   Yes, again.

메리   싱크대가 또 새.

샐리   또 샌다고?

메리   그래, 또 새.

• or else

안 그러면 큰일 난다

Do what I tell you, or else.

내 말 대로 해, 안 그러면 좋지 않을걸.

Don't be late for work, or else!

회사에 늦지 마, 늦으면 큰일 나!

• **push back** (**against** someone/something)

~에 맞서 반격하다

JOHN   Do you think the president will push back against his critics?

BOB   Probably not. It's just not his style.

존   대통령이 그를 비난하는 사람들에 맞서 반격할 것 같니?
밥   아마 안 그럴 거야. 그건 그의 스타일이 아니니까.

The author was fed up with reading reviews of his work that showed the reviewer had clearly not read the book. He decided to push back by writing an expose of inept critics in general.

그 작가는 그의 책을 읽지도 않은 것이 분명한 것으로 보이는 비평가들이 그의 작품에 대해 논평한 것을 읽는 것에 질렸다. 그는 전반적으로 무능한 평론가들을 폭로하는 글을 써서 반격하기로 결정했다.

• The shame of it (all)!

창피하게시리! / 부끄러운 일이네!

보통 상황을 심각하게 받아들이지 않는 듯한 어조로 말한다.
비교 For shame! (377쪽)

JOHN   Good grief! I have a pimple!
         Always, just before a date.
ANDREW The shame of it all!

존   맙소사! 여드름이 났잖아! 데이트 직전에 꼭 이런다니까.
앤드류   창피하게시리!

TOM   John claims that he cheated on his taxes.
BILL   Golly! The shame of it!

탐   존이 자기가 세금을 속여서 냈다더라.
빌   웬일이니! 부끄러운 일이네!

Good grief! 맙소사! | pimple 여드름, 뾰루지 | cheat on ~를 속이다[등쳐먹다], 속여서 ~득을 보다 | Golly! 어머나!, 세상에!

• Take a shotgun approach to the problem.

문제에 원론적인 접근을 해라.

We need to concentrate on cause and effect here. Let's figure out exactly what is wrong and propose the best solution to fix just that. We are not just going to take a shotgun approach to the problem.

이쯤에서 우리는 원인과 결과에 초점을 맞춰야 합니다. 무엇이 잘못되었는지 정확히 알아내서 그것을 수정할 수 있는 최선의 해결책을 내놓읍시다. 단순히 그 문제에 대한 원론적인 접근만을 하려는 것이 아닙니다.

• take it on the chin

참고 이겨내다 /
견뎌내다

The worst luck comes my way, and I always end up taking it on the chin.

나에게 최악의 불운이 닥쳐와도 난 항상 끝까지 잘 참고 이겨낸다.

come one's way ~에게 닥쳐오다 | end up -ing 결국은 ~하게 되다

• (Tell me) this isn't happening.

이건 사실이
아닐 거라고 (말해 줘).

Ye gods! The man just stole my purse! This isn't happening!

맙소사! 저 남자가 방금 내 지갑을 훔쳤어! 이건 사실이 아닐 거야!

My arm is bleeding, and I think my wrist is broken. I think I'm going to pass out. Tell me this isn't happening!

내 팔에서 피가 나고 있고 손목은 부러진 것 같아. 나 기절할 것 같아. 이건 사실이 아닐 거라고 말해 줘!

• That's it!

❶ 더 이상 못 참아!

That's it! I'm leaving! I've had enough!

더 이상 못 참아! 난 갈래! 할 만큼 했어!

Okay. That's it! I'm going to report you to human resources!

좋아. 더 이상은 안 되겠어! 인사 부서에 너에 대해 보고할 거야!

report ~ to... ~의 잘못에 대해 …에 보고하다 | human resources 인사부서

❷ 바로 그거야!

That's it! You are right.

바로 그거야! 네 말이 맞아.

That's it! You got the right answer.

바로 그거야! 정답을 맞혔어.

• That's the last straw!

**더 이상은 안 되겠어! /
그건 너무 지나쳐!**

BOB Now they say I have to have a tutor to pass calculus.

MOTHER That's the last straw! I'm going straight up to that school and find out what they aren't doing right.

밥 학교에서 제가 미적분학을 통과하려면 개인교습을 받아야 한대요.

엄마 더 이상은 안 되겠어! 당장 학교로 가서 거기서 제대로 하는 일이 뭔지 좀 알아봐야겠어.

• You don't know the half of it.

넌 사태의 심각성을 몰라.

MARY They say you've been having a bad time at home.

SALLY You don't know the half of it.

메리 너희 집 사정이 안 좋다고들 하더군.

샐리 얼마나 심각한지 넌 모를걸.

• You okay?
• You all right?

괜찮아?

괜찮으냐고 다른 사람의 현재 상태를 정중하게 묻는 표현이다. 때로 어떤 사람이 약간 정신 나간 듯이 행동하고 있을 때도 쓴다.

JOHN Hey, Fred. You just poured your drink on the floor. You okay?

FRED Sure.

존 어이, 프레드. 너 방금 마루에 술을 다 쏟았어. 괜찮아?

프레드 물론이지.

You look a little pale. You all right?

너 좀 창백해 보여. 괜찮아?

• (I) can't help it.

나도 어쩔 수가 없어.　흔히 비판에 대한 답변으로 사용한다.

MARY　Your hair is a mess.

SUE　It's windy. I can't help it.

메리　네 머리가 엉망진창이야.

수　바람이 불어서 그래. 나도 어쩔 수가 없어.

• (I) couldn't help it.

어쩔 수가 없었어.

SALLY　You let the paint dry with brush marks in it.

MARY　I couldn't help it. The telephone rang.

샐리　붓 자국이 남은 채로 페인트가 말라 버렸잖아.

메리　어쩔 수가 없었어. 전화가 왔었거든.

brush mark 붓 자국

• Lord knows I've tried.

나도 할 만큼 했어. / 내가 얼마나 애썼는지 주님은 아실 거야.

ALICE　Why don't you get Bill to fix this fence?

MARY　Lord knows I've tried. I must have asked him a dozen times—this year alone.

앨리스　빌한테 이 울타리를 고쳐 달라고 해 보지그래?

메리　난 할 만큼 했어. 올해만 열두 번도 더 부탁했단 말이야.

SUE　I can't seem to get to class on time.

RACHEL　That's just awful.

SUE　Lord knows I've tried. I just can't do it.

수　수업에 늦을 것 같아.

레이첼　큰일이네.

수　수업에 늦지 않으려고 노력했는데 어쩔 수가 없네.

dozen times 열두 번 | That's awful. 큰일이다., 너무 안됐다.

• I was up all night with a sick friend.

밤새도록 아픈 친구를 간호했어.

전날 밤에 있어야 할 곳에 없었던 것에 대해 자주 말하는 거짓말 같은 변명이다.

BILL Where in the world were you last night?

MARY Well, I was up all night with a sick friend.

빌 어젯밤에 대체 어디 있었던 거야?

메리 그게, 밤새도록 아픈 친구를 간호했어.

Mr. Franklin said rather sheepishly, "Would you believe I was up with a sick friend?"

프랭클린 씨는 약간 소심하게 "밤새 아픈 친구 간호했다면 믿을 거야?"라고 말했다.

in the world 도대체 | sheepishly 소심하게, 수줍어하며

• Break it up!

싸우지 마!

TOM I'm going to break your neck!

BILL I'm going to mash in your face!

BOB All right, you two, break it up!

탐 네 목을 부러뜨려 버리겠어!

빌 네 얼굴을 뭉개 버릴 거야!

밥 됐으니까, 너희 둘 그만 싸워!

When the police officer saw the boys fighting, he came over and hollered, "Break it up! You want me to arrest you?"

사내아이들이 싸우는 걸 본 경찰관이 다가와 "그만두지 못해! 잡혀가고 싶냐?"라고 소리쳤다.

mash 짓이기다 | holler 고함지르다, 외치다 | arrest 체포하다

Chapter 10 문제 상황에 대한 표현

• Here!

**그만! /
여기까지!**

BOB   You say that again and I'll bash you one.

BILL   You and what army?

FATHER Here! That's enough!

밥   그 말 한 번만 더 하면 널 두들겨 패 줄 거야.

빌   아, 그러셔?

아빠   그만! 더 이상은 못 참아!

"Here! Stop that fighting, you two." shouted the school principal.

교장 선생님께서 "그만! 너희 둘 싸움질 그만두지 못해."라고 소리치셨다.

bash ~을 세게 때리다 | **You and what army?** 아, 그러셔? (상대방의 위협에 대해 '너한테 당하지 않을 테니 해볼 테면 해봐'라는 식의 가소롭다는 뉘앙스)

🎧 2-10-05

UNIT 10-5 문제 상황 마무리하기

• down the drain

수포로 돌아간 /
허비된

I just hate to see all that money go down the
drain.

난 단지 전 재산이 날아가는 걸 보고 싶지 않다고.

Well, there goes the whole project, right down the
drain.

이런, 프로젝트 전체가 수포로 돌아가는구먼.

go down the drain 수포로 돌아가다. 소실되다

• get off scot-free

무사히 빠져나가다

scot은 고어로 '세금'이나 '부담'을 의미한다.

Do you really think you can pull a trick like that
and get off scot-free? You're lucky you're not in
jail!

너 정말로 네가 그렇게 속여 넘기고 무사히 빠져나갈 수 있을 거라고 생
각한 거야? 감옥에 가지 않은 것만도 다행인 줄 알아!

• good-bye and good riddance

사라지고 나니
속이 다 후련하다

FRED   Supposing I was just to walk out of here,
        just like that?

MARY   I'd say good-bye and good riddance.

프레드 저것처럼 나도 여기서 나가 버리면 어떨까?
메리   그러면 속 시원하겠다.

- **(It) hasn't been easy.**
- **Things haven't been easy.**

쉽진 않았지만 이겨냈어.

BILL   I'm sorry about all your troubles. I hope things are all right now.

BOB   It hasn't been easy, but things are okay now.

빌   네게 힘든 일들 많았다고 해서 정말 마음이 아팠어. 이제 다 잘 됐으면 좋겠다.

밥   쉽진 않았지만 이제 다 해결됐어.

JOHN   How are you getting on after your dog died?

BILL   Things haven't been easy.

존   네 강아지가 죽고 나서 어떻게 견뎠니?

빌   견디기 어려웠지만 이제 괜찮아.

- **(It's) time to move on.**
- **(Let's) just move on.**

(다 잊어버리고) 앞으로 나아갈 때야.

DON   Yes, it was a bad accident, but it's time to move on.

돈   그래, 그것은 안 좋은 사고였지만, 다 잊어버리고 앞으로 나아 갈 때야.

HANNA   It's over. It can't be undone.

ANDREW   Let's just move on.

한나   끝났어. 그걸 무효로 돌릴 수 없어.

앤드류   다 잊어버리고 앞으로 나아가자.

• throw the book at someone

**~을 엄벌에 처하다 /
~을 호되게 야단치다**

누군가가 다른 사람에게, 특히 법정의 피고에게 최고형을 선고하다. 판사가 피고에게 법률서를 던져서 그 책에 실린 모든 범죄의 혐의로 피고를 고발하는 것에 비유한 표현이다.

The judge was really angry and threw the book at the poor slob just because he kept interrupting.

그 얼간이가 계속 방해를 했기에 판사는 정말로 화가 나서 그를 엄벌에 처했다.

Wow, was my boss mad at me. He threw the book at me and said if I ever did it again, I'd be out of a job.

우와, 내 상사가 나한테 정말로 화가 났어. 그는 나를 호되게 야단쳤고 내가 또다시 그런 일을 저지른다면 나를 해고하겠다고 했어.

11

원인과 결과에 대한 표현

UNIT 11-1 ▶ 원인 말하기

• How come?

왜? / 어째서?

SALLY   I have to go to the doctor.
MARY   How come?
SALLY   I'm sick, silly.

샐리   나 병원에 가 봐야겠어.
메리   왜?
샐리   몸도 아프고 멍해.

JOHN   I have to leave now.
BILL   How come?
JOHN   I just have to, that's all.

존   이젠 가야겠어.
빌   어째서?
존   그냥 가야 해.

• put a cap on something

~를 제한하다

We need to put a cap on spending in every department.

우리는 모든 부서에서 사용하는 비용을 제한해야 한다.

The city put a cap on the amount each landlord could charge.

시 당국은 집주인이 부과하는 집세를 제한했다.

Chapter 11

원인과 결과에 대한 표현

• put some teeth into something

~을 강화하다

The mayor tried to put some teeth into the new law.

시장은 새로운 법을 강화시키기 위해 노력했다.

The statement is too weak. Put some teeth into it.

그 성명서는 너무 약해. 좀 강화해 봐.

• put someone/something to the test

~를 시험하다

I think I can jump that far, but no one has ever put me to the test.

난 저만큼 멀리 뛸 수 있을 것 같은데 아무도 나를 시험하려 들지 않네.

I'm going to put my car to the test right now, and see how fast it will go.

지금 당장 내 차를 시험해서 얼마나 빨리 달릴 수 있나 볼 거야.

• send out the wrong signals
• send someone the wrong signals

잘못된 신호를 보내다 / 사실이 아닌 것을 알리다

I hope I haven't been sending out the wrong signals but I do not really care to continue this relationship.

내가 잘못된 신호를 보내지 않았기를 바라는 하지만 이 관계를 계속 지속하는 것에 큰 관심 없어.

MARY Are you really angry with me?

JANE Not really. Sorry, I guess I sent you the wrong signals. I'm just a little grouchy today.

메리 너 정말로 나한테 화가 난 거야?

제인 설마. 미안. 내가 너한테 잘못된 신호를 보냈던 것 같아. 그냥 오늘은 성질이 좀 나서 그래.

• that's why!

그래서 그런 거야!

why로 시작하는 질문에 대한 대답 끝에 덧붙이는 말이다. 약간 짜증 내는 듯한 표현이다.

SUE	Why do you always put your right shoe on first?
BOB	Because, when I get ready to put on my shoes, I always pick up the right one first, that's why!

수	넌 왜 항상 오른쪽 신발을 먼저 신어?
밥	그야, 내가 신발을 신을 때, 항상 오른쪽 신을 먼저 집으니까 그런 거지!

MARY	Why do you eat that awful peppermint candy?
TOM	Because I like it, that's why!

메리	너 왜 그 맛없는 박하사탕을 먹니?
탐	그야 좋으니까, 그래서 그런 거야!

put on (신발을) 신다 | awful 매우 맛없는 | peppermint candy 박하사탕

• What for?

**왜? /
뭐 때문에 그러는데?**

MOTHER	I want you to clean your room.
BOB	What for? It's clean enough.

엄마	네 방 좀 치웠으면 좋겠구나.
밥	왜요? 이 정도면 깨끗한데요.

MARY	You need to leave now.
JOHN	What for? Did I do something wrong?

메리	너 이제 그만 가야겠다.
존	왜? 내가 뭘 잘못했어?

UNIT 11-2 ▸ 결과 말하기

• (I) can't unring the bell.

돌이킬 수 없게 됐어.

JOHN   Isn't there anything we can do about the bank failure?

BOB   Sorry. We can't unring the bell.

존   은행의 지급 유예를 막기 위해 우리가 할 수 있는 일은 없나요?

밥   죄송합니다. 돌이킬 수 없게 되었어요.

• It's your funeral.

네가 알아서 할 일이야.

TOM   I'm going to call in sick and go to the ball game instead of to work today.

MARY   Go ahead. It's your funeral.

톰   오늘 아프다고 전화해서 결근하고 야구 경기를 보러 갈 거야.

메리   그러든지. 네가 알아서 해.

• No harm done. 친밀

**괜찮아. /
이상 없어.**

It's okay. No harm done.

괜찮아. 아무 이상 없어.

JOHN   I am sorry I stepped on your toe.

BOB   No harm done.

존   발 밟아서 미안해요.

밥   괜찮습니다.

harm 해, 해를 입히다 | step on one's toe ~의 발을 밟다

492

• through no fault of someone's own

**❶ ~의 잘못이
   아닌데도**

Through no fault of his own, he failed third grade.
His eyes were bad, and nobody caught it.

그의 잘못이 아닌데도 그는 3학년 과정을 낙제했다. 그는 시력이 나빴는
데, 아무도 그 사실을 알지 못했다.

❷ 어쩌다 보니

여기서 fault는 반어적으로 '기술', '노력', '계획'의 의미이다.

We got to the ceremony right on time—through
no fault of our own.

우리는 어쩌다 보니 제시간에 딱 맞추어 결혼식에 도착했다.

Through no fault of our own, we managed to
amass a small fortune by the time we were each
forty years old.

어쩌다 보니 우리는 각자 40세가 될 때까지 상당한 금액의 재산을 그럭저
럭 모았다.

• rain on someone's parade 친밀

~의 계획을 망치다

I hate to rain on your parade, but the guest of
honor cannot come to the reception.

네 계획을 망치고 싶진 않지만 주빈이 연회에 참석할 수가 없대.

The boss rained on our parade by making us all
work overtime.

사장이 우리 모두에게 초과 근무를 지시해서 계획을 다 망쳐놨어.

the guest of honor 행사의 주빈

• take a toll (on someone/something)

~에 피해를 끼치다

Years of sunbathing took a toll on Mary's skin.

수년 동안 계속 일광욕을 하다 보니 메리의 피부가 엉망이 되었다.

Drug abuse takes a heavy toll on the lives of people and their families.

약물 남용은 자신뿐 아니라 가족에게도 큰 해를 끼친다 .

sunbathing 일광욕 | drug abuse 약물 남용, 마약 중독

• try as I may

애는 써 봤지만

실패에 대한 유감스러운 감정을 나타내는 표현이다.

BILL Try as I may, I cannot get this thing put together right.

ANDREW Did you read the instructions?

빌 노력은 했지만 이걸 도무지 제대로 맞출 수가 없어.
앤드류 설명서는 읽어 봤어?

RACHEL Wow! This place is a mess!

MOTHER Try as I may, I can't get Andrew to clean up after himself.

레이첼 와! 난장판이 따로 없네요!
엄마 애는 써 봤지만 도무지 앤드류한테 뒷정리를 시킬 수가 없네.

put together 조합하다, 짜맞추다 | clean up after oneself (어떤 일을 한 후) 뒷정리를 하다

• What's in it for me?

나한테 득이 되는 게 뭐야?

BOB Now, that plan is just what is needed.

BILL What's in it for me? What do I get out of it?

밥 그래, 우리한테 필요한 게 바로 저 계획이야.
빌 나한테 뭐가 좋은 거야? 내가 무얼 얻을 수 있지?

SUE We signed the Wilson contract yesterday.

MARY That's great! What's in it for me?

수 우리 어제 윌슨 계약서에 서명했어.
메리 잘했어! 그런데 나한테는 뭐가 좋은 거지?

get A out of B B에서 A를 얻다 | sign a contract 계약서에 서명하다

12

요청과 허가에
대한 표현

UNIT 12-1 ▶ 요청하기

• Please.

❶ (졸라대며) 제발. 상대방이 뭔가를 부인하거나 거부하는 상황에서 거듭하여 뭔가를 요구할 때 쓴다.

BILL Can I go to the picnic on the
Fourth of July?

MOTHER No, you can't go to the picnic.

BILL Please!

빌 7월 4일에 소풍 가도 돼요?
엄마 안 돼, 가지 마라.
빌 제발요!

❷ 먼저 하세요. Bob stepped back and made a motion with his
hand indicating that Mary should go first. "**Please**,"
smiled Bob.

밥이 뒤로 물러서서 메리에게 먼저 가라는 뜻으로 손짓을 했다. 그는 "먼
저 가세요."라고 웃으며 말했다.

❸ 제발 그만둬! 보통 Please!라고 외치듯이 말한다. [비교] **I beg your pardon.** (549쪽)

Andrew kept bumping up against Mary in line.
Finally Mary turned to him and said, "**Please!**"

앤드류가 줄 서 있는 메리에게 계속 부딪치자 마침내 메리가 돌아서서
"제발 치지 마"라고 말했다.

bump (up) against ∼에게 부딪치다 | **turn to** ∼을 돌아보다

• Would you please?

그렇게 해 줄래? **BILL** Do you want me to take this over
to the bank?

MARY Would you please?

빌 내가 이거 은행에 갖다 줄까?
메리 그래 줄래?

• if you please
• if you would(, please)

❶ 그래 주면 고맙지

BILL   Shall I unload the car?

JANE   If you please.

빌   차에서 짐을 내려 줄까?

제인   그럼 고맙지.

SUE   Do you want me to take you to the station?

BOB   If you would, please.

수   역까지 태워다 줄까?

밥   그래 주면 고맙지.

unload (차·배 등의) 짐을 내리다 | take ~ to… ~를 …까지 데려다주다

❷ 괜찮다면

부탁하는 말의 앞이나 뒤에 덧붙이는 공손한 표현이다.

JOHN   If you please, the driveway needs sweeping.

JANE   Here's the broom. Have at it.

존   괜찮다면, 차도 청소 좀 해야겠다.

제인   여기 빗자루. 얼른 해.

JANE   Take these down to the basement, if you would, please.

JOHN   Can't think of anything I'd rather do, sweetie.

제인   괜찮다면 이것 좀 지하실에 갖다 놔줘.

존   달리 할 일도 없는 걸, 자기.

driveway 현관이나 차고에서 밖의 도로까지 이어진 길 | sweep 쓸다. 청소하다 | broom 빗자루 | Have at it. 어서 해.

• Give me a chance.

❶ 한 번만 기회를 줘!

MARY   I just know I can do it.
Oh, please give me a chance!

SUE   All right. Just one more chance.

메리   할 수 있어요. 한 번만 기회를 주세요!

수   좋아. 딱 한 번만 더 준다.

❷ 제대로 할 수 있게 해 줘!

BOB You missed that one!

BILL You moved it! There was no way I could hit it. Give me a chance! Hold it still!

밥 빗맞았네!

빌 네가 움직였잖아! 그러니 명중시킬 수가 없지. 제대로 할 수 있게 좀 해 줘! 흔들리지 않게 잡으라고!

There is no way (that)... ~할 도리가 없다 | still 움직이지 않고 가만히 있는

• Allow me.
• Permit me.

제가 해 드리죠.

부탁을 받은 것은 아니지만 도와주겠다고 말하는 정중한 표현이다. 대개 남자가 여자에게 문을 열어 주거나, 담뱃불을 붙여 주거나, 물건 옮기는 일을 거들 때 쓴다. Allow me.에서는 대개 me를, Permit me.에서는 -mit을 강하게 발음한다.

Tom and Jane approached the door. "Allow me," said Tom, grabbing the doorknob.

탐과 제인이 문에 다다르자 탐은 문 손잡이를 잡으며 "제가 열어 드리죠." 라고 말했다.

"Permit me," said Fred, pulling out a gold-plated lighter and lighting Jane's cigarette.

프레드는 금으로 도금된 라이터를 꺼내 "제가 해 드리죠."라고 말하며 제인의 담배에 불을 붙여 주었다.

gold-plated 도금된 | light a cigarette 담뱃불을 붙이다

• Am I right?

그렇지?

응답을 요구하거나 대화를 계속 이끌기 위한 표현이다.

JOHN Now, this is the kind of thing we should be doing. Am I right?

SUE Well, sure. I guess.

존 이건 우리가 해야 할 일이야. 그렇지?

수 음, 그래. 맞아.

• If there's anything you need, don't hesitate to ask.

**필요한 게 있으면
주저하지 말고 말해.**

주로 집주인이나 뭔가에 적응하도록 도움을 주려는 사람들이 사용하는 말이다.

MARY   This looks very nice.
I'll be quite comfortable here.

JANE   If there's anything you need, don't hesitate
to ask.

메리   여기 정말 멋지다. 이곳 정말 편안할 것 같아.
제인   필요한 게 있으면 주저하지 말고 언제든 말해.

• Have a heart!

좀 봐주세요!

TEACHER   Things are looking bad for your grade in
this class, Bill.

BILL   Gee, have a heart! I work hard.

선생님   반에서 성적이 정말 형편없구나, 빌.
빌   어휴, 좀 봐주세요! 열심히 하잖아요.

• issue a call for something

~을 요청하다

The prime minister issued a call for peace.

수상은 평화를 촉구했다.

The person who organized the writing contest
issued a call for entries.

글짓기 대회의 주최 측에서 출전 요청을 해 왔다.

prime minister 수상, 국무총리 | entry (경기 · 대회 등의) 출전

• Don't call us, we'll call you.

**전화하지 마세요. /
저희가 연락드릴게요.**

대개 요청을 거절할 경우 쓴다.

SALLY   Thank you for coming by for the interview.
We'll let you know.

BILL   How soon do you think Mr. Franklin will
decide?

SALLY   Don't call us, we'll call you.

샐리   인터뷰에 응해 주셔서 감사합니다. 조만간 연락드리죠.
빌   프랭클린 씨가 언제쯤 결정할까요?
샐리   연락은 삼가 주세요, 저희 쪽에서 연락드리죠.

"Don't call us, we'll call you," said the assistant
director, as if he had said it a hundred times
already today, which he probably had.

조감독은 오늘만도 수백 번이나 똑같은 말을 되풀이한 듯 "저희가 연락할
테니 전화하지 마세요."라고 말했다. 아마 실제로 그만큼 말했을 것이다.

come by ~에 들르다 | How soon do you think ~? 언제쯤 ~할까요?

🎧 2-12-02

UNIT 12-2   허락 받기

• (Do you) mind if I do something?

~해도 될까요?

참고 Do you mind if I join you? (588쪽)

MARY	Do you mind if I sit here?
JANE	No, help yourself.

메리   여기 좀 앉아도 될까요?
제인   예, 편히 앉으세요.

TOM	Mind if I smoke?
BILL	I certainly do.
TOM	Then I'll go outside.

탐   담배 좀 피워도 될까?
빌   절대 안 돼.
탐   그렇다면 나가서 피워야겠군.

• What would you say if ~?

~해도 되겠니?

상대방의 의견이나 판단을 묻는 표현이다.

BILL	What would you say if I ate the last piece of cake?
BOB	Go ahead. I don't care.

빌   내가 마지막 남은 케이크 조각을 먹어도 되겠니?
밥   어서 먹어. 난 괜찮아.

MARY	What would you say if we left a little early?
SALLY	It's okay with me.

메리   우리 좀 일찍 출발하면 어떨까?
샐리   난 괜찮아.

Chapter 12

요청과 허가에 대한 표현

Part 2 주제별 회화 표현 • 501

• when you get a minute
• when you get a chance

시간 괜찮으면

부탁하는 말의 앞이나 뒤에 덧붙인다.

BILL Tom?

TOM Yes?

BILL When you get a minute, I'd like to have a word with you.

빌 탐?

탐 응?

빌 시간이 괜찮으면, 너랑 얘기 좀 하고 싶어.

"Please drop over for a chat when you get a chance," said Fred to Bill.

프레드가 빌에게 "시간 나면 얘기나 하게 들러."라고 말했다.

have a word with ~와 이야기하다 | **drop over** ~에 들르다 | **chat** 잡담

• (Are you) going my way?

같이 가도 될까?

같은 방향으로 가면 태워 달라는 의미이다.

MARY Are you going my way?

SALLY Sure. Get in.

메리 같이 가도 될까요?

샐리 네, 타세요.

"Going my way?" asked Tom as he saw Mary get into her car.

메리가 자기 차에 타는 걸 보고 "같이 가도 될까?" 하고 탐이 물었다.

UNIT 12-3 ▸ 의견 물어보기

● How about you?

너는 어때? /
네 생각은 어때?

BOB	How are you, Bill?
BILL	I'm okay. How about you?
BOB	Fine, fine. Let's do lunch sometime.
밥	어떻게 지내, 빌?
빌	잘 지내. 넌 어때?
밥	나도. 언제 같이 점심 먹자.

WAITER	Can I take your order?
BILL	I'll have the chef's salad and iced tea.
WAITER	(turning to Sue) How about you?
SUE	I'll have the same.
웨이터	주문하시겠어요?
빌	난 주방장 추천 샐러드랑 아이스티 할게요.
웨이터	(수에게 돌아서며) 손님은요?
수	같은 걸로 주세요.

do lunch 점심을 먹다 │ take one's order 주문을 받다

● What about you?

❶ 넌 어떤 게 좋아?

비교 How about you? (503쪽)

SALLY	I prefer red and purple for this room. What about you?
MARY	Well, purple's okay, but red is a little warm for this room.
샐리	나는 이 방을 빨간색이랑 자주색으로 칠하고 싶어. 네 생각은 어때?
메리	글쎄, 보라색이 좋지만 빨간색은 이 방에 좀 안 어울리는데

❷ 넌 어떻게 된 거야?

MARY	All my friends have been accepted to colleges.
JANE	What about you?
MARY	Oh, I'm accepted too.

메리 내 친구 모두 대학에 합격했어.
제인 넌?
메리 나도 붙었지.

be accepted to college 대학 입학 허가를 받다

• What do you say?

❶ 어떻게 지내? 친밀

BOB	What do you say, Tom?
TOM	Hey, man. How are you doing?

밥 안녕, 어떻게 지내, 탐?
탐 어이, 친구. 넌 어떻게 지내?

❷ 넌 어떻게 할래?

BILL	I need an answer from you now. What do you say?
BOB	Don't rush me!

빌 네 대답을 듣고 싶어. 어떻게 할래?
밥 다그치지 마!

❸ (아이에게)
이럴 땐 뭐라고 얘기해야 하지?

아이에게 Thank you. 혹은 Please. 등의 말을 하도록 다그치는 표현이다.

When Aunt Sally gave Billy some candy, his mother said to Billy, "What do you say?" "Thank you," said Billy.

샐리 고모가 빌리에게 사탕 몇 개를 주자, 엄마는 빌리에게 "뭐라고 말씀 드려야 하지?"라고 물었다. 빌리는 "고맙습니다."라고 말했다.

• What do you think?

어떻게 생각해?

MARY	We're considering moving out into the country. What do you think?
SUE	Sounds good to me.

메리 우리 시골로 이사 갈까 생각 중이야. 어떻게 생각해?
수 좋은 생각 같아.

> - **What do you think of that?**
> - **What do you think about that?**

그 일에 대해
어떻게 생각해?

BOB   I'm leaving tomorrow and taking all these books with me. What do you think of that?

MARY   Not much.

밥   내일 이 책을 모두 가지고 떠날 거야. 어떻게 생각해?
메리   별 생각 없어.

SUE   I'm going to start taking cooking lessons. What do you think about that?

BILL   I'm overjoyed!

JOHN   Thank heavens!

MARY   Fortune has smiled on us, indeed!

수   나 곧 요리 수업을 받기 시작하려고. 어떻게 생각해?
빌   진짜 기쁜걸!
존   고맙기도 해라!
메리   정말 행운의 여신이 우릴 향해 미소 지었군!

overjoyed 미칠 듯이 기쁜 | smile on ~를 향해 미소 짓다

> - **What makes you think so?**

❶ 왜 그렇게 생각해?

TOM   This bread may be a little old.

ALICE What makes you think so?

TOM   The green spots on the edges.

탐   이 빵 좀 오래된 것 같아.
앨리스 왜 그렇게 생각해?
탐   가장자리에 푸른 곰팡이가 슬었어.

green spot 푸른 곰팡이 | on the edges 가장자리에

❷ (빈정대며)
그거 정말 확실해?

JOHN   I think I'm putting on a little weight.

MARY Oh, yeah? What makes you think so?

존   나 조금 살찐 것 같아.
메리   그래? 확실해?

put on weight 체중이 늘다(= gain weight)

• (Would you) care to (do something)?

～하고 싶니?

상대방이 어떤 일을 하고 싶은지 정중하게 묻는 표현이다.

JOHN   Would you care to step out for some air?

JANE   Oh, I'd love it.

존   밖에 나가서 바람 좀 쐬고 싶니?

제인   오, 그거 좋지.

SUE   Care to go for a swim?

MARY   Not now, thanks.

수   수영하고 싶니?

메리   아니, 지금은 싫어.

step out for some air 바람 쐬러 밖에 나가다

• Are you on board?

합류할 거야?

BOB   We've talked to you about this project before, John. You haven't given us a straight answer yet. We need to know now. Are you on board?

JOHN   Well, I guess so.

밥   존, 우리 전에 이 프로젝트에 대해 이야기한 적 있잖아요. 우리에게 아직 명확한 답을 해 주지 않았는데요. 지금 답을 알아야 해요. 합류할 건가요?

존   음, 그럴 것 같아요.

• Do you have any issues with that?

그것에 무슨 문제라도 있어?

BILL   I am going to ask you to work late this Friday. Do you have any issues with that?

FRED   My problem is that I am leaving on a plane at 7:00.

빌   자네한테 이번 금요일에 야근을 해 달라고 부탁하려고 해. 그러면 무슨 문제라도 있나?

프레드   문제는, 제가 7시 비행기를 타고 떠날 거라는 거지요.

• Does it work for you? 구어

괜찮아?

대답으로는 (It) works for me.(난 괜찮아., 좋아.)가 올 수 있다.

BILL I'll be there at noon. Does it work for you?

BOB Works for me.

빌 정오에 거기로 갈게. 괜찮겠어?

밥 괜찮아.

MARY We're having dinner at eight.
Does it work for you?

JANE Sounds just fine.

메리 우리는 8시에 저녁을 먹어. 괜찮니?

제인 딱 좋아.

Chapter 12

요청과 허가에 대한 표현

UNIT 12-4 ▶ 수락하기

- **All right already!**
- **All righty already!**

이제 됐어!

마지못해 동의[수락]하는 표현이다. All righty already!는 무례하다기보다는 익살스러운 표현인데 구식 표현이지만 지금도 사용된다.

ALICE	**All right already!** Stop pushing me!
MARY	I didn't do anything!
앨리스	알았어, 알았다고! 다그치지 좀 마!
메리	내가 뭐 어쨌다고 그래!

BILL	Come on! Get over here!
BOB	**All righty already!** Don't rush me!
빌	얼른! 이리 와!
밥	알았어, 알았다고! 재촉 좀 하지 마!

- **Anything you say.**

말만 해.

뭐든지 말만 하면 다 들어주겠다는 뉘앙스이다.

MARY	Will you please take this over to the cleaner's?
BILL	Sure, anything you say.
메리	이것 좀 세탁소에 갖다 줄래?
빌	그래, 말만 해.

take A over to B A를 B에(게) 갖다 주다[전해 주다] | (the) cleaner('s) 세탁소

- **Go ahead.**

어서 그렇게 해.

JANE	Can I put this one in the refrigerator?
MARY	Sure. Go ahead.
제인	이거 냉장고에 넣어도 될까?
메리	물론이지. 그렇게 해.

(I'd be) happy to (do something).
Be happy to (do something).

기꺼이 ~할게.

JOHN	I tried to get the book you wanted, but they didn't have it. Shall I try another store?
MARY	No, never mind.
JOHN	I'd be happy to give it a try.
존	네가 찾던 책을 사 오려고 했지만, 거기에는 없더라. 다른 서점에 가 볼까?
메리	아니, 됐어.
존	기꺼이 가 볼게.

ALICE	Would you fix this, please?
JOHN	Be happy to.
앨리스	이거 좀 고쳐 줄래?
존	기꺼이 고쳐 주지.

Never mind. 신경 쓰지 마., 괜찮아. | **give it a try** 시도하다, 한번 해보다

If you must.

정 그렇다면 그렇게 해.

SALLY	It's late. I have to move along.
MARY	If you must. Good-bye. See you tomorrow.
샐리	늦었다. 이만 가 봐야 해.
메리	정 그렇다면. 잘 가. 내일 보자.

It's yours!

이제 그것은 네 거야!

TOM	I really want to read that book you've been reading. It looks very interesting.
BOB	Here, it's all yours! I'm finished with it.
탐	네가 계속 읽고 있는 그 책을 나도 정말 읽어 보고 싶어. 아주 재미있을 것 같아.
밥	여기, 이제 그건 네 거야! 난 다 읽었거든.

• Whatever turns you on.

❶ 그러고 싶으면 그렇게 해.

MARY	Do you mind if I buy some of these flowers?
BILL	Whatever turns you on.

메리   이 꽃 조금만 사도 될까?
빌   사고 싶으면 사.

❷ (빈정대며) 그렇다면 그렇게 해야지 어쩌겠어.

JANE	You see, I never told anybody this, but whenever I see dirty snow at the side of the road, I just go sort of wild inside.
SUE	Weird, Jane, weird. But, whatever turns you on.

제인   실은 이 얘기는 아무에게도 안 한 건데 난 길 옆에 쌓인 더러운 눈만 보면 속이 부글부글 끓어.
수   희한하군. 제인, 희한해. 하지만 끓는다면 끓어야지 어쩌겠어.

• With my blessings.

그렇게 해.

찬성이나 동의를 나타내는 표현이다.

BOB	Can I take this old coat down to the rummage sale?
SUE	With my blessing.

밥   이 낡은 코트를 자선 바자회에 내놔도 될까?
수   그렇게 해.

rummage sale 자선 바자회

• With pleasure.

기꺼이.

어떤 일을 하는 것에 기꺼운 마음으로 동의하는 표현이다.

FRED	Would you please take this note over to the woman in the red dress?
WAITER	With pleasure, sir.

프레드   이 메모를 저기 빨간 옷 입은 여자분에게 건네주시겠어요?
웨이터   네, 기꺼이 그러죠.

• You're on!

좋아!

내기, 도전, 초대를 받아들일 때 쓴다.

JOHN What about a few beers at the club?

BOB You're on!

존 클럽에서 맥주 몇 잔 하는 거 어때?

밥 좋아!

MARY I think we can do it. Want to try?

JANE You're on!

메리 우리는 할 수 있을 거라고 생각해. 해 볼래?

제인 좋아!

• You're the doctor.

네 말대로 할게.

보통은 상대가 의사가 아니다.

BILL Eat our dinner, then you'll feel more like playing ball. Get some energy!

TOM Okay, you're the doctor.

빌 저녁 먹자. 그러면 공놀이하는 데 좀 더 힘이 날 거야. 에너지를 보충하자!

탐 좋아, 네 말대로 하지.

TEACHER You'd better study the first two chapters more thoroughly.

BOB You're the doctor.

선생님 첫 번째 두 장은 더 철저히 공부하는 게 좋을 거야.

밥 선생님 말씀대로 하겠습니다.

play ball 공놀이를 하다, 활동을 시작하다 | thoroughly 철저하게

거절하기

• Absolutely not!

어림없어!

강한 부정이나 거절의 표현이다. **비교** Definitely not! (512쪽)

BOB   Can I please have the car again tonight?

FATHER   Absolutely not! You can't have the car every night!

밥   오늘 밤에 차 좀 한 번 더 써도 될까요?

아빠   절대 안 돼! 매일 밤마다 네가 쓸 수는 없지!

have a car (from ~) (~에게서) 자동차를 (빌려) 쓰다

• Definitely not!
• Certainly not!

어림없는 소리!

비교 Absolutely not! (512쪽)

BILL   Will you lend me some money?

BOB   No way! Definitely not!

빌   돈 좀 빌려줄래?

밥   안 돼! 어림없어!

BOB   Have you ever stolen anything?

FRED   Certainly not!

밥   물건 훔쳐 본 적 있니?

프레드   결단코 없어!

• Don't waste your breath.

그래 봤자 소용없어.

ALICE   I'll go in there and try to convince her otherwise.

FRED   Don't waste your breath. I already tried it.

앨리스   내가 들어가서 다른 방향으로 그녀를 설득시킬게.

프레드   그래 봤자 소용없어. 내가 이미 해 봤다니까.

• Flattery will get you nowhere.

아부해 봤자 소용없어.

JANE   You are beautiful and talented.

BOB   Flattery will get you nowhere, but keep talking.

제인   넌 예쁘고 재능도 있어.

밥   아부해 봤자 소용없지만, 어쨌든 계속해 봐.

• I can't accept that.

말도 안 돼.

SUE   The mechanic says we need a whole new engine.

JOHN   What? I can't accept that!

수   정비사가 엔진을 완전히 새로 바꿔야 한대.

존   뭐라고? 말도 안 돼!

• I wouldn't touch something with a ten-foot pole.

～ 근처엔 안 갈 거야. / ～는 절대 받아들일 수 없어.

I refuse to do business there. I won't even go in the door. I wouldn't touch that place with a ten-foot pole.

난 거기서 사업하는 거 거부해. 나는 그 근처에도 안 갈 거야. 절대 받아들일 수 없어.

• I'll have to beg off.

못 갈 것 같아.

비공식적인 초대를 공손하게 거절하는 표현이다.

BILL   Do you think you can come to the party?

BOB   I'll have to beg off.
     I have another engagement.

BILL   Maybe some other time.

빌   파티에 올 수 있니?

밥   못 갈 거 같아. 다른 약속이 있거든.

빌   그럼 다음 기회에 보자.

engagement 약속 | Maybe some other time. 다음 기회에 함께 하죠.

• I'll thank you to keep your opinions to yourself.

네 생각은
접어 뒀으면 좋겠어.

JANE	This place is sort of drab.
JOHN	I'll thank you to keep your opinions to yourself.

제인	여긴 정말 우중충하다.
존	네 생각은 좀 접어 뒀으면 좋겠어.

• Keep your opinion to yourself!

혼자서나 그렇게
생각하라고!

SALLY	You really ought to do something about your hair. It looks like it was hit by a truck.
JOHN	Keep your opinions to yourself. This is the latest style where I come from.
SALLY	I won't suggest where that might be.

샐리	너 정말 머리 좀 어떻게 해라. 꼭 트럭에 치인 사람 같잖아.
존	네 생각은 그냥 접어 둬. 내가 살던 곳에서는 이게 최신 스타일 이라고.
샐리	그곳이 어떤 곳이라고는 얘기하지 않겠어.

• No, no, a thousand times no!

절대로 안 돼! /
해가 서쪽에서 떠도
안 돼!

SUE	The water is a little cold, but it's great. Come on in.
BILL	How cold?
SUE	Well, just above freezing, I guess. Come on in!
BILL	No, no, a thousand times no!

수	물이 약간 차지만 그래도 좋네. 어서 들어와.
빌	얼마나 찬데?
수	글쎄, 약간 얼지 않는 정도. 어서 들어와!
빌	싫어, 절대 안 들어갈 거야!

Come on in. 어서 들어와. | freezing 꽁꽁 얼도록 추운

514

• No siree(, Bob)!

절대 아니야!

반드시 남자에게만 사용하는 표현은 아니다.

BILL	Do you want to sell this old rocking chair?
JANE	No siree, Bob!
빌	이 낡은 흔들의자 팔 생각 있니?
제인	절대 안 팔아!

BILL	You don't want sweet potatoes, do you?
FRED	No siree!
빌	고구마 먹고 싶지 않니?
프레드	전혀!

• No, thank you.
• No, thanks.

고맙지만 사양할게.

제안을 거절할 때 사용하는 표현이다.

BOB	Would you care for some more coffee?
MARY	No, thank you.
밥	커피 조금 더 마실래?
메리	고맙지만, 괜찮아.

JOHN	Do you want to go downtown tonight?
JANE	No, thanks.
존	오늘 저녁에 시내에 나가지 않을래?
제인	고맙지만, 사양할래.

Would you care for ~? ~을 드시겠습니까? | go downtown 시내에 가다

• Thanks, but no thanks.

고맙지만 됐어.

별로 원치 않는 일을 거절할 때 쓰는 표현이다.

ALICE	How would you like to buy my old car?
JANE	Thanks, but no thanks.
앨리스	내 오래된 차 네가 안 살래?
제인	고맙지만 됐어.

• That's enough for now.

지금은 됐어.

MARY   Here, have some more cake.
Do you want a larger piece?

BILL   Oh, no. That's enough for now.

메리   자, 케이크 더 먹어. 더 큰 걸로 줄까?
빌   어, 아니. 지금은 됐어.

• Not right now, thanks.

고맙지만
지금은 사양할게.

나중에 다시 물어봐 주길 바란다는 의미이다. 대개 음식이나 음료를 일시적으로
사양하는 표현으로 나중에 더 원할 수 있다는 의미를 담고 있다.

JOHN   Can I take your coat?

SUE   Not right now, thanks. I'm still a little chilly.

존   코트를 받아 드릴까요?
수   고맙지만 지금은 괜찮아요. 아직은 좀 춥군요.

• Nothing for me, thanks.

전 괜찮아요, 고마워요.

일반적으로 음식이나 음료를 사양하는 표현이다.

WAITER   Would you care for dessert?

BOB   Nothing for me, thanks.

웨이터   디저트 드시겠습니까?
밥   전 괜찮아요, 고마워요.

• Not for love nor money.

절대 안 돼.

JOHN   Would you be willing to drive through the
night to get to Florida a day earlier?

MARY   Not for love nor money!

존   밤새도록 운전해서 플로리다에 하루 일찍 도착하는 게 어때?
메리   절대 안 돼!

• Not for my money.

내 생각엔 아니야.

돈이나 재정적인 상황과는 전혀 무관한 표현이다.

SUE   Do you think it's a good idea to build all these office buildings in this part of the city?

MARY   Not for my money. That's a real gamble.

수   도시 이쪽에 전부 사무실 건물을 짓는 게 좋은 생각인 것 같아?

메리   내가 볼 땐 아니야. 정말 도박이지.

• Not in my book.

내 생각엔 그렇지 않아.   **비교** Not for my money. (517쪽)

JOHN   Is Fred okay for the job, do you think?

MARY   No, not in my book.

존   프레드가 그 일을 잘한다고 생각해?

메리   아니, 내가 볼 때는 아니야.

• Not for the world!

무슨 일이 있어도 안 돼!   TOM   Can I ask you to loan my cousin's friend a hundred dollars until next month?

ANN   Not for the world!

탐   다음 달까지 내 사촌의 친구에게 100달러를 빌려 달라고 부탁해도 될까?

앤   무슨 일이 있어도 안 돼!

• Nothing doing!

그건 안 돼!   JOHN   Can I put this box in your suitcase?

BILL   Nothing doing! It's too heavy now.

존   이 상자 네 여행 가방에 좀 넣어도 되니?

빌   안 돼! 지금도 너무 무거워.

• Not in this life!

어림도 없어! /
내가 살아 있는 한 안 돼!

I'm hoping to earn a million dollars by the time
I'm thirty. I want to have two cars, a boat, a villa in
Italy, and a fine collection of vintage wines. Can I
do it? Not in this life!

나는 내가 30살이 될 때까지 백만 달러를 벌기를 바라고 있어. 차 두 대랑
보트 한 대, 이탈리아에 있는 별장, 그리고 훌륭한 고급 포도주 수집품도
원해. 내가 그렇게 할 수 있을까? 어림도 없을 거야!

• Over my dead body!

내가 죽기 전엔 안 돼!

강한 반대 의견을 나타내는 표현이다. 이 말에 대해 장난스럽게 대답할 때는 That
can be arranged.(그럼 죽여 드리면 되겠네.)라고 한다.

SALLY Alice says she'll join the circus no matter
what anybody says.

FATHER Over my dead body!

SALLY Now, now. You know how she is.

샐리 앨리스는 누가 뭐래도 서커스에 들어갈 거래요.

아빠 내 눈에 흙이 들어가기 전엔 절대 안 돼!

샐리 참, 그 애가 어떤 앤지 아시잖아요.

UNIT 12-6 ▶ 평가하기

• (as) far as I'm concerned

❶ 내 생각에는

BOB Isn't this cake good?

ALICE Yes, indeed. This is the best cake I have ever eaten as far as I'm concerned.

밥 이 케이크 맛있지 않니?

앨리스 응, 진짜 맛있어. 내 생각에 이 케이크는 내가 지금까지 먹어 본 케이크 중에 가장 맛있어.

❷ 난 아무래도 상관없어

ALICE Can I send this package on to your sister?

JOHN As far as I'm concerned.

앨리스 이 짐을 네 여동생에게 보내도 될까?

존 나야 아무래도 좋아.

JANE Do you mind if I put this coat in the closet?

JOHN Far as I'm concerned. It's not mine.

제인 이 코트를 옷장에 넣어도 될까?

존 난 아무래도 상관없어. 내 옷장이 아니거든.

package 소포, 포장되어 있는 작은 짐 | **Do you mind if ~?** ~해도 될까요?

• as I see it   • in my opinion
• in my view

내 생각에는

TOM This matter is not as bad as some would make it out to be.

ALICE Yes. This whole affair has been overblown, as I see it.

탐 이 문제는 일부 사람들이 말했던 것만큼 그렇게 나쁘진 않아.

앨리스 그래. 내가 보기엔, 이 일 전부가 지나치게 과장된 것 같아.

Chapter 12

요청과 허가에 대한 표현

BOB	You're as wrong as can be.
JOHN	In my view, you are wrong.
밥	너 진짜 나쁜 애구나.
존	내 생각에는 네가 나빠.

- **from my perspective**
- **from my point of view**
- **from where I stand**
- **the way I see it**

내가 볼 때

자신의 의견을 밝힐 때 사용하는 표현이다.

MARY	What do you think of this?
TOM	From my perspective, it is just terrible.
메리	이것에 대해 어떻게 생각해?
탐	내가 볼 때는 형편없는걸.

BOB	From my point of view, this looks like a very good deal.
BILL	That's good for you. I stand to lose money on it.
밥	내가 볼 때, 이 거래는 조건이 아주 좋은 것 같아.
빌	너한테나 좋지. 나는 돈만 잃을 것 같은데.

ALICE	From where I stand, it appears that you're going to have to pay a lot of money to get this matter settled.
SUE	I'll pay anything. I just want to get all this behind me.
앨리스	내가 볼 때, 이 문제를 해결하려면 돈이 꽤 많이 들 것 같아.
수	돈이라면 얼마든지 내지. 이 모든 일에서 벗어나고 싶어.

- **point of view**

견해

From my point of view, all this talk is a waste of time.

내 견해로는 이런 얘기는 모두 시간 낭비일 뿐이야.

I can understand her point of view. She has made some good observations about the problem.

그 여자의 견해를 이해하겠어. 그 문제에 대한 훌륭한 소견을 냈더군.

waste of time 시간 낭비 | make an observation about ~에 대한 소견을 말하다

• I couldn't ask you to do that.

**그런 부탁까지
할 수는 없지.**

제안을 거절하겠다는 의미는 아니다.

SALLY Look, if you want, I'll drive you
to the airport.

MARY Oh, Sally. I couldn't ask you to do that.

샐리 야, 원한다면 내가 공항까지 태워다 줄게.

메리 오, 샐리. 너한테 그런 부탁까지 할 수는 없어.

Look. 이봐.. 저기. (어떤 말을 꺼내기에 앞서 상대방의 주의를 환기시키기 위해, 혹은 습관
적으로 붙이는 표현) | drive ~ to ... ~를 …까지 차로 태워다 주다

• I don't want to sound like a busybody, but ~

참견하고 싶지는 않지만

제안하거나 의견을 내놓을 때 사용하는 표현이다.

BOB I don't want to sound like a busybody,
but didn't you intend to have your house
painted?

BILL Well, I guess I did.

밥 참견하고 싶지는 않지만 네 집에 페인트칠하려고 하지 않았니?

빌 글쎄, 그랬던 것 같군.

intend to 하려고 하다

• (I'm) (just) thinking out loud.

혼잣말이야.

과거 시제를 쓰기도 한다.

SUE What are you saying, anyway?
Sounds like you're scolding someone.

BOB Oh, sorry. I was just thinking out loud.

수 그런데 너 뭐라고 했니? 누군가를 질책하는 것처럼 들리네.

밥 어, 미안. 나 혼자 중얼거린 거야.

BOB	Now, this goes over here.
BILL	You want me to move that?
BOB	Oh, no. Just thinking out loud.
밥	자, 이건 여기에 놓고.
빌	나보고 저걸 옮기라고?
밥	아니. 그냥 혼자 중얼거린 거야.

• in my humble opinion

**부족하지만
사견을 말하자면**

BOB	What are we going to do about the poor condition of the house next door?
BILL	In my humble opinion, we will mind our own business.
밥	옆집의 상황이 말이 아니던데 우리가 어떻게 해야 할까?
빌	내가 볼 때, 우린 그냥 우리 일이나 신경 쓰는 게 좋겠어.

poor condition 형편없는 상황

• (It's) not half bad.

그다지 나쁘진 않아.

MARY	How do you like this play?
JANE	Not half bad.
메리	이 연극 어땠어?
제인	생각보단 괜찮았어.

JANE	Well, how do you like college?
FRED	It's not half bad.
제인	대학 생활 어때?
프레드	그다지 나쁘진 않아.

● (I've) seen better.

그저 그래.

'전에 더 좋은 것도 본 적이 있기(have seen better) 때문에 현재의 이 상황은 별로다'라는 뉘앙스를 가지고 있다.

ALICE How did you like the movie?

JOHN I've seen better.

앨리스 영화 어땠어?

존 그저 그래.

BILL What do you think about this weather?

BOB Seen better.

빌 날씨 어떤 거 같아?

밥 그저 그래.

● (I've) seen worse.

그리 나쁘진 않군.

'전에 더 나쁜 것도 본 적이 있기(have seen worse) 때문에 현재의 이 상황이 최악은 아니다'라는 뉘앙스를 가지고 있다.

ALICE How did you like the movie?

JOHN I've seen worse.

앨리스 영화 어땠어?

존 나쁘진 않았어.

BILL What do you think about this weather?

BOB Seen worse. Can't remember when, though.

빌 날씨 어떤 거 같아?

밥 이보다 날씨가 안 좋았던 때도 있어. 정확히 언제였는지 기억은 안 나지만.

• keep one's **opinion to** oneself

**~의 생각을
마음속에 접어두다**

특히 다른 사람과 의견이 맞지 않을 때 자신의 의견을 언급하지 않다.
참고 Keep your opinions to yourself! (514쪽)

You ought to keep your opinions to yourself if you are going to be offensive.

기분이 상할 것 같으면 네 생각은 그냥 마음속에 접어두도록 해.

Please keep your rude opinions to yourself!

그런 건방진 생각일랑 입 밖으로 내지 마!

You ought to ~해야 해, ~하도록 해 | **offensive** 불쾌한, 거슬리는

• No fair!

**불공평해! /
정당하지 못해!**

BILL　No fair! You cheated!
BOB　I did not!

빌　정당하지 못해! 너 커닝했잖아!
밥　안 했어!

• Not bad.

❶ 꽤 괜찮아.

BILL　How do you like your new teacher?
JANE　Not bad.

빌　새로 오신 선생님 어때?
제인　아주 좋으셔.?

❷ 아주 좋아.

사람이나 사물을 지칭하여 말할 수도 있다.

JOHN　How do you like that new car of yours?
MARY　Not bad. Not bad at all.

존　네 새 차 어때?
메리　아주 좋아. 정말 맘에 쏙 들어.

TOM	This one looks great to me.
	What do you think?
SUE	It's not bad.

| 탐 | 이거 나한테 잘 어울리는 것 같은데. 네 생각은 어때? |
| 수 | 아주 좋은데. |

• Not by a long shot.

절대 그렇지 않아. 사람이나 사물을 부정적으로 평가하는 표현이다.

| BILL | Are you generally pleased with the new president? |
| MARY | No, indeed, not by a long shot. |

| 빌 | 새 대통령에 대체로 만족하니? |
| 메리 | 아니, 실은 전혀 그렇지 않아. |

| JOHN | Do you find this acceptable? |
| BILL | Good grief, no! Not by a long shot. |

| 존 | 이거 수긍할 만하니? |
| 빌 | 맙소사, 아니! 절대 그렇지 않아! |

be pleased with ~을 마음에 들어 하다

PART 3

상황별
회화 표현

CHAPTER

01
식사할 때

3-01-01

UNIT 1-1 ▶ 식사할 때 쓰는 표현

• Help yourself.

마음껏 먹어.

SALLY	Can I have one of these doughnuts?
BILL	Help yourself.
샐리	이 도넛 하나 먹어도 돼?
빌	마음껏 먹어.

• Let's eat (something).

❶ (식사 준비 다 되었으니) 어서 먹자.

FATHER	It's all ready now. Let's eat.
BILL	Great! I'm starved.
아빠	이제 다 차렸으니 어서 먹자.
빌	신난다! 정말 배고팠는데.

❷ 뭐 좀 먹자.

BILL	What should we do? We have some time to spare.
SUE	Let's eat something.
BILL	Good idea.
SUE	Food is always a good idea with you.
빌	뭐 할까? 시간이 좀 남았는데.
수	뭐 좀 먹자.
빌	좋은 생각이야.
수	넌 먹자고 하면 늘 좋아하더라.

have some time to spare 시간이 좀 남다

• Come and get it! 친밀

어서 와서 밥 먹어!

TOM	Come and get it! Time to eat!
MARY	What is it this time? More bean soup?
TOM	Certainly not! Lentils.

탐	어서 와서 밥 먹어! 식사 시간이야!
메리	이번 메뉴는 뭐야? 또 강낭콩 수프야?
탐	절대 아니지! 이번엔 렌틸콩이야.

• Dig in!

어서 먹자!

SUE	Sit down, everybody.
BOB	Wow, this stuff looks good!
ALICE	It sure does.
SUE	Dig in!

수	모두 앉자.
밥	와, 정말 맛있겠다!
앨리스	정말 그러네.
수	어서 먹자!

• Dinner is served.

저녁 준비됐습니다. 집사들이 식사 시간을 알리듯이 격식을 차려 쓰는 표현이다.

SUE	Dinner is served.
MARY	(aside) Aren't we fancy tonight?

수	저녁 준비됐습니다.
메리	(혼잣말로) 오늘 밤 너무 거한 거 아냐?

aside 혼잣말로 | Aren't we fancy? 언행이 격에 맞지 않을 때 쓰는 표현

• (Do) have some more.

좀 더 먹어.

BILL	Wow, Mrs. Franklin, this scampi is great!
SALLY	Thank you, Bill. Do have some more.

빌	와, 프랭클린 부인, 이 새우 요리 정말 맛있네요!
샐리	고마워요, 빌. 더 드세요.

JANE	What a lovely, light cake.
MARY	Oh, have some more.
	Otherwise the boys will just wolf it down.

제인	이 케이크 정말 살살 녹는다.
메리	어, 더 먹어. 안 그러면 남자애들이 눈 깜짝할 사이에 다 먹어 치울 거야.

• grab a bite (to eat)

**요기하다 /
간단하게 먹다**

I need a few minutes to grab a bite to eat.

잠깐 요기라도 해야겠어.

Bob often tries to grab a bite between meetings.

밥은 회의 사이에 자주 뭘 먹으려고 한다.

• say grace

식전 감사 기도를 하다

Grandfather always says grace at Thanksgiving.

할아버지께서는 추수감사절에 항상 식전 감사 기도를 드린다.

A local preacher said grace at the banquet.

교구 목사님이 연회에서 식전 감사 기도를 드렸다.

• Soup's on!

밥 먹자!

수프에만 쓰는 것이 아니라 모든 음식에 사용할 수 있다.

TOM Soup's on!

BILL The camp chef has dished up another
disaster. Come on, we might as well face
the music.

탐 밥 먹자!

빌 캠프장 요리사가 또 다른 실패작을 차려놨군. 자, 해치우자고.

dish up 요리를 접시에 담아내다 | **disaster** 실패작

• Say when.

**(음료수를 따라 주며)
됐으면 얘기해.**

종종 When.이라고 대답한다.

TOM (pouring milk) Say when, Fred.

FRED When.

탐 (우유를 따르며) 됐으면 얘기해, 프레드.

프레드 됐어.

• What I wouldn't give for a something!

~만 있으면 더 바랄 게 없을 텐데!

특히 음식이나 술을 위해서라면 무엇이든 다 줄 것이라는 뜻이다.

ANDY   Hey, Don, would you like a can of soda?

DON   I guess, but what I wouldn't give for a nice cold beer!

앤디   어이, 돈, 탄산음료 한 잔 할래?

돈   그래야지, 하지만 맛 좋은 차가운 맥주 한 잔만 있으면 더 바랄 게 없을 텐데!

• When do we eat? 친밀

식사는 언제 해?

말하는 사람이 배가 고픔을 나타낸다.

BILL   This is a lovely view, and your apartment is great. When do we eat?

MARY   We've already eaten.
Weren't you just leaving?

BILL   I guess I was.

빌   여기 전망이 참 좋다. 너희 아파트 정말 멋지다. 근데 밥은 언제 먹어?

메리   이미 먹었는데. 너 방금 가려고 했던 거 아니었어?

빌   그렇긴 한데.

• I'm as hungry as a bear.

배고파 죽겠어.

What's for dinner? I'm as hungry as a bear.

저녁이 뭐예요? 배고파 죽겠어요.

I'm as hungry as a bear, and I'll eat almost anything—except okra.

배고파 죽겠으니, 무엇이든 다 먹을 거예요. 오크라만 빼고요.

• I could eat.

(배고파서)
뭐든 먹을 수 있어.

HANNA There's a pizza place. Want to get one?
DON **I could eat.**

한나 피자집이 있네. 한 판 먹을까?
돈 난 찬밥이라도 달게 먹을 수 있겠어.

• I could use a something.

~ 생각이 간절해.

다른 인칭으로도 쓸 수 있다.

Man, I'm hot. **I could use a cold beer.**

이런, 더워라. 차가운 맥주 생각이 간절하네.

• (I'm so hungry) I could eat a horse!
• (I'm so hungry) I could eat a cow!

(너무 배가 고파서)
말[소]이라도 잡아먹을 수 있을 것 같아!

JOHN Man, **I'm so hungry I could eat a cow!**
BOB Great. We are having hamburgers.

존 이런, 나는 너무 배가 고파서 소라도 잡아먹을 수 있을 것 같아!
밥 잘됐네. 우리 햄버거 먹을 거야.

DON What's for dinner? **I could eat a horse!**
FATHER We're clean out for horse. Would baked ham, sweet potatoes, creamed peas, macaroni and cheese, and cherry pie do?
DON Sure!
FATHER Sorry, we're out of that too.

돈 저녁이 뭐예요? 전 말이라도 잡아먹을 수 있을 것 같아요!
아빠 말고기는 다 떨어졌단다. 구운 햄이랑 고구마랑 크림에 버무린 콩이랑 마카로니랑 치즈랑 체리 파이면 될까?
돈 당연하죠!
아빠 미안, 그것도 다 떨어졌단다.

• Be my guest.

마음껏 드세요. /
제가 양보할게요. /
좋을 대로 하세요.

Help yourself. / After you.

MARY   I would just love to have some more cake,
          but there is only one piece left.

SALLY   Be my guest.

MARY   Wow! Thanks!

메리   케이크를 좀 더 먹고 싶은데, 딱 한 조각밖에 안 남았네.
샐리   내가 양보할게.
메리   와! 고마워!

I would love to (너무) ~하고 싶다

• Have at it.

시작해. /
어서 먹어.

JOHN   Here's your hamburger. Have at it.

JANE   Thanks. Where's the mustard?

존   여기 네 햄버거. 어서 먹어.
제인   고마워. 겨자 소스는 어디 있어?

JOHN   Did you notice?
          The driveway needs sweeping.

JANE   Here's the broom. Have at it.

존   너도 봤니? 현관 앞 차도를 쓸어야겠더라.
제인   빗자루 받아. 어서 시작하자.

driveway 주택 내 현관이나 차고에서 주택 밖 도로까지 이어진 길 | **sweep** 쓸다, 청소하다 | **broom** 빗자루

🎧 3-01-02

- Come in and sit a spell. 구어
- Come in and set a spell. 구어 친밀
- Come in and sit down. 구어
- Come in and take a load off your feet. 구어

잠깐 들어와서 앉아.   set은 격의 없는 경우에 사용된다.

"Hi, Fred," smiled Tom, "Come in and sit a spell."

탐이 웃으며 "안녕, 프레드, 잠깐 들어와서 앉아."라고 말했다.

TOM   I hope I'm not intruding.

BILL   Not at all. Come in and set a spell.

탐   내가 방해하는 건 아닌지 모르겠다.

빌   아니야. 잠깐 들어와 앉아.

- Come (on) in.

들어와.   on을 붙이면 의미가 더 강조된다.

BOB   Hello, you guys. Come on in.
       We're just about to start the music.

MARY   Great! Mmm! Something smells good!

TOM   Yeah. When do we eat?

BOB   Just hold your horses. All in good time.

밥   얘들아, 안녕. 어서 들어와! 마침 음악을 틀려던 참이었어.

메리   그거 좋지! 음! 냄새 좋은데!

탐   그러게. 언제 먹어?

밥   좀 기다려. 때가 되면 먹을 테니까.

BILL	Come in. Nice to see you.
MARY	I hope we're not too early.
BILL	Not at all.

빌	들어와. 만나서 반가워.
메리	우리가 너무 일찍 왔나?
빌	아냐.

Hold your horses. 너무 안달하지 마. | **all in good time** 때가 되면. 곧. (상대방에게 참을성 있게 얌전히 기다리라고 권고할 때 사용하는 표현)

• Come right in.

들어와.

FRED	(opening the door) Well, hi, Bill.
BILL	Hello, Fred. Good to see you.
FRED	Come right in.
BILL	Thanks.

프레드	(문을 열며) 안녕, 빌.
빌	안녕, 프레드. 만나서 반갑다.
프레드	어서 들어와.
빌	고마워.

• Won't you come in?

들어오시겠어요?

Tom stood in the doorway of Mr. Franklin's office for a moment. "Won't you come in?" said Mr. Franklin without looking up.

탐은 프랭클린 씨 사무실 문 앞에서 얼마간 서 있었다. 프랭클린 씨는 고개도 들지 않은 채 "들어오세요."라고 말했다.

• Do sit down.

앉으세요.

소개를 받거나 존경을 표하기 위해 자리에서 일어났던 사람들에게 다시 앉기를 권하는 정중한 표현이다.

TOM	(entering the room) Hello, Bill.
BILL	(rising) Hi, Tom.
TOM	(still standing) Do sit down.
	I just wanted to say hello.

탐	(방안으로 들어서며) 안녕, 빌.
빌	(일어서며) 어서 와, 탐.
탐	(여전히 선 채로) 일어날 필요 없어. 그냥 인사하러 온 거야.

• Could I be excused?

**실레해도 될까요? /
먼저 일어나도 될까요?**

could 대신 can이나 may를 사용하기도 한다.

BILL I'm finished, Mom. Could I be excused?

MOTHER Yes, of course, when you use good manners like that.

빌　　다 먹었어요, 엄마. 먼저 일어나도 되죠?

엄마　그래, 그렇게 예의 바르게 말한다면.

• Could I come in?

들어가도 될까요?

could 대신 can이나 may를 사용하기도 한다.

BILL Hi, Tom. What are you doing here?

TOM Could I come in? I have to talk to you.

BILL Sure. Come on in.

빌　　안녕, 탐. 여긴 어쩐 일이야?

탐　　들어가도 돼요? 할 말이 있어서요.

빌　　그럼. 어서 들어와.

• Make a lap. 속어

앉아.

RACHEL Come over here and make a lap. You make me tired, standing there like that.

JOHN You just want me to sit by you.

RACHEL That's right.

레이첼　이리 와서 앉아. 네가 그렇게 서 있으니까 피곤하다. 야.

존　　　내가 네 옆에 앉았으면 좋겠다 이거지.

레이첼　그래.

• Pull up a chair.

앉아.

빈자리가 있다는 가정 하에 하는 말이다. 반드시 청자가 의자를 옮겨 와야 한다는 뜻은 아니다.

TOM	Well, hello, Bob!
BOB	Hi, Tom. Pull up a chair.

탐	야, 안녕, 밥!
밥	안녕, 탐. 이리 와 앉아.

• Put it anywhere. 구어

❶ 아무 데나 내려놔.

MARY	What shall I do with this?
JANE	Oh, put it anywhere.

메리	이걸 어떻게 할까?
제인	어, 아무 데나 내려놔.

❷ 대충 아무 데나 앉아.

BOB	Come in and set a spell. We'll have a little talk.
JOHN	Nice place you've got here.
BOB	Put it anywhere, old buddy. How you been?

밥	잠깐 들어와서 쉬어. 얘기 좀 하자.
존	집 참 좋구나.
밥	아무 데나 앉아, 친구. 어떻게 지냈어?

Come in and set a spell. 잠깐 들어와서 쉬어.

• Put it there. 구어

❶ 대충 아무 데나 앉아.

Put it anywhere.의 의미이다. Put 'er there.라고도 한다. 'er에서 아포스트로피(')를 항상 사용하는 것은 아니다.

BOB	(extending his hand) Sounds great to me, old buddy. Put it there.
FRED	Thanks, Bob. I'm glad we could close the deal.

밥	(손을 내밀며) 나한테도 좋은 소리 같군, 친구. 악수하세.
프레드	고맙네, 밥. 계약을 성사시켜서 기쁘군.

② 악수하자.

BOB	Good to see you, Fred.
FRED	Put 'er there. Bob.

밥   만나서 반가워, 프레드.
프레드   우리 악수하자, 밥.

extend one's hand 손을 뻗다[내밀다] | **close a deal** 계약을 체결하다, 거래를 맺다

• Don't bother.

굳이 그럴 거 없어.

MARY	Should I put these in the box with the others?
BILL	No, don't bother.

메리   이것들도 다른 것들하고 같이 상자에 넣어야 되니?
빌   아니, 그럴 거 없어.

put ~ in ~를 …에 넣다

• Don't get up.

일어나지 마.

TOM	(rising) Hello, Fred. Good to see you.
FRED	(standing) Don't get up. How are you?

탐   (일어서며) 안녕 프레드. 다시 보게 돼서 반가워.
프레드   (서 있는 채로) 일어나지 마. 잘 지내?

• Enjoy!

**즐겁게 보내! /
맛있게 먹어!**

"Here's your coffee, dear," said Fred. "Enjoy!"

프레드는 "커피 대령이오, 맛있게 드세요!"라고 말했다.

SUE	What a beautiful day! Good-bye.
TOM	Good-bye. Enjoy!

수   정말 멋진 하루였어! 잘 가.
탐   안녕. 즐겁게 지내!

Here's + 음식 ~이 나오다

• Who was it?

누구였어?

전화 건 사람이 전화를 끊었거나 방문객이 돌아갔다고 생각하고 하는 말이다.

BILL (as he leaves the door) What a pest!

SUE Who was it?

BILL Some silly survey.

빌 (문에서 돌아서며) 이 골칫덩어리!

수 누구였어?

빌 쓸데없는 설문 조사.

pest 골칫거리 | **survey** 설문 조사

• Who's there?
• Who is it?

누구세요?

문 밖에 있는 사람, 혹은 확인이 안 되는 사람이 누구인지 묻는 표현이다.

Hearing a noise, Tom called out in the darkness, "Who's there?"

탐은 기척을 듣고 어둠 속에서 "거기 누구예요?"라고 소리쳤다.

Hearing a knock, Mary went to the door and said, "Who is it?"

메리는 노크 소리를 듣고 현관으로 가서 "누구세요?"라고 물었다.

call out 큰소리로 외치다

• check something at the door

❶ ~을 현관에 맡겨 두다

예전에 서양에서는 총을 이와 같은 방식으로 현관에 맡겨 두었다.

Please check your wraps at the door.

숄은 현관에 맡겨 주세요.

Will I be able to check my umbrella at the door?

우산을 현관에 맡길 수 있을까요?

❷ ~을 한쪽으로 접어두다

특정한 생각이나 사고방식을 한쪽으로 접어둔다는 뜻으로, 비유적인 표현이다.

You need to check those old ideas at the door and look deeper for more relevant things.

넌 그런 구태의연한 사고방식은 한쪽으로 접어두고 관련성이 더 많은 것들을 더 열심히 찾아봐야 해.

Sorry you're in such a grouchy old mood. Next time, you can just check your frown at the door.

네 기분이 그렇게 안 좋다니 유감이야. 다음번에는 찡그린 얼굴은 한쪽으로 치워 두기만 하면 돼.

양해가 필요할 때

🎧 3-02-01

UNIT 2-1 재촉하기

Chapter 02 양해를 구

- Hurry on!
- Hurry up!

서둘러!

TOM Get going! Hurry on!
SUE I'm hurrying as fast as I can.

탐 출발하자! 서둘러!
수 최대한 서두르고 있어.

SUE Hurry up! We're late!
BILL I'm hurrying.

수 서둘러! 늦겠어!
빌 서두르고 있어.

- Make it fast.

빨리해.

JOHN I have to stop at the restroom on the way.
BOB Make it fast.

존 나, 가는 길에 화장실에 잠깐 들러야 해.
밥 빨리해.

- Shake it (up)!

서둘러!

FRED Move it, Tom! Shake it up!
TOM I can't go any faster!

프레드 어서 가, 탐! 서둘러!
탐 더 빨리는 못 가!

JANE Move, you guys. Shake it!
BILL Hey, I'm doing the best I can!

제인 빨리 가라, 얘들아. 서둘러!
빌 야, 나도 최선을 다하고 있다고!

Part 3 상황별 회화 표현 • 543

• Make it snappy!

빨리해!

ANDREW Make it snappy! I haven't got all day.
BOB Don't rush me.

앤드류 빨리해! 하루 종일 이러고 있을 순 없어.
밥 다그치지 마.

• Get the lead out! 속어
• Shake the lead out! 속어

서둘러!

BOB Get the lead out, you loafer!
BILL Don't rush me!

밥 서둘러, 이 게으름뱅이 같으니!
빌 재촉하지 마!

• Look alive!

재빨리 움직여!

"Come on, Fred! Get moving! Look alive!"
shouted the coach, who was not happy with
Fred's performance.

프레드의 동작을 못마땅하게 여긴 코치가 소리쳤다. "자, 프레드! 서둘러!
재빨리 움직이라고!"

• Snap to it!

**더 빨리 움직여! /
서둘러!**

BILL Snap to it!
MARY Don't rush me!

빌 빨리 움직여!
메리 다그치지 마!

JOHN Get in line there. Snap to it!
SALLY What is this, the army?
You just wait till I'm ready!

존 저기 줄 서. 빨리 움직여!
샐리 이게 뭐야, 여기가 군대야? 준비될 때까지 좀 기다려!

Don't rush me! 다그치지 마! | get in line 줄 서다

UNIT 2-2

양해 구하기

• You first.

먼저 해.

상대방에게 먼저 하라고 권하는 표현이다.

BILL	Let's try some of this goose liver stuff.
JANE	You first.
빌	거위 간 요리 좀 먹어 보자.
제인	네가 먼저 먹어 봐.

goose liver stuff 거위 간 요리

• After you.

먼저 해. / 먼저 가.

정중하게 양보하는 표현이다.

BOB	It's time to get in the food line. Who's going to go first?
BILL	After you.
BOB	Thanks.
밥	급식 줄 설 시간이다. 누가 앞에 설래?
빌	네가 앞에 서.
밥	고마워.

It's time to ~할 때이다 | **get in the food line** 음식을 받기 위해 줄을 서다

• Age before beauty.

미인보다 노인이 우선.

익살스럽고 짓궂게, 그리고 마지못해 양보할 때 사용하는 표현이다. 다소 무례해 보일 수도 있다.

"No, no. Please, you take the next available seat," smiled Tom. "Age before beauty, you know."

탐은 "아니에요. 다음에 자리가 나면 당신이 앉아요. 아시다시피 미인보단 노인이 우선이잖아요."라며 웃었다.

take the next available seat 다음번에 나는 자리에 앉다

• Ladies first.

숙녀 먼저.

출입구를 지날 때와 같은 경우에 여자가 먼저 가도록 배려하는 표현이다.

Bob stepped back and made a motion with his hand indicating that Mary should go first. "Ladies first," smiled Bob.

밥이 뒤로 물러서며 메리에게 먼저 가라고 손짓했다. 그는 "숙녀 먼저."라고 말하며 미소 지었다.

• why don't you?

(~하도록 해,) 알겠어?

명령의 끝에 덧붙이는 질문이다.

ANDREW Make a lap, why don't you?

BOB Okay. Sorry.
I didn't know I was in the way.

앤드류 좀 앉아, 응?
밥 그래. 미안. 내가 가로막고 있는 줄 몰랐어.

ANDREW Try it again, why don't you?

SUE I hope I get it right this time.

앤드류 다시 한번 해 봐, 알겠어?
수 이번에는 제대로 됐으면 좋겠다.

Make a lap. 앉아라. | be in the way 앞을 가로막다

• Clear the way!

비켜!

TOM Clear the way! Clear the way!

MARY Who does he think he is?

BOB I don't know, but I'm getting out of the way.

탐 비켜! 좀 비켜!
메리 자기가 뭐 대단한 인물인 줄 아나 보지?
밥 몰라, 그래도 길은 비켜 주지 뭐.

• Coming through(, please).

좀 지나갈게.

보통 통로나 엘리베이터에서 사람들 틈을 비집고 지나가는 경우에 쓰는 표현이다.
비교 Out, please. (552쪽)

MARY	(as the elevator stops) Well, this is my floor. Coming through, please. I've got to get off.
JOHN	Bye, Mary. It's been good talking to you.
메리	(엘리베이터가 멈추자) 이 층에서 내려요. 길 좀 비켜 주세요. 내려야 해요.
존	잘 가, 메리. 함께 얘기 나눠서 즐거웠어.

This is my floor. (엘리베이터에서 쓰는 말로) 이번 층에서 내려요. | **(It's been) good talking to you.** 얘기 즐거웠어.

• Could I get by, please?

**지나가게 좀
비켜 주시겠어요?**

could 대신 can이나 may를 사용하기도 하는데, may를 쓰면 지나치게 공손한 표현이 된다.

"Can I get by, please?" Jane said, squeezing
between the wall and a wheelchair.

벽과 휠체어 사이에 끼여 있던 제인은 "좀 비켜 주시겠어요?"라고 말했다.

squeeze 꽉 끼이다

• Could I have a lift?
• How about a lift?

좀 태워 주시겠어요?

대개 말하는 사람의 목적지가 운전자와 같은 경우, 혹은 운전자의 목적지에 가는 도중인 경우에 쓴다. could 대신 can이나 may를 사용할 수도 있다.

BOB	Going north? Could I have a lift?
BILL	Sure. Hop in.
BOB	Thanks. That's such a long walk to the north end of campus.
밥	북쪽으로 갈 거야? 나 좀 태워 줄 수 있니?
빌	그래. 타.
밥	고마워. 캠퍼스 북쪽 끝까지 가려면 한참 걸어야 하거든.

SUE	Can I have a lift? I'm late.
MARY	Sure, if you're going somewhere on Maple Street.
수	좀 태워 줄래요? 늦어서요.
메리	그러세요, 메이플 스트리트 쪽으로 가신다면 타세요.

Hop in. (차에) 타세요.

- Could I use your powder room?
- Where is your powder room?

화장실이 어디죠?

다른 사람의 집에서 화장실을 찾을 때 쓰는 정중한 표현이다. could 대신 can이나 may를 사용하기도 한다. 참고로 powder one's nose(화장실을 이용하다)라는 표현도 알아두자. 여자들이 화장실에서 얼굴에 파우더를 바른다고 해서 화장실을 powder room이라고 한다.

MARY	Oh, Sally, could I use your powder room?
SALLY	Of course. It's just off the kitchen, on the left.
메리	샐리, 화장실 좀 써도 돼?
샐리	그럼. 부엌 바로 왼쪽에 있어.

TOM	Nice place you've got here. Uh, where is your powder room?
BETH	At the top of the stairs.
탐	너희 집 정말 좋다. 저 그런데, 화장실이 어디야?
베스	계단 맨 위쪽에 있어.

at the top of ~의 맨 위에 | stairs 계단

- Excuse me.
- Pardon (me).
- 'Scuse, please. 구어

- Excuse me, please.
- 'Scuse (me). 구어

❶ 미안합니다.

트림을 하거나 누군가와 부딪치는 등 일상생활에서 일어나는 사소한 실수에 대해 용서를 구하는 표현이다. 'Scuse는 구어체이다.

JOHN	Ouch!
BOB	Excuse me. I didn't see you there.
존	아야!
밥	미안. 네가 거기 있는 줄 몰랐어.

MARY	Oh! Ow!
SUE	<u>Pardon me.</u> I didn't mean to bump into you.
메리	애! 아야!
수	미안합니다. 일부러 부딪친 건 아니에요.

❷ 좀 비켜 주세요.

TOM	<u>Excuse me.</u> I need to get past.
BOB	Oh, sorry. I didn't know I was in the way.
탐	좀 비켜 주세요. 지나갈게요.
밥	아, 미안합니다. 제가 가로막고 있는 줄 몰랐어요.

MARY	<u>Pardon me.</u>
SUE	What?
MARY	Pardon me. I want to get past you.
메리	좀 비켜 주세요.
수	네?
메리	좀 비켜 주세요. 지나갈게요.

get past 지나가다 | **be in the way** 길을 가로막다

• Gangway!

비켜 주세요!

TOM	Please move so we can get by.
BOB	You'll never get anywhere with that. <u>Gangway! Gangway! Gangway!</u>
탐	저희가 지나갈 수 있게 좀 비켜 주세요.
밥	저 상태로는 아무 데도 갈 수 없겠어. 비켜 주세요! 비켜 주세요! 길 좀 비켜 주세요!

get by 지나가다

• (I) beg your pardon.
• Beg pardon.

❶ 미안합니다.

As Sue brushed by the old man, she turned and said, "<u>Beg pardon.</u>"

노인을 스치고 지나갔을 때, 수는 돌아서서 "죄송합니다."라고 말했다.

JANE	Ouch! That's my toe you stepped on!
SUE	I beg your pardon. I'm so sorry.

제인	아얏! 제 발을 밟고 계세요!
수	죄송합니다. 정말 죄송해요.

brush by ~를 살짝 스치고 지나가다(= brush past) | Ouch! 아야! | step on one's toe ~의 발가락을 밟다

❷ 실례합니다. / 좀 지나가겠습니다.

The hallway was filled with people. Bob said, "I beg your pardon," and then he said it again and again.

복도는 사람들로 붐볐다. 밥은 "실례합니다."라는 말을 하고 또 했다.

FRED	Beg your pardon. Need to get by.
SUE	I'm sorry.

프레드	실례합니다. 좀 지나가겠습니다.
수	미안합니다.

❸ (약간 화를 내며) 뭐라고?

누군가가 한 말에 대해 화가 났음을 최대한 정중하게 알려 주는 항의 표현이다. 어떤 면에서 이 표현은 무례함을 저지른 사람에게 그 사람이 저지른 무례함의 정도를 알려 주고 애초에 무례하게 했던 말을 다시 바꿔 말할 기회를 준다.

BILL	I think you've really made a poor choice this time.
MARY	I beg your pardon!
BILL	I mean, you normally do better.
MARY	Well, I never!

빌	이번엔 영 잘못 고른 것 같은데.
메리	뭐야!
빌	내 말은, 평소엔 더 잘 고르는 편이었다고.
메리	설마!

make a poor choice 선택을 잘못하다

• I have to wash a few things out.

할 일이 조금 있어.

밖에 나가지 않거나 집에 일찍 들어갈 때 변명하는 표현이다. 물론 말 그대로의 의미로도 쓴다.

JANE	Time to shove off. I have to wash a few things out.
JOHN	Bye, Jane.

제인	그만 가 봐야겠다. 할 일이 좀 있거든.
존	잘 가, 제인.

- **Keep out of my way.**
- **Stay out of my way.**

❶ 길 좀 비켜 주세요.

JOHN   Keep out of my way.
            I'm carrying a heavy load.
BILL   Sorry.

존   길 좀 비켜 주세요. 무거운 짐을 옮기고 있거든요.
빌   죄송합니다.

❷ 방해하지 마.

HENRY   I'm going to get even, no matter what.
             Keep out of my way.
ANDREW   Keep it up! You'll really get in trouble.

헨리   무슨 일이 있어도 복수할 거야. 방해하지 마.
앤드류   계속 그래 봐라! 그러다간 정말 큰코다칠걸.

get even (with) (~에게) 앙갚음하다 | **get in trouble** 곤란한 상황에 빠지다

- **need to make a pit stop**

화장실에 들러야 하다   자동차 경주에서 자동차가 점검 서비스를 받기 위해 정비 담당자들이 있는 구역 (pit)에 서는 것에서 유래되었다.

ANDY   Hey, Dad. When do we stop next?
          I really gotta go.
FATHER   I need to make a pit stop too.
          We'll try the next exit ramp.

앤디   저기, 아빠. 우리 다음에 언제 서요? 저 화장실 급해요.
아빠   나도 화장실에 들러야 해. 다음 출구 램프에서 나가 볼게.

- **One moment, please.**

잠깐만요.

BILL   (answering the phone) Hello?
BOB   Hello. Can I speak to Tom?
BILL   One moment, please.
        (handing the phone to Tom) It's for you.
TOM   Hello, this is Tom.

Chapter 02

양해가 필요할 때

빌	(전화를 받으며) 여보세요?
밥	여보세요. 탐 좀 바꿔 주시겠어요?
빌	잠깐만 기다리세요. (탐에게 수화기를 건네주며) 네 전화야.
탐	여보세요. 제가 탐인데요.

hand ~ to ... ~를 …에게 건네다 | It's for you. 너한테 온 전화야.

• Out, please.

저 좀 내릴게요.

엘리베이터에서 내리려는 사람이 사용하는 표현이다.
비교 Coming through(, please.) (547쪽)

JANE	**Out, please.** This is my floor.
JOHN	I'll get out of your way.
JANE	Thanks.

제인	저 좀 내릴게요. 여기서 내려야 해요.
존	비켜 드리죠.
제인	감사합니다.

This is my floor. (엘리베이터) 여기서 내려요. | get out of one's way (~가 지나갈 수 있게) 비켜 주다

• Step aside.

길 좀 비켜 주세요.

"**Step aside.** Let the mayor through, please," called out the mayor's bodyguard.

시장의 경호원이 "시장님께서 지나가시게 좀 비켜 주세요."라고 큰 소리로 말했다.

• This is my floor.

저 좀 내릴게요.

엘리베이터의 뒤쪽에 서 있던 사람이 어떤 층에서 내리겠다며 사람들에게 길을 비켜 달라고 할 때 사용한다.

Mary said, "**This is my floor**," and everyone made room for her to get out of the elevator.

메리가 "저 좀 내릴게요."라고 말하자 그녀가 엘리베이터에서 내릴 수 있도록 모든 사람들이 비켜 주었다.

get out of (차 · 엘리베이터 등에서) 내리다

• When you('ve) gotta go, you gotta go.

❶ (볼일이 급하면)
볼일도 보러 가야죠.

JOHN   Excuse me. I have to leave the room.
BOB   When you gotta go, you gotta go.

존   실례합니다. 좀 나가 봐야겠어요.
밥   볼일도 보러 가야죠.

**❷ 사람은 갈 때가 되면
가는 거예요.**

사람은 죽을 때가 되면 죽는다는 의미이다. 농담조로만 사용한다.
참고 We all gotta go sometime. (621쪽)

I don't fret about death. When you've gotta go,
you gotta go.

나는 죽음에 대해 조바심 내지 않아. 사람은 갈 때가 되면 가는 거니까.

• Where can I wash up?
• Is there some place I can wash up?

화장실이 어디죠?

화장실에 가야 하는 이유를 밝히지 않으면서 화장실이나 욕실의 위치를 묻는 표현
이다. 물론 그저 손을 씻을 만한 곳을 묻는 경우에도 쓸 수 있다.

The minute Joe got to the house, he asked Fred,
"Where can I wash up?"

조는 그 집에 도착하자마자 프레드에게 "화장실이 어디야?"라고 물었다.

FRED   Welcome. Come in.
BILL   Oh, is there some place I can wash up?

프레드   잘 왔어. 어서 들어와.
빌   그래, 화장실이 어디야?

• Where is the restroom?

화장실이 어디죠?

BOB   'Scuse me.
WAITER Yes, sir.
BOB   Where is the restroom?
WAITER To your left, sir.

밥   저기요.
웨이터   네.
밥   화장실이 어디죠?
웨이터   손님 왼편에 있습니다.

• Would you excuse me?

❶ 이만 실례해도 될까요?

자리를 뜰 때 쓰는 표현이다.
비교 Could I be excused? (537쪽) / Excuse me. (548쪽)

JANE   Would you excuse me?
         I have to get home now.

ANDREW   Oh, sure. I'll see you to the door.

제인   이만 실례해도 될까? 지금 집에 가 봐야 하거든.
앤드류   아, 그래. 현관까지 바래다 줄게.

see ~ to the door ~를 문 앞까지 바래다 주다

❷ 저 좀 지나갈게요.

There were two people talking in the corridor,
blocking it. Tom said, "Would you excuse me?"
They smiled and stepped aside.

두 사람이 복도에서 길을 막고 서서 이야기하고 있었다. 탐이 "좀 지나가
도 될까요?"라고 말하자, 두 사람이 웃으며 비켜 주었다.

FRED   Would you excuse me? This is my floor.

SALLY   Sure. It's mine too.

프레드   저 좀 지나갈게요. 이 층에서 내려야 하거든요.
샐리   네. 저도 내릴 거예요.

corridor 복도 | step aside 옆으로 비키다

UNIT 3-1 ▶ 명령하기

• Give it up! 친밀

포기해!

TOM	I'm just not a very good singer, I guess.
SUE	It's no good, Tom. Give it up!
TOM	Don't you think I'm doing better, though?
SUE	Give it up, Tom!

탐   난 노래를 그다지 잘하는 것 같지 않아.
수   쓸데없는 짓이야, 탐. 포기해!
탐   그래도 점점 나아지는 것 같지 않니?
수   포기하라니까, 탐!

It's no good. 쓸데없는 짓이야., 소용없어.

• Hold everything!

잠깐! /
가만히 있어 봐!

BILL	Hold everything! Let's try this part again.
BOB	But we've already rehearsed it four times.

빌   잠깐! 이 부분 다시 해 보자.
밥   네 번이나 연습했잖아.

rehearse 연습하다

• Hold it!

멈춰!

TOM	Hold it!
MARY	What's wrong?
TOM	You almost stepped on my contact lens.

탐   멈춰!
메리   왜 그래?
탐   네가 내 콘택트렌즈를 밟을 뻔했어.

556

- **Hold on (a minute)!**
- **Hold on for a minute!**

잠깐 기다려!

minute 대신 moment, second 혹은 시간과 관련된 다른 표현들을 쓸 수 있다.

BOB	Hold on, Tom.
TOM	What?
BOB	I want to talk to you.

밥	잠깐 기다려, 탐.
탐	뭔데?
밥	너랑 하고 싶은 얘기가 있어.

"Hold on!" hollered Tom. "You're running off with my shopping cart!"

탐이 "잠깐만요! 당신이 지금 밀고 가는 쇼핑 카트는 제 거예요!"라고 소리쳤다.

holler 소리치다 | **run off with** ~을 가지고 가다[달아나다]

Chapter 03 요청할 때

- **Just a minute.**
- **Just a sec(ond).**
- **Wait a sec(ond).**
- **Just a moment.**
- **Wait a minute.**

❶ 잠깐만요.

JOHN	Just a minute.
BOB	What's the matter?
JOHN	I dropped my wallet.

존	잠깐만.
밥	무슨 일이야?
존	나 지갑을 떨어뜨렸어.

SUE	Just a sec.
JOHN	Why?
SUE	I think we're going in the wrong direction. Let's look at the map.

수	잠깐만.
존	왜?
수	우리가 길을 잘못 든 것 같아. 지도를 보자.

**❷ 거기 서! /
기다려!**

JOHN	Just a minute!
MARY	What's wrong?
JOHN	That stick looked sort of like a snake. But it's all right.
MARY	You scared me to death!

존	잠깐!
메리	뭐 잘못됐어?
존	그 막대기가 뱀 같아 보였거든. 하지만 괜찮네.
메리	간 떨어질 뻔했잖아!

MARY	Wait a minute!
BILL	Why?
MARY	We're leaving an hour earlier than we have to.

메리	잠깐!
빌	왜 그래?
메리	우리는 출발해야 하는 시각보다 1시간 일찍 출발하는 거야.

• Keep your shirt on! 구어

침착해!

JOHN	Hey, hurry up! Finish this!
BILL	Keep your shirt on! I'll do it when I'm good and ready.

존	야, 빨리해! 이거 끝내라고!
빌	침착해 봐! 제대로 준비되면 할 거야.

be good and ready 제대로 준비되다

• Punch it!
• Floor it!

**❶ (가속 페달을)
힘껏 밟아!**

Floor it! Let's get out of here. The cops are coming!

가속 페달을 힘껏 밟아! 여기서 빠져나가자. 경찰이 오고 있어!

Punch it, Fred. This thing ought to go faster than this.

가속 페달을 힘껏 밟아, 프레드. 이 차가 이것보다 더 빨리 가야 해.

❷ 기합 좀 넣어 봐!

You have to make this paragraph read more forcefully. Punch it! Really stress the three major points.

당신은 이 문단을 더 힘 있게 읽어야 해요. 기합 좀 넣어 봐요! 세 곳의 주요 핵심 부분을 아주 강조해 봐요.

I suggest that you put a lot more energy into your presentation. The substance is good, but you've really got to floor it to drive your points home.

난 당신이 발표에 훨씬 더 많은 에너지를 쏟아야 한다고 제안합니다. 내용은 좋은데, 당신의 논지를 납득시키려면 기합을 아주 많이 넣어야겠어요.

• Rise and shine!

일어나서 정신 차려!　해가 하늘에 떠서 빛을 내는 것에 비유한 표현이다.

FATHER　Come on and get up, Andy. Rise and Shine! You've got to be at school by 7:30!

ANDY　Dad, today is Saturday!

아빠　어서 일어나, 앤디! 일어나서 정신 차려! 7시 30분까지 학교에 가야 하잖아!

앤디　아빠, 오늘은 토요일이에요!

• Time (out)!

잠깐 쉽시다!

"Hey, stop a minute! Time out!" yelled Mary as the argument grew in intensity.

논쟁이 점점 더 격렬해지자 메리는 "자, 잠깐! 쉬었다 합시다!"라고 소리쳤다.

Right in the middle of the discussion, Alice said, "Time!" Then she announced that dinner was ready.

토론이 한창 진행 중일 때 앨리스가 "잠깐만요!"라고 소리치더니 저녁 식사가 준비됐다고 알려주었다.

yell 소리치다 | **grow in intensity** 격렬해지다 | **in the middle of** 한창 ~ 중에 | **announce** 알리다

• Wait up (a minute)!

잠깐만 기다려!

Tom, who was following Mary down the street, said, "Wait up a minute! I need to talk to you."

길을 따라 메리를 쫓아가던 탐이 "잠깐만 기다려! 할 얘기가 있어."라고 말했다.

JOHN Hey, Sally! Wait up!

SALLY What's happening?

존 야. 샐리! 잠깐만 기다려!

샐리 무슨 일인데?

• Whoa!

잠깐!

BOB First, slip the disk into this slot, and then do a directory command to see what's on it.

JOHN Whoa! You lost me back at "slip the disk..."

밥 먼저, 이 홈에 디스켓을 살짝 밀어넣고, 다음엔 디스켓 파일 목록을 열어서 안에 뭐가 있는지 봐.

존 잠깐만! "디스크를 살짝 밀어 넣고…" 다음부터 못 들었어.

"Whoa!" shouted Tom at Bill. "Don't move any more in that direction. The floor is rotten there."

탐이 빌에게 "잠깐! 그쪽으로 더 가지 마. 거기 마룻바닥이 썩었어."라고 소리쳤다.

slip ~ into ~를 …에 살짝 밀어 넣다 | **slot** 가늘고 길게 난 홈[구멍]. (공중전화기의 동전을 넣는 구멍이나 컴퓨터 본체의 디스켓을 삽입하는 구멍 등이 모두 slot에 해당) | **do a directory command** 디스켓에 있는 파일 목록을 열어 보다

● Don't spend it all in one place.

한꺼번에 다 쓰지 마.

다른 사람에게 돈을 주면서 흔히 하는 말로, 특히 돈을 조금 주면서 사용하는 경우가 많다.

FRED   Dad, can I have a dollar?

FATHER Sure. Here. Don't spend it all in one place.

프레드   아빠, 1달러만 줄 수 있으세요?

아빠   그래. 여기 있다. 한꺼번에 다 쓰지 마라.

"Here's a quarter, kid," said Tom, flipping Fred a quarter. "Don't spend it all in one place."

탐은 프레드에게 25센트짜리 동전을 휙 던져 주며, "여기 25센트다. 아껴 써라."라고 말했다.

quarter 25센트 | **flip** 가볍게 툭 던지다

● Hand it over. 친밀

그거 이리 줘.

It's mine. Hand it over!

그거 내 거야. 이리 줘!

Come on. Give me the box of jewels. Hand it over!

어서. 보석 상자 줘. 이리 줘!

● I got it!

**잡았어! /
내가 할게! /
내 거야!**

종종 야구 경기에서 쓰며, 문어체로도 쓴다.

The ball was hit way up over center field. John shouted, "I got it!" as he ran backwards with his eye on the ball.

타자가 친 공이 센터 필드를 훨씬 넘어갔다. 존은 공에서 시선을 떼지 않고 뒤쪽으로 달려가면서 "내가 잡았어!"라고 소리쳤다.

- **It isn't worth the trouble.**
- **It's not worth the trouble.**

괜히 고생할 필요 없어. / Don't bother. / It isn't worth it.
그럴 필요 없어.

TOM	Shall I wrap all this stuff back up?
MARY	No. It's not worth the trouble.
	Just stuff it in a paper bag.

탐　　이 물건들 다시 다 싸놓을까?
메리　아니. 그렇게 애쓸 필요 없어. 그냥 종이 가방에 넣어.

JANE	Do you want me to try to save this little bit of cake?
JOHN	Oh, no! It's not worth the trouble.
	I'll just eat it.

제인　이 케이크 따로 조금 남겨 놓을까?
존　　아니! 그럴 필요 없어. 그냥 지금 먹어 치울게.

stuff 물건, 것 (뒤에 나오는 stuff는 '~을 쑤셔놓다'라는 의미의 동사로 쓰임) | **wrap ~ (back) up** ~을 (도로) 다 싸다[포장하다]

- **(It's) close enough for government work.**

그만하면 됐다 싶어. / 농담조의 표현이다.
상당히.

I can do math pretty well. Close enough for government work, anyway.

난 수학을 꽤 잘해. 어쨌거나, 그 정도면 됐다 싶을 만큼.

This isn't quite right, but it's close enough for government work.

이것이 완전히 옳다고는 볼 수 없지만, 그만하면 됐다 싶어.

- **look under the hood**

자동차 엔진을 점검하다 I finished putting gas in. I need to look under the hood.

연료는 다 채웠고. 엔진을 점검해 봐야지.

Do you want me to look under the hood, sir?

자동차 엔진을 점검해 드릴까요, 선생님?

• make it (to something)

(~에) **참석하다 /**
(~을) **해내다**

"I'm sorry," said Mary, "I won't be able to make it to your party."

메리가 "미안하지만, 너희 파티에 못 갈 거 같아."라고 말했다.

RACHEL Can you come to the rally on Saturday?

ANDREW Sorry. I can't make it.

레이첼   토요일 집회에 올 수 있니?

앤드류   미안해. 못 가.

rally 집회

• (stuck) in a rut

틀에 박힌

David felt like he was stuck in a rut, so he went back to school.

데이비드는 자신이 틀에 박힌 생활을 한다고 느껴져서 다시 학교로 돌아갔다.

Anne was tired of being in a rut, so she moved to Los Angeles.

앤은 틀에 박힌 생활에 싫증이 나 로스앤젤레스로 이사했다.

go back to school 복학하다 | **be tired of** ~에 싫증이 나다, 질리다

• You don't know where it's been.

**어디서 굴러다니던 건지
모르잖아.**

더러울 수 있으니 입 속에 넣지 말라는 의미이다. 대개 아이들에게 얘기할 때 쓴다.

MOTHER Don't put that in your mouth. You don't know where it's been.

BILL   Okay.

엄마 그거 입에 넣지 마. 어디서 굴러다니던 건지도 모르잖니.

빌   네.

직장 및 모임에서

UNIT 4-1 ▶ 직장에서

- ## Can you handle it?
- ## Could you handle it?

❶ **그거 해결할 수 있어?** 개인적인 문제나 업무에 관련하여 쓴다.

FATHER	This is a difficult situation, Son. Can you handle it?
BOB	Yeah, Dad. Don't worry.
아빠	상황이 매우 어렵구나, 아들아. 해결할 수 있겠니?
밥	그럼요, 아빠. 걱정 마세요.

❷ **그것 좀 처리해 줄래?**

MARY	I need someone to work on the Jones account. Can you handle it?
JANE	Sure.
메리	존스 씨 건을 맡아 줄 사람이 필요한데. 당신이 좀 맡아 주겠어요?
제인	그러죠.

work on ~에 관한 일을 하다 | **account** (어떤 고객) 건(件)

- ## Could I see you in my office?

제 방으로 좀 올래요? 사무실에서 조용히 얘기하자며 대개 상사가 부하 직원에게 사용하는 표현이다. could 대신 can이나 may를 사용하기도 한다.

"Mr. Franklin," said Bill's boss sort of sternly, "Could I see you in my office for a minute? We need to talk about something."

빌의 상사는 단호한 어조로 "프랭클린 씨, 잠깐 내 방으로 올래요? 할 얘기가 있어요."라고 말했다.

SUE	Could I see you in my office?
JOHN	Sure. What's cooking?
수	내 방으로 좀 올래요?
존	네. 무슨 일이시죠?

sternly 단호한 어조로 | **for a minute** 잠깐 | **What's cooking?** 무슨 일이죠? (이처럼 정말 무슨 일인지 궁금할 때도 쓸 수 있지만 단순히 만났을 때 하는 인사로도 쓰임)

• do pretty well for *oneself*

～가 아주 성공을 하다 oneself 대신 다른 재귀대명사, 즉 myself, himself, itself, ourselves, yourself, themselves 중에 하나를 쓸 수 있다.

JOHN	Have you seen Don's new car? He traded in last year's model.
BOB	I guess he's doing pretty well for himself.
존	돈의 새 차 본 적 있어? 작년 모델을 주고 보상 판매를 받았대.
밥	그가 아주 성공을 했나 보네.

• Don't quit your day job.

본업에 충실해. So, you laid the bricks in this wall. Well, don't quit your day job.

그래, 네가 이 벽에 벽돌 쌓았지. 음, 본업에 충실해라.

lay bricks 벽돌을 쌓다

• Don't work too hard.

너무 무리하지 마. 대화를 끝마칠 때 good-bye 다음에, 혹은 good-bye를 대신하여 사용한다.

MARY	Bye, Tom.
TOM	Bye, Mary. Don't work too hard.
메리	잘 가, 탐
탐	잘 가, 메리. 너무 무리하지 마.

• Get back to me (on this).

(이것에 관하여)
나중에 보고해 주세요. 마감 시간을 덧붙이는 경우가 많다.

TOM	Here's a contract for you to go over. Get back to me on this by Monday morning.
MARY	Sure thing, Tom.
탐	여기 검토해 보셔야 할 계약서입니다. 월요일 오전까지 보고해 주세요.
메리	그러죠, 탐.

ALICE	When you have this thing figured out, get back to me, and we'll talk.
TOM	Righto.
앨리스	이 문제를 제대로 파악하면 나한테 알려 주세요, 같이 이야기해 봅시다.
탐	알겠습니다.

go over 검토하다 | **figure out** (해결책을) 알아내다. 이해하다 | **Righto.** 그러죠.

- ## have a chip in the game
- ## have some skin in the game

이권이 걸려 있다

If you had a chip in the game, I would take your advice more seriously.

네 이권도 걸려 있다면 나는 네 충고를 더 심각하게 받아들일 텐데.

Listen to me! I don't need any smart-aleck outsider to tell me how to run my business! If you had some skin in the game, that would be one thing, but you don't have the slightest idea about what goes one around here.

내 말을 들어 봐! 난 내 사업 운영 방식에 대해 내게 감 놔라 배 놔라 하는 건방진 외부인은 필요 없어. 네 이권이 걸려 있을 경우에는 별개의 문제가 되겠지만, 넌 여기서 무슨 일이 일어나는지 하나도 모르잖아.

- ## I'll get back to you (on that).
- ## Let me get back to you (on that).

(그건) **나중에 알려 줄게.** 사장이 직원에게 쓰는 경우가 많다.

BOB	I have a question about the Wilson project.
MARY	I have to go to a meeting now. I'll get back to you on that.
BOB	It's sort of urgent.
MARY	It can wait. It will wait.
밥	윌슨 프로젝트에 관해 질문이 있습니다.
메리	지금 미팅 들어가야 하는데. 조금 있다 알려 주지.
밥	급한 일인데요.
메리	그리 급하지 않잖아.

SUE	Shall I close the Wilson account?
JANE	Let me get back to you on that.
수	윌슨 거래를 그만둘까요?
제인	그 문제에 대해서는 나중에 알려 드리죠.

urgent 매우 급한 | close an account 거래를 그만두다, 신용 거래를 끊다

• I'll get right on it.

지금 바로 할게.

BOB	Please do this report immediately.
FRED	I'll get right on it.
밥	이 보고서 좀 지금 빨리 써 주세요.
프레드	지금 바로 쓸게요.

do a report 보고서를 작성하다 | immediately 즉시

• in black and white

문서로 작성한

The terms of the agreement were printed in black and white.

합의 조건은 문서로 작성되었다.

terms of the agreement 합의[계약] 조항

• live up to one's end of the bargain

합의대로 약속을
이행하다

You can't quit now. You have to live up to your end of the bargain.

지금 그만두면 안 돼. 약속한 일은 다 끝내야지.

Bob isn't living up to his end of the bargain, so I am going to sue him.

밥이 합의한 대로 약속을 이행하지 않아서, 그를 고소할 생각이야.

bargain 계약, 협정 | sue 고소하다

• (Could I) give you a lift?

태워 줄까?

could 대신 can이나 may를 사용하기도 한다.

Bill stopped his car at the side of the road where Tom stood. "Can I give you a lift?" asked Bill.

빌은 탐이 서 있던 길 옆에 차를 세우고 "태워 줄까?" 하고 물었다.

JOHN   Well, I've got to leave.
ALICE   Me, too.
JOHN   Give you a lift?
ALICE   Sure. Thanks.

존   이제 가야겠다.
앨리스   나도.
존   태워 줄까?
앨리스   그래. 고마워.

give ~ a lift ~를 차에 태워 주다 | I've got to leave. 그만 가 봐야겠다. (자리를 뜰 때 사용하는 표현)

• pick the low-hanging fruit

쉬운 일만 골라 하다

MARY   You're lazy, you know. There are lots of things to do around here, but you only pick the low-hanging fruit.

JANE   Yes, I leave the challenges for others. It builds character, you know.

메리   네가 게으른 거 너도 알지. 여기에 할 일이 산더미인데, 너는 쉬운 일만 골라 하잖아.

제인   그래. 난 다른 사람들을 위해 도전할 만한 일들은 남겨 두는 거야. 그게 덕을 쌓는 건데, 알면서 그래.

UNIT 4-2 모임에서

• Are you in?

너도 낄래?

DON Are you part of this deal?
You have to decide. Are you in?

돈 이 거래에 참여할 거니? 지금 결정해야 돼. 너도 낄래?

• I'm in.

나도 낄게.

JOHN We're gonna rob the bank tonight.
Are you in?

BOB Awesome! I'm in.

존 우리는 오늘 밤에 은행을 털 거야. 너도 낄 거야?
밥 끝내주네! 나도 낄게.

• deal someone in

❶ (카드 게임에)
~을 끼워 주다

I want to play. Deal me in.

나도 카드 할래. 끼워 줘.

❷ **~을 참여시키다**

If it's not too late to participate in the negotiations,
please deal me in.

협상에 참가하는 게 너무 늦지 않았다면 저도 끼워 주세요.

BILL Can I still buy some of this stock?

FRED Sure. Shall I deal you in?

빌 이 주식의 일부를 아직 매입할 수 있을까?
프레드 물론이지. 끼워 줄까?

• How 'bout them team players?

걔네(스포츠 팀) 어떤 것 같아?

대화를 시작하는 상투적인 말이다.

Poor Darrell. His only greetings are "How 'bout them Cubs?" or "Getting any?"

불쌍한 대럴. 그가 하는 인사말이라고는 "컵스는 요즘 어떤 것 같아?" 아니면 "건수 좀 올렸어?"뿐이다.

FATHER Well, how did you like our office party?

MOTHER Can't any of those guys say hello? What does all this "How 'bout them Dolphins?" mean?

아빠 음. 우리 오피스 파티는 마음에 들었어요?

엄마 그 사람들은 '안녕하세요?'라는 인사도 못하는 거예요? "돌핀스는 요즘 어떤 것 같아?" 이게 다 뭐예요?

특별한 이벤트에서

• Welcome to our house.

우리 집에 온 걸 환영해.

ANDREW Hello, Sally. Welcome to our house. Come on in.

SALLY Thanks. It's good to be here.

앤드류 안녕, 샐리. 우리 집에 온 걸 환영해. 어서 들어와.
샐리 고마워. 나도 여기 와서 영광이야.

• Welcome.

어서 와.

BILL I'm glad you could make it. Come in. Welcome.

MARY Thanks. My, what a nice place you have here.

빌 네가 와 줘서 정말 기뻐. 들어와. 어서 들어와.
메리 고마워. 와, 너희 집 정말 좋다.

make it (약속이나 모임 장소에) 오다. 도착하다

• Thanks for coming.

와 줘서 고마워.

So good to see you. Thanks for coming.

얼굴 보게 돼서 아주 좋았어요. 와 줘서 고마워요.

Thanks for coming. We were delighted that you could join us this evening.

와 줘서 고마워요. 여러분께서 오늘 밤에 저희랑 함께해 주실 수 있어서 기뻤어요.

- (I'm) delighted to have you (here).
- (We're) delighted to have you (here).

와 줘서 기뻐.

have 대신 see를 쓰기도 한다.
참고 (It's) good to have you here. (574쪽)

BILL	Thank you for inviting me for dinner, Mr. Franklin.
FRED	I'm delighted to have you.
빌	저녁 식사에 초대해 줘서 감사해요, 프랭클린 씨.
프레드	이렇게 와 주셔서 기뻐요.

"We're delighted to see you," said Tom's grandparents. "It's so nice to have you here for a visit."

탐의 조부모님들께서는 "만나서 반가워요. 이렇게 찾아 주니 정말 기쁘군요."라고 말했다.

- (I'm) glad you could come.
- (We're) glad you could come.

와 줘서 고마워.

TOM	Thank you so much for having me.
SALLY	We're glad you could come.
JOHN	Yes, we are. Bye.
탐	초대해 줘서 정말 고마워요.
샐리	이렇게 와 줘서 고마운걸요.
존	그래, 맞아요. 잘 가요.

BILL	Bye.
SALLY	Bye, Bill. Glad you could come.
빌	잘 있어.
샐리	잘 가, 빌. 와 줘서 고마워.

- (I'm) glad you could drop[stop] by.
- (We're) glad you could drop[stop] by.

이렇게 들러 줘서
고마워.

TOM	Good-bye. Had a nice time.
MARY	Thank you for coming, Tom. Glad you could drop by.
탐	잘 있어. 정말 즐거웠어.
메리	와 줘서 고마워, 탐. 들러 줘서 기뻐.

TOM	Thank you so much for having me.
SALLY	We're glad you could drop by.
탐	초대해 줘서 정말 고마워.
샐리	이렇게 들러 줘서 정말 기뻐.

- (It's) good to have you here.
- (It's) nice to have you here.

와 줘서 기뻐.

JOHN	It's good to have you here.
JANE	Thank you for asking me.
존	여기 와 줘서 기뻐.
제인	초대해 줘서 고마워.

ALICE	Oh, I'm so glad I came!
FRED	Nice to have you here.
앨리스	야, 여기 오니까 너무 좋다!
프레드	와 줘서 고마워.

- Make yourself at home.

편히 쉬어.

손님이 느긋하게 지낼 수 있도록 배려하는 표현이다.

ANDREW	Please come in and make yourself at home.
SUE	Thank you. I'd like to.
앤드류	어서 들어와서 편히 쉬어.
수	고마워. 그럴게.

574

- **My house is your house.**
- **Our house is your house.**

내 집이라 생각하고 지내렴.

손님에게 자기 집처럼 편하게 지내라는 뜻으로 말하는 공손한 표현이다. Mi casa, su casa.라는 스페인어에서 유래했다.

BILL Hello, Tom.

TOM (entering) So nice you can put me up for the night.

BILL My house is your house.
Make yourself at home.

빌 안녕, 탐.

탐 (들어서며) 이렇게 하룻밤 묵게 해 줘서 고마워.

빌 내 집이라 생각해. 편하게 쉬어.

MARY Come in, you two.

BILL Thanks.

SUE Yes, thank you.

MARY Well, what can I get you?
My house is your house.

메리 너희 둘, 어서 들어와.

빌 고마워.

수 맞아, 나도 고마워.

메리 자, 뭐 좀 갖다 줄까? 내 집이라 생각하고 지내.

put ~ up for the night ~에게 하룻밤 잠자리를 제공하다, 하룻밤 묵게 하다

- **Nice place you have here.**

집이 참 좋구나.

place 자리에 home, house, room, apartment 등이 대신 들어갈 수 있다.

Jane came in and looked around. "Nice place you have here," she said.

제인이 들어와서 둘러보며 "너희 집 참 좋다."라고 말했다.

BOB Come in. Welcome.

MARY Nice place you have here.

BOB Thanks. We like it.

밥 들어와. 잘 왔어.

메리 집이 참 좋다.

밥 고마워. 우리도 맘에 들어.

> - I had a lovely time.
> - We had a lovely time.

정말 즐거웠어.

FRED   Good-bye. I had a lovely time.

BILL   Nice to have you. Do come again.

프레드   잘 있어. 정말 즐거웠어.

빌   반가웠어. 다음에 또 와.

JANE   We had a lovely time.

MARY   Thank you and thanks for coming.

제인   정말 즐거운 시간이었어.

메리   고마워. 이렇게 와 준 것도 고맙고.

Do come again. (다음에) 또 놀러 와. (do는 come을 강조하는 강조 동사)

> - I've had a lovely time.
> - We've had a lovely time.

정말 즐거웠어.

BOB   I've had a lovely time.
          Thanks for asking me.

FRED   We're just delighted you could come.
          Good night.

BOB   Good night.

밥   정말 즐거웠어. 초대해 줘서 고마워.

프레드   이렇게 와 줘서 우리야말로 즐거웠어. 잘 가.

밥   잘 있어.

SUE   We've had a lovely time. Good night.

BILL   Next time don't stay away so long.
          Good night.

수   정말 즐거웠어. 잘 있어.

빌   앞으로 자주 놀러 와. 잘 가.

Don't stay away so long. 자주 놀러 와.

• (I) had a nice time.

정말 즐거웠어.

JOHN	Thank you. I had a nice time.
SALLY	Don't stay away so long next time. Bye.

존   고마워. 정말 즐거웠어.
샐리   조만간 또 놀러 와. 잘 가.

MARY	Had a nice time. Bye. Got to run.
SUE	Bye. Drive safely.

메리   정말 즐거웠어. 잘 있어. 가야겠다.
수   잘 가. 운전 조심하고.

(I've) got to run. (어서) 가야겠다. | safely 안전하게, 무사히

• (I) hate to eat and run.

음식만 먹고 가서 미안.

BILL	Well, I hate to eat and run, but it's getting late.
SUE	Oh, you don't have to leave, do you?
BILL	I think I really must.

빌   저기, 음식만 먹고 가는 것 같아 미안한데, 늦어서 말이야.
수   어, 정말 가야 하는 건 아니지?
빌   정말 가야 해.

• (I'm) having the time of my life.

무척 신나고 즐거워.

BILL	Are you having a good time, Mary?
MARY	Don't worry about me. I'm having the time of my life.

빌   메리, 재미있게 놀고 있니?
메리   내 걱정은 마. 이렇게 신나 본 적이 없어.

MARY	What do you think about this theme park?
BILL	Having the time of my life. I don't want to leave.

메리   이 테마 공원 어떠니?
빌   정말 너무 신나. 계속 여기 있었으면 좋겠어.

• It's been. 구어 속어 친밀

즐거운 시간이었어.

파티나 다른 모임 등에서 자리를 뜰 때 사용하는 표현이다. It's been lovely. 혹은 기타 유사한 의미의 표현을 줄인 말이다.

FRED Bye, you guys. See you.

SALLY It's been. Really it has. Toodle-oo.

프레드 얘들아. 잘 가. 또 보자.
샐리 즐거웠어. 정말로. 잘 있어.

Toodle-oo. 잘 가.

• (It's) been a pleasure.
• (It's been) my pleasure.

**(나도) 즐거웠어. /
천만에.**

DON Thanks so much for coming.

HANNA My pleasure.

돈 와 주셔서 정말 감사해요.
한나 즐거웠어요.

BILL I'm glad you could help me with my problem.

ANDREW It's been my pleasure.

빌 당신이 제 문제를 해결하는 것을 도와줄 수 있어서 기뻤어요.
앤드류 천만에요.

• (It's) good to be here.
• (It's) nice to be here.

여기 오니까 참 좋다.

JOHN I'm so glad you could come.

JANE Thank you. It's good to be here.

존 이렇게 와 줘서 정말 기뻐.
제인 고마워. 여기 오니까 참 좋다.

ALICE Welcome to our house!

JOHN Thank you. It's nice to be here.

앨리스 어서들 와!
존 고마워. 여기 오게 되어 참 좋아.

578

- ## Let's do this again (sometime).
- ## We must do this again (sometime).

다음에 자리 한 번 더 만들지 뭐.

BILL	What a nice evening.
MARY	Yes, let's do this again sometime.
BILL	Bye.
MARY	Bye, Bill.

빌	오늘 저녁 정말 즐거웠어.
메리	그래, 다음에 이런 기회 또 갖자.
빌	잘 가.
메리	잘 가, 빌.

SUE	(saying good night) So nice to see both of you.
MARY	Oh, yes. We must do this again sometime.

수	(밤에 작별 인사를 하며) 너희 두 사람을 만나서 정말 즐거웠어.
메리	아, 그래. 언제 자리 한 번 더 만들자.

- ## Thank you for a lovely evening.

덕분에 저녁 시간이 너무 즐거웠어.

lovely 대신 nice와 같은 다른 형용사를 쓸 수 있다.

BILL	Thank you for a nice evening.
MARY	Thank you so much for coming. Good night.

빌	즐거운 저녁이었어.
메리	와 줘서 정말 고마워. 잘 가.

- ## Thank you for a lovely time.

덕분에 즐거웠어.

lovely 대신 nice와 같은 다른 형용사를 쓸 수 있다.

JOHN	Thank you so much for coming.
JANE	Well, thank you for a lovely time.
JOHN	Don't stay away so long next time.

존	와 줘서 정말 고마워.
제인	어, 즐거운 시간 갖게 해 줘서 고마워.
존	조만간 또 놀러 와.

Don't stay away so long. 자주 놀러 와.

- **Thank you for inviting me.**
- **Thank you for inviting us.**
- **Thank you for having me.**
- **Thank you for having us.**

초대해 줘서 고마워.

MARY	Good-bye, glad you could come.
BILL	I had a great time.
	Thank you for inviting me.

메리	안녕히 가세요. 와 주셔서 기뻤어요.
빌	정말 즐거웠어요. 초대해 주셔서 고맙습니다.

JOHN	I had a good time.
	Thank you for inviting me.
SALLY	Come back again, John.
	It was good talking to you.

존	정말 즐거웠어. 초대해 줘서 고마워.
샐리	언제 또 놀러 와, 존. 얘기 나눌 수 있어서 즐거웠어.

- **Maybe some other time.**
- **We'll try again some other time.**

그럼 다음 기회에 보지 뭐.

BILL	Do you think you can come to the party?
BOB	I'll have to beg off. I have another engagement.
BILL	**Maybe some other time.**

빌	파티에 올 수 있니?
밥	사양해야 할 것 같아. 선약이 있어서 말이야.
빌	그럼 다음 기회에 보지 뭐.

JOHN	Can you and Alice come over this Friday?
BILL	Gee, sorry. We have something else on.
JOHN	**We'll try again some other time.**

존	너하고 앨리스 이번 금요일에 올 수 있니?
빌	이런, 미안해. 우린 다른 일이 좀 있어서.
존	그럼 다음 기회에 와.

beg off 전에 하기로 했던 일을 하지 못한다고 하다 | **have another engagement** 다른 약속이 있다. 선약이 있다 | **come over** (갑작스레) 방문하다. ~로 건너오다

- **(Are you) leaving so soon?**
- **You leaving so soon?**

벌써 가려고?

처음 자리를 뜨는 몇 사람에게만 쓰는 것이 적절하다. 마지막 손님이나 밤늦게 가려는 손님에게 쓸 경우 빈정대는 듯한 말로 들릴 수 있다.

SUE   We really must go.

SALLY   Leaving so soon?

SUE   Fred has to catch a plane at five in the morning.

수   우리 가 봐야겠어.

샐리   벌써 가려고?

수   프레드가 내일 새벽 5시 비행기를 타야 하거든.

JOHN   (seeing Tom at the door) You leaving so soon?

TOM   Yes, thanks for inviting me. I really have to go.

JOHN   Well, good night, then.

존   (문간에 있는 탐을 보며) 벌써 가려고?

탐   응, 초대해 줘서 고마워. 정말 가야 해.

존   그래, 정 그렇다면, 잘 가.

catch a plane (시간에 맞춰) 비행기를 타다

- **Come back when you can stay longer.**

시간 있을 때 또 와.

BILL   Well, I hate to eat and run, but I have to get up early tomorrow.

MARY   Well, come back when you can stay longer.

빌   음, 어서 먹고 일어서야겠는데, 내일 아침에 일찍 일어나야 해서.

메리   그래, 언제 더 여유 있을 때 또 놀러 와.

eat and run 급히 먹고 가다

• Come in and make yourself at home.

집에 들어와서 편히 쉬어. SUE Oh, hello, Tom.
Come in and make yourself at home.

TOM Thanks. I will.
(entering) Oh, it's nice and warm in here.

수 안녕, 탐. 어서 들어와서 편하게 쉬어.
탐 아, 고마워. 그럴게. (들어서며) 참 멋지고 아늑한 곳이구나.

enter 들어가다

• Don't stand on ceremony.

편하게 있어. JOHN Come in, Tom. Don't stand on ceremony.
Get yourself a drink and something to eat
and mingle with the other guests.

TOM Okay, but I can only stay for a few minutes.

존 들어와, 탐. 편하게 있어. 맘대로 먹고 마시며 다른 손님들과 어울려 봐.
탐 그래, 근데 나 몇 분밖에 못 있어.

mingle with ~와 어울리다. 섞이다

• Don't stay away so long.

자주 놀러 와. 막 도착했거나 떠나려는 손님에게 주로 사용하는 표현이다.

MARY I had a nice time. Thanks for inviting me.

SALLY Good to see you, Mary. Next time, don't
stay away so long.

메리 정말 재미있었어. 초대해 줘서 고마워.
샐리 만나서 반가웠어, 메리. 앞으로는 좀 더 자주 놀러 와.

• Have fun.

재미있게 놀아. /
즐거운 시간 보내.

BILL	I'm leaving for the picnic now.
MOTHER	Have fun.

빌   저 지금 소풍 가요.
엄마   재미있게 놀다 오렴.

leave for a picnic 소풍 가다

• I don't want to wear out my welcome.

귀찮게 하고 싶지 않아. 손님이 초대해 준 주인에게 부담이 되거나 너무 자주 방문하고 싶지 않다는 뜻을
전하는 표현이다.

BOB	We had a fine time. Glad you could come to our little gathering. Hope you can come again next week.
FRED	I don't want to wear out my welcome, but I'd like to come again.
BOB	Good. See you next week. Bye.
FRED	Bye.

밥   정말 즐거웠어. 이런 조촐한 모임에 와 줘서 정말 기뻐. 다음 주
         에도 와 줬으면 좋겠어.
프레드   귀찮게 하고 싶지는 않지만, 나도 또 오고 싶어.
밥   그래. 다음 주에 만나. 잘 가.
프레드   안녕.

gathering 모임

• Be there or be square.

꼭 오세요. 예전에 많이 쓰이던 일상적인 표현이지만, 지금도 여전히 사용되기는 한다. 여기
서 square는 '멋지지 않은'이라는 의미이다.

There is a gathering this evening at the boss's house. Sure to be a joyous occasion. Be there or be square.

오늘 저녁에 사장님 댁에서 모임이 있어요. 틀림없이 즐거운 행사가 될 거
예요. 꼭 오세요.

• Say cheese!

(사진 찍을 때) **치즈 하세요!** "All of you please stand still and say cheese!" said the photographer.

사진사가 "모두 움직이지 말고 치즈 하세요!"라고 말했다.

"Is everybody ready? Say cheese!" asked Mary, holding the camera to her face.

메리는 카메라를 그녀의 얼굴에 대고 "다들 준비됐죠? 치즈 하세요!"라고 말했다.

• (Would you) care to dance?

저와 춤추시겠어요?

JOHN   Would you care to dance?

MARY   I don't dance, but thank you for asking.

존   저와 춤추시겠어요?

메리   청해 주셔서 고맙지만, 저 춤 못 춰요.

CHAPTER

05

음식점에서

🎧 3-05-01

UNIT
5-1   식당에서

SHOP

• (Are you) ready to order?

주문하시겠어요?　식당에서 손님이 원하는 음식을 물어볼 때 사용하는 기본적인 표현이다.

TOM　I know what I want. What about you, Sally?
Are you ready to order?

SALLY　Don't rush me!

탐　난 먹고 싶은 거 골랐는데. 샐리, 너는? 주문할까?
샐리　가만히 좀 있어!

• Could I take your order (now)?

주문하시겠어요?　could 대신 can이나 may를 사용하기도 한다.

MARY　This is a nice place.
BILL　Yes, it is.
WAITER　Can I take your order?
MARY　Yes, we're ready.

메리　여기 참 좋다.
빌　그렇지.
웨이터　주문하시겠어요?
메리　네, 주문할게요.

• What are you having?

주문하시겠습니까?　식당에서 종업원이 주문을 받을 때 하는 말이다. 음식이나 음료를 사기로 한 사람에게 적정한 가격 선을 결정하라고 요구할 때도 사용된다.

WAITER　Would you care to order now?
TOM　What are you having, Mary?
MARY　You order. I haven't made up my mind.

웨이터　지금 주문하시겠습니까?
탐　넌 뭐 먹을래, 메리?
메리　너 먼저 주문해. 난 아직 못 골랐어.

586

- I'll have the same.
- The same for me.

같은 걸로 주세요.

WAITRESS	What would you like?
TOM	Hamburger, fries, and coffee.
JANE	I'll have the same.
웨이트리스	어떤 걸로 주문하시겠어요?
탐	햄버거, 감자튀김, 그리고 커피요.
제인	저도 같은 걸로 주세요.

JOHN	For dessert, I'll have strawberry ice cream.
BILL	The same for me.
존	난 디저트로 딸기 아이스크림 먹을래.
빌	나도 그거 먹을래.

- Make it two.

같은 걸로 주세요.

음식이나 술 등을 주문하면서 하는 말이다.

WAITER	Would you like something to drink?
TOM	Just a beer.
WAITER	(turning to Mary) And you?
MARY	Make it two.
웨이터	음료 드릴까요?
탐	맥주로 주세요.
웨이터	(메리 쪽을 돌아보며) 손님은요?
메리	같은 걸로 주세요.

- What he's having.

그가 먹는[마시는] 것과 같은 걸로요.

음식점 종업원이나 바텐더에게 하는 응답이다. 다른 인칭으로도 쓸 수 있다.

BOB	I think I'd like a cup of coffee with cream.
WAITER	And you, sir?
TOM	What he's having.
밥	저는 크림을 넣은 커피 한 잔을 주문할까 해요.
웨이터	손님은요?
탐	그가 마시는 것과 똑같은 걸로요.

- **Could I join you?**
- **(Do you) care if I join you?**
- **(Do you) mind if I join you?**

합석해도 될까요?

상대방이 앉은 테이블에 같이 앉거나 어떤 활동에 합류할 수 있는지 허락을 구할 때 사용한다. could 대신 can이나 may를 사용할 수 있다.

Tom came into the cafe and saw Fred and Sally sitting in a booth by the window. Coming up to them, Tom said, "Could I join you?"

탐은 카페에 들어와 프레드와 샐리가 창가 쪽 칸막이 자리에 앉아 있는 걸 보았다. 탐은 그들에게 다가가서 "같이 앉아도 될까?"라고 물었다.

"Do you mind if I join you?" asked the lady. "There are no other seats."

한 여자가 "같이 앉아도 될까요? 빈자리가 없어서요."라고 말했다.

- **(Would you) care to join us?**

저희와 합석하실래요?

Tom and Mary saw Fred and Sally sitting at another table in the restaurant. Tom went over to them and asked, "Would you care to join us?"

탐과 메리는 식당에서 다른 테이블에 앉아 있는 프레드와 샐리를 보았다. 탐이 다가가서 "우리랑 합석할래?"라고 물었다.

MARY	Isn't that Bill and Sue over there?
JOHN	Yes, it is. Shall I ask them to join us?
MARY	Why not?
JOHN	(after reaching the other table) Hi, you guys! Care to join us?
BILL	Love to, but Sue's mom is going to be along any minute. Thanks anyway.

메리	저기 빌하고 수 아니니?
존	맞아, 그렇네. 우리랑 합석하자고 할까?
메리	안 될 거 없지.
존	(다른 테이블로 가서) 얘들아, 안녕! 우리랑 합석할래?
빌	그러고 싶지만, 수 어머님이 곧 오시기로 했거든. 아무튼 고마워.

• Enjoy your meal.

맛있게 드세요.

식당 종업원이 음식을 갖다 주고 나서 하는 말이다.

WAITER	Here's your dinner.
JANE	Oh, this lobster looks lovely!
TOM	My steak looks just perfect.
WAITER	Enjoy your meal.

웨이터　저녁 식사 나왔습니다.
제인　와, 이 바닷가재 정말 맛있겠다!
탐　내 스테이크도 맛있을 것 같아.
웨이터　맛있게 드세요.

• You asked for it!

❶ 주문하신 음식입니다!

The waiter set a huge bowl of ice cream, strawberries, and whipped cream in front of Mary, saying apologetically, "You asked for it!"

웨이터가 변명하듯 "주문하신 음식 나왔습니다!"라고 말하며 아이스크림과 딸기, 생크림이 든 큰 그릇을 메리 앞에 내려놓았다.

whipped cream 생크림 | **apologetically** 미안해하며, 변명하듯

❷ 자업자득이지!

| BILL | The tax people just ordered me to pay a big fine. |
| BOB | The careless way you do your tax forms caused it. You asked for it! |

빌　국세청 사람들이 나한테 엄청난 벌금을 물렸어.
밥　네가 세금 신고를 아무렇게나 했잖아. 자업자득이지 뭐!

| MOTHER | I'm sorry to have to punish you in this fashion, but you asked for it! |
| BILL | I did not! |

엄마　이런 식으로 네게 벌을 주게 되어 안됐다만 네가 자초한 거다!
빌　전 안 그랬어요!

tax people 국세청 직원 | **fine** 벌금 | **do one's tax form** 세금 신고서를 작성하다. 세금 신고를 하다 | **punish** ~을 벌주다 | **in this fashion** 이런 식으로

UNIT 5-2 가게에서

- **If you don't see what you want, please ask (for it).**
- **If you don't see what you want, just ask (for it).**

필요한 게 있으면 말씀하세요.

CLERK   May I help you?
SUE   I'm just looking.
CLERK   If you don't see what you want, please ask.

점원   무엇을 도와드릴까요?
수   그냥 둘러보는 거예요.
점원   필요한 게 있으면 말씀하세요.

CLERK   I hope you enjoy your stay at our resort. If you don't see what you want, just ask for it.
SALLY   Great! Thanks.

점원   저희 휴양지에서 즐겁게 보내시길 바랍니다. 필요한 게 있으면 언제든 말씀하시고요.
샐리   네! 고마워요.

enjoy one's stay 즐겁게 머무르다

- **I'm only looking.**
- **(I'm) just looking.**

그냥 둘러보는 거예요.

May I help you?(도와 드릴까요?)라고 묻는 가게 주인이나 점원들에게 하는 말이다.

CLERK   May I help you?
MARY   No, thanks. I'm only looking.

점원   도와드릴까요?
메리   아니, 괜찮아요. 그냥 좀 둘러보는 거예요.

CLERK   May I help you?
JANE   I'm just looking, thank you.

점원   도와드릴까요?
제인   그냥 좀 둘러보는 거예요. 고마워요.

• Let the buyer beware.

꼼꼼하게 따져 보고 사.

Be careful when buying things from street vendors. Let the buyer beware.

가판대에서 물건을 살 때는 항상 주의를 기울이세요. 현명한 소비자가 되세요.

It's the purchaser's job to make sure the goods are okay. Let the buyer beware.

제품에 이상이 없는지 확인하는 일은 구매자가 당연히 해야 할 일입니다. 꼼꼼하게 따져 보고 사세요.

goods 상품

• They (just) don't make them like they used to.

예전보다 질이 떨어지는군.

상투적인 표현이다. them은 'em으로 표현하는 경우가 많다.

JANE	Look at this flimsy door!
BOB	They don't make them like they used to.
제인	이 문짝 왜 이렇게 힘이 없지!
밥	제품이 예전만큼 좋지가 않아.

BILL	Why don't cars last longer?
MARY	They just don't make 'em like they used to.
빌	왜 이렇게 차들이 오래 못 가지?
메리	예전만큼 차를 잘 못 만드는 것 같아.

flimsy 무른, 약한 | **last** (물건의 수명이) 오래 가다

• selling like hotcakes

날개 돋친 듯 팔리는 / 매우 잘 팔리는

CHEF	The boysenberry pancakes are selling like hotcakes! We can hardly make them fast enough.
요리사	보이즌베리 팬케이크가 날개 돋친 듯 팔리고 있어요! 우리가 팔리는 속도만큼 빨리 만들 수 없을 지경이에요.

술집에서

SHOP

- **Bottoms up.**
- **Here's looking at you.**
- **Here's to you.**
- **Down the hatch!**
- **Here's mud in your eye.**
- **Skoal!**

**쭉 들이켜! /
건배!**

여러 사람이 함께 술을 마시며 건배할 때 사용하는 표현이다. 여기서 bottom은
술잔의 바닥을 가리킨다.

BILL   Bottoms up.

TOM   Here's mud in your eye.

BILL   Care for another?

빌   쭉 들이켜.

탐   건배하자.

빌   한 잔 더 할래?

"Well, down the hatch," said Fred, pouring the
smooth and ancient brandy slowly across his
tongue.

프레드는 "자, 건배"라고 말하며, 부드럽고 오래 묵은 브랜디를 천천히 들
이켰다.

Care for ~? ~할래? (Would you care for ~?에서 Would you를 생략한 형태) | **ancient
brandy** 오래 묵은 브랜디 | **pour ~ across one's tongue** 마시다, 죽 들이키다

- **(Could I) buy you a drink?**

❶ (술집에서)
   제가 한잔 사죠.

could 대신 can이나 may를 쓰기도 한다.

When Sally and Mary met at the agreed time in
the hotel bar, Sally said to Mary, "Could I buy you
a drink?"

샐리와 메리가 호텔 바에서 약속한 시간에 만났을 때 샐리는 메리에게
"내가 한잔 살까?"라고 물었다.

❷ (집에서)
한잔 드릴까요?

집에서 상대방에게 술을 대접할 때 사용하는 표현이다. could 대신 can이나 may를 사용하기도 한다.

BILL	Come in, Fred. Can I buy you a drink?
FRED	Sure. What are you having?
BILL	I've got wine and beer.

빌	어서 와, 프레드. 한잔 줄까?
프레드	아, 좋지. 무슨 술이 있는데?
빌	와인하고 맥주.

• (Could I) get you something (to drink)?

뭐 (마실 것) **좀 드릴까요?**

could 대신 can이나 may를 사용하기도 한다.
비교 (Could I) buy you a drink? (592쪽)

BILL	Hi, Alice! Come on in! Can I get you something to drink?
ALICE	Just a little soda, if you don't mind.

빌	안녕, 앨리스! 어서 들어와! 마실 것 좀 줄까?
앨리스	괜찮다면 청량음료 조금만 줘.

WAITER	Get you something to drink?
JOHN	No, thanks. I'll just order now.

웨이터	마실 것 좀 드릴까요?
존	아니 됐어요. 이제 주문할 거예요.

Chapter 05

음식점에서

• What are you drinking?

❶ (한 잔 더 주려고)
지금 마시는 게 뭐야?

BILL	Hi, Tom. Nice to see you. What are you drinking?
TOM	Scotch and water.
BILL	Waiter, another scotch and water and a martini.
TOM	Thanks, Bill.

빌	안녕, 탐. 만나서 반가워. 너 지금 마시는 게 뭐야?
탐	물 섞은 스카치.
빌	웨이터, 물 섞은 스카치 한 잔이랑 마티니 한 잔 더 주세요.
탐	고마워, 빌.

❷ (같은 것을 시키려고)
지금 마시는 게 뭐야?

BILL	Can I get you something to drink?
JANE	What are you drinking?
BILL	I'm having gin and tonic.
JANE	I'll have that too, thanks.

빌	마실 것 좀 줄까?
제인	네가 마시고 있는 건 뭔데?
빌	진 토닉이야.
제인	나도 그걸로 마실래. 고마워.

• (Would you) care for another (one)?

**한 잔 더 할래? /
좀 더 먹을래?**

Tom stood there with an almost empty glass. Bill said, "Would you care for another one?"

탐은 거의 빈 잔을 들고 거기 서 있었다. 빌이 "한 잔 더 할래?" 하고 물었다.

WAITER	Care for another one, madam?
SUE	No, thank you.

웨이터	한 잔 더 하시겠어요, 부인?
수	아니, 됐어요.

care for ~을 좋아하다, 관심 있다

• What'll it be?   • Name your poison.
• What'll you have?   • What's yours?

뭐 드릴까요?

대개 바텐더나 술집 종업원이 사용하는 표현이다.

WAITRESS	What'll you have?
BOB	Nothing, thanks.

웨이트리스	뭘 드릴까요?
밥	전 됐어요, 고마워요.

TOM	What'll it be, friend?
BILL	I'll just have a Coke, if you don't mind.

탐	뭐 마실래, 친구?
빌	네가 괜찮다면 난 그냥 콜라 마실래.

UNIT 5-4 공통적으로 쓰는 표현

- (Will there be) anything else?
- Is that everything?
- Is there anything else? • Will that be all?

더 필요한 거 있나요?

가게 주인이나 점원, 식당 종업원들이 손님에게 묻는 말이다.

CLERK Here's the roast you ordered. Will there be anything else?
RACHEL No, that's all.

점원 주문하신 구이 요리 나왔습니다. 더 필요하신 건 없으신가요?
레이첼 네, 이거면 돼요.

WAITER Anything else?
BILL Just coffee.

웨이터 더 필요하신 건 없나요?
빌 커피만 주세요.

• What else can I do for you?

그 밖에 또 무얼 도와드릴까요?

가게 주인이나 점원, 서비스업 종사자가 사용하는 표현이다.

CLERK What else can I do for you?
BOB Please check the oil.

직원 또 뭘 도와드릴까요?
밥 오일을 점검해 주세요.

• What would you like to drink?

뭐 마실래?

WAITER What would you like to drink?
ALICE Do you have any grape soda?
WAITER I'll bring you some ginger ale, if that's all right.
ALICE Well, okay. I guess.

웨이터	음료는 뭘로 하시겠어요?
앨리스	포도맛 탄산음료 있나요?
웨이터	괜찮으시다면 진저 에일을 갖다 드리죠.
앨리스	음, 좋아요. 괜찮겠네요.

• (Is) this (seat) taken?

여기 자리 있나요?

극장이나 공연장 등에서 이미 자리에 앉아 있는 사람에게 옆자리의 주인이 있는지를 묻는 표현이다.

Finally, Bill came to a row where there was an empty seat. He leaned over to the person sitting beside the empty seat and whispered, "Is this seat taken?"

마침내 빌이 빈자리가 있는 줄에 다가갔다. 그러고는 그 빈자리 옆에 앉은 사람에게 몸을 기울여 "여기 자리 있나요?"라고 속삭였다.

FRED	'Scuse me. This taken?
ALICE	No. Help yourself.
프레드	실례합니다. 여기 자리 있나요?
앨리스	아니요. 앉으세요.

lean over to ~쪽으로 몸을 기울이다 | whisper 속삭이다 | Help yourself. 부담 없이 마음대로 쓰다. (여기서는 '마음대로 앉으세요'라는 의미)

• Will you be joining us?

우리랑 같이 갈래?

다른 집단의 사람들과 자리를 같이 하자는 말을 돌려 초대하는 표현이다.
참고 (Would you) care to join us? (588쪽)

We're going to have a bit to eat. Will you be joining us?

우리는 간단히 뭘 좀 먹을 거야. 너도 우리랑 같이 먹을 거니?

Will you be joining us for drinks this evening?

오늘 밤에 우리랑 한잔하러 같이 갈래?

- ## Come back and see us.
- ## Come back and see me.

다음에 또 오세요.

BILL Good night. Thanks for having me.

SALLY Oh, you're quite welcome.
Come back and see us.

빌 잘 있어. 초대해 줘서 고마워.
샐리 고맙기는 뭘. 또 놀러 와.

BOB I enjoyed my visit. Good-bye.

MARY It was very nice of you to pay me a visit.
Come back and see me.

밥 오늘 즐거웠어. 잘 있어.
메리 와 줘서 정말 기뻤어. 다음에 또 놀러 와.

- ## Come back anytime.

언제든 또 오세요.

MARY So glad you could come.

BILL Thank you. I had a wonderful time.

MARY Come back anytime.

메리 와 줘서 정말 고마워.
빌 고마워. 정말 즐거웠어.
메리 언제든 또 놀러 와.

Glad you could come. 와 줘서 기뻐. | have a wonderful time 즐거운 시간을 보내다

- ## for free

공짜로

They let us into the movie for free.

그 사람들이 우리에게 공짜로 영화를 보여줬어.

I will let you have a sample of the candy for free.

사탕 샘플을 공짜로 줄게.

• **Make mine** something.

저는 ~로 주세요. 대개 음식이나 음료에 사용한다.

BILL I want some pie. Yes, I'd like apple.

TOM Make mine cherry.

빌 파이 먹고 싶다. 좋아, 애플 파이로 주세요.

탐 전 체리 파이 주세요.

• **What was the name again?**

성함이 뭐라고 하셨죠? 막 소개를 받은 사람보다는 점원들이 더 자주 사용하는 표현이다.

CLERK What was the name again?

BILL Bill Smith.

점원 성함이 뭐라고 하셨죠?

빌 빌 스미스입니다.

"What was the name again? I didn't write it down," confessed Fred.

프레드가 "성함이 뭐라고 하셨죠? 적어 두질 않았네요."라고 털어놨다.

UNIT 5-5 ▶ 계산할 때 쓰는 표현

• Are you (all) set?

❶ 준비 다 됐어요?

> **DON** Are you all set? Do you have enough staples, glue, and paint to do the project?
>
> **IDA** Yeah. We're set.
>
> **돈** 준비 다 됐어? 그 프로젝트를 진행하기에 충분한 스테이플러 심과 풀, 물감을 갖고 있는 거지?
>
> **아이다** 응. 준비 다 됐어.

❷ 다 드신 건가요?

> **WAITER** Hope you enjoyed your meal. Are you all set?
>
> **DON** Yes, we're ready for the check.
>
> **웨이터** 맛있게 식사하셨기를 바랍니다. 다 드신 건가요?
>
> **돈** 네. 계산할 준비가 됐어요.

• I'm set.

❶ 저는 준비 다 됐어요. set 대신 ready나 going을 쓸 수 있다. 또한 다른 인칭으로도 쓸 수 있다.

> **JOHN** Do you have what you need for the day, so you can work uninterrupted?
>
> **BOB** I'm set.
>
> **존** 오늘 필요한 건 다 가지고 있으니까 방해받지 않고 일을 할 수 있는 거죠?
>
> **밥** 전 준비 다 됐어요.

❷ 다 먹었어요. 다른 인칭으로도 쓸 수 있다.

> I'm set. Check, please.
>
> 다 먹었어요. 계산서 부탁합니다.

> He's set, but I want dessert.
>
> 그는 다 먹었지만, 나는 후식을 먹고 싶어요.

• Cash or credit (card)?

현금으로
지불하시겠어요,
신용 카드로 하시겠어요?

CLERK   Is that everything?

RACHEL Yes. That's all.

CLERK   Cash or credit?

점원   이게 전부인가요?

레이첼   네. 그게 전부예요.

점원   현금으로 지불하시겠어요, 카드로 하시겠어요?

That's all. 그게 전부예요. | cash 현금 | credit (card) 신용 카드

• Check, please.   • Could I have the bill?
• Could I have the check?

계산서 주세요.

When they both had finished their dessert and coffee, Tom said to the waiter, "Check, please."

그 두 사람이 후식과 커피를 다 먹었을 때 탐은 웨이터에게 "계산서 주세요."라고 말했다.

BILL   That meal was really good.
        This is a fine place to eat.

TOM   Waiter! Check, please.

WAITER Right away, sir.

빌   음식이 정말 맛있었어. 여기 괜찮네.

탐   웨이터! 계산서 좀 갖다 주세요.

웨이터   바로 갖다 드리겠습니다, 손님.

• This one's on me.

이번엔 내가 살게.

술을 살 때 주로 쓰는 표현이다. 비교 It's on me. (601쪽)

JOHN   Check, please.

BILL   No, this one's on me.

존   계산서 주세요.

빌   아니야, 이번엔 내가 살게.

• It's on me.

내가 낼게.

대체로 음식을 먹거나 술을 마시고 나서 돈을 낼 때 사용하는 표현이다.
비교 This one's on me. (600쪽)

JOHN	Check, please.
BILL	No, **it's on me** this time.

존	계산서 갖다 주세요.
빌	아니, 이번엔 내가 살게.

• They must have seen you coming.

바가지 쓴 거야.

ANDREW	It cost two hundred dollars.
RACHEL	You paid two hundred dollars for that thing? Boy, **they must have seen you coming.**

앤드류	그거 200달러 주고 샀어.
레이첼	그런 걸 200달러나 주고 샀다고? 야, 너 바가지 쓴 거야.

• What's the damage? 속어

여기 얼마죠?

BILL	That was delicious. Waiter, **what's the damage?**
WAITER	I'll get your check, sir.
WAITER	Your check, sir.
TOM	Thanks.

빌	음식 정말 맛있었어요. 웨이터, 여기 얼마죠?
웨이터	계산서 갖다 드리겠습니다.
웨이터	계산서입니다, 손님.
탐	고마워요.

UNIT 5-6 인사 표현

• Call again.

또 오세요.

"Thank you," said the clerk, smiling. "Call again."

점원은 웃으며 말했다. "감사합니다, 또 오세요."

• Could I help you?

도와드릴까요?

could 대신 can이나 may를 사용하기도 한다.

CLERK Could I help you?

MARY No, thanks. I'm just looking.

점원 도와드릴까요?

메리 아니, 괜찮아요. 그냥 좀 둘러보는 중이에요.

• How may I help you?   • How can I help you?
• How can I serve you?   • May I help you?
• What can I do for you?

뭘 도와드릴까요?

WAITER How can I help you?

SUE I'm not ready to order yet.

웨이터 주문하시겠습니까?

수 아직 메뉴를 못 정했어요.

CLERK May I help you?

JANE I'm looking for a gift for my aunt.

점원 뭘 도와드릴까요?

제인 이모님께 드릴 만한 선물을 찾고 있어요.

언행, 태도,
인생에 대한 교훈

3-06-01

UNIT 6-1	언행

• Be quiet!

조용히 해!

please와 함께 쓰면 정중한 표현이 된다.

BILL (entering the room) Hey, Tom!

TOM Please be quiet! I'm on the phone.

빌 (방안으로 들어서며) 어이, 탐!

탐 조용히 좀 해 줄래! 나 통화 중이야.

• Bite your tongue!

**입방정 떨지 마! /
말조심해!**

MARY I'm afraid that we've missed the plane already.

JANE Bite your tongue! We still have time.

메리 이미 비행기를 놓쳤으면 어떡하지.

제인 입방정 떨지 마! 아직 시간 남았어.

• Watch your tongue!
• Watch your mouth!

말조심해!

ANDREW Don't talk to me like that! Watch your tongue!

BILL I'll talk to you any way I want.

앤드류 내게 그런 식으로 말하지 마! 말조심해!

빌 내가 하고 싶은 대로 말할 거야.

"Watch your mouth!" warned Sue. "I will not listen to any more of this slime!"

수는 "말조심해! 그런 쓰레기 같은 말은 듣지 않겠어!"라고 경고했다.

slime 미끈거리고 찝찝한 것 (여기서는 상대방이 하는 나쁜 이야기를 빗대어 표현한 것)

• Hold your tongue!

말조심해! /
입 좀 다물어!

BILL	You're seeing Tom a lot, aren't you? You must be in love.
JANE	Hold your tongue, Bill Franklin!

빌   너 자꾸 탐을 쳐다보더라. 맞지? 넌 분명 사랑에 빠진 거야.
제인   말조심해, 빌 프랭클린!

• Hush your mouth!

입 좀 다물어!

I've heard enough of that talk. Hush your mouth!

이제 그런 얘기는 신물이 나. 입 좀 다물어!

JANE	I hate her! I hate her!
BOB	Now, hush your mouth! You shouldn't talk like that!

제인   난 그 여자 싫어! 정말 싫어!
밥   야, 입 다물지 못해! 그런 식으로 얘기하면 못써!

• Keep quiet.
• Keep still.

잠자코 있어.

JOHN	I'm going to go to the store.
BILL	Keep quiet.
JOHN	I just said that...
BILL	I said, keep quiet!

존   나 가게에 갈 거야.
빌   조용히 좀 해.
존   난 그저…….
빌   조용히 하라고 했잖아!

CHILD	I want some candy!
MOTHER	Keep still.

아이   사탕 주세요!
엄마   조용히 하고 있어.

• Shut up!

입 다물어!

무례한 표현이다.

ANDREW **Shut up!** I've heard enough!

BOB But I have more to say!

앤드류 입 좀 다물어! 지겹게 들었어!

밥 하지만 할 말이 더 있어!

• Shut your face!

입 다물어!

무례한 표현이다.

HENRY **Shut your face!**
I'm tired of your constant chatter.

BOB I didn't say a single word!

헨리 입 좀 다물어! 쉬지 않고 쫑알거리니 정말 지겨워.

밥 난 한 마디도 안 했다고!

be tired of ~에 질리다 | constant 끊임없는 | chatter 수다, 재잘거림

• Zip (up) your lip! 속어
• Zip it up!

입 다물어!

"I've heard enough. **Zip your lip!**" hollered the coach.

"이제 충분히 들었어. 제발 입 좀 다물어!"라고 코치가 고함을 쳤다.

ANDREW All right, you guys. Shut up! **Zip it up!**

BOB Sorry.

BILL Be quiet.

ANDREW That's better.

앤드류 알았어, 얘들아. 조용히 좀 해! 입 좀 다물라고!

밥 미안.

빌 조용히 해.

앤드류 훨씬 낫군.

holler 고함지르다, 외치다 | coach 코치

• Give it a rest.
• Give something a rest.

❶ 그만 좀 해!

I'm tired of hearing about it. Give it a rest!

그런 소리는 이제 지겨워. 그만 좀 해!

❷ 입 좀 다물어!

I've been listening to your constant jabber for the entire afternoon! Now, shut up! Give it a rest!

오후 내내 네가 끊임없이 주절대는 것을 들어줬잖아! 자, 이제 입 좀 다물어! 그만 좀 하라고!

• give someone an earful

**∼에게 이야기를
잔뜩 늘어놓다**

She was really mad about something and gave me an earful.

그 여자는 뭔가에 단단히 화가 나서 나한테 불평을 잔뜩 늘어놓더군.

I needed to talk to someone, so I gave poor Mary an earful.

나는 아무라도 붙잡고 얘기를 해야 했기에, 가엾은 메리에게 불평을 늘어놓았다.

• Knock it off! 속어

조용히 해!

JOHN   Hey, you guys! Knock it off!

BOB   Sorry.

BILL   Sorry. I guess we got a little carried away.

존   야, 너희들! 조용히 해!

밥   미안.

빌   미안. 너무 우리 얘기에 심취해 있었나 봐.

• let out a sound

소리를 내다

Be quiet. Don't let out a sound!

조용히 해. 소리 내지 말고!

Suddenly, Jane let out a shriek.

갑자기 제인이 비명을 질렀다.

shriek 비명

• Pardon my French.

험하게 말해서 미안해.

Pardon my French, but get that damn cat out of here!

험하게 얘기해서 미안하지만, 저 빌어먹을 고양이 좀 당장 내보내!

• put a spin on something

~를 왜곡하다

자신에게 유리해 보이도록 왜곡하거나 유리하게 해석한다는 의미이다.

The mayor tried to put a positive spin on the damaging polls.

시장은 자신에게 불리한 투표 결과를 유리한 쪽으로 돌리려고 애썼다.

• sound like a broken record

똑같은 얘기를 반복하다

예전에 분당 78회 회전하는 레코드판에 금이 가면 전축 바늘이 홈에 걸려 똑같은 부분을 반복하는 것에서 유래한 표현이다.

He's always complaining about the way she treats him. He sounds like a broken record!

그 남자는 그녀가 자신을 대하는 방식에 대해 늘 불평을 해. 그 사람은 했던 말을 또 하고 또 한다니까!

608

• speak ill of someone

~의 욕을 하다

I refuse to speak ill of any of my friends.

내 친구들을 욕하는 일은 하지 않겠어.

Max speaks ill of no one and refuses to repeat gossip.

맥스는 다른 사람을 욕하거나 험담하지 않는다.

• spin a yarn

이야기를 들려주다

Grandpa spun an unbelievable yarn for us.

할아버지께서 우리에게 믿을 수 없는 이야기를 해 주셨다.

My uncle is always spinning yarns about his childhood.

우리 삼촌은 항상 자신의 어린 시절 얘기를 해 준다.

spin (이야기 따위를) 만들다, 자세히 말하다 | yarn 모험담, 지어낸 이야기

• stand up and be counted

지지하다

I'm generally in favor of what you propose, but not enough to stand up and be counted.

나는 네 제안이 대체로 좋다고 생각하지만, 전폭적으로 지지할 정도는 아니야.

be in favor of ~에 찬성하다

• Stuff a sock in it!

입 좀 다물어!

직역하면 양말로 입을 틀어막아서 시끄러운 소리를 멈추게 하라는 의미가 된다.

TOM   Hey, Henry! Can you hear me?

HENRY Be quiet, Tom. Stuff a sock in it!

탐   야, 헨리! 내 말 들려?

헨리   조용히 해, 탐. 입 좀 다물어!

• talk through one's hat

허튼소리를 하다

MARY I've got the fastest feet in the dorm, and they're going to carry me all the way to the Olympics.

SALLY Oh, Mary, you're just talking through your hat.

메리 내가 우리 기숙사에서 가장 빨라서, 다들 날 올림픽에 내보내려 하고 있어.

샐리 아, 메리, 허튼소리 좀 하지 마.

dorm 기숙사

• twist someone's words (around)

～의 말을 왜곡하다

You are twisting my words again. That is not what I said!

너 내 말을 왜곡하는구나. 내 말은 그게 아니야!

• walk something back

～을 철회하다

Be careful how you state it. It will look very weak and amateurish if you have to walk it back afterward.

그것을 어떻게 말할지에 대해서는 조심해. 네가 이후에 한 말을 철회하면 아주 무력해 보이고 아마추어같이 보일 테니까.

• Can it! 속어

조용히 해!

BOB I'm tired of this place. Let's go.

FRED That's enough out of you! Can it!

밥 여기 이제 질렸어. 그만 가자.

프레드 그만큼 했으면 됐어! 입 다물어!

JOHN	Hey, Tom! What are you doing, man?
TOM	Can it! I'm studying.
존	야, 탐! 뭐 해?
탐	조용히 좀 해! 공부하고 있잖아.

That's enough out of you! 그만큼 했으면 됐어. 그만[작작] 좀 해!

• in denial

**부인하는 /
거절하는**

Tom doesn't think he's an alcoholic. He's still in denial.

탐은 자신이 알코올 중독자가 아니라고 생각한다. 그는 여전히 그 사실을 부인하고 있다.

alcoholic 알코올 중독자

• keep harping on something

(~에 대해) 계속 불평하다

Why do you keep harping on the same old complaint?

왜 계속 똑같은 고리타분한 불평들만 늘어놓는 거니?

You keep harping on my problems and ignore your own!

계속해서 내 문제만 지적하고 네 문제점은 나 몰라라 하는구나!

keep -ing 계속 ~하다 | harp on 같은 말을 되풀이하다 | raise 제기하다, 거론하다

• You ain't just whistling Dixie. 구어

네 말이 맞아.

ANDY	The price of gas is just too doggone high!
HELEN	You ain't just whistling Dixie!
앤디	기름값이 빌어먹게 너무 올랐어!
헬렌	네 말이 맞아!

When you keep talking about too much speeders on our street, you ain't just whistling Dixie.

네가 도로에서 너무 속도를 내는 사람들에 대해 계속 얘기할 때는, 맞는 소리를 하는 것 같아.

3-06-02

UNIT 6-2 ▶ 태도

• channel someone

~을 그대로 따라 하다

Every president wants to channel a former president who was successful.

모든 대통령들이 일을 잘했던 전직 대통령의 방침을 그대로 따라 하고 싶어 한다.

• go great guns

척척 잘하다

BILL   We have a lot of work to do today, folks. You're going to have to go great guns to get it all done, but I know I can count on you.

FRED   Yeah, sure.

빌   자네들, 오늘 우리가 할 일이 많아. 일이 전부 마무리되도록 척척 잘해 나가야 하겠지만 난 자네들만 믿네.

프레드   네, 물론이죠.

• go the extra mile

전력을 다하다

I like doing business with that company. They always go the extra mile.

저 회사와 거래하는 게 좋아. 그 회사 사람들은 항상 전력을 다하거든.

My teacher goes the extra mile to help us.

선생님은 우리를 도와주시려고 온갖 애를 쓰신다.

612

• level the playing field

공평한 경쟁의 장을 만들다

JOHN Come on, you guys! Let's level the playing field. Throw Bob off the team and put me on!

BOB How does that level the playing field?

존 자, 얘들아! 공평한 경쟁의 장을 만들자. 밥을 빼 버리고 나를 넣어 줘!

밥 그게 어떻게 공평한 경쟁의 장을 만드는 거냐?

• man up

남자답게 나서는 것

Come on, you guys gotta man up! Who put the snake in Private Klinger's footlocker?

자, 어서, 남자답게 나서! 클링거 이병 트렁크에 누가 뱀을 넣었나?

Well, I guess I have to man up and take over responsibility for the entire incident.

음, 내가 남자답게 나서서 전체 사건의 책임을 져야 할 것 같아.

• pick and choose

신중히 따져서 고르다

You must take what you are given. You cannot pick and choose.

너한테 주어진 것만 가져가야 해. 이것저것 따지지 말고.

Jane is so beautiful. She can pick and choose from a whole range of suitors.

제인은 정말 예뻐. 그래서 수많은 구혼자들을 꼼꼼히 따져 보고 고를 수 있지.

suitor 구혼자, 제소인

Chapter 06

연애, 데이트, 인생에 대한 교훈

• **religious about** doing something

~을 엄격하게 하는

Bob is religious about paying his bills on time.

밥은 청구서 대금을 제때 착실하게 납부한다.

Max tries to be religious about being polite to everyone.

맥스는 모든 이들에게 공손하게 행동하려고 세심하게 노력한다.

pay one's bill 청구서에 적힌 금액을 지불하다 | **on time** 제때

• the **royal treatment**

후한 대접

I was well cared for. They gave me the royal treatment.

대접 잘 받았지. 그 사람들 정말 후하게 대접하더라고.

BOB   Is that hotel worth the high rate?

JANE   Yes, I had the royal treatment when I stayed there.

밥   저 호텔이 비싼 요금 값을 하나?

제인   그럼, 거기 묵었을 때 대접이 정말 후하더라고.

treatment 대접, 취급, 치료 | **care for** ~를 보살피다, ~를 좋아하다, ~에 관심을 갖다

UNIT 6-3 ▶ 세상

• It takes all kinds (of people) (to make a world).

세상에는 별의별
사람들이 다 있어.

JOHN I was shocked to hear that Fred had run away with his secretary and then wrote a series of bad checks. Who would have thought?

BOB It takes all kinds!

존 난 프레드가 자기 비서랑 도망치고 나서 부도 수표를 연달아 발행했다는 소식을 듣고 충격을 받았어. 그런 일을 누가 생각이나 했겠어?

밥 세상에는 별의별 사람들이 다 있다니깐!

Every time they tell me I am strange, I remind them that it takes all kinds to make a world.

그들이 내가 별나다고 할 때마다 난 그들에게 세상에는 별의별 사람들이 다 있다는 것을 일깨워 주고 있어.

• It's a jungle out there!

저 밖은 약육강식의
세상이야!

MARY Man, I can't believe how rude people are. Whether they are driving or walking, they are just plain animals.

JANE Yeah. It's a jungle out there.

메리 이런. 사람들이 이렇게 무례하다니 난 믿어지지 않을 정도야. 운전을 하는 사람이든 걸어가는 사람이든, 그저 동물들에 불과해.

제인 그래. 저 밖은 약육강식의 세상이야.

• Life's been good (to me).

인생살이가 순탄하다.

I can't complain. Life's been good to me.

별 어려움 없어. 순탄하게 잘 지내.

I'm doing fine. **Life's been good.**

잘 지내. 순탄하게 지내고 있어.

• That's the way it goes.

다 그런 거지.

MARY	All my roses died in the cold weather.
SUE	**That's the way it goes.**
메리	추운 날씨에 장미들이 다 죽어 버렸어.
수	그게 자연의 이치야.

SALLY	Someone stole all the candy we left out in the front office.
JANE	**That's the way it goes.**
샐리	총무실에 두고 온 사탕을 누가 다 훔쳐 갔어.
제인	다 그런 거지.

leave out ~을 내버려 두다 | front office 총무실, 본부

• That's the way the cookie crumbles.
• That's the way ball bounces.
• That's the way the mop flops.

다 그런 거지. /
세상사가 그런 거야.

That's the way it goes.

SUE	I lost out on the chance for a promotion.
ALICE	**That's the way the cookie crumbles.**
수	승진할 수 있는 기회를 놓쳤어.
앨리스	살다 보면 그럴 수도 있지.

JOHN	All this entire week was spent on this project. Then they canceled it.
SALLY	**That's the way the ball bounces.**
존	일주일 내내 이 프로젝트에만 매달렸어. 그런데 프로젝트가 취소됐대.
샐리	다 그런 거지.

lose out on the chance for ~할 기회를 놓치다

- **What's the world coming to?**
- **What's this world coming to?**

세상이 대체 어떻게
되려고 이러는 거지?

Doesn't anybody stop at a stop sign these days?
What's the world coming to?

요즘은 정지 신호에 서는 사람이 아무도 없는 거야? 세상이 대체 어떻게
되려고 이러는 거지?

HELEN Did you see what she was wearing!
What's this world coming to?

헬렌　그 여자가 입고 있는 거 봤지! 세상이 대체 어떻게 되려고 이러
는 거지?

- **Win a few, lose a few.**

얻는 게 있으면
잃는 것도 있지.

TOM Well, I lost out on that Wilson contract, but
I got the Jones' job.

SALLY That's life. Win a few, lose a few.

탐　월슨 계약은 못 따냈지만, 존스 건을 잡았어.
샐리　사는 게 다 그런 거지. 얻는 게 있으면 잃는 것도 있잖아.

- **(You) can't win them all.**
- **(You) can't win 'em all.**

늘 잘 되라는 법은 없어. / you는 불특정한 개인을 가리킨다. 'em의 아포스트로피를 빼고 쓰기도 한다.
모든 것을 다 가질 수는
없는 법이야.

MARY Gee, I came in last again!

JANE Oh, well. You can't win them all.

메리　이런, 또 꼴찌네!
제인　음. 늘 잘 되라는 법은 없잖아.

"Can't win 'em all," muttered Alice as she left
boss's office with nothing accomplished.

앨리스는 아무런 성과도 얻지 못한 채 사장실 문을 나서며 "모든 것을 다
가질 수는 없는 법이지."라고 중얼거렸다.

come in last 맨 꼴찌로 들어오다 | **mutter** 중얼거리다 | **with nothing
accomplished** 아무런 소득[성과] 없이

3-06-04

UNIT 6-4

사필귀정

• No pain, no gain.

고생 끝에 낙이 온다.

Keep working those leg muscles if you want to build up your stamina. Yes, it hurts! No pain, no gain.

체력을 쌓고 싶다면 그런 다리 근육 운동을 계속하세요. 그래요, 아프기는 하죠! 고생 끝에 낙이 오는 거예요.

• What(ever) goes around, comes around.

자업자득이야.

So, he finally gets to see the results of his activities. Whatever goes around, comes around.

그래서 그 사람은 결국 자신이 한 행동이 어떤 결과를 가져오는지 깨닫게 되지. 자업자득이야.

Now he is the victim of his own policies. Whatever goes around comes around.

이제 그 사람은 자신이 만든 정책의 희생양이 됐군. 자업자득이지 뭐.

• Where there's smoke, there's fire.

아니 땐 굴뚝에 연기 날까?

ANDY He thinks his wife is seeing someone.
DAN Well, where there's smoke, there's fire.

앤디 그는 자기 아내가 불륜을 저지르고 있다고 생각해.
댄 음, 아니 땐 굴뚝에 연기가 나지는 않겠지.

• (It) just goes to show (you) (something).

~을 확실히 알 수 있다. /
~임을 보여주다.

TOM　The tax people finally caught up with
　　　Henry.

SALLY　See! It just goes to show.

탐　　국세청 사람들이 결국 헨리를 잡았대.
샐리　거 봐! 나쁜 짓 하고는 못 산다니까.

Indignant over the treatment she received at the
grocery store and angry at the youthful clerk,
Sally muttered, "Young people. They expect too
much. It just goes to show you how society has
broken down."

식료품점에서 샐리는 자신이 받은 대접에 울화가 치밀고 젊은 점원에게도
화가 나서 "젊은 것들이란. 너무 많은 걸 바란다니까. 이런 걸 보면 사회가
얼마나 형편없어졌는지 알 수 있지."라고 중얼거렸다.

catch up with ~를 잡다[체포하다] | **indignant over** ~에 분개한[분노한] | **grocery store** 식료품점 | **mutter** 중얼중얼 말하다. 투덜대다

• It'll all come out in the wash.

다 잘될 거야.

이 표현은 얼룩이 물에 의해 지워지는 것과 같은 방식으로 안 좋은 일이 중화될 거
라는 의미는 아니다. come out은 '드러나다'라는 뜻이다.

MARY　Bob thinks he can keep getting away with
　　　padding his expense account. You'd think
　　　they'd figure out what's going on.

JANE　Don't worry. It'll all come out in the wash.

메리　밥은 지출 내역을 허위로 부풀려 쓰는 일을 들키지 않고 계속할
　　　수 있다고 생각해. 넌 그들이 무슨 일이 벌어지고 있는지 알아
　　　낼 거라고 생각할 테고.

제인　걱정 마. 모두 다 잘될 거예요.

• (There's) no such thing as a free lunch.

세상에 공짜는 없다.

아마도 술집에서 맥주를 한두 잔 시키면 한 끼 식사 분의 공짜 음식을 받을 수 있었던 때부터 유래된 것으로 보인다.

I ended up paying even more when they added on tax and carrying charges. There's no such thing as a free lunch.

그들이 세금에다가 운임을 추가했을 때 결국 난 훨씬 더 많이 값을 치렀어. 세상에 공짜는 없다니까.

JOHN Why won't my insurance pay for my cousin's operation also?

BOB No such thing as a free lunch.

존 왜 내 보험으로 사촌의 수술비도 낼 수 없는 건가요?

밥 세상에 공짜는 없습니다.

UNIT 6-5 ▶ 인생

• That's the story of my life.

내 인생이 그렇지, 뭐.

HANNA What a day this has been.
Nothing seems to go right.

IDA One day's not as bad as weeks on end.
That's the story of my life.

한나 뭐 이런 날이 다 있담. 제대로 되는 게 하나도 없는 것 같아.
아이다 그래도 하루만 그런 게 어디야. 내 인생이 그렇지 뭐.

• We all gotta go sometime.

우리는 모두 언젠가 세상을 떠나야 한다.

죽음이라는 주제를 무겁지 않게 다룰 때 하는 말인데, 애처로운 어조로 말하지 않도록 주의해야 한다.
참고 When you('ve) gotta go, you gotta go. (553쪽)

BOB I was very surprised to hear of Fred's death.

JAN Yes, it was so sudden.

BOB Well, we all gotta go sometime.

밥 프레드가 죽었다는 소리를 듣고 아주 놀랐어.
젠 응. 아주 갑작스러웠어.
밥 뭐, 우리는 모두 언젠가는 세상을 떠나야 하잖아.

• (You) can't take it with you.

죽을 때 (돈을) 싸 들고 갈 수도 없잖아.

JANE Go ahead, enjoy it while you've got it.
You can't take it with you.

ANDREW I love logic like that.

제인 어서, 돈 있을 때 팍팍 써. 죽을 때 싸 들고 갈 것도 아니잖아.
앤드류 난 그런 논리가 맘에 들더라.

HENRY Sure, I spent a fortune on this car.
Can't take it with you, you know.

RACHEL And this way, you can share it with friends.

헨리 물론, 이 차 사는 데 거금 좀 썼지. 죽을 때 돈 싸 들고 갈 것도
아니잖아.

레이첼 그런 생각이라면 친구들한테도 좀 나눠 줘라.

fortune 거금; 운명

• You're only young once.

젊은 것도 한때야.

IDA Sorry we made so much noise last night.

DAN It's okay. You're only young once.

아이다 어젯밤에 시끄럽게 굴어서 미안해.

댄 괜찮아. 젊은 것도 한때야.

I really hope you are learning something through
all your mistakes. Thank heavens you're only
young once.

난 네가 저지른 모든 실수로부터 무언가 배우고 있기를 진심으로 바라. 젊
어서 다행인 줄 알아.

MEMO